从赫尔利到马歇尔

牛军 / 著

马歇尔

美国调处
国共矛盾始末

（第三版）

社会科学文献出版社
SOCIAL SCIENCES ACADEMIC PRESS (CHINA)

序 章
"伟大的美国梦想"

　　1944年至1946年是20世纪世界历史转折的年代。在这个历史转折的年代中，发生了两个影响世界政治的重大进程。其一是世界进步力量经过浴血奋战，取得了反法西斯战争的决定性胜利。曾经不可一世的法西斯势力急剧没落，并最终被逐出历史舞台。其二是以美苏英中为主体的战时大同盟随着第二次世界大战的结束，迅速解体。那些在战争中新崛起的各种力量不断调整彼此的关系，它们之间各种形式的斗争此起彼伏，方兴未艾，并最终导致了战后长达四十余年的冷战。总而言之，旧的势力范围已经在二战的大炮轰鸣中土崩瓦解，新的国际格局正在动乱、纠纷与冲突中形成。

　　同世界其他地区一样，由于世界反法西斯战争的胜利，东亚地区的国际政治格局也发生了深刻的变化。一方面，历经四百年的殖民体系分崩离析，欧洲列强在这一地区的统治一蹶不振。曾经看上去不可一世的日本帝国主义战败投降，它苦心经营的"大东亚共荣圈"变成了埋葬大和武士的坟场。

　　另一方面，随着欧洲殖民主义国家的衰落和日本法西斯势力的崩溃，在东亚地区有三支重要的力量迅速崛起。其一是美国。它借二战之机将其势力特别是军事力量扩展至东亚西太平洋地区。它凭借着独一无二的军事和经济实力，企图取代欧洲列强和日本，在东亚独占鳌头。其二是在地理上横跨欧亚的苏联。它在世界大战中取得了辉煌的军事胜利，迅速成为世界一流的军事大国，此时为了其地缘政治利益和其他诉求，毫不掩饰要在东亚发挥巨大影响的决心。第三种力量是亚洲的新兴民族解放运动。由于亚洲人民的民族意识空前觉醒，战争结束后，亚洲民族解放运动空前地兴起并汇合成为不可阻遏的浪潮。后来的历史证明，亚洲新兴民族解放运动的存在和蓬勃发展，使得任何在这一地区称霸的企图都是异想天开的。

东亚国际关系经常是以中国为中心展开的，战后东亚政治中的各种矛盾在这个时期再次汇聚到中国。东亚各种力量的布局、演变和消长，决定了美国对华政策需要解决的主要问题。美国政府在这个时期两次积极介入中国的内部事务，直接出面调处国共矛盾，主观上是基于美国对华战略目标的选择，以及罗斯福①、杜鲁门两届政府对包括他们自己在内的各种力量的分析和评价；客观上则取决于当时的历史条件。赫尔利和马歇尔以美国总统特使的身份相继赴华调处国共矛盾，正横跨这一关键性的历史时代。他们的言行特别深刻也特别生动地反映了这一时期美国对华政策的诸多方面。

总的看，美国调处国共矛盾是美国对华政策的历史长期发展的产物，尤其是美国对华政策所包含的根本矛盾之———实

---

① 　为方便阅读，本书所涉外文人名统一见文末"中英文人名对照表"，特殊情况除外。

力与目标的差距——的产物。自从美国与西班牙争夺殖民地的战争开始，美国十字军就扛着星条旗，自认为是"代表了最广泛的自由、最纯洁的基督教和最广泛的文明"，踏上了向西太平洋扩张的征途。由于对西班牙战争的胜利，美国夺取了西班牙在西太平洋和东亚的殖民地。在阿拉斯加、菲律宾、波多黎各和关岛等地树起的星条旗，标志着美国的势力范围从此延伸到东亚。以往在打开中国门户的过程中，美国不过是步欧洲列强之后尘，被史家戏称为别人在前边打开一道门，"美国人就跟着进去"。现在不同了，美国终于取得了进入东亚大陆，特别是进入中国的"踏脚板"和"发展对华贸易的基地"。1898 年，曾任驻华公使的田贝声称："全世界都把中国看成我们所出产的货物的大好市场。除了日本之外，我们比任何其他商业国家都接近这个市场。在我们面前有着灿烂的前景，它将使太平洋比起大西洋来对我们更显得重要。"美国一些政治家预言，"谁了解了中国，谁就能执今后五百年世界政治之牛耳"。美国一些经济家则把中国看成是销售美国剩余产品"最重要的市场"，他们声称"东亚是所有富有生气的国家抓住不放的俘获物"。

正当美国兴冲冲地准备跳上中国大陆大干一场时，却迎头碰上西方和东方的列强在中国掀起新一轮的割地狂潮。在这场弱肉强食的混战中，美国曾打算至少占领一个优良的中国港口，以便"能够从那里有力地主张我们（美国）的权利和有效地运用我们的影响"。然而，由于美西战争的纠缠，美国未能如愿以偿，它在中国取得一块势力范围的企望终成画饼，结果是美国政府提出了一个被称为"门户开放"的政策。这个政策标榜保全中国的领土和行政实体的完整，但是实质上试图加以保护甚至扩展的，是美国在全中国的贸易和影响力。事实上，美国利用"门户开放"政策，要求并几乎获得了其他列强用武力在中国勒索到的一切特权。所以它被美国人称为"顺便搭车的帝国主义""也有我一份的政策"。[①]

"门户开放"政策是美国对华政策中诸多矛盾的产物，包括理想主义与现实主义、国内不同利益团体之间相互矛盾的主张，特别是美国在中国的目标与实力之间的巨大差距，等等。提出这项政策的目的，就是在美国无力参与瓜分狂潮的条件下，要从列强向中国勒索到的每一份贡品中，都能分一杯羹。不过就这一目标而言，美国从未如愿以偿。日俄战争结束后，美国被沙皇俄国和日本携手排斥在中国东北大门之外。第一次世界大战期间，美国又不得不承认日本在华的特殊利益。1931年9月18日，日本发动侵华战争，朝夕之间便把美国苦心经营的所谓华盛顿体系搅得乱七八糟，支离破碎。中国东北地区的大门眼看着就要被日本人关上了。美国当时面对日本在东亚咄咄逼人的扩张，除了不断起草和公布各种照会外，并不打算真的着手干些什么来遏制日本，或者说它还不具备真的干些什么的实力。直到十年后美国太平洋海军基地珍珠港挨了日本空军的炸弹，大批军舰被炸沉到海底，罗斯福政府才于手忙脚乱之中庄严地向日本宣战。

当日本飞机把炸弹投向珍珠港时，整个东亚局势便开始向

---

① 〔美〕安娜·路易斯·斯特朗：《中国人征服中国》，刘维宁等译，北京出版社，1984，第25页。

目　录

着新的方向发展了。日本先发制人的军事行动改变了亚洲太平洋地区美日之间不战不和的沉闷局面，彻底粉碎了美国的一切动摇和幻想，促使美国罗斯福政府重新大幅度地调整在这一地区的政策。综观太平洋战争爆发后美国在亚太地区的全部军事和外交实践，可以将其政策概括为：彻底打败日本法西斯，在东亚和西太平洋地区取得政治上的领导地位、优越的战略安全地位，并保证美国工商业在这里有繁荣发展的前景。

美国参加第二次世界大战，使自己汇入世界反法西斯潮流，毫无疑义是世界进入帝国主义时代后美国历史上的空前义举，美国在这场战争中为人类社会免遭法西斯主义的蹂躏做出了巨大的贡献。同时，第二次世界大战对于美国来说既是灾难，也是机会。特别是在亚太地区，美国决策者在战争的火光硝烟之中，似乎已经看到了他们的前贤预言的"灿烂前景"。正是在重塑亚太地区国际秩序的欲望的驱动下，美国自决心加入世界反法西斯阵线起，便不断左顾右盼。它在致力于粉碎"大东亚共荣圈"的同时，既要警惕所谓苏联影响力在战后"从亚洲东北部向外扩张"，又要觊觎欧洲列强的殖民地遗产，还要防止亚洲的民族解放运动发展到无法控制的程度。

的确，日本战败后，东亚地区不可能真的出现等着美国或其他大国来填补的"权力真空"。美国要在这个地区取得支配地位，势必要与两股势力迎头相撞。首先是在战争中迅速崛起的苏联，它由于自身的利害关系，必定要在东亚地区发挥重要影响。苏联即使不向东扩展其势力范围，也不会漠视美国无限度地向西扩张。1943年春，斯大林格勒战役胜利后，美国日益关注苏联对外政策的动向。罗斯福总统的重要助手舍伍德在他的回忆录中曾指出："俄国在斯大林格勒取得的辉煌胜利，改变了整个战争的局面和瞩目可见的未来图景。由于这一仗，……俄国以一个大国的姿态出现了。……罗斯福已意识到，他现在必须把目光透过 1943 年的军事胜利而看到将来战后世界的真正事态。"① 这反映了当时罗斯福政府内外一批政策制定者的看法。战后美苏很可能在东亚地区发生一场针锋相对的实力较量，美国必须对此有所准备。

其次是亚洲的民族解放运动，在经历了第二次世界大战后，必将进入一个新的历史发展阶段。亚洲人民对殖民统治的痛恨日积月累，犹如蓄势欲发的火山。历时四个世纪之久的"白人帝国"如今已经危若累卵。

亚洲和太平洋战场积聚着远比欧洲战场复杂得多的矛盾。这里既有起着主导作用的进步人类与法西斯主义的矛盾，也有列强之间长期对殖民地的争夺，还存在亚洲人民反对一切外来压迫的民族解放斗争。这一地区殖民地半殖民地国家的人民饱受殖民统治者的压迫，他们对一切不管是来自西方还是东方的殖民统治都深恶痛绝。美国高举着民主自由的大旗参加到反法西斯战争之中，面对亚洲的民族解放运动却忧心忡忡。战时曾任副国务卿的韦尔斯就说过："虽然日本试图统治太平洋和亚洲的物质结果可以完全消除，但必须坦率地承认，精神的发展——远东人民中的民族主义的增长——却由于 1942 年的胜利

---

① 〔美〕舍伍德：《罗斯福与霍普金斯：二次大战时期白宫实录》下册，福建师范大学外语系编译室译，商务印书馆，1980，第 325～326 页。

而极大地加速。"如果西方列强不愿对旧时代形成的东亚国际关系做基本的调整,那么在东亚地区,"除了一个世纪的混乱和普遍的无政府外,很难预见其他的前景"。①

为了一举解决上述两个难题,美国于1943年初制定了一项新的对华政策。这项政策概括地说就是"使中国成为强大国家(China be a great power)"。当时任美国国务卿的赫尔在回忆录中坦言,美国曾经设想靠美英日之间达成协议来维持西太平洋的均势,但战争改变了那里的格局。二战结束后,"日本作为东方大国,将在很长时间里消失,因此唯一主要的大国将是中国。美国、英国和俄国也都是太平洋地区的大国,但每一方的重大利益都在别的地方。结果为了使远东稳定,不得不使中国参与任何达成的协议"。"如果中国也不行了,太平洋就不存在稳定的手段了。"② 显然,所谓"使中国成为强大国家",就是要使中国成为支撑美国在东亚的主导地位的台柱子。罗斯福曾把美国执行这一政策可能获得的好处解释得一清二楚。1943年初,他告诉时任英国外交大臣艾登:"中国既不会侵略,也不会成为帝国主义,而将成为抵消苏联力量的有用的平衡力量。"③ 罗斯福还向韦尔斯说明,他"感到承认中国居于四强的地位,将足以阻塞白人控制世界的攻讦的口实",并且"一个

---

① Sumner Welles, *The Time for Decision* (New York and London: Harper & Brothers Publishers, 1944), pp. 297 – 299.
② Cordell Hull, *The Memoirs of Cordell Hull* (New York: Macmillan Co., 1948), pp. 1586 – 1587.
③ 〔英〕安东尼·艾登:《艾登回忆录》中册,瞿同祖、赵曾玖译,商务印书馆,1976,第687页。

稳定的中国，对苏联在远东的野心，将形成一道屏障，也可以当作一种最有价值的向心力，以限制亚洲革命暴乱的影响"。①可以这样说，"使中国成为强大国家"的政策形成伊始，便着眼于战后统领东亚，限制苏联，并服从于美国长期以来争取影响和控制亚洲民族解放运动的企图。当然，强调罗斯福政府制定这个政策的着眼点包括对东亚战后秩序的设想，并不等于否认这个政策曾起到过加强和鼓舞中国抗战的政治和心理上的作用。这种作用在战争期间是重要的，也是巨大的。

"使中国成为强大国家"是"门户开放"政策在新的历史条件下的发展，也是"门户开放"政策得以产生的矛盾——目标与实力的巨大差距的产物。美国的"主要利益"不在东亚，它也没有能力同时兼顾欧亚两大洲。罗斯福政府对此有明确的判断，所以就需要一个符合美国标准的"统一强大的中国"，使之能发挥"片儿警"的作用，为美国照看好亚洲的领地。问题在于，当罗斯福等美国决策者们的头脑中形成"使中国成为强大国家"的设想时，他们正面对蒋介石统治下的中国既不"统一"，也不"民主"，更谈不上"强大"的局面。然而，罗斯福宁愿相信他的特使居里编造的神话，即"在军事上和外交上充分支持委员长（指蒋介石——引者注）"，肯定完全符合美国的国家利益；美国人可以"完全信赖"蒋介石会按照美国的愿望，"推行一项有力的战争政策，并创建一个现代化的和民主的强大国家"。罗斯福并非对神话和谎言缺乏洞察力的昏庸之辈，但他有时很可能需要它们

---

① Sumner Welles, *Seven Decisions that Shaped History* (New York: Harper, 1950), p. 186.

来充实自己的想象，并说服别人追随他的政策，何况东亚对于美国远非生死攸关之地。因此，他宁愿睁一眼闭一眼地信口宣布："中国在过去——约半个世纪以来，已成为世界上伟大的民主国家之一。"① 为了证明这种说法千真万确，罗斯福政府从提出"使中国成为强大国家"开始，便不遗余力地着手在国际上把中国塑造成美国想象中的那种"强大国家"。

1943 年 1 月，罗斯福政府宣布取消美国在中国的治外法权。随后罗斯福通过批评史迪威，统一了美国军政首脑的意见。3 月，他告诉正在华盛顿访问的艾登，中国将与美英苏三大国站在一起，在国际事务中发挥特殊作用。艾登立即表示，英国"不那么喜欢中国在太平洋地区跑上跑下的想法"。罗斯福郑重其事地宣布，"美国准备尽一切可能加强中国"，并且对丘吉尔未能在某次演讲中把中国排入大国行列"表示遗憾"。时任英国首相的丘吉尔为此尖酸地抱怨罗斯福政府是在用"收买无资格投票人，使他具有选民资格，来为自己投票出力的办法，瓦解不列颠的海外帝国"。② 4 月，时任美国总统特别顾问的霍普金斯告诉正在华盛顿访问的宋子文，罗斯福认为"中美间此时已无须再非正式讨论原则，尽可与美方正式商谈远东各种实际问题，及中国对世界集团之意见"。③

---

① 〔美〕罗伯特·达莱克：《罗斯福与美国对外政策（1932~1945）》下册，陈启迪等译，商务印书馆，1984，第 558 页。
② 〔英〕温斯顿·丘吉尔：《第二次世界大战回忆录》第 4 卷，北京编译社译，商务印书馆，1975，第504 页。
③ 秦孝仪主编《中华民国重要史料初编——对日抗战时期》第三编《战时外交（一）》，台北：中国国民党党史会，1981，第 159~160 页。

1943 年 10 月，美国军政首脑在美英苏三国外长会议即将召开之时，开会讨论他们可能会遇到的各种问题。罗斯福在会上强调，签署任何有关战后的协议，必须"包括中国"，"哪怕这个时候达不成协议也在所不惜"。在莫斯科外长会议期间，赫尔不断向苏联外交人民委员莫洛托夫施加压力，迫使苏方承认罗斯福政府给蒋介石的头衔。赫尔告诉莫洛托夫，美国打算鼓励中国继续战斗，并希望中苏两国"能以友好的方式"解决它们之间的分歧。他还在私下会晤中表示，美国不可能忽略中国，否则很可能"在太平洋地区发生最可怕的政治和军事方面的影响"，那样的话美国将不得不调整政策，以使"太平洋地区的政治和军事形势保持适当的稳定"。时任美国驻苏联大使哈里曼认为，赫尔的话是"明显地暗示，目前对俄国的援助，其中某些部分可能拨给蒋，除非允许中国签署四大国宣言"。[①]当莫洛托夫继续拒绝美方的建议时，赫尔竟以中断会议、空手而回相要挟，直到斯大林做出让步才罢手。为了使中国驻苏联大使傅秉常能及时获准代表中国在会议拟定的宣言上签字，赫尔主动向傅秉常提供美国的电台。在美国的有力支持下，国民政府代表终于在莫斯科四国外长宣言上签字。

莫斯科三国外长会议结束后，罗斯福政府既然已经迫使英国和苏联至少在形式上接受了它的政策，剩下的就是把蒋介石拉上战车了。11 月 22 日至 26 日，罗斯福、丘吉尔和蒋介石在

---

① 〔美〕W. 艾夫里尔·哈里曼、伊利·艾贝尔：《特使：与邱吉尔、斯大林周旋记（1941～1946）》，南京大学历史系英美对外关系研究室译，生活·读书·新知三联书店，1978，第 264 页。

开罗召开三国首脑会议。罗斯福一本正经地接待了蒋介石这个所谓"四强"大厦的第四块"基石",蒋介石也煞有介事地与罗斯福谈论了东亚的未来,好像他们真的是在平起平坐地决定东亚的命运。在23日的会晤中,罗斯福告诉蒋介石:"中国应该取得它作为四强之一的地位,并以平等的地位参加四强小组机构并参与制订该机构的一切决定。"蒋介石对此"欣然地"接受。罗斯福和蒋介石一致同意,日本从中国夺取的一切领土,战后必须归还中国。他们强调:"辽东半岛及其两个港口,即旅顺和大连必须包括在内。"罗斯福提出,美中在战后应互相合作,反对"外来侵略",美国应在太平洋地区保持足够的军队,以便有效地承担"责任"。蒋介石表示希望美国向中国提供武器装备,使其"能履行国际义务",并允许美国使用旅顺港。[①] 此外,罗斯福和蒋介石还就美国援华、中苏边界和东亚其他国家的一系列问题等交换了意见。

通过开罗会议,罗斯福政府与国民政府确定了双方在东亚的战略合作关系。罗斯福终于在国际上实现了美国的政策目标,他相信开罗会议"不仅在今天和不久的将来取得成果,而且今后几十年也会产生效果"。蒋介石认为,开罗会议"以政治的收获为第一,军事次之,经济又次之,然皆获得相当成就"。他通过宋美龄告诉罗斯福,他已"无法找到颇有意义的话来表达内心充满着的感激之情"。1943年圣诞节前夕,罗斯福发表致美国人民书,宣布美国和中国"在深厚的友谊和在统一的目

---

① 本书编译组编《德黑兰雅尔塔波茨坦会议记录摘编》,上海人民出版社,1974,第447~451页。

的上，比以前任何时候都密切"。美国国会同时宣布废除歧视华人的排华法律，以便进一步证明，美国"不仅视中国为战争中的伙伴，而且将视中国为和平时期的伙伴"。[①] 12 月 3 日，重庆《中央日报》发表社论，把开罗会议说成是"转移了世界人类的命运，重写了世界历史的新页"，"开罗会议的决策，乃是美国远东政策最鲜明的结晶，……代表了全人类的最大希望，也给予了全世界以无限光明"，而且"世界人类历史的新页是在开始编写了"。[②]

全面评价开罗会议是相当复杂的问题。就像"使中国成为强大国家"这个政策一样，它毕竟反映了中国人民英勇不屈、浴血奋战，在反法西斯战争中为人类做出的巨大贡献和所产生的重大影响；开罗会议及其发表的《开罗宣言》，无疑具有反法西斯的性质和积极意义，曾经鼓舞了中国人民的抗战斗志。但当从回顾历史的角度观察罗斯福和蒋介石会谈的影响时，不能不指出它具有相当严重的性质。11 月 23 日会谈的结果表明，罗斯福在历史发展的关键时刻，把维护美国在东亚的战略利益同国民政府捆在一起，决心与国民政府建立包含某种排他性的准政治军事联盟。美蒋战略关系的确立刺激了罗斯福政府在东亚的胃口，驱使它更多地向国民政府投资，从而使美国在与蒋介石政权的关系方面，逐渐失去了选择余地。蒋介石则根据与美国结盟的性质确信，不论他需要什么，美国"都会照办"。

---

① 世界知识出版社编《中美关系资料汇编》第 1 辑，世界知识出版社，1957，第 108 页。

② 《中央日报五十年来社论选集》，台北："中央"日报社，1978，第 31～35 页。

许多年以后，美国战时驻华外交官戴维斯不无感慨地评论说："美国几乎是在达到战时顶峰之际，在与国民党中国的关系方面被拴住了。"这绝不是事后诸葛亮。就在罗斯福兴致勃勃地在国际上宣扬所谓新的中国时，中国的现实已经把美国对华政策的全部矛盾暴露得淋漓尽致。

从1942年底至1943年初，盟军在军事上取得的辉煌胜利引起了世界政治形势的重大变动，各种政治力量均感受到这种变动所产生的极为广泛而深刻的影响。法西斯势力惧之，反法西斯力量喜之，当然也有人"一则以喜，一则以忧"。国民党方面的反应是蒋介石出版了他的《中国之命运》。蒋介石在书中声称："没有中国国民党，那就没有了中国"，"中国的命运，完全寄托于中国国民党"；中国今后的命运取决于"国内政治之是否统一""国力之能否集中的一点之上"。他还指斥中共领导的军队和根据地是"武力割据"和"封建军阀"的"反革命"势力，并宣布如果中共不放弃"武力割据的恶习"和荡涤"封建军阀的观念"，国民党一党统治"就一日不能终结"。① 显然，《中国之命运》的主旨是奠定一种理论基础，由"一个党、一个主义、一个领袖"框定中国未来的命运。它是向中共和中国其他追求民主的力量发布的宣战书，具有为发动内战做思想和舆论准备的严重性质。《中国之命运》的问世表明，蒋介石和国民党在该书所阐述的思想支配下，势必坚持国民党一党独裁的统治，并早晚要走上发动反共内战的道路。《中国之命运》

---

① 蒋介石：《中国之命运》，明报社，1945，第116～121页。

出版之后仅两个月，国民党便借共产国际解散之机，掀起一阵攻击中共的宣传浪潮。与此同时，封锁陕甘宁边区的胡宗南部队频繁调动，使西北国共对峙的地区顿时出现剑拔弩张的气氛。整个1943年夏，国共关系又一次处于危机状态。

1943年夏发生的国共危机严重冲击了盟军在亚太地区的对日作战计划，并引起苏联方面的强烈反应，东亚国际政治局势为之震动。这次国共危机以前所未有的深度揭示了国共关系对东亚政治形势的复杂影响；它犹如一道催化剂，极大地加快了罗斯福政府对中国内部问题的反应过程。

最早试图从战后的战略层次探讨美国在中国正面临的尴尬局面的，是以戴维斯和谢伟思为代表的一批年轻的美国驻华外交官，他们当时在美国国务院里被称为"中国通"。他们的战略性思考几乎与罗斯福提出的使中国成为"四强"之一的目标同步。当罗斯福决心让蒋介石成为大国俱乐部的名义会员时，那些"中国通"就开始观察并思考，蒋介石统治下的中国能否承担美国赋予的重要角色。另一方面，他们的探讨也开始于国共矛盾尖锐化的时刻。1943年夏的国共危机显现了国共矛盾涉及的诸多问题，这促使"中国通"们逐步把握到中国问题所涉及的各个方面。他们广阔的背景知识、丰富的实地考察经验和冷静深刻的分析力，确实使他们迅速抓住了美国在中国需要解决的关键问题。

在太平洋战争爆发后的第一年中，美国驻华军政人员最关心的是中国能否在抗日战争中继续打下去。他们当时普遍认为，援助国民政府是维持中国战场的主要方式。但是，随着其对中国的了解越来越广泛和深入，他们愈加不确定，国民政府是否有能力和能否有效地利用美国的援助来加强对日作战。他们提醒罗斯福政府，蒋介石及其政权的胃口是很难被满足的，不论美国增加多少援助，都不会被蒋介石认为是"实质性的"；在中国战场对日军发动任何攻势作战，都"必须由盟军提供外国军队承担"；美国能得到的唯一报偿，是国民党军队"占领敌人撤离的地区和巩固他人取得的进展"。他们还尖锐地指出，由于"国民党是保守的政治势力的集团，在国民党中存在着法西斯思想"，而美援会起到支持国民政府中的腐败分子的作用，因此他们建议罗斯福政府，应有意识地将美援作为制约蒋介石的手段。1942年8月，史迪威提出对蒋介石实行"讨价还价政策和压力政策"，既不是他个人好恶的产物，也不是他偶然冒出的想法，而是美国驻华军政人员对国民党政权保存实力政策的认识的间接反映，是他们对国民党消极抗战政策不满的表现。

　　1943年，随着亚太地区军事形势的变化和中国内部国共矛盾的尖锐化，美国驻华外交官对中国问题的研究开始达到新的深度。他们在给罗斯福政府的报告中提出的观点因论据充实和论点深刻而引人注目。他们认为，美国在中国面临的主要问题是：（1）国共矛盾不可避免地要发展成为一场大规模内战，在这场生死存亡的斗争中，国民党由于其本性和弱点，很可能成为失败者；（2）国共斗争反映着东亚不同政治营垒之间的对立，必定会严重影响美苏在这一地区的关系，绝不可等闲视之；（3）面对中国现实，美国必须调整无条件的和片面的援蒋政策，否则美国在中国已经做出的"巨大努力"将有可能付之东流。当前最现实的途径，是首先与中共建立必要的联系，以便控制住中国的政治局势。总之，美国对华政策真的已经到了需要改弦易辙的关键时刻，必须尽快采取措施，处理国共矛盾。

美国的"中国通"们的报告揭示了罗斯福政府对华政策的症结，撬动了美国对华政策的基石。合乎逻辑的问题是，一个既不愿意积极同日本侵略者打仗，又不统一，也不民主的国民党政权，能够成为战后东亚稳定的基础吗？罗斯福政府为什么在高举民主自由之大旗同德意日法西斯作战之时，一定要对一个带有浓厚的封建法西斯色彩的政权如此垂青？美国在中国难道真的已经别无选择了吗？"中国通"们的报告的确比较客观和系统地反映了中国内部国共力量对比的变化和未来的发展趋势，以及战后东亚各种政治力量的基本布局及其与中国局势，特别是与国共斗争之间的复杂关系。如此重要而又强烈的信号，势必引起美国决策者的重视。

时任副国务卿的韦尔斯后来写道，在 1943 年 9 月，罗斯福在与他谈话时，曾对国民政府的状况深表不满，认为国民政府"极端腐败"，"没有行政效率"，"对于广大中国人民的苦难漠不关心"。罗斯福表示特别担心"日本战败后，在中国又燃起内战战火。危险在于，苏联将插手支持共产党，西方世界也将被引诱或被迫为自己的利益而支持国民党"，那时就会出现"西班牙内战时所见到的形势，只是规模更大，更危险"。因此"战后中国是最可能造成麻烦的地方"。① 赫尔也同样感到美国的援助如果没有国民政府的配合，不可能自行产生效果。可问

① Sumner Welles, *Seven Decisions that Shaped History*, p. 151.

题恰恰是国民政府贪污且无效率。如果国民政府像韦尔斯当时形容的那样，在内战和无政府状态中无限期地挣扎下去，那么美国在中国的一切努力最终只会被证明是枉费心机。

但是，既然罗斯福已经打定主意支持蒋介石，而且美国正在把军事援助大量地提供给国民政府，他当然不会轻易抛掉蒋介石政权这个想象中的能使列强在远东保持平衡的砝码。罗斯福很可能知道自己是在冒险。他曾这样告诉斯大林，他之所以坚持抬高国民政府的国际地位，"并非因为他不了解中国目前的软弱地位，而是他的目光更远地瞩望于未来"。① 罗斯福为了看到他想象中的那个"未来"，决心要——作为美国走向巅峰时期的总统，他相信美国有这个能力——在对华政策上化险为夷。

在开罗会议期间，罗斯福实际上是沿着两条思路同蒋介石打交道的。一条思路是确立美蒋之间的战略关系，把蒋介石同美国——也就是把美国同蒋介石——牢牢地拴在一起，以取得和巩固美国在东亚对其他大国的优势地位；另一条思路是迫使蒋介石为美国的战略利益服务，按照美国规定的指导方针，处理他在国际和国内面临的各种问题。

罗斯福与蒋介石在开罗会议期间就中国内部问题进行的讨论没有留下正式记录，但从罗斯福同他儿子的如下谈话中，可

① Roosevelt - Stalin Meeting, November 29, 1943, 2：45 p. m. , Roosevelt's Quarters, Soviet Embassy, The U. S. State Department, ed. , *Foreign Relations of the United States*：*Diplomatic Papers* (*FRUS* hereafter), *The Conferences at Cairo and Tehran*, *1943* (Washington：United States Government Printing Office, 1961), p. 532.

以大致窥见其基本想法。据小罗斯福回忆，他父亲当时说过，国民政府不是"具有现代意义的民主政府"，国民党军队"根本没有打仗"。虽然蒋介石以军队没有训练和缺乏装备为自己辩解，但他无法解释为什么拒绝史迪威的军队改革计划，并以大批国民党军队包围"红色中国的边境"。不过，罗斯福对蒋介石尽管有诸多不满，却也无可奈何，因为他认为蒋介石夫妇固然"有许多缺点"，美国"却不得不依靠他们"。关于中共，罗斯福相信蒋介石指责其不抗日是撒谎，他充分了解"大部分中国海岸"控制在中共手中。基于此，为了解决国共之间的纠纷，罗斯福向蒋介石建议："应该在战争还在继续进行的时候，与延安的共产党组成联合政府。"他还提醒蒋介石，美国"不会陷入那里（中国）的任何内战的陷阱里"。①

继在国际上把中国抬到"四强"之一的位置上之后，罗斯福在开罗会议上实际上也为中国的统一确定了一个模式。在他看来，蒋介石虽然有缺点，但没人能取代他；中国共产党人是愿意抗日的爱国者，而且控制着许多地方。罗斯福选择的路线是：维持蒋介石的领导地位，通过民主的方式推动国共联合，在中国实现蒋介石领导下的政治统一。可以说一直到马歇尔调处失败为止，美国在解决中国内部问题方面，从未超出罗斯福设定的这个政策的逻辑。如果说有变化，也只是因时局发展，时有起伏，时有曲折罢了。

罗斯福解决中国内部问题的这条路线包含着不现实与现实

---

① Elliott Roosevelt, *As He Saw It* (New York: Duell, Sloan & Pearce, 1946), pp. 142, 163 – 164, 249, 250.

两种成分。在 1943 年的最后一天，戴维斯在给罗斯福政府的一份报告中指出："蒋介石也许是唯一一个这样的中国人，他使多数美国人误认为他就是中国。"① 这的确一针见血地道出了罗斯福政府对华政策的不现实性所在。罗斯福政府自从提出"使中国成为强大国家"后，它在中国就不仅是在支持一场民族解放战争，而且是在维持一个反对改革的政权。罗斯福政府为实现其政策目标所做的全部努力，同扶持蒋介石政权不过是一枚硬币的两面。问题恰恰在于，美国连维持"门户开放"的力量都没有，又怎么可能有能力把国民党统治下的中国塑造成一个"强大国家"？而且由于美国把它在东亚的利益同国民党政权拴在一起，这就使它不能不对蒋介石产生某种程度的依赖性，这种依赖性又反过来削弱美国控制蒋介石的能力。这确为罗斯福所始料不及。因此，罗斯福政府的政策从根本上说是一种不现实的政策。

不过也应该看到，罗斯福政府的政策中也包含着现实的成分。巩固蒋介石的地位是美蒋结盟的必然结果。美国增加对国民政府的援助，一方面是为了支持蒋介石，但更重要的是为了实现中国内部的政治统一，问题是罗斯福提出的政治统一的途径是组织一个国共联合政府。这表明他在一定程度上认识到了中共的力量，并愿意承认中国民主潮流的发展方向。因此，他不赞成蒋介石和国民党推行武力统一的政策，主张国共两党通

---

① John Paton Davis, *Dragon by the Tail: American, British, Japanese, and Russian Encounters with China and One Another* (New York: Norton Press, 1972), p. 299.

过政治谈判，进行民主联合。特别是在抗日战争期间，他始终强烈反对蒋介石和国民党发动反共内战。这是罗斯福政府在对中国现实有一定认识的基础上，对中共及其他一些民主的政治力量所做的妥协。特别是在反法西斯战争期间，罗斯福政府的这种行动对维护中国团结抗战具有重要的积极意义。当然，这种现实成分没有成为罗斯福政府对华政策的主导方面。它受制约于美蒋战略联盟，即便在其对华政策陷入绝境之际，也不可能进一步发展。因此，罗斯福政府的对华政策表现出一个荒唐的特点，即罗斯福政府总是企图使中国的现实去符合、去适应其不现实的设想。

沿着罗斯福政府提出"使中国成为强大国家"到开罗会议这一时期美国对华政策的发展脉络，并不难得出这样的结论：调处国共矛盾是罗斯福政府在历史发展的重要时刻，从维护美蒋战略关系的稳定出发所采取的重要行动；它是实现所谓"伟大的美国梦想"的关键步骤，服从于美国战后对东亚国际秩序的战略规划。国共矛盾是中国政治的核心问题。1943年以后，罗斯福政府对华政策的调整以国共矛盾的尖锐化为起点，以直接介入国共斗争为归宿，这反映了罗斯福政府对华政策调整的焦点和趋势，从这个意义上说，如何解决国共问题，已成为罗斯福政府战时对华政策能否成功的关键。后来的发展证明，那些战时的选择也从根本上决定了战后美国对华政策的基本走向和结局。

第一章
走进泥潭

一　压蒋与联共

　　如果深入分析罗斯福在开罗会议上向蒋介石提出组织联合政府的建议，可以确定其逻辑中包含两个基本前提：第一，罗斯福政府实际上认为中共在中国政治舞台上是一支不容忽视的力量，美国既然将中国视为打败日本的盟国和战后亚太地区的支柱，那么无论是制定战时对华政策，还是规划美国对战后亚太秩序的战略方针，都必须了解中共的政策，掌握中共的动向，这是当时围绕中国展开的国际关系的一大新变化；第二，基于对上述问题的判断，要解决中国的内部统一问题，特别是为了能集中力量对日作战，国民政府需要实行民主化的改革，在一些重要的政治问题上对中共做出必要的让步。上述两个前提是研究开罗会议后美国以调处的方式开始介入国共矛盾的两条基本线索。

　　上述两个前提的存在，决定了罗斯福政府的对华政策在现实中面临的一个关键性问题：如果蒋介石拒绝在政治改革方面做出让步的话，美国该怎么办？罗斯福曾否定了美国将领们在军事问题上的有关建议，即将美国援助作为迫使蒋介石接受史迪威对中国军队拥有指挥权和落实缅甸战役的计划的手段。他告诉美国军事领导人，蒋介石能维持其在中国的统治地位实属不易，而美国"不能用对待摩洛哥的苏丹那样的办法，向他声色俱厉地说话或逼迫他做出承诺"。① 后来的发展证明，他在中国的政治改革问题上也是如此，其结果将在之后的历史叙述中逐步予以展示。

1944 年 6 月 18 日，美国副总统华莱士取道苏联塔什干到达重庆访问，掀开了美国调处国共矛盾的第一页。华莱士这次访华的目的比较复杂，甚至包括罗斯福为了选举需要，而将遭到民主党内部较多人反对的竞选搭档长时间送到国外的政治考虑。② 不过从一次重要的外交行动的角度看，华莱士此次访华的首要任务就是转达罗斯福政府的严重关切，敦促蒋介石和国民政府妥善处理中苏关系和国共关系这两个相互交织的问题。在他即将访华之时，罗斯福非常明确地告诉他，如果蒋介石"愿意招请一位朋友"把国共两党代表"都请进同一个房间"坐下来解决问题，美国人将"很高兴地被请去充当敌对派系之间的仲裁人"。③

在华莱士出访重庆之前，蒋介石已经通过驻华盛顿的外交

---

① 转引自〔美〕罗伯特·达莱克《罗斯福与美国对外政策（1932～1945）》下册，第 555 页。

② 参阅〔美〕迈克尔·沙勒《美国十字军在中国（1938～1945 年）》，郭济祖译，商务印书馆，1982，第 160 页。

③ 《华莱士副总统与蒋介石主席谈话记录摘要》，1944 年 2 月 21 日至 24 日，《中美关系资料汇编》第 1 辑，第 573 页；另参阅〔美〕迈克尔·沙勒《美国十字军在中国（1938～1945 年）》，第 160～161 页。

使节，大致掌握了罗斯福派华莱士访问重庆的主要意图。5月15日，中国驻美大使魏道明电告蒋介石，华莱士访华"似有意探讨于相当时期求一筹划中苏关系之道，以期避免远东及中共将来可能发生之纠纷"。① 蒋介石很快复电魏道明，趁早打消华莱士的这个念头。②

从华莱士在重庆与蒋介石会谈的内容中可以看出，罗斯福显然更关心如何解决中国内部的国共矛盾。华莱士在与蒋介石会谈中，循循善诱地开导后者如何才能避免"俄国克伦斯基政府的命运"。他告诉蒋介石，罗斯福总统相信，国民政府摆脱当前政治危机的出路是实行政治改革，接受中共方面的合理建议，包括允许中共代表参加政府。在美国方面看来，中共不过是一个主张"实行土地改革的民主集团"，而中国社会矛盾的根源是在"经济困难"，"统一必须通过全民福利来表现"。③ 但是，蒋介石除了表示敬佩华莱士在探讨农业对中美关系的影响方面"好学不倦"和"建设性的思考与目标"外，对美国插手国共关系并不感兴趣。将介石认为，罗斯福政府如果企图用要求国民党方面进行民主改革的方式插手国共矛盾，不仅会使中

① 《驻美大使魏道明自华盛顿呈蒋主席报告美国副总统华莱士来华似有意探讨中苏关系及中共问题电》，1944年5月15日，秦孝仪主编《中华民国重要史料初编——对日抗战时期》第三编《战时外交（一）》，第861页。

② 《蒋主席自重庆致驻美大使魏道明嘱向华莱士副总统非正式表示如其来华有调解中央与共党合作之表示则中国抗战局势将因之而动摇电》，1944年5月20日，秦孝仪主编《中华民国重要史料初编——对日抗战时期》第三编《战时外交（一）》，第862页。

③ 《华莱士副总统与蒋介石主席谈话记录摘要》，1944年6月21日至24日，《中美关系资料汇编》第1辑，第578~579页。

国抗战局势"动摇",而且会使中共"更加嚣张",以致"无法消弭赤化之祸害"。①

显然,尽管华莱士等在会谈中苦口婆心,蒋介石却根本不相信资产阶级民主政治能治国民政府的心腹之患。美国人认为蒋介石缺乏现代民主意识,蒋介石则认为美国人不了解中国国情和民族心理。蒋声称中共"比俄国共产党人更加共产主义化",它受苏联和共产国际的指使,企图"夺取"政权和"赤化"中国,而且中共在以往的谈判中"勒索过分,态度顽强"。除非中共交出军队和政权,否则国民政府不排除"被迫予以军事制裁"的可能。如果罗斯福政府有意斡旋,最好先来调解中苏关系,或者将调解中苏关系和调处国共矛盾"同时进行,同时解决",以便一揽子解除国民政府的"内顾"与"侧顾"之忧。否则,罗斯福政府对国共矛盾最好"暂转超然态度",以免将来"啼笑皆非之苦"。②

从6月21至24日,华莱士与蒋介石先后举行了六次会谈。除了双方同意向蒋介石身边派一位罗斯福总统的私人代表来解决蒋介石与史迪威之间的纠纷外,华莱士在美国所关心的实质性问题上未能取得什么进展。如果说还有什么收获的话,那就是蒋介石在美方一再敦促下,迫不得已才同意了驻华美军

---

① 《蒋主席自重庆致驻美大使魏道明嘱向华莱士副总统非正式表示如其来华有调解中央与共党合作之表示则中国抗战局势将因之而动摇电》,1944年5月20日,秦孝仪主编《中华民国重要史料初编——对日抗战时期》第三编《战时外交(一)》,第862页。

② 《华莱士副总统与蒋介石主席谈话记录摘要》,1944年6月21日至24日,《中美关系资料汇编》第1辑,第572~582页;参阅陈孝威《为什么失去大陆》,台北:中国美术印刷厂,1964,第25~44页。

可以向延安派遣"军事观察员"。① 为了敷衍华莱士,蒋介石还在 6 月 23 日向他转交了一份国民党代表与中共代表林伯渠在西安谈判时提出的所谓"政治解决方案"。这个方案包括 20 条内容,在之前的国共谈判中已经被中共中央否决了。②

继华莱士访华之后,罗斯福政府再次敦促国民政府改弦易辙的苦差事,落到了美国驻华大使高斯的头上。在华莱士启程访华时,美国国务卿赫尔打电报给高斯,指示他必须向蒋介石说明,允许美军在中国战区与"中国人"进行军事合作,而且国民政府应该与中共领导人达成协议,撤销对中共控制地区的军事包围,以便国共双方的军队均可致力于对日作战。③

华莱士离华回国以后,高斯便与美国驻华使馆的官员利用各种机会,反复向国民党方面说明,美国目前最关心的是"加强中国的统一战线",罗斯福政府希望蒋介石能采取"有政治家风度的步骤",进行民主改革和改善与中共的关系。8 月 30 日,高斯进一步向蒋介石提出一个具体的方案,即国民党如果不能在广泛的基础上解决国共争端,可行的办法是先成立一个有各党派代表参加的"负责任的"战时内阁。④

---

① 《与蒋主席的会谈》,1944 年 6 月 23 日,《中美关系资料汇编》第 1 辑,第 579 页。

② 《蒋委员长自重庆致美国副总统华莱士关于中央政府对中共问题政治解决方案》,1944 年 6 月 23 日,秦孝仪主编《中华民国重要史料初编——对日抗战时期》第三编《战时外交(一)》,第 867 ~ 869 页。

③ "The Secretary of State to the Ambassador in China (Gauss)", June 15, 1944, The U. S. State Department, ed., *FRUS, 1944, China*, Volume Ⅵ (Washington, D. C: U. S. Government Printing Office, 1967), p. 103.

④ "Memorandum of Conversation, by the Ambassador in China (Gauss)", August 31, 1944, The U. S. State Department, ed., *FRUS, 1944, China*, Volume Ⅵ, p. 550.

在高斯费尽唇舌之后，蒋介石一如既往地拒绝任何进行民主改革的劝告。他嘲笑美国人根本"不懂中国的共产主义问题"，而且简直是在给国民政府制造麻烦。他声称正是由于美国人的某些行动，中共领导人正变得"越来越傲慢"。他还抱怨美国人总是对他喋喋不休，公平合理的办法是美国向中共施加压力，迫使其"服从"国民政府。①

　　美国领导人对蒋介石大为不满，认为他对美国政策的理解"令人失望的绝无进展"。罗斯福郑重其事地告诉在华盛顿访问的孔祥熙："倘（中国）内部有纠纷发生，英、苏乘机而起，则美将无词以对。"② 赫尔也指示高斯转告蒋介石，罗斯福总统和他本人均认为，高斯提出的组织联合内阁和联合军事委员会等建议，"既合时宜又切实际"。只要蒋介石同意，高斯可以直接向中共领导人转达美国方面的这些建议，并且可以邀请史迪威等一同去向蒋介石说明。③

　　然而，尽管罗斯福政府一再做出努力，仍无法使蒋介石按美国指出的方向前进一步。蒋介石除了端出国民参政会来

---

① 《与蒋主席的会谈》，1944 年 6 月 23 日，《中美关系资料汇编》第 1 辑，第 578～579 页。

② 《行政院副院长孔祥熙自华盛顿呈蒋主席报告谒罗斯福总统商谈关于由史迪威指挥华军及纳尔生来华之任务等问题之谈话情形电》，1944 年 8 月 26 日，秦孝仪主编《中华民国重要史料初编——对日抗战时期》第三编《战时外交（一）》，第 180～181 页。

③ "The Secretary of State to the Ambassador in China（Gauss）"，September 9，1944；"The Second Secretary of Embassy in China（Penfield）to the Secretary of State"，No. 45，September 13，1944. 以上见 The U. S. State Department，ed.，*FRUS*，*1944*，*China*，Volume Ⅵ，pp. 567，569。《赫尔国务卿致驻华大使（高斯）》，1944 年 9 月 9 日，《中美关系资料汇编》第 1 辑，第 586 页。

敷衍高斯，对美国直接插手国共矛盾仍然不置可否。显然，蒋认为时机尚未成熟，最有可能的是他还没有从罗斯福政府中相中合适的人选。高斯绝望地报告罗斯福政府，蒋介石对中共的态度"没有什么基本变化"，并表现出"没有任何真正……利用民主的概念"。高斯的看法是，蒋介石根本没有认识到，这样继续拖延时间只会对中共有利。随着时间的推移，一方面国民政府将更加赢弱；另一方面，一旦苏军参加对日作战，他们就会与中共军队合作。此外，日军的失败也会使控制华北的中共军队获得"强大的政治和军事地位"。[①] 的确，面对如此紧迫和复杂多变的形势，罗斯福政府一筹莫展，不知道怎样才能使在日军的攻势下看上去已经风雨飘摇的国民政府利用它剩下的"半个机会"振作起来，从而肩负起美国分配给它的责任。

罗斯福政府在向国民政府施加压力的同时，亦开始与中共建立联系。早在1942年5月下旬，周恩来在重庆会见美国记者斯诺时就提出，希望美国派遣军事代表团和记者访问延安。他还托斯诺转信给正在中国访问的美国特使居里，表达中共愿意同美国合作抗日并希望得到美国的援助。[②] 这期间，时任美国驻华使馆二秘和史迪威司令部顾问的戴维斯曾

① "Memorandum Prepared in the Department of State for the Secretary of State. The Secretary of State to the Ambassador in China (Gauss)", July 24, 1944；"The Ambassador in China (Gauss) to the Secretary of State", September 16, 1944。以上见 The U. S. State Department, ed., *FRUS*, *1944*, *China*, Volume Ⅵ, pp. 484 – 485, 573。
② 中共中央文献研究室编《周恩来年谱（一八九八——一九四九）》，人民出版社、中央文献出版社，1989，第532页。

三次与周恩来会见，询问是否可以与中共军队建立情报合作。周恩来的答复是建议美军派遣"一个军官小组"去陕西、山西等地建立"观察站"。① 这之后，美国驻华使馆的一些官员曾多次向美国国务院提出，美国政府应派遣官方代表访问延安，或者在那里设置官方机构。中共方面的邀请和美国驻华使馆官员的建议等在当时并没有引起美国国务院的关注，不过这的确是后来罗斯福政府决定向延安派遣美军观察组的由来。

1944 年 1 月 25 日，戴维斯再次上书美国政府，力陈尽快与中共建立联系之利害。他在报告中说："我们需要在还能受到欢迎之际，立即派遣—个军事的和政治的观察团到中国共产党地区去搜集敌情，帮助并准备从该区发动某种有限度的作战，获取关于中共实力的精确估计，在设若俄国人攻击日本的时候，报告俄方在华北和满洲的作战情况，和估量华北和满洲发展成为一个分立的中国人的国家或甚至成为俄国卫星国的可能性。"② 戴维斯提出上述建议的目的，显然不仅是考虑到对日作战的军事需要，用他自己的话说，当时他"最关心的是中国正在到来的内战，苏联对它的利用"，以及美国"缺少对中共的第一手资料和联系"。③

戴维斯的报告由霍普金斯转呈罗斯福，这次终于引起美国

---

① 《周恩来年谱（一八九八——一九四九）》，第 533 页。

② 《驻华外交官的备忘录（1943～1945 年）》，《中美关系资料汇编》第 1 辑，第 587 页。

③ John Paton Davis, *Dragon by the Tail*: *American*, *British*, *Japanese*, *and Russian Encounters with China and One Another*, p. 300.

政府的重视。罗斯福立即指示美军领导人加以研究并采取行动，
美国国务院也着手与陆军部协商，如何派代表到延安去。高斯
特别指出，应该派熟谙国共问题的谢伟思同往。2 月 9 日，罗
斯福通过盟军驻中缅印战区指挥官史迪威转告蒋介石，要求允
许美军立刻向中国西北地区派遣代表团。至于为何突然采取这
一行动，罗斯福仅向蒋介石说明了半个理由，即华北和东北是
日军主要集结地区，美军非常需要那里的情报。①

　　蒋介石当然不会不理解罗斯福提出向中国西北地区派代表
团的真实意图，以及由此可能产生的重大政治影响。既然罗斯
福吞吞吐吐，他也不妨拐弯抹角。蒋介石在答复罗斯福的电报
中说，美军可向中国西北地区派代表团，但仅限于在国民党军
队"控制的地区或驻地"，国民党军队可以尽力提供所需的情
报。② 罗斯福碰了软钉子后，于 3 月直接提出美军需要向延安
派军事代表的要求。这回他补充说，这样做还可以了解中苏在
新疆发生冲突的形势。③ 蒋介石这回索性置之不理。直到华莱
士访华时重提此案，蒋介石才被迫让步，同意向延安派遣一个
美军观察组。

　　美军观察组由 18 人组成，分两批于 7 月 22 日和 8 月 7 日
抵达延安。美军观察组是美国向华北地区打入的一个战略楔子。

---

① "President Roosevelt to Generalissimo Chiang Kai‑shek", February 9, 1944,
　The U. S. State Department, ed., *FRUS*, *1944*, *China*, Volume Ⅵ, p. 329.

② "The Ambassador in China (Gauss) to the Secretary of State", No. 2216,
　February 23, 1944, The U. S. State Department, ed., *FRUS*, *1944*, *China*,
　Volume Ⅵ, p. 349.

③ Herbert Feis, *The China Tangle*: *The American Effort in China from Pearl Harbor
　to the Marshall Mission* (Princeton: Princeton University, 1953), p. 159.

综观戴维斯等人建议的内容，美军观察组成员的构成，罗斯福政府为使之成行所做的不寻常的努力，以及中共中央对美军观察组表现出的高度重视和国民政府对它的高度提防，可以肯定地说，只要罗斯福政府愿意，它完全可以以美军观察组为战略支点，改变中美关系的发展方向。然而结果恰如一位美国学者的评价："迪克西使团在通常意义上是失败了，因为它处处居于落后地位。"① 这里的所谓"落后地位"就是指它总是被放在历史进程的尾部——其原因不是形势发展得太快，就是美国决策者的理解太慢。

罗斯福决定派遣美军代表团访问延安，本来既有军事考虑，也有政治意图。但美军观察组到延安后，却只能在军事方面发挥实际作用且极为有限。美军观察组在战时发挥的作用，同罗斯福政府为把它送到延安所做的努力不成正比。这是因为罗斯福努力把美军观察组推到历史的前沿后，又把它撇在历史大道的一边，他宁可相信连蒋介石姓"蒋"还是姓"石"都弄不清楚的"冒牌将军"赫尔利。结果美军观察组的一些成员尽管连篇累牍地提供着被历史证明是有先见之明的分析和建议，却难以从根本上影响罗斯福政府的对华政策。

美军观察组到达延安之际，驻华美军也迅速与中共军队建立起联系。驻华美军采取这种超出常规的行动，首先是基于对日作战的需要。美国第十四航空队需要在华中建立情报通信网；美国战略情报小组需要获得美军准备在中国沿海登陆地区的情

---

① 参见〔美〕D. 包瑞德《美军观察组在延安》，万高潮、卫大匡等译，解放军出版社，1984，"前言"。

报资料；史迪威的中印缅战区指挥部需要了解一旦向华北的日军发动进攻，中共军队到底能提供哪些援助。这一切都需要与中共军队展开合作。从 1944 年夏开始，除了在延安的美军观察组外，在华北诸多抗日根据地、华中新四军五师控制的地区和华南的东江纵队等，均有美军人员在积极活动。在收集日军情报、气象资料，勘察登陆场，了解中共军队在沿海地区分布情况，以及营救落难的美国飞行员等各方面，中共军队与美军的合作都是卓有成效的。[①]

8 月 18 日，中共中央针对美军观察组访问延安发布指示，提出有必要建立和加强与驻华美军的军事合作，并争取在军事合作的基础上，形成双方更多方面的合作关系。该指示指出："美军人员来我边区及敌后根据地，便是对我新民主中国有了初步认识后的实际接触的开始"；"美军人员来我边区及敌后根据地的理由，为有对敌侦察和救护行动之需要，准此可争取其逐渐扩张到对敌作战方面的合作和援助，有了军事合作的基础，随后文化合作，随后政治与经济合作就可能实现，但目前不应希望过高"。[②] 中共领导人当时考虑过，与美军合作有可能引起日军对根据地的扫荡，但他们认为，这一可能的后果同所获政治和军事利益相比，与美军合作仍是利多而害少。因此中共中

---

① 参阅《李先念传》编写组编《李先念年谱（一九〇九——一九四八）》第 1 卷，中央文献出版社，2011，第 443～447 页。

② 《中共中央关于外交工作指示》，1944 年 8 月 18 日，中央档案馆编《中央档案馆藏美军观察组档案汇编》影印版 1，上海远东出版社，2018，第 138、139 页。

央提出了在军事上"放手与美军合作，处处表示诚恳欢迎"。①

中共中央为了加强与美军的合作，特别是配合美军在华北和华中地区的军事行动，向有关部队发出了专门的指示，包括要求各有关部队改进参谋、情报和通信联络等方面的工作。如"增设战略情报机关，定为联络部"，作为同美军进行情报合作的机关；师级和小军区增设联络处或联络科，以便"与美军取得联系"。②

在同中国共产党合作并不断增进了解的基础上，驻华美军各单位多次提出向中共军队提供援助的计划。其中包括戴维斯提出的向连云港附近中共军队空投武器弹药的计划，美军战略情报小组提出的向中共军队提供训练和物资并建立情报网的计划，麦克罗少将提出的美军在山东沿海登陆时与中共军队合作的计划，等等。史迪威亦直接向蒋介石提出，向中共军队"提供五个师的装备和军火，并给予大炮支援"。这一建议得到罗斯福和美国陆军部的支持。史迪威的继任者魏德迈来华不久，也曾为"加强所有中国军队与美军的协调行动以对抗日军"，命令他的参谋人员拟定与中共军队合作的计划。③

---

① 《毛泽东、刘少奇关于我党与美军合作的方针问题给张云逸、饶漱石、曾山等的指示》，1944年9月10日中央档案馆编《中央档案馆藏美军观察组档案汇编》影印版1，第188页。

② 《中央军委关于建立联络机构给华北、五军区、五师、东江、新四军指示》，1944年9月9日；《军委关于向苏浙豫皖发展给华中局的指示》，1944年10月24日，中央档案馆《中共中央文件选集》第14册，中共中央党校出版社，1992，第386~387页；《准备力量向苏浙地区发展》，1944年11月2日，《毛泽东军事文集》第2卷，军事科学出版社、中央文献出版社，1993，第733页。

③ 〔美〕魏德迈：《魏德迈报告》，台北：光复书局，1959，第275页。

10月下旬，中共领导人一度认为美军可能在杭州湾一带登陆，而且"时间可能很快"。中共领导人这时的基本判断是"美国可能在长江下游登陆，我们和他们合作"；美国在中国大陆上与日本作战，"那就不能不依靠中国大陆上的力量，那就不能不与我们合作，与我们合作就对我们有利"。① 遂做相应的部署，命令有关部队向沪杭甬和华北指定地区挺进，在沿海加强游击战争，准备在美军登陆时配合作战并发动大城市的武装起义，包括夺取杭州、上海、南京等大城市，等等。② 驻延安美军观察组组长包瑞德上校也认为，中共军队给予美国陆军的合作和实际协助的程度，几乎是尽善尽美的。

驻华美军与中共军队的合作持续到1945年初。后来由于赫尔利的阻挠，驻华美军与中共军队合作的努力付之东流，此后双方虽然保留着某些接触，但不过是一支序曲中断后留下的余音而已。

1944年夏，美国以压蒋联共的特殊方式介入国共斗争，与当时中国的政治和军事形势有密切关系。它既是罗斯福在开罗会议上提出的方针在现实中合乎逻辑的延伸，也是开罗会议后围绕中国战场发生的一些严重事件猛烈冲击罗斯福政府对华政策的结果。所以，研究开罗会议后中国战场的政治和军事形势，

① 《毛泽东在延安党校作的报告》，1944年10月25日；参阅中共中央文献研究室编《毛泽东年谱（一八九三——一九四九）》中卷，人民出版社、中央文献出版社，1993，第552~553页。

② 《军委关于向苏浙豫皖发展给华中局的指示》，1944年10月24日《中共中央文件选集》第14册，第386~387页；毛泽东：《准备力量向苏浙地区发展》，1944年11月2日，《毛泽东军事文集》第2卷，第733页。

是解开美国以压蒋和联共开始调处之谜的钥匙。

　　大致是从 1943 年 11 月开始，美军在太平洋战场转入战略反攻，在西太平洋广阔的地区与日军展开了一场蔚为壮观的岛屿争夺战。美军凭借优势的海空军力量，取得了一系列令人炫目的战果。随着美军在太平洋上节节推进，对日作战的战略问题逐步成为美军领导人议事日程中的首要问题。

　　1944 年 2～3 月，美军参谋长联席会议和盟军领导人多次在华盛顿举行会议，讨论对日战争的战略规划。在这些会议中，美军领导人一如既往地准备在中国沿海地区实施登陆作战。根据参谋长联席会议的设想，美军最好能够攻占台湾，然后以该岛作为封锁日本和踏上中国大陆的跳板。他们当时对于利用中国军队配合对日作战，以及利用在中国耗资巨大的空军基地对日本发动大规模轰炸等，仍然抱有不切实际的幻想。罗斯福在会议期间重申了美国在太平洋战争中的基本国策之一，即"使中国打下去"。美军领导人也认为，西太平洋地区作战"当然与中国有关"。3 月中旬，美陆军部根据参谋长联席会议的决定，向负责在中国战场收集情报工作的梅乐斯发出通知，美军计划于当年 12 月在中国沿海实施登陆作战，并要求梅乐斯迅速提供从上海到厦门之间各港口和登陆地区的情报，以及中国军队有可能在哪些方面采取配合行动。美军领导人认为有必要通知史迪威，命令他从与中国军队配合作战的角度，提出在中国沿海登陆的最理想的地区。①

---

① 参阅 Herbert Feis, *The China Tangle: The American Effort in China from Pearl Harbor to the Marshall Mission*, pp. 128 - 129；〔美〕威廉·李海《我在现场：

美军利用中国战场进攻日本的计划很快便被证明是难以付诸实施的。从 4 月开始，日军在中国战场发动了代号为"一号作战"的大规模攻势作战。这次战役的目的是在日本的海路交通由于美国海空军的进攻而日益困难的情况下，在中国开辟陆路运输通道，同时彻底扫荡在华东和华南地区的美国空军基地，解除美空军借助中国大陆的基地对日本本土发动空中进攻的威胁。日军在此次号称"百年罕见的大远征"中，取得了出乎意料的战果。约 30 万国民党军队在面对日军的大规模攻击时，由于指挥失当以及很多部队士气不振，虽有一些部队进行了顽强的抵抗，但到战役后期，华东地区的美军机场几乎被一扫而空，衡阳、柳州和桂林等地的美军大型空军基地也相继被迫放弃。过去美军就对国民党军队是否有能力保卫这些空军基地心存疑虑，部分美军领导人担心从中国大陆对日本发动空袭会导致日军发动进攻，摧毁美军的机场，现在这个担心变成了事实。罗斯福政府的军政要员们均对国民党军队的表现大为失望，一向刻薄的美国媒体甚至说中国战场正变成盟军的"癌症"。

中国正面战场一度出现的大溃败的确严重冲击了盟军的战略部署，并成为美国军政领导人的一块心病。特别令他们不能容忍的不仅是国民党军队在军事指挥上的无能，以及军队士气的萎靡不振，还有蒋介石在大难临头之际，仍然顽固地保存军事实力，让部分国民党军队继续为反共内战养精蓄锐

罗斯福、杜鲁门顾问回忆录》，马登革等译，华夏出版社，1988，第 236～237 页；〔美〕罗伯特·达莱克《罗斯福与美国对外政策（1932～1945）》下册，第 696 页。

的种种做法。蒋介石拒绝调动胡宗南所部的精锐之师向日军发动进攻，反而釜底抽薪，要求史迪威将正在缅甸同日军酣战的部分中国远征军调回国内，以拱卫昆明和重庆等。这些部队脱离史迪威的控制后，能否被用于对日作战，对美国来说是不得而知的。

中国正面战场出现大崩溃之颓势，美军长期筹划的对日军事战略受到猛烈冲击等因素，极大地加剧了美蒋的矛盾。在这种情况下，罗斯福政府的一个直接反应就是根据军方的强烈建议，向蒋介石施加压力，要求他尽快解决国共之间的纠纷，其目的首先就是使包括驻扎西北的胡宗南部在内的所有中国军队，都能够全力参加对日作战，从而保证美国既定的战略计划能够落实。同样，驻华美军恰在这个关头积极与中共军队建立联系，也是受到美国军事战略和中国战场的军事形势影响采取的行动。当然，不少参与推动驻华美军与中共军队合作的"中国通"如谢伟思、戴维斯等的确希望以此为契机来推动双方的关系进一步发展，至少是不能再中断联系了。

正当日军在中国战场挥师疾进之时，美军在太平洋战场的攻势也突飞猛进。美军继攻占吉尔伯特群岛之后，很快就从中太平洋和南太平洋对日军发动了全面反攻。特别是美军太平洋舰队依靠其强大的海空军优势力量，成功地运用"跳岛战术"，展开了大跃进式作战，从根本上改变了太平洋战争的面貌。美军的猛烈攻击使日本苦心经营的太平洋防线的中心和南翼很快濒于崩溃。

6月16日，美军按预定计划在塞班岛登陆，经25天激战后占领该岛。经过塞班岛战役，美军一举打破了日军企图坚守的所谓"绝对国防圈",从而切断了日本本土与加罗林群岛的联系。美国海空军直逼日本本土,冲绳岛已是兵临城下。塞班岛战役对中国战场在美军战略计划中的重要性也产生了潜在的影响,美国的 B - 29 重型轰炸机已经可以凭借塞班岛的空军基地,直接空袭日本本土。换句话说,美军在中国建立的空军基地,有一部分已经可以被取代了,而且这个趋势还会随着美军在太平洋地区的继续进攻而进一步发展。

与美军在太平洋战场的推进遥相呼应,史迪威指挥的中国远征军也开始向日军发动反攻。在中国远征军和美军的联合打击下,日军被迫放弃北缅防线,向南收缩兵力。中国远征军在缅甸取得的胜利证明了史迪威长期坚持的观点,即经过改编的中国军队只要装备齐全、训练有素、指挥得当,就比得上世界上任何国家的军队,当然也能够打败日军的精锐部队。不过问题在于,蒋介石绝对不允许别人插手国民党军队,纵使它比不上任何国家的军队。

盟军在缅甸的作战行动是当时亚洲大陆对日作战的焦点,其目的是开辟对华运输通道,以支持美国空军从中国发动对日本的空中攻击,以及在中国战场对日军发动反攻,配合美军在中国沿海地区登陆。但是,血管眼看就要接通,肌体却是支离破碎。由于国民党军队在豫湘桂战役中溃退,以及华东、华南地区的美军机场被摧毁或放弃,发动缅甸战役简直成了舍本求末:一旦中国正面战场崩溃,美军的努力势必前功尽弃。美军方甚至评估"中国作战能力大致已不复成为在中国战场的一个有力因素"。①

---

① 《罗斯福总统致蒋介石委员长的通知》,1944 年 7 ~ 8 月,《中美关系资料汇编》第 1 辑,第 134 页。

美军在太平洋战场的推进和中国远征军在缅甸的胜利与国民党在正面战场的失败恰成鲜明对照，这不可避免地会严重影响美军领导人重新审议整个对日作战的战略。1944年9月，美英军事领导人举行第二次魁北克会议，以协调在欧洲开辟第二战场后的军事行动。会议期间，他们也讨论了美军在太平洋战场的进攻方向，以及为尽快迫使日本投降应选择的最佳军事战略。会议提出两条可供选择的进攻路线：其一是于1945年3月向台湾发动进攻，其二是于1945年2月全力攻占吕宋。会议还决定，如果苏联能早日参加对日战争，美军应避免在亚洲大陆实施代价高昂的登陆作战。① 实际上在此次会议之前，罗斯福已经向在华盛顿访问的孔祥熙透露，美军很可能放弃攻占台湾的计划。② 孔祥熙则向蒋介石报告说，他在美国了解到美国人的"心理"同太平洋战争爆发时相比已有很大改变，他们对中国战场重要性的评估在下降。③

这时中国正面战场的危机已达到顶点，9月15日，史迪威

---

① 参阅〔英〕威廉·哈代·麦克尼尔《美国、英国和俄国：它们的合作和冲突（1941~1946）》（下），叶佐译，上海译文出版社，1978，第618~619页；〔美〕邹谠《美国在中国的失败（1941~1950）》，王宁、周先进译，上海人民出版社，1997，第64页。

② 《行政院副院长孔祥熙自华盛顿呈蒋主席报告谒罗斯福总统晤谈关于中国军事情况及军队数量等问题之谈话情形电》，1944年7月11日，秦孝仪主编《中华民国重要史料初编——对日抗战时期》第三编《战时外交（一）》，第175页。

③ 《行政院副院长孔祥熙自纽约呈蒋主席报告与赫尔利将军晤谈经向其表示美国为求维持世界和平必需扶助中国使之有力方可密切配合电》，1944年8月17日，秦孝仪主编《中华民国重要史料初编——对日抗战时期》第三编《战时外交（一）》，第176~177页。

几乎绝望地向马歇尔报告，"在华南，一切都完了"。他被迫决定放弃桂林的美国空军基地，而且"一旦日本兵出现在柳州，我们就得退出柳州"。① 几乎与此同时，由美国海军上将哈尔西率领的美国特混舰队在进攻莱特湾时，取得出人意料的成功。两相对照，美军领导人遂于10月初做出最后决定，放弃在台湾或中国沿海登陆的方案，选择相继夺取琉球列岛和冲绳，在那里建立攻击日本本土的前进基地。当时正在华盛顿执行任务的麦瑞尔将军回到中国后告诉史迪威：美军扬言需要中国沿海的基地，主要是为了掩护其他计划，中国战场除了牵制日军外，发挥不了其他作用，美军已经无意在中国实施大规模登陆作战。②

第二次魁北克会议结束后，罗斯福和丘吉尔将会议决定通知斯大林。显然，美国对日作战计划的变化增加了与苏联合作的重要性。美国驻苏联军事代表团亦向斯大林提交了美军打算利用西伯利亚的海空军基地的计划。

10月14日，赴莫斯科访问的美军事代表团团长迪恩向斯大林提出，美军希望了解苏军对日作战的具体打算。10月15日，斯大林在答复美方建议时承诺，苏军将在打败德国三个月后参加对日作战，届时将在中国东北对日军发动全面进攻，并准备进攻北平和张家口，以切断日军退向华北的通道。苏军总参谋长安东诺夫将军向美国代表团具体解释了苏军作战计划和

---

① 转引自〔美〕罗伯特·达莱克《罗斯福与美国对外政策（1932~1945）》下册，第705~706页。

② Herbert Feis, *The China Tangle: The American Effort in China from Pearl Harbor to the Marshall Mission*, p. 196.

美苏在东亚协调军事行动等问题。[①]

　　苏联当时明确承诺参加对日作战，必定会对美国对华政策产生重大影响。最显著也是争议较多的一例，是在 1943 年 12 月上旬召开的第二次开罗会议上，罗斯福自食其言，宣布取消在缅甸实施大规模海陆联合作战的计划。

　　在 1943 年 11 月底召开的第一次开罗会议期间，美英中三国首脑及其军事幕僚等详细讨论了三国军队配合夺取缅甸的计划。罗斯福当时很坚定地支持美国军方的意见，不顾英国的反对和拖延，决定尽快在南部缅甸地区向日军发动两栖进攻，以配合中国远征军发动的北缅战役。[②]

　　第一次开罗会议结束两天后，美英苏三国首脑在德黑兰会晤。斯大林正式表示，苏军在打败德国后将参加对日战争，并表示愿意考虑与美军在西伯利亚展开空军联合行动的计划。[③]斯大林采取这一行动显然有其战略考虑，它的意图不仅在于推动美英集中精力在欧洲开辟第二战场，而且在客观上起着离间中美在东亚联盟的作用。这种作用几乎在德黑兰会议一结束便表现出来。

　　在第二次开罗会议上，丘吉尔和英军领导人一把抓住苏联保证参战这根稻草。他们争辩说，如果在缅甸南部实施两栖作

---

① 〔美〕W. 艾夫里尔·哈里曼、伊利·艾贝尔：《特使：与邱吉尔、斯大林周旋记（1941～1946）》，第 406～407 页。

② Herbert Feis, *The China Tangle: The American Effort in China from Pearl Harbor to the Marshall Mission*, pp. 116～117.

③ 〔美〕W. 艾夫里尔·哈里曼、伊利·艾贝尔：《特使：与邱吉尔、斯大林周旋记（1941～1946）》，第 297 页。

战，就会影响在欧洲开辟第二战场。况且国民党军队能做出的贡献是微不足道的，美英不值得为打通滇缅公路消耗可贵的战争资源。美军方则坚持认为，盟军不在缅甸发动进攻，日军便会乘机进攻印度；如果中国军队得不到两栖作战的配合，则意味着缅甸战役不是失败，就是取消。双方在争论不休的情况下，决定由罗斯福和丘吉尔评判取舍。

罗斯福支持缅甸作战方案时，既考虑到当时作战的军事意义，也是为了长远的政治利益而为国民党政府打气。现在，他是在与几天前完全不同的气氛中重新衡量缅甸战役的得失，难免要改变初衷。12月5日，罗斯福决定接受英国的建议，放弃在南部缅甸实施两栖作战的计划。在开罗会议召开之前，罗斯福曾经告诉马歇尔，对于中国"最糟糕的是我们每次都遵守不了我们的诺言，我们连一次诺言都没有履行"，他对此表示"十分厌恶"。① 这回罗斯福又把蒋介石晾在一边，而且没有再感到"十分厌恶"。当然，这并不等于说他对这样做可能产生的后果满不在乎。中国战场毕竟牵制着日军一半以上的师团，而且国民党政府也刚刚被美国确定为"四强"之一。

美军内部也存在不同的看法。美国海军部部长李海上将对罗斯福的决定表示悲观，认为美国"正进行可悲的冒险，蒋可能在战争中垮掉，……如果中国完了，麦克阿瑟和尼米兹在太平洋已经够呛的任务，将更为艰巨。日本大量的人力将转用于

---

① Herbert Feis, *The China Tangle: The American Effort in China from Pearl Harbor to the Marshall Mission*, p. 118.

对付我们对日本本土的进攻"。① 这种分析使罗斯福也紧张起来，第二天便询问史迪威，蒋介石"还能存在多久"。当听到史迪威关于"局势很严重"，再出现类似浙赣战役的局面，"蒋介石可能被推翻"的答复时，罗斯福表示美国必须找另外一批人"继续干下去"。② 这句话听起来很有些认庙不认神的味道，它的确反映了罗斯福此时此刻极度忧虑的心境。但是，如果同罗斯福此前此后的言行相比较，任何过多的引申和附会都难以自圆其说。

应该指出，苏联将参加对日战争的保证和美军在太平洋战场突飞猛进的战果等，虽然都是影响美国对华政策的重要因素，但不足以抹杀中国战场的重要性，它们不过是导致美军放弃更充分利用中国战场向日军发动反攻的诸多原因中的一部分。事实表明，蒋介石和国民政府长期奉行消极抗战、保存实力的政策，才是导致罗斯福政府中的军政要员越来越低估国民党军队和中国战场的作用的主要原因。国民党军队在1944年春之后的表现使美军领导人大失所望，亦在情理之中。

一些论著在评论1944年罗斯福政府对华政策的变化时，比较多地强调美国军事战略的变化对美蒋关系的影响，认为"当美国力量未逮中太平洋之时（1943年6月以前），美国只恐维

---

① Charles F. Romanus and Riley Sunderland, *Stiwell's Command Problems*（WashingtonD. C.：Office of the Chief Military, Dept. of the Army, 1956），pp. 70 - 71.；Herbert Feis, *The China Tangle：The American Effort in China from Pearl Harbor to the Marshall Mission*, p. 118.

② Theodore H. White, *The Stiwell Papers*（New York：W. Sloane Associates, 1948），p. 251.

护中国战场之不力，当美国力量一及中太平洋之时，美国便唯恐回避中国战场之不速"。[①] 罗斯福政府在军事上的确是急功近利的，而且也是唯利是图的。客观地看，这并没有什么不合理。但罗斯福政府希望国民党政府发挥的作用不仅是拖住中国战场的100万日军。王邦宪先生所著《太平洋战争时期美国对华政策的演变》一文，根据美国政府公布的数字统计，1945年1月至8月，美国向国民政府提供的经济援助为22650万美元，相当于1943年和1944年两年经济援助总额的3.7倍；罗斯福政府在同期给予国民政府的军事援助，则相当于1943年和1944年两年军事援助总额的两倍。[②] 这也许更能证明罗斯福政府的对华政策是否唯利是图。这里不可回避的问题是，蒋介石和国民政府的消极抗战政策，的确导致了军事失败的悲惨结果并造成了恶劣的政治影响。如果说罗斯福政府的军事战略调整对当时的中美关系有什么影响，同美蒋关系相比，对美国与中共之间关系发展的影响更大。它实际上使美国与中共打交道时终于摆脱了对日作战的军事需要所带来的羁绊，为美国介入国共斗争提供了独特的条件。

冲击罗斯福政府对华政策的另一起重大事件，是1944年春中苏关系严重恶化。从16世纪80年代起，沙皇俄国开始向西伯利亚地区拓疆展界。到17世纪中叶，俄国领土伸展到中国黑龙江一带，从此开始中俄间的接触。沙皇政府对中国长期奉行

---

① 梁敬錞：《史迪威事件》，商务印书馆，1973，第13页。
② 参阅王邦宪《太平洋战争时期美国对华政策的演变》，《复旦学报》1983年第4期。

扩张与侵略的政策，在中俄边界接壤地区遗留下大量需要解决的问题，在中俄两国之间播下了不和与猜忌的种子。十月革命以后，苏俄政府曾经数次公开宣布废除沙皇政府强加给中国的一切不平等条约。但是，在当时复杂的历史条件下，中俄之间虽然多次谈判和交涉，却没有解决多少实际问题。直到第二次世界大战爆发，中苏两国之间仍有许多历史遗留问题悬而未决，其中包括东北地区的主权与中东铁路的归属、外蒙古的地位、苏联对中国新疆地区的政策以及与盛世才政权的关系等。由于日军控制着华北并在东北建立了一个傀儡伪满洲国，中苏在东北和外蒙古的接触实际上被日军侵略势力隔断了，双方矛盾的焦点自然集中到新疆地区。

1933年，新疆发生反对金树仁统治的"四一二"政变，盛世才利用这次政变的机会，在新疆取得了统治地位。他为了维持在新疆割据称雄的局面，扯起"亲苏反帝"的旗帜，企图背靠苏联的扶持，借助外力抵抗国民政府的压力。他这样做的结果之一，是为苏联向新疆渗透打开了方便之门。当时苏联通过向盛世才政权提供援助，取得了在新疆通商、采矿、派遣顾问乃至驻军等优越权益，并在新疆政治中发挥着举足轻重的作用。

苏联在新疆的影响迅速扩大，引起国民政府的严重不安。尽管苏联领导人一再公开表示，苏联承认新疆是中国的一个省，苏联对新疆没有领土野心，可这听起来总像是"此地无银三百两"。国民政府当时的担心主要有两点：其一是新疆在苏联的影响下，变成第二个外蒙古；其二是中共通过新疆地区加强同苏联的联系，获得苏联的援助。为了防止这两种危险发生，蒋介石和国民政府一直密切监视盛世才的动向，伺机重新控制新疆局势。皖南事变发生以后，胡宗南部队在巩固西部战线的同时，全力加强陕北陇东封锁线，从而形成了一条长3000里、宽500里的防线，目的是形成东援北围西堵的战略基地，既可以防止中共向南面国统区渗透，又能够严密监视盛世才的动向并向其施加压力。

苏德战争爆发后，西线的巨大压力使苏联一时无暇东顾。蒋介石利用国际形势变化提供的有利时机，加强了对盛世才的压力，试图一举解决新疆长期割据的局面。1942年8月，蒋介石视察西北地区，部署西北地区防务，推动解决新疆问题。蒋介石驻留兰州之时，派宋美龄前往迪化"招安"，宣传以三民主义治理新疆，拉拢盛世才反苏反共。

盛世才当时看到苏联正陷于重重困难之中，遂再次投机，在蒋介石威逼利诱之下，决定投靠国民政府。双方商定，胡宗南部队进驻武威、张掖、酒泉和敦煌一线，帮助盛世才防堵中共军队和苏军可能对新疆发动的联合进攻。军事部署完成之后，盛世才便公开宣布反苏反共。国民政府随即派遣干部和军队进入新疆，并迫使苏联撤回驻新疆的军队。从1943年5月4日起，苏共中央政治局召开会议，讨论新疆的局势。会议决定采取措施推翻盛世才在新疆的统治，代之以"忠于苏联的新疆原住民代表组成的政府"。① 会议结束后，苏联陆续撤出驻新疆的

---

① 转引自薛天衔《苏联对中国新疆的战略和策略——以苏联对新疆三区革命的战略策略为中心的探讨》，徐曰彪编《中苏历史悬案的终结》，中共党史出版社，2010，第103页。

军队和顾问，并撤退专家、技术人员以及援助新疆的工业设备等，并中断了与新疆的贸易。苏联在新疆的行动一时间给国民政府造成几乎无法解决的经济问题。

新疆政局的动荡直接导致中国西北边境地区的不安宁。1943年秋，新疆阿山地区（今阿尔泰地区）哈萨克族酋长乌斯满率部进攻驻扎青河和乌河的中国守军。1944年春，中国政府军队向哥萨克军队发动反击。3月，中国守军在追击哥萨克军队时，多次遭到来自外蒙古的苏军飞机的轰炸和扫射。[1]

一波未平，一波又起。3月30日，苏联与日本签署渔业协定。国民政府立刻将此解读为苏日双方同意不参与针对对方的战争。国民政府还宣传说，苏联因与日本改善关系而撤出在西伯利亚地区的驻军，致使部分关东军得以入关参加"一号作战"。

苏联对国民政府的反苏宣传立即予以反击。4月2日，塔斯社发自乌兰巴托的电讯指责中国军队"侵入蒙古人民共和国"，并用飞机扫射难民和居民。塔斯社的电讯还声称，如果再发生类似事件，苏联将根据苏蒙互助条约，支持和援助外蒙古"保卫此共和国的领土与安全"。苏联驻华大使亦向国民政府发出内容相同的照会。

---

[1] 《外交部次长吴国桢在重庆接见苏联驻华大使潘友新告以我剿匪军队在新省东北遭到套有红五星徽飞机轰炸情形并请苏方与我合作调查此项飞机之来源谈话纪录》，1944年3月13日；《新疆边防督办盛世才自迪化呈蒋委员长报告五角红星飞机来我军上空轰炸情形电》，1944年3月12日。以上见秦孝仪主编《中华民国重要史料初编——对日抗战时期》第三编《战时外交（二）》，第458~459页。

蒋介石当然清楚地知道他同苏联打交道有多少本钱，并一直担心在新疆反苏会招致报复。除非拉住美国做后盾，否则难操胜券。蒋介石吸引美国注意的手段便是宣传"苏联赤化中国"。

新疆事变发生后，蒋介石于 3 月 17 日向罗斯福告急称，来自外蒙古的苏联飞机多次轰炸和扫射在新疆承化和奇台地区追击叛军的中国军队；而且自 2 月以后，中共军队开始在陕北集结，准备夺取河防地区国民党军队的阵地，这显然是由于苏联与日本达成"某项之谅解"。[①] 4 月 12 日，蒋介石再次提醒罗斯福注意，中苏纠纷靠国民政府"自制"是无法解决的，美国对此必须明确表态。[②] 他随后指示驻美大使魏道明向罗斯福说明，共产国际对中国的"一贯政策"是"夺取中国政权"，并"使美、日在东方两败俱伤"，然后"其赤化远东、独霸世界之政策乃得如计实现"。[③]

4 月 30 日，魏道明奉命会见了美国务卿赫尔。他在会见中阐述了国民政府对苏日签署渔业协定和苏联在新疆的行动的看法，认为苏联的这些行动"显示苏联远东政策实施之开端，与

---

① 《蒋委员长自重庆致美国总统罗斯福告知最近发生而与远东战事发展有密切关系之重大事件电》，1944 年 3 月 17 日，秦孝仪主编《中华民国重要史料初编——对日抗战时期》第三编《战时外交（一）》，第 164 页。

② 《蒋委员长自重庆致美国总统罗斯福希望其对外蒙、新疆边境事件能作一切可能之努力电》，1944 年 4 月 12 日，秦孝仪主编《中华民国重要史料初编——对日抗战时期》第三编《战时外交（一）》，第 168 页。

③ 《蒋委员长自重庆致驻美大使魏道明嘱向罗斯福总统特别提明共产国际对中国一贯政策及我政府对共党之政策电》，1944 年 4 月 17 日，秦孝仪主编《中华民国重要史料初编——对日抗战时期》第三编《战时外交（一）》，第 169~170 页。

具体对欧扩张势力有同等意味"。① 5月11日，魏道明拜见罗斯福时表示，国民党政府对美国的大政方针始终"协同一致，追随其后"，希望美国对国民党政府的"合理要求与可能援助，甚至其能主张一切"。② 蒋介石拉美反苏的外交行动严重恶化了东亚的国际气氛。从1944年春开始，国民政府与苏联的互相攻讦有增无减，双方的对立有日益尖锐的趋势。

如果说中国正面战场的溃败干扰了美国的军事战略，中苏关系严重恶化则冲击了美国在亚太地区的全部计划。能否得到苏联的合作，是罗斯福政府制订对日军事战略和处理战后亚太地区一系列重大问题的关键之一。罗斯福始终认为，在战争时期同苏联和睦相处、发展合作关系是美国唯一的选择。同时，他也相信在二战结束后，苏联除了集中力量重建满目疮痍的家园，不大会有余力驰心旁骛。因此，他将争取合作作为美国处理对苏关系的主旨。罗斯福相信，依靠他个人的才干和美国的实力是能够协调美苏在各地区的关系的。从1943年夏开始，罗斯福政府已经感到有必要了解苏联在亚太地区的战略意图，并积极寻求妥善处理双方在这个地区的关系的途径。

---

① 《驻美大使魏道明自华盛顿呈蒋主席报告与赫尔国务卿晤谈关于苏联之远东政策及中共在美之宣传等问题之谈话情形电》，1944年4月30日，秦孝仪主编《中华民国重要史料初编——对日抗战时期》第三编《战时外交（一）》，第170~171页。

② 《驻美大使魏道明自华盛顿呈蒋主席报告谒罗斯福总统晤谈关于援助中国、苏俄之远东政策等问题之谈话情形电》，1944年5月11日，秦孝仪主编《中华民国重要史料初编——对日抗战时期》第三编《战时外交（一）》，第171~172页；"The Charge in China（Atcheson）to the Secretary of State"，July 21，1943，The U.S.State Department，ed.，*FRUS*，*1944*，*China*，Volume Ⅵ，p.772。

美国当时在东亚有求于苏联的两个问题，一是促使苏联早日参加对日作战，二是争取苏联保证支持美国的对华政策。推动苏联尽早参加对日战争对于美国的军事意义不言而喻，它既可以减少美军在太平洋战争中的牺牲，又可以早日结束战争，而其政治背景几乎凝聚了美日俄在东亚近半个世纪的纠纷。罗斯福政府当然不希望在付出了巨大代价之后，在这一地区却出现对美国不利的局面。因此，促使苏联早日参加对日战争和协调美苏的对华政策，成为影响罗斯福政府战时对苏政策的一个至关重要的因素。

　　太平洋战争爆发后不久，罗斯福政府曾要求苏联对日宣战，允许在西伯利亚地区建立美国空军基地，并共同向中国提供援助，但均被斯大林拒绝。直到1942年夏，苏联的态度才发生变化。1943年10月30日，斯大林在克里姆林宫举行的告别宴会上告诉来访的赫尔，苏联将参加对日作战。特别使赫尔兴奋的是，斯大林当时没有为苏联参加对日作战提出任何条件。[①] 在11月举行的德黑兰会议上，苏联参战已经是罗斯福与斯大林讨论东亚问题的前提。1944年春，美国驻苏联军事代表团开始与苏联讨论在西伯利亚建立空军基地的具体问题。经过长期努力，美国好不容易获得苏联参战的保证，当然不能允许因中苏关系恶化和蒋介石推行反苏政策而遭到破坏。

　　争取苏联支持美国的对华政策，是罗斯福政府在亚太地区必须解决的另一个重要问题。苏联的地理位置和它在战争中已

---

① Herbert Feis, *The China Tangle: The American Effort in China from Pearl Harbor to the Marshall Mission*, pp. 100 – 101.

经显示的巨大实力，使它对亚太形势的影响力显而易见。而且苏联参加对日战争后，势必要对中国某些地区实行军事占领。到那时，苏联会因此成为决定国共斗争前景的关键力量之一。中国内部不统一的局面将肯定成为国民政府同苏联打交道时的根本弱点。因此，罗斯福政府除了促使苏联承认中国的大国地位外，还必须争取苏联在处理中国内部事务方面赞成美国的立场，承认蒋介石和国民政府在中国的统治地位。

罗斯福政府的对华政策包含在亚太地区取得优势地位和限制苏联的意图，但仅靠支持日渐衰弱的国民政府是不可能达到此项目的的。所以在中国问题上，罗斯福政府不得不争取同苏联达成妥协。罗斯福正是揣着解决美国对华政策的内在矛盾的目的，前往德黑兰会见斯大林的。他决心与斯大林做一笔交易，而且相信斯大林会同他一起"为实现民主与和平的世界而努力"。在德黑兰会议期间，罗斯福告诉斯大林，美国"正在装备和训练30个中国师"，并准备"再搞同样的30个师"，而且中国"存在着一个展开攻势的前景"。罗斯福在解释美国对华政策时说："毕竟中国是一个有四亿人民的国家，把他们当作朋友，总比当作一个潜在的麻烦来源要好一些。"罗斯福显然很自信：在美国的援助下，国民政府最终会实现稳定，而其军事实力将会不容忽视，因此斯大林一定会通情达理。罗斯福既然决心为美国寻求一个"朋友"，斯大林难道会为苏联找一个"潜在的麻烦"吗？斯大林作为一个经验丰富的政治家，对罗斯福的意图洞若观火。他一开始便指出："中国人仗打得很糟，……这是中国领导人的过错。"他向罗斯福表示，苏联同意东北、台湾、澎湖列岛等都应归还中国，不过"必须使中国人打仗"。当罗斯福谈到应当允许中国共产党人参加政府时，斯大林表示了赞成。① 斯大林虽然寥寥数语，但其传递的信息却相当明确。苏联支持罗斯福政府的对华政策是有条件的，国民政府只有积极抗战和实行民主改革，才能赢得声誉和苏联的承认。

斯大林有条件地承认国民政府的表态，加快了罗斯福政府介入国共矛盾的步伐。后来发生的新疆事件则使罗斯福政府进一步意识到，要改善国民政府和苏联的关系有多么棘手。特别是蒋介石把苏联在新疆的行动同中共生拉硬扯到一起，好像中国真的正在被苏联与中共里应外合地"赤化"，这更使罗斯福政府感到有必要尽快实现中国内部的统一。否则国民政府处于软弱无力的地位，美国就会失去与苏联讨价还价的筹码。

无独有偶，6月，美国著名记者李普曼告诉美国国务院远东司，他从苏联记者的谈话中得到的印象是，苏军参战后，势必要与控制华北战略要地的中共军队合作。由于担心这样做会引起同国民政府和美国的纠纷，苏联可能会拖延参战。显然，国共矛盾已成为改善中苏关系和推动苏联早日参加对日作战的重大障碍。如果中国内部问题不早日解决，美国战时和战后在东亚的利益难免会受到损害。

美国首先采取的措施是防止中苏纠纷扩大化。4月10日，罗斯福打电报告诉蒋介石，值此"同盟国间亟需团结以努力从

---

① 《德黑兰雅尔塔波茨坦会议记录摘编》，第5～6、41页；Elliott Roosevelt, *As He Saw It*, p. 180。

事作战之时",建议蒋介石采取现实的态度,"将此目前事件予以搁置",一直到战争结束为止。① 赫尔还通过中国驻美使馆特别提醒蒋介石注意,"直接的反苏宣传有可能损害盟国间的友好关系",而且"只要目前国共紧张局势存在,苏联将继续表现出不愿扩大给予国民政府真正的政治和军事援助"。② 罗斯福政府息事宁人的态度对抑制中苏关系进一步恶化产生了积极的影响,但中苏纠纷的暂时平息并不等于问题已经解决。罗斯福政府决心通过解决中国内部统一问题,为改善中苏关系创造条件。

从更广阔的范围着眼,前述华莱士和高斯采取压蒋妥协的行动,可以说是罗斯福政府急于摆脱美国在中国面临的困局而迫不得已走出的一步棋,反映了罗斯福政府为协调美苏政策和改善中苏关系而创造条件的迫切心情。同样,美国向延安派遣观察组,在一些美国的"中国通"看来是为了拉住中共,防止其"投入苏联怀抱"。一旦美国达到此目的,其结果等于打掉苏联手中的王牌,堵塞住苏联介入中国内部事务的渠道。控制中共同在亚太地区取得对苏联的优势,对于罗斯福政府来说本来就是一个问题的两个方面。一向精明的罗斯福不会不向往这

---

① 《美国总统罗斯福自华盛顿致蒋委员长建议暂时搁置外蒙、新疆边境事件电》,1944年4月10日,秦孝仪主编《中华民国重要史料初编——对日抗战时期》第三编《战时外交(一)》,第167页;"The Ambassador in China (Gauss) to the Secretary of State", April 11, 1944; "The Secretary of State to the Ambassador in China (Gauss)", April 11, 1944, The U. S. State Department, ed., *FRUS*, *1944*, *China*, Volume Ⅵ, p. 772。

② "The Secretary of State to the Ambassador in China (Gauss)", June 15, 1944, The U. S. State Department, ed., *FRUS*, *1944*, *China*, Volume Ⅵ, p. 104.

种令人满意的前景。

既然压蒋与联共是罗斯福政府调处国共矛盾过程中最初的也是特殊的阶段，而1944年春开始日趋紧迫的中国战场的危机和中苏关系恶化又是罗斯福政府以这种方式直接介入中国内部事务的重要推力，那么随着中国政治和军事形势的变化，罗斯福政府也势必要调整其策略。这在美国领导人看来，当然是顺理成章的。

二 史迪威与赫尔利

华莱士和高斯与蒋介石的会谈表明，罗斯福政府调处国共矛盾的努力从一开始便陷入困境。恰在此时，中缅印战区的盟军司令史迪威将军与蒋介石的矛盾也发展到了不可收拾的地步。这场冲突以史迪威大倒其霉而告终，其结果之一便是美国陆军少将赫尔利以罗斯福总统特使的身份登场，而且很快便取代了到期离任的高斯，担任美国驻华大使。史迪威被调离中印缅战区导致罗斯福政府调处国共矛盾的政策出现波动，而赫尔利在其中一直起着举足轻重的作用。唯有对史迪威被调离这一事件追根溯源，才能了解赫尔利参与调处国共矛盾的来龙去脉。

史迪威被调离中印缅战区的前因后果是抗战时期中美关系史中特别引人注目的问题之一。台湾一些学者在他们的著作中，把史迪威指挥中印缅战区期间采取的一些行动称为酿成中美战时合作的悲剧的"种子"，对国民政府的危害大得"不可以估计"。他们认为，史迪威与蒋介石矛盾的根源是极其复杂的，包括双方对史迪威在中国战区的"参谋长地位权限之不同解释""中国战区自始未受西方盟邦平等之待遇"，以及史迪威个性"恣睢乖张""性情暴躁"，等等。①

蒋介石应该最明白，为什么他会同史迪威争论不休。他把引起双方争执的原因归结为谁该拥有美国援华物资的控制权和分配权，以及如何认识和利用中共军队抗日等问题。在蒋介石看来，理所当然地应该由国民政府来控制和分配租借物资。其动机并不难理解，毕竟那是一笔巨大的军事资源，可以用来加强国民党军队的实力。问题是美国方面，特别是史迪威本人坚定地认为，蒋介石从来没有真正打算用美国装备起来的国民党军队同日军作战，如果美国方面放弃了租借物资的控制权，就再也没有办法迫使国民党军队同日本人打仗了。利用美国援华物资作筹码，迫使蒋介石和国民政府按照美军的计划同日军作战，是美国军方一直试图运用的手段，当然，罗斯福本人对运用此法不时地表现出游移不定。②

同样，史迪威主张利用中共军队对日作战，甚至愿意向中共军队提供美国装备，也是为了尽快打败日本而全面开掘中国的战争资源。而蒋介石本来就对打日本人兴趣不大，况且中共军队一旦得到美国的武器装备，势必如虎添翼，严重威胁蒋介石和国民政府的统治地位。史迪威与蒋介石矛盾的症结是，史

---

① 参阅郭荣赵《中美战时合作之悲剧》，台北：中国研究中心出版社，1979，第291页；梁敬錞《史迪威事件》，第6、14、23页。
② 关于罗斯福的态度变化，参阅〔美〕罗伯特·达莱克《罗斯福与美国对外政策（1932～1945）》下册，第554～556页。

迪威在贯彻罗斯福政府的军事计划，采取各种可能的手段来推动国民党军队同日军打仗；蒋介石抱定的宗旨则是"以拖待变"，坚决保存实力，准备打他的"第三个战争"——内战，当下则是让美国人去同日军拼个你死我活。这既是美蒋战略利益分歧的基本点，也是史迪威与蒋介石矛盾的起点。

当然问题也并不这么简单，仅仅是美蒋战略利益的分歧，尚不足以使史迪威落得被召回的结局。合乎逻辑的发展应该是，史迪威不断得到罗斯福政府不遗余力的支持，而实际情况恰恰相反。史迪威自从到中国后，便一直受到华盛顿的掣肘，在改革国民党军队和对日作战的方针等一系列重大问题上，一再两面碰壁。

1942年5月，盟军在保卫缅甸的战役中败北。雄心勃勃地指挥国民党军队的史迪威经此一役，痛感有必要给国民党军队动一次改革的大手术，才能使之成为真正能打击日军的力量。他认为国民党军队在缅甸失利的主要原因，包括"劣等装备""军火不足""运输工具不足""无供应机构""临时凑成的医疗服务""愚蠢的指挥""蒋介石的干涉"等。于是，史迪威下决心按照美军的标准，重新编练一支美式的中国"新军"。他回到重庆的第二天，在身患重病难以行走的情况下，仍如约会见了蒋介石，向他提出改革国民党军队的三项措施：第一，实行精兵政策，"少数可靠的、装备优良的、得到良好供应的师，会比把现时平均数增加一倍价值更大"；第二，清除不称职的高级指挥官，否则国民党"陆军会继续走下坡路"；第三，选择一能干之人全权指挥和控制参加缅甸战役的国民党军队，

"不受任何人干涉"。①

史迪威的建议完全符合美军的意图，并得到了美军领导人的支持。他们认为，使国民党军队在目前的对日战争中尽可能发挥作用，固然是当务之急，不过国民党军队也只有通过同日本人打仗，才会强大起来，成为维护蒋介石统治地位的可靠力量。陆军部长史汀生后来曾不无遗憾地说："如果蒋介石让史迪威执行他最初的计划，据此规模和方式训练中国军队，他一定会真正发现，在战争结束时他将拥有一支强大有力的军队，他的军事地位是毫无疑问的。"②

但是，史迪威这时提出这样的军队改革计划，只能表明他对蒋介石的本性缺乏认识。国民党政权带有浓厚的军阀色彩，保存实力可以说是这个政权的首要诉求之一。而保存实力，首先就是保存军事实力，军队则是核心。蒋介石知道，美国在对日战争中对他尚有所求，只要抓住军队，就不怕美国鹅不在他的窝里下金蛋。蒋介石希望史迪威只是一位带着糖果和同情探望患者的友人，从来没有打算向他请教高明的诊断和药方。难怪史迪威百思不得其解地在日记中写道："为什么这个小笨蛋不了解他的希望在于实行整编三十个师的计划，建立一支单独的、有效的、装备优良而训练有素的军队呢？"③

---

① Charles F. Romanus and Riley Sunderland, *Stiwell's Mission to China* (Washington D. C. ：Office of the Chief Military, Dept. of the Army, 1953), pp. 153 – 154.

② Henry L. Stimson and McGeorge Bundy, *On Active Service in Peace and War* (New York：Harper and Brothers, 1948), p. 539.

③ 转引自〔美〕迈克尔·沙勒《美国十字军在中国（1938～1945 年）》，第127 页。

史迪威终于明白，改革国民党军队不过是痴人说梦。于是1942年8月，他向美军参谋长马歇尔建议，罗斯福政府应该用租借物资同蒋介石讨价还价，否则美国在中国战场必定无所作为。史迪威的建议得到军方的支持。陆军部作战处在权衡利弊后亦认为："给予中国的租借物资不应看作慈善事业，而应以交换条件为基础，即在获得它们以前，中国先从事军事改革，而中国的军事成就为继续租借法案唯一可以接受的保证。"①

但是，罗斯福此时正瞩目他梦想中的那个有关中国和亚太地区的"更远的将来"。他已经相信他的助理居里等的判断，认为蒋介石和国民政府是"完全可以信赖"的。居里于7月上旬访问了重庆，同蒋介石多次长谈，向后者转达了罗斯福对华政策之要旨和美国援华计划的军事战略背景，包括史迪威关于改革中国军队和在缅甸发动第二次攻势的计划。蒋介石在会谈中抱怨美国援华物资之不力，乃至到了"一机赴华，亦感心疼"的吝啬程度。居里最后建议蒋介石制订一个采取军事行动的方案，以便与史迪威的军事设想协调起来，然后就可以将美国援助500架飞机和每月运送5000吨作战物资等要求囊括其中，蒋介石欣然接受了。② 经居里回到华盛顿后积极游说，罗斯福终于答应向国民政府提供500架飞机，空运物资增加到每月5000吨。他告诉蒋介石，"今后必将在技术困难许可之下，

---

① Charles F. Romanus and Riley Sunderland, *Stiwell's Mission to China*, p. 223.
② 《蒋委员长在重庆接见居里先生商讨史迪威将军所拟三路攻势作战计画谈话纪录》，1942年7月26日，秦孝仪主编《中华民国重要史料初编——对日抗战时期》第三编《战时外交（一）》，第656~661页。

尽速尽量以接济之"。① 12 月 16 日，罗斯福还告诉蒋介石，美国在战后"将确认中美英苏为世界上的四大警察"。② 罗斯福的决定表明史迪威注定要倒霉了，而且事实上罗斯福当时已经动了将史迪威召回的念头，只不过被他的军事幕僚们劝阻了。③

果然，罗斯福不久便通过马歇尔斥责了史迪威提出的"讨价还价"政策，认为史迪威对蒋介石的态度"是完全错误的"。他称蒋介石是"四亿人民无可争议的领袖"，特别是"他在一个很短的时期内，在全中国创造出我们要花两个世纪才能达到的局面，这是一个多么伟大的工程"，所以美国人不应该"向他声色俱厉地说话或逼迫他做出承诺"。④

很难相信，罗斯福真的认为蒋介石确实完成了那样"伟大的工程"。更为合理的解释是，他其实是在杀一儆百，借批评史迪威以统一美国军方的意见，给华盛顿那些对蒋介石和国民政府持批评和轻视态度的军方人士一些颜色看，不允许他们继续干扰他钦定的对华政策。

正当史迪威与蒋介石闹得不可开交时，美国驻华空军指挥

① 《美国总统罗斯福自华盛顿致蒋委员长表示将在技术困难许可之下尽速尽量以急需之物资接济中国函》，1942 年 9 月 16 日，秦孝仪主编《中华民国重要史料初编——对日抗战时期》第三编《战时外交（一）》，第 721 ~ 722 页。

② "Draft of Letter From Mr. Owen Lattimore to Generalissimo Chiang Kai - shek. The Consul at Kunming（Ludden）to the Ambassador in China（Gauss）"，No. 29，December 16，1942，The U. S. State Department，ed. ，*FRUS，1942，China*，p. 186.

③ 参阅〔美〕迈克尔·沙勒《美国十字军在中国（1938 ~ 1945 年）》，第 115 页。

④ 〔美〕罗伯特·达莱克：《罗斯福与美国对外政策（1932 ~ 1945）》下册，第 554 页。

官陈纳德提出一套不同凡响的空战计划。陈纳德在抗战爆发后，曾担任中国空军的顾问。1941 年 8 月，蒋介石批准成立中国空军美国志愿航空队，陈担任队长，积极参与中国空军的培训和空战。太平洋战争爆发后，1942 年 7 月 4 号，罗斯福政府决定将美军志愿航空队纳入美军陆军正式编制，成为美军第十航空队的一部分，陈纳德担任该部队少将指挥官，统领美空军在华作战行动。10 月，陈纳德交给正在重庆访问的罗斯福总统特使、美国共和党领导人一封信，请他转交给罗斯福。他在信中自命不凡地宣布："只要我拥有作为一个美国驻华军事指挥官的全部权力，我不仅能打垮日本，而且能使中国人变成美国持久的朋友。我相信，我能培植这种友谊，使中国世世代代成为一个大的友好的贸易市场。"他告诉罗斯福他的计划很简单，由 105 架新式战斗机、30 架中型轰炸机，以及"在最后阶段（今后几个月内），再要几架重型轰炸机"组成空军，并保证得到 30% 的战斗机补充和 20% 的轰炸机补充，就可以在"六个月内，至多一年内"摧毁日本空军，然后"瓦解"日本。至于保卫机场，陈纳德认为只要有一定数量的美国空军的支援，国民党军队完全可以胜任。① 1943 年 5 月，他再次向罗斯福强调，这才是"征服日本之门"。蒋介石对陈纳德的空战计划赞赏备至，因为史迪威一直迫使国民党军队同日本人打仗，而陈纳德的计划却可以让美国空军为他打仗。他告诉罗斯福尽管放心，一旦日军企图从地面袭击空军基地，以阻止美军的空中攻势，

---

① 转引自〔美〕杰克·萨姆森《陈纳德》，石继成、许忆宁译，东方出版社，1990，第 204~208 页。

现有的中国"陆军力量足资应付"。①

　　陈纳德的空战计划立即遭到美军领导人的强烈反对。马歇尔对日军不久前发动的浙赣战役记忆犹新。他提醒罗斯福注意，如果美军扩大在华的空中行动，必将招致日军从空中和地面的反击，保护美军的机场至关重要，而这个任务只能由国民党军队承担。因此，要发动大规模和持续的空中行动，就必须具备这样两个条件：第一，需要有训练有素和统一的中国军队，以便能承担保卫美军机场的重任；第二，只有打通缅甸到云南的交通线，才能保障美国空军在中国战场的供给。史迪威的态度更直截了当："如果没有什么东西需要空军去掩护，那么空军的掩护就分文不值了。"② 1943 年 5 月，马歇尔代表军方得出的结论是：如果空中进攻没有强有力的地面行动配合，"被刺激的日本人可能会扫荡在中国和印度发起攻击的基地"。③ 这一预见被一年后日军发动的"一号作战"证明是正确的。

　　陈纳德计划之虚幻成分显而易见，罗斯福很可能是宁愿装作没看见。他告诉马歇尔，美国必须"在政治上支持蒋介石，空中行动对中国的士气非常重要"。罗斯福一再强调，必须以"充分合作"的态度援助蒋介石，任何认为"支援中国盟友是不可能的态度，都是不能容忍的"。而且"蒋介石是国家和军

---

①　秦孝仪主编《中华民国重要史料初编——对日抗战时期》第三编《战时外交（二）》，第 223 页。

②　Herbert Feis, *The China Tangle: The American Effort in China from Pearl Harbor to the Marshall Mission*, p. 60.

③　Herbert Feis, *The China Tangle: The American Effort in China from Pearl Harbor to the Marshall Mission*, p. 64.

队的领袖"，所以表达反对他的意见，"在心理上是困难的"。特别是在华盛顿游说的宋子文不断提出美国再不如何如何，"中国就拟单独同日本议和"，罗斯福"在心理上"就更困难了。① 他决定让陈纳德去"击败日本"，何况陈纳德还夸下海口，说"可以使中国永远做我们的朋友"。罗斯福力排众议，明确指示有关部门，将每月运进中国的物资中的40%拨给陈纳德的第十四航空队。从1943年7月开始，每月运进中国的7000吨物资中，必须拨出5000吨供陈纳德调用。然后罗斯福兴冲冲地告诉蒋介石，他"充分相信，从战略观点来看，今年我们能做的首要事情之一，是从中国起飞飞机去打击敌人"。② 罗斯福支持陈纳德的空战计划，与其说是出于战略考虑，不如说是出于政治需要而用美国的空中行动来贿赂蒋介石，促使他支持美国的亚太政策。

史迪威的确是在一条羊肠小道上艰难跋涉，对他的束缚不仅来自蒋介石，而且来自罗斯福。史迪威奉行的军事第一的原则与罗斯福的长远规划既有一致之处，又有分歧，而其分歧方面又往往干扰罗斯福钦定的大政方针，使罗斯福大为不满。当然，这并不是说史迪威对中国的政治问题所涉及的广阔领域缺乏理解。

1944年7月，史迪威曾这样写道，国共斗争继续存在的结果，将是战后中国立即发生内战，如果苏联参战，"红军自然

---

① 〔美〕杰克·萨姆森：《陈纳德》，第209页；Herbert Feis, *The China Tangle: The American Effort in China from Pearl Harbor to the Marshall Mission*, p. 67.

② 〔美〕罗伯特·达莱克：《罗斯福与美国对外政策（1932~1945）》下册，第558页。

将倾向俄国的影响和控制，这将直接影响中苏关系，同时间接地影响美苏关系"。如果美国不果断地采取行动，它"在中国的威望将经受严重的痛苦"，中国不会对目前的战争"做出任何贡献，并播下战后中国混乱的种子"。史迪威执拗地认为，国民政府只有通过大刀阔斧的军事改革和同日本人作战，才能得到在战争结束时"保持稳定的手段"。①

但是，罗斯福并不这样认为。在他看来，蒋介石尽管不愿意同日本人打仗，却表示愿意同美国"站在一道"，拥戴美国"负起领导责任"，甚至可以做到"违背我们自己的判断"来"支持美国的政策"。所以罗斯福无论如何都要"使委员长高兴"。史迪威的悲剧不仅是美蒋战略利益冲突的产物，而且是美蒋战略联盟的结果。从罗斯福决心使"伟大的美国梦想"变成现实之日起，号称美国最优秀的陆军将领史迪威，就注定要成为美蒋政治联盟的牺牲品。

1944年夏，由于中国正面战场发生严重的危机和国民政府继续奉行保存实力的政策，史迪威与蒋介石之间一度平静下来的冲突再次爆发，而且一发不可收拾。7月初，史迪威在答复马歇尔的一份电报中提出，挽救中国战场的唯一出路，是蒋介石给予他指挥中国军队的全权，调动西北地区的国民党军队和中共军队，从山西向日军发动反攻。他要求美国政府必须以最强硬的语气说话，否则蒋介石肯定"说什么也不干"。② 美军领

---

① Theodore H. White, *The Stiwell Papers*, pp. 321 - 322.

② Herbert Feis, *The China Tangle：The American Effort in China from Pearl Harbor to the Marshall Mission*, p. 169.

导人立刻建议罗斯福，应就此问题向蒋介石明确表态，并批准提升史迪威为上将。[1]

在军方的强烈要求下，罗斯福终于下决心，要求蒋介石将中国军队的指挥权授予史迪威，以便美国在中国战场力挽狂澜。7月7日，罗斯福打电报提醒蒋介石："亚洲的未来以及美国在此区域内所付出的巨大努力都处于危险之中。"除非授予史迪威指挥包括中共军队在内的一切中国军队的全权，否则"我们的共同事业将遭受严重挫折"；而且，除史迪威外，目前无人"有能力、力量和决心来抵消现时威胁中国的灾难"。[2]

面对来自美国的巨大压力，蒋介石认为应付办法不外三种：一是拒绝，二是接受，三是拖延。他的选择是"缓和处之"。"缓和"即拖延解决，但并非消极地拖住不办，而是设法找机会讨价还价，努力将事件导向对他有利的结局。首先，蒋介石在答复罗斯福的电报中提出，为解决史迪威指挥权问题，第一步"应由罗斯福总统派一位熟悉政治以及军事问题并得到总统完全信任的"美国代表访问重庆，与他"共策进行"。用高斯的话说，蒋介石的目的就是希望得到一位"能向史迪威发号施令的总统私人代表"。[3] 这样做的好处是既能限制史迪威的权力，还可以撇开史迪威，另辟更直接地向白宫施加影响的渠道。蒋介石成功了。7月15日，罗斯福电告蒋介石，他已经决定派

---

① 〔美〕迈克尔·沙勒：《美国十字军在中国（1938～1945年）》，第164页。
② 《罗斯福总统致蒋介石委员长的通知》，1944年7～8月，《中美关系资料汇编》第1辑，第134～135页。
③ Charles F. Romanus and Riley Sunderland, *Stiwell's Command Problems*, pp. 385–386.

一位私人代表到重庆去协助协调蒋介石与史迪威的关系，只不过蒋介石需要"采取一切步骤，为史迪威将军能在最短期内取得统帅权一事，先做准备"。①

其次，蒋介石提出，解决军事问题必须满足他的政治条件，即中共必须服从国民政府的"行政和军事命令"，才能"处于史迪威的权力之下"，而他要拥有对与中共军队合作的否决权。② 蒋介石在华莱士访华期间便在玩弄这种讨价还价的谋略，提出美国如果打算调动胡宗南部队向日军反攻，必须以解决国共问题为先决条件。蒋介石此次故技重演，是企图利用美国急于要中国军队对日作战的机会，达到控制中共军队的目的。

最后，将国民党军队分为第一线兵团和第二线留守兵团。第一线兵团交史迪威指挥，编制和装备由美方负责，人事调动权仍由蒋介石控制，中共军队不列入史迪威统率范围。此方案为何应钦提出，获蒋介石同意，经修饰后拟成条文，由孔祥熙直接转呈罗斯福。③ 蒋介石的目的是一旦迫不得已接受美方的要求，还可以据此限制史迪威，使他能够指挥的部队除了云南的部队外，不过再加上薛岳和张发奎的几个师而已。

蒋介石的缓兵之计确实为他摆脱困境带来了转机，赫尔利

① 《罗斯福总统致蒋介石委员长的通知》，1944 年 7 ~ 8 月，《中美关系资料汇编》第 1 辑，第 135 页。

② Charles F. Romanus and Riley Sunderland，*Stiwell's Command Problems*，pp. 385 – 386；〔美〕杰克·萨姆森：《陈纳德》，第 280 ~ 281 页。

③ 《行政院副院长孔祥熙自华盛顿呈蒋主席报告谒罗斯福总统商谈关于由史迪威指挥华军及纳尔生来华之任务等问题之谈话情形电》，1944 年 8 月 26 日，秦孝仪主编《中华民国重要史料初编——对日抗战时期》第三编《战时外交（一）》，第 180 ~ 181 页。

使华便是这个转机的枢纽。8 月 10 日，罗斯福在征得蒋介石同意后，决定派遣赫尔利以总统私人代表的身份访问重庆。[1] 蒋介石要求罗斯福派遣一位"具有政治远见和有能力的、有影响的个人代表"，目的是将"军事合作"置于"政治合作的基础上"；罗斯福则告诉蒋介石，赫尔利就是他心目中那位"有远见和政治能力的私人代表"，一定能够对协调蒋介石与史迪威的关系"有很大的贡献"。[2] 蒋介石所谓的"政治合作"，就是要美国与他合作解决军令和政令统一的问题。罗斯福对此表示"很能理解"，而且赫尔利和史迪威也充分了解蒋介石面临的政治问题。他还告诉蒋介石，准备免除史迪威在租借物资方面的"负担"。租借物资必须控制在美国人手中，史迪威可以不必过问，以免蒋介石为此不依不饶。罗斯福虽然也明确表示，"交由史迪威将军统率的军队，不应有限制。凡用以保卫中国和攻击日本的军队，均应由他指挥"，[3] 但这在中国政治的现实中被证明不过是纸上谈兵，蒋介石对此并不会特别介意。罗斯福这样做未必是糊里糊涂钻进蒋介石的圈套，也有可能是顺水推舟。既然蒋介石坚持把解决"政治问题"作为"军事合作"的前提，美国又何妨以争取"军事合作"为契机，彻底解决中国内部的政治问题，关键是看赫尔利有没有这个本事了，而罗斯福

---

① 《罗斯福总统致蒋介石委员长的通知》，1944 年 7~8 月，《中美关系资料汇编》第 1 辑，第 135 页。

② 《罗斯福总统致蒋介石委员长的通知》，1944 年 7~8 月，《中美关系资料汇编》第 1 辑，第 135 页。

③ 《罗斯福总统致蒋介石委员长的通知》，1944 年 7~8 月，《中美关系资料汇编》第 1 辑，第 135 页。

和美国军方都对他颇有信心。

不管罗斯福政府打的什么主意，蒋介石反正把赫尔利使华当作他转守为攻的杠杆。一位美国总统的私人代表横插在蒋介石和史迪威之间，可以起到三种作用：或者使双方的关系"有效及和谐"，或者被利用来挟制史迪威，或者取史迪威而代之。因此，罗斯福决定派私人代表使华这个决定本身，就已经意味着史迪威的地位被削弱。更何况赫尔利虽然自负，对中国政治和蒋介石与史迪威之争的症结等却缺乏基本的了解，而且他到重庆的时候，甚至都搞不清楚蒋介石到底姓"蒋"还是姓"石"。

蒋介石自赫尔利到重庆后，便开始在后者与史迪威之间"以夷制夷"。蒋介石此时已经确信，触犯史迪威并不一定会冒同美国决裂的风险，关键是拉住赫尔利。他在赫尔利身上显然很下了一些软功夫，以致赫尔利很快就相信，美蒋之间的全部分歧不过就是蒋介石不喜欢史迪威，而且仅此一点也不过是由两人性格差异引起的。难怪蒋介石打电报给罗斯福，把赫尔利吹得天花乱坠，说他"不仅异常谙达人情"，而且了解"问题之观点"，因而深得他本人的"完全信任"。①

蒋介石在拉拢赫尔利的同时，还不断为史迪威设置障碍。史迪威所要取得的军事指挥权包括调动指挥各战区国民党军队之权、对军队指挥官的任免赏罚之权、使用中共军队并为此向

① "Generalissimo Chiang Kai - shek to President Roosevelt, Major General Patrick J. Hurley to President Roosevelt", October 10, 1944, 1 p. m., The U. S. State Department, ed., *FRUS, 1944, China*, Volume Ⅵ, p. 170.

其提供军事装备之权等。特别是关于使用中共军队问题，史迪威坚持将其作为一项纯粹的军事性质的安排；如果将其同难以解决的政治问题纠缠在一起，结果只会是竹篮打水一场空。事实表明，史迪威亟盼获得的这些权力，无一不受到蒋介石的限制。经过旷日持久的电报往返和谈判，史迪威始终无法越雷池一步，而蒋介石却等到了摊牌的机会。

9月15日，蒋介石又一次向史迪威宣泄了一个半小时的不满情绪，然后要求他要么将尚在缅北作战的某部队南调，去进攻八莫；要么让在缅甸作战的卫立煌部队退过萨尔温江（中国称怒江），东返保卫昆明。蒋介石釜底抽薪的要挟使史迪威怒不可遏。他立即向马歇尔告急，声称美国在中国战场所做的一切努力都将因此付之东流，而且"关于指挥权问题的会谈拖沓毫无进展"，现在必须使蒋介石认识到，"再事拖延和无所行动"将会产生什么样的严重后果。①

史迪威的报告在美国参谋长联席会议上引起骚动。会议刚刚做出尽快收复全缅甸的决定，现在这个决定完全有可能因蒋介石自行其是而流产。9月16日，罗斯福签署了一份由军方起草的给蒋介石的电报，措辞激烈地教训蒋介石必须记住，只有立刻采取行动，才能保住他"多年来奋斗的成果"，以及美国为支援他所"做出的努力"。否则，"政治和军事方面的考虑都将因军事上的惨败而落空"，美国继续维持和增加援助也不再可能"充分发挥作用"。蒋介石必须准备接受这种"后果"并

① Charles F. Romanus and Riley Sunderland, *Stiwell's Command Problems*, pp. 435 – 436.

承担"个人责任"。① 同日，罗斯福与丘吉尔将第二次魁北克会议制定的对日作战计划通告蒋介石。

史迪威信心满满地把罗斯福的电报看成塞进蒋介石嘴里的"辣椒粉"，以为靠这"有力的一拳"，一定会把蒋介石打垮。结果适得其反。很难设想蒋介石会不知道他向史迪威提出从缅甸撤回中国远征军会引起什么样的后果，而罗斯福的电报终于成了他摊牌的借口。9月24日，蒋介石召见赫尔利，一本正经地宣布了三个"不能"：第一，三民主义是"立国主义"，"不能有所动摇"；第二，国家主权与尊严是"立国命脉"，"不能有所损伤"；第三，"国家与个人人格不能污辱"。因此罗斯福政府必须将史迪威召回。不过他最后没有忘记补充一句，他本人和国民政府都保证会支持任何一位真正"富于友谊合作精神"的美国军人来担任中国战区的指挥官。② 备忘录发出后，蒋介石尚嫌不足，随即指示孔祥熙在华盛顿加强游说，以防不测。

蒋介石的要求在华盛顿掀起了一阵轩然大波。一时间美国军政大员众说纷纭，罗斯福也举棋不定，唯有赫尔利果断地落井下石。他在与蒋介石会谈时，把责任一股脑儿推到史迪威身上，并为蒋介石出谋划策，以便使罗斯福政府有台阶可下，也可能包括使他自己有台阶可上。10月10日，赫尔利向罗斯福转呈蒋介石的信和一份备忘录，并附上他的评论。他在评论中

---

① "President Roosevelt to Generalissimo Chiang Kai - shek", September 16, 1944, The U. S. State Department, ed., *FRUS*, *1944*, *China*, Volume Ⅵ, pp. 157 - 158.

② "Major General Patrick J. Hurley to President Roosevelt", October 10, 1944, The U. S. State Department, ed., *FRUS*, *1944*, *China*, Volume Ⅵ, p. 167.

说:"在我离开华盛顿之前,您告诉我您的目的就是阻止中国崩溃和使中国军队打下去。作为达到此目的计划的一部分,您决定维护蒋介石的领导地位。根据对此间形势的研究,我相信没有哪位中国领导人能够像蒋介石那样提供与您友好合作的基础。蒋介石与史迪威基本不能调和,现在您不得不在蒋介石和史迪威之间做出选择。在您和蒋介石之间不存在其他争议。蒋介石同意您的每一请求,除了史迪威的任命之外。"①

电报发出后,赫尔利坐卧不宁,唯恐罗斯福犹豫不决,再生变故,以致威胁到他在重庆的地位。经过一夜"不成寐"之后,10月13日,赫尔利又向白宫发出一封长电。他在电报中危言耸听地提醒罗斯福:"如果在目前的争执中支持史迪威将军,您将失去蒋介石,并可能因此失去中国。"② 赫尔利在这里大概说出了罗斯福实际上早晚都会做出的选择。诚如戴维斯所言,在罗斯福眼中,"蒋介石就是中国",美国失去了蒋介石,就会随之"失去"中国。如果失去了史迪威,毕竟还有赫尔利。10月21日,"斧头"落到史迪威头上,他终于被撵出中国。③

史迪威被调离中印缅战区,标志着罗斯福政府的战时对华政策经历一次严重的失败。史迪威的积极支持者之一,美国陆军部部长史汀生认为,史迪威被召回表明,美国付出了巨大的

① "Major General Patrick J. Hurley to President Roosevelt", October 10, 1944, The U. S. State Department, ed., *FRUS*, *1944*, *China*, Volume Ⅵ, p. 170.

② Charles F. Romanus and Riley Sunderland, *Stiwell's Command Problems*, pp. 464 - 465.

③ 《史迪威将军的报告》,《中美关系资料汇编》第1辑,第137页;〔美〕罗伯特·达莱克:《罗斯福与美国对外政策 (1932~1945)》下册,第710页。

努力，却得到"可怕和悲惨的结局"。史迪威的另一位有力支持者马歇尔表示，他决心不再让任何一位美国将军去中国。因为事实表明，美国人不会得到"真诚的支持"。

但是，一位美国将军的命运毕竟不能同美国的战略利益相提并论；同罗斯福政府一厢情愿但此时仍然情有独钟的美蒋战略关系相比，史迪威去哪里指挥打仗的确是无足轻重的。何况罗斯福政府已经为支持蒋介石"付出了巨大的代价"。这实际上就是一笔投资，为了得到加倍的报偿，就必须加以保护。撤换史迪威表明，罗斯福政府的对华政策已经走上一条恶性循环的轨道。在这种恶性循环中，美国又开始一轮新的"巨大的努力"，这次肩负重任的是赫尔利。

三 赫尔利翻云覆雨

综观罗斯福政府解决有关史迪威指挥权问题的过程，可以大致看出美方的思路是准备以解决国共政治分歧作为利用和装备中共军队对日作战的先决条件，而这可以视为蒋介石和国民党方面预设的陷阱，即起码可以阻止驻华美军直接与中共军队合作。史迪威本人曾向蒋介石提出两点建议：一是由他本人前往延安去见中共领导人，要求他们表示"正式承认蒋的政权"；二是美军会首先将更多的军事装备提供给国民党军队。史迪威的目的是解中国战场的燃眉之急。① 赫尔利即使没有参与这个

---

① 参见〔美〕邹谠《美国在中国的失败（1941～1950）》，第108～109页；〔美〕迈克尔·沙勒《美国十字军在中国（1938～1945年）》，第169页。

方案的制订，至少也是完全了解其内容的。

　　就中国政治和国共矛盾的层面分析，撤换史迪威也可以说为罗斯福政府提供了一种可能性，即以统一中国军队指挥权为契机，一举打破美国解决国共矛盾所面临的困境。罗斯福本人或许没有如此深入的思考，但可以确定赫尔利尽管对国共问题的了解和理解都惊人的肤浅，但对这种做法还是很有雄心的。如果同罗斯福政府的对华政策联系起来，史迪威提出的这个当时没有被蒋介石接受，后来被赫尔利执行的方案至少有两个问题特别值得提出。首先如前所述，罗斯福政府对华政策的出发点是"维护蒋介石的领导地位"，这一点被赫尔利充分理解并铭刻心中。其次是增加在国共之间做交易的策略，赫尔利以军队统一促使国民政府在政治方面妥协，同时以蒋介石的政治让步钓出中共军队。不理解这种策略，就很难理解为什么后来赫尔利在调处走入绝境时，竟频频回首，对在延安与中共领导人达成的"五点协议"留恋不已，一直认为它是"能够借以与共产党进行谈判的基础"，也是使中共同意交出军队的唯一文件。

　　罗斯福给赫尔利的正式命令是使史迪威更容易地取得指挥权，同时也包括与正为解决国共纠纷无出路而苦恼的高斯等保持密切的联系。美国国务院则进一步向赫尔利介绍了在解决国共问题上的进展和主要障碍，并明确要求他在解决中国的政治问题上支持和帮助高斯。① 赫尔利在临行前曾走访欧洲司，要求得到关于苏联对华政策的相关信息，并对他应采取何种政策

---

① 《赫尔利将军所获得的训令》，《中美关系资料汇编》第 1 辑，第 139 页。

提出建议。他在那里还透露，他将取道莫斯科赴华，并在莫斯科同苏联领导人会谈。至少他给人的印象是，这样的安排均得到罗斯福的首肯。[①]

另一方面，赫尔利被选拔出来使华也因他在二战中的某些经历。赫尔利作为一名共和党人，却在战争中一贯支持罗斯福的外交政策，多次受命奔走于政治纠纷丛生之地，又往往能施展出独到的手腕取得一些显著的效果，因此颇得罗斯福的赏识。1942 年冬，赫尔利曾访问苏联，当时还被允许到前线走了一圈，成为第一个享此殊荣的美国将军。1943 年 11 月，在开罗会议召开之前，赫尔利曾受命为调解中苏关系访问重庆，与蒋介石相处融洽。罗斯福的信任、苏联方面的好感、蒋介石的垂青等因素加在一起，使赫尔利看上去是一个得天独厚的人选，在重庆可以左右逢源。

赫尔利从华盛顿启程后，一口气走完四大步骤，为参与国共谈判铺平了道路。他离美后首先访问了莫斯科。8 月 31 日，他在克里姆林宫会见了时任苏联外交人民委员莫洛托夫，两个人专门讨论了中苏关系和中国问题。根据时任美国驻苏联大使哈里曼给国务院的报告，与赫尔利同行的纳尔逊告诉莫洛托夫，罗斯福主张积极与蒋介石和国民政府合作的目的，就是尽快打败日本，为此"美国政府必须支持蒋介石并使中国完全统一"。纳尔逊表示，希望就此问题了解苏联的看法。莫洛托夫在发言中抱怨蒋介石和国民政府恩将仇报，不顾苏联曾经积极援华抗

---

① Herbert Feis, *The China Tangle: The American Effort in China from Pearl Harbor to the Marshall Mission*, pp. 79 – 180.

日，致使中苏关系"每况愈下"。他说苏联对中国内部事务不负任何责任，不应把苏联与中共"联系起来"；一些中国人"自称是共产党人"，不过是表达他们对经济状况不满而已，与共产主义"没有任何关系"。莫洛托夫重申，苏联将欢迎美国在中国政治、经济和军事等各方面发挥主要作用，对罗斯福政府挑选"最优秀的人物"赫尔利去重庆帮助中国实现统一，苏联"至感高兴"。①莫洛托夫的这番谈话使赫尔利断定他的使命不会受到来自苏联的干扰。

9月6日，赫尔利与纳尔逊到达重庆，他们第二天就会见了蒋介石。赫尔利在这次会见中立即告诉蒋介石：第一，罗斯福派遣他使华的宗旨是"维护国民政府的巩固，拥护委员长是中国的领袖"。蒋介石对此则"频频点首，表示感谢"。第二，莫洛托夫声明苏联并不支持中共，并且非常希望能改善中苏关系。蒋介石当时虽然对此表示怀疑，但经赫尔利一再解释，竟然终于"相信中国共产党不是苏联的代理人"。在这次会谈中，蒋介石不过是在敷衍赫尔利。赫尔利却声称他从中看到了统一中国的"前景"，蒋介石"表现出符合"罗斯福愿望的"明显趋势"。

9月12日，赫尔利起草了一份"十点建议"，供蒋介石和国民党方面了解他的使命和宗旨。十点建议的第一条就强调"中美合作首要目的是打败日本和解放中国而实现中国一切军

---

① "The Ambassador in the Soviet Union（Harriman）to the Secretary of State", September 5, 1944, The U. S. State Department, ed., *FRUS*, *1944*, *China*, Volume Ⅵ, pp. 254 – 256.

事力量的联合"。此外，除了一些不着边际的陈词滥调如"集中在中国的所有资源""提出目前和战后的经济计划"等之外，实质性内容反映在第二、第三、第五诸条中，包括改善中苏关系以支持国民政府，在蒋介石领导下"统一一切军事力量"，支持蒋介石"在民主的基础上努力实现政治统一"。建议中的另一个重要内容就是解决史迪威的指挥权问题。① 国民党方面的答复一如既往。蒋介石表示，应将"十点建议"分为两个部分，前六项涉及中国政治的"可作为一个问题"，涉及史迪威指挥权的条款需要在"一个国际协议"中解决。宋子文则更直截了当，提出应将"在民主的基础上"一句从第五条中删除。②

赫尔利使华的重要任务之一，是使史迪威"容易实现"获得中国军队的指挥权，但他在调解史迪威与蒋介石矛盾的最后阶段，竟帮助蒋介石撵走了史迪威。对形势的判断固然是赫尔利决心帮助蒋介石赶走史迪威的重要因素，不过也不能排除个人的野心驱使。赫尔利来华前便觊觎驻华大使的职位，结果遭到国务院的拒绝。赫尔利到重庆后，显然没有放弃这种企图。当他感到史迪威与蒋介石的矛盾已经无法调和后，便认为如果继续支持史迪威一味蛮干下去，既不符合他所理解的罗斯福的初衷，也会使他自己陷入尴尬的境地，尤其是他自认为还肩负着全面贯彻罗斯福政府对华政策的使命，这从"十点建议"中可以明显地看出来。赫尔利显然不打算无功而返，于是他决定通过帮助罗斯福做出撤

---

① "Missions of Hurley and Nelson", September 8, 1944, The U. S. State Department, ed., *FRUS, 1944, China*, Volume Ⅵ, p. 259.

② 《赫尔利九月十二日提出的十点建议》，孟广涵主编《抗战时期国共合作纪实》，重庆出版社，1992，第372页。

换史迪威的所谓"明智"的抉择，保住自己的地位。

赫尔利并没有就此为止，接下来，他一面帮助蒋介石赶走了史迪威；一面又用帮助赶走史迪威做本钱，同蒋介石做了一笔交易，换取蒋介石向他保证，将"承担责任与中共达成一项协议"。① 在调解史蒋矛盾的同时，通过美国驻华大使馆的安排，赫尔利与中共驻重庆代表建立了联系。他数次会见了董必武和林伯渠等人，在会见中强调蒋介石的政治地位问题。他说蒋介石在中国还是一位举国公认的"抗日领袖"，而且在他看来蒋介石的态度已经有所改变。例如允许赫尔利与中共代表接触，允许他在必要的时候访问延安。赫尔利在会见中也承认"中国现政府不民主"，而中共军队"组织训练都好、力量强大"，是"决定中国命运的一种因素"。所以，中共"应取得合法地位"，国民政府的"军事领导机关中应有中共党员参加"，美国租借物资的分配也"绝不应偏于哪一党"。赫尔利还进一步提出了他对国共谈判程序的设想，可以首先由双方代表达成一个"初步的结果"，然后再出他到延安与毛泽东会谈，"求得合作的基础"，最后是"蒋毛见面"，共同"发表宣言，两党便合作起来了"。在军事方面，他说美军将很快在中国沿海登陆，所以中国"不团结"将"妨碍军事行动"。②

---

① "Memorandum by Mr. Troy L. Perkins of the Division of Chinese Affairs", November 14, 1944, The U. S. State Department, ed., *FRUS, 1944, China*, Volume Ⅵ, pp. 692 - 693.

② 《赫尔利的表示》，1944 年 10 月 17 日；《董、林关于第二次和赫尔利谈话向毛泽东汇报电》，1944 年 10 月 18 日；另参阅《毛泽东年谱（一八九三——九四九)》中卷，第 551～552 页。

赫尔利与中共代表的这些谈话在当时也不是虚伪之词，其内容既符合罗斯福政府当时对国民政府的状况和国共两党力量对比的估计，也符合罗斯福政府一个时期以来调处国共矛盾的基本方针，美国领导人的确有意通过以蒋介石为领导中心的民主方式来解决国共矛盾。赫尔利在"十点建议"第五条中明确写道，支持蒋介石"在民主的基础上努力实现政治统一"，这反映了罗斯福政府打算在政治问题上促使蒋介石做出妥协的意向。赫尔利当时虽然接受了宋子文的意见，删掉"在民主的基础上"几个字，但不等于他同意改变罗斯福确定的原则。

经过会谈，赫尔利给中共代表的印象是"态度诚恳"。林伯渠、董必武等中共代表根据中共中央的指示，向赫尔利发出了访问延安的邀请，并向他提供了国共谈判的背景资料。中共中央这时同意赫尔利参与国共谈判，既符合中共中央的对美政策，也是基于对当时罗斯福政府调处国共矛盾政策的估计。毛泽东在董必武和林伯渠与赫尔利会谈的报告上的批语中写道，罗斯福政府由于担心蒋介石的地位不稳，"在许蒋存在条件下，可以作出一些有利于我们的交易来"。[①] 换言之，中共领导人当时认为，罗斯福政府调处国共矛盾是出于无奈，所以有可能用维护蒋介石的统治地位作为条件，同中共做政治交易。

史迪威调离中国之际，赫尔利已全部完成了参与国共谈判的准备工作。他在了解双方的基本立场后，于 10 月 28 日提交一份被称为"五点建议"的草案，其内容是："一、中国政府

---

① 《毛泽东年谱（一八九三——一九四九）》中卷，第 552 页。

与中国共产党，将共同合作，实现国内军队统一，以便迅速打败日本和解放中国；二、中国政府与中国共产党均承认蒋介石为中华民国的主席及所有中国军队的统帅；三、中国政府及中国共产党均拥护孙中山之主义，在中国建立民有、民治、民享之政府，双方将采取各种政策，促进和发展民主政治；四、中国政府承认中国共产党为合法政党，所有国内各政党，均予以平等、自由及合法的地位；五、中国只有一个中央政府和一个军队，所有官兵不论属于中共军队还是政府军队，均将根据其等级，享受与政府军队同等待遇，其各单位军火和军需的分配，亦享受同等待遇。"[1] 赫尔利曾将此方案给在重庆的中共代表看过，中共代表对其的看法用赫尔利的话说，这个方案是"相当无害的"。[2]

赫尔利的"五点建议"基本概括了他在"十点建议"有关部分提出的原则和他在与中共代表会谈时阐述的观点。他提出这样的方案似乎有些自相矛盾，好像一面声称维持蒋介石的统治是他使华的宗旨，一面又在实际上削弱蒋介石的统治地位。不过在美国人的观念中，并不存在这种矛盾，至少个是尖锐到不可调和。赫尔利至少在一开始与罗斯福的看法是一样的，他们相信只有在政治改革问题上做出妥协，才能巩固蒋介石和国民政府的统治地位。

赫尔利的"五点建议"一定使蒋介石大吃一惊。蒋介石对

---

① "Draft by Major General Patrick J. Hurley", October 28, 1944, *FRUS*, *1944*, *China*, Vol. Ⅵ, p. 659.

② Herbert Feis, *The China Tangle：The American Effort in China from Pearl Harbor to the Marshall Mission*, p. 214.

军队问题从来都是最敏感的。在他的认知系统中，赫尔利这样解决军队统一，无异于承认国共双方地位平等。而泛泛地表达他为国家领袖，在中国政治现实中并没有什么实际意义，并不足以维护国民党一党统治的原则。他授意王世杰和张治中修改赫尔利的方案。经过修改的提案仍然保持着"五点建议"的形式，内容却已经有了根本性的改变。国民党方面修改后的"五点建议"是："一、中国政府与中国共产党，将共同工作，来统一在中国的一切军事力量，以便迅速击败日本与重建中国。二、中国共产党军队，将遵守与执行中央政府及其军事委员会的命令。三、中国政府与中国共产党将拥护为了在中国建立民有、民治、民享的孙中山的原则。双方将遵行为了提倡进步与政府民主程序的发展的政策。四、在中国，将只有一个国民政府和一个军队。共产党军队的一切军官与一切士兵，当被中央政府改组时，将依照他们在全国军队中的职位，得到一样的薪俸与津贴，共产党军队的一切组成部分，将在军器与装备的分配中得到平等待遇。五、中国政府承认中国共产党的政党地位，并将承认中国共产党作为一个政党的合法地位。中国一切政党，将获得合法地位。"①

这里有必要详细指出国民党代表王世杰、张治中等对赫尔利"五点建议"的一些改动。其中对赫尔利原草案第二点的改动是根本性的，即强调了国民政府的"军令政令统一"原则，

---

① 《赫尔利带来之五条》，1944 年 10 月 28 日，《中共中央文件选集》第 14 册，第 395 ~ 396 页；"Revised Draft by Chinese Government Representatives"，November 7，1944，*FRUS*，*1944*，*China*，Vol. Ⅵ，p. 666。

政治上也就无让步可言了；对第三点在"民主"之后加"程序"两字，这实际上是指坚持国民党的法统；第四点与第五点调换位置，将"平等、自由"两词删去，表明国民党方面对中国政治中长期争论的实质性问题的敏感，即在国民党一党统治下，就不可能有各党派的平等；原第五点变成第四点，增加了"共产党军队的一切军官与一切士兵，当被中央政府改组时"一句，其用心昭然若揭，就是要强调国民党方面取消中共军队的一贯立场。国民党方面修改后的"五点建议"与其说是一项供谈判的方案，不如说是一份阐述坚持国民党一党统治的下发文件。实际上这份文件也是经蒋介石本人亲笔修改的。①

这份经过修改的"五点建议"由宋子文于 11 月 7 日交到赫尔利手中，此时赫尔利即将乘飞机前往延安。② 不论国民党方面是否蓄意选择这个时间，赫尔利此刻既不可能仔细比照提案的内容，也没有机会在重庆与中共代表磋商了。结果是他在延安第一次交给中共领导人的就是这个被改过的方案。③

11 月 7 日，赫尔利乘飞机离开重庆，当天到达延安。毛泽东等中共领导人事前并不知道赫尔利此行，获悉来者是美国驻华大使后，便驱车前往机场迎接。赫尔利在乘车前往窑洞的路上，突然表示对农民如何驱赶一头毛驴深感兴趣，并大呼小叫，这可能是为了营造一种更轻松的气氛，但效果并不理想。

第二天，赫尔利开始与毛泽东等中共领导人举行正式的谈

---

① 《张治中、王世杰签呈》，1944 年 11 月 7 日，《民国档案》1994 年第 3 期。
② *FRUS, 1944, China*, Vol. Ⅵ, p. 666.
③ 中央档案馆编辑的《中共中央文件选集》中收录了这份"五点方案"，标明的时间是 10 月 28 日，但准确地说应是国民党方面 11 月 7 日的修订案。

判。他在发言一开始便声明，他来延安谈判是受总统罗斯福委托，"作为他的私人代表来谈判关于中国的事情"；另外他来延安也得到蒋介石的"同意和批准"；他的任务是"帮助中国一切军事力量的统一，来与美国合作，击败日本"和"支持民主"。然后，他介绍了与蒋介石会谈的主要内容以及蒋介石提出的条件，主要就是承认中共有"作为一个政党的合法地位"，考虑"吸收"中共代表"参加军事委员会的问题"，以及"在公平的基础上成立统一机构，……中共军队将获得和其他军队一样的平等待遇"，等等。他认为国共两党都是爱国的政党，蒋介石则是"一个爱国的中国人"，并且"真正希望中国统一自由与人民幸福"，而且也愿意承认中共的合法地位，以及愿意吸收中共代表参加国民政府的军事委员会。随后他宣读了宋子文塞给他的那个提案，并说请中共领导人"考虑这个提纲作为谈判的基础"。毛泽东立即询问那个"基础究竟是什么人的意见"。赫尔利说是他起草的，不过国民政府方面"是同意的"。毛泽东则追问是"蒋或是赫的意见"。赫尔利后来终于承认蒋介石"做了若干修改"，不过这"不是必须接受的，而是试验性的方案"，而他已经"尽力提出民主自由"，等等。在这次会谈中，赫尔利还声称蒋介石"表示愿与毛主席见面"。①

当天下午举行了第二次会谈，由毛泽东首先发言。他对赫尔利访问延安表示欢迎，然后系统全面地分析了中国抗战形势、中国战场的特殊状况，以及中共中央的主张和政策。关于赫尔

---

① 《赫尔利少将与毛主席、朱总司令、周副主席谈话记录》"第一次谈话"，1944年11月8日上午。

利带来的"五点建议",毛泽东阐述了中共中央的原则立场,主要是政治改革和军事问题。他强调当前改变国民政府的政策和组织结构是"解决问题的起码点",中国亟待解决的不是促进"民主程序",而是"建立包含一切抗日党派和无党派人士的联合国民政府",问题在于蒋介石想将政治改革拖到战后去解决,如此则只会"把危机拖长和扩大"。关于军队问题,毛泽东强调中共军队在敌后作战对中国抗战的重要意义,以及中共军队"准备配合盟军作战"。至于"五点建议"中关于整编中共军队的内容,毛泽东直接予以拒绝。他说"这一条主要的恐怕是蒋先生自己写的",应被整编的是那些"丧失战斗力,不听命令,腐败不堪,一打就散的军队,如汤恩伯、胡宗南的军队",而不是中共军队。中共不能接受提案的第二条,应该在"命令"两个字前面加上"一切有利于抗战、有利于团结、有利于民主"等限制词。赫尔利当时提出,这是限制政府权力。毛泽东反驳说,对于国民政府的命令,中共确实不能服从,一切抗日军队都应服从联合国民政府和联合统帅部的命令。至于同等待遇问题,毛泽东嘲笑国民党军队的士兵每月薪金只够"支付一包美国雪茄"。中共军队不会要求与士兵收入微薄、疲弱不堪的国民党军队"享受"同等待遇,因为那样做的话,中共军队的战士会像国民党军队的士兵一样,"虚弱得不能行走"。

毛泽东发言之后,赫尔利为蒋介石和国民党政府进行了激烈的辩护,他把国民政府的腐败和国民党军队在豫湘桂战役中的溃败,归因于在缅甸战役的巨大消耗。他甚至指责毛泽东对蒋介石和国民政府的批判"有重复敌人所说的地方",而这是

"不公平的"。赫尔利大概已经忘记了，他的辩护词不过是在重复蒋介石和国民政府在新闻发布会上说过的话。毛泽东的反驳也非常尖锐，他说他只是重复了"罗斯福总统和丘吉尔首相的话"。中方的记录在这里标明了毛泽东的口吻是"严肃和沉重的"，可见他对赫尔利的话反应强烈。

毛泽东在会谈中严厉批评蒋介石和国民政府有两个原因。其一，赫尔利提交的"五点建议"完全反映了国民党方面的立场，如不予以彻底的反驳，赫尔利将无法了解国共之间的症结所在。其二，如前所述，中共中央判断罗斯福政府介入国共之争的出发点是急于维护和巩固蒋介石和国民政府的政治地位。在这种情况下尖锐地谴责蒋介石，有可能迫使赫尔利在政治问题上做出让步。事实上，当赫尔利了解到，毛泽东对蒋介石和国民政府的批评并不意味着中共不会同国民党达成协议后，他立刻提出毛泽东与蒋介石举行一次"伟大的会见"，声称那肯定会"解决许多困难"。毛泽东答复说"很愿意会见"蒋介石，"过去有困难，没有机会，今天有赫尔利将军帮助，在适当时机我愿意和蒋先生见面"。至此赫尔利"突然高兴起来"，他说"现在我们有一致的意见了"。

在随后的谈判中，中共领导人就"五点建议"逐条提出了修改意见，而赫尔利几乎同意了所有主要的修改。讨论中花时间长一些的是在军队问题上，分歧点表面是政府与军队的关系，实质是国共之间长期争论的中共军队问题。双方最后达成的协议是，毛泽东提出，"所有抗日军队应遵守与执行联合国民政府及其联合军事委员会的命令，并应为这个政府及其军事委员会所承认"。这一表述的逻辑是，首先将国民党一党政府改组为各党派的联合政府，然后中共军队可以服从联合政府的指挥。赫尔利立即表示"完全赞成"。①

经过严肃的谈判，中共领导人与赫尔利达成"五点协议"，并由毛泽东和赫尔利分别在协议上签了字。"五点协议"的内容包括："一、中国政府、中国国民党与中国共产党应共同工作，统一中国一切军事力量，以便迅速击败日本与重建中国。二、现在的国民政府应改组为包含所有抗日党派和无党无派政治人物的代表的联合国民政府，并颁布及实行用以改革军事政治经济文化的新民主政策。同时，军事委员会应改组为由所有抗日军队代表所组成的联合军事委员会。三、联合国民政府应拥护孙中山先生在中国建立民有民享民治之政府的原则。联合国民政府应实行用以促进进步与民主的政策，并确立正义、思想自由、出版自由、言论自由、集会结社自由、向政府请求平反冤抑的权利、人身自由与居住自由，联合国民政府亦应实行用以实现下列两项权利即免除威胁的自由和免除贫困的自由之各项政策。四、所有抗日军队应遵守与执行联合国民政府及其联合军事委员会的命令，并应为这个政府及其军事委员会所承认。由联合国得来的物资应被公平分配。五、中国联合国民政府承认中国国民党、中国共产党及所有抗日党派的合法地位。"②

---

① 《赫尔利少将与毛主席、朱总司令、周副主席谈话记录》"第二次会谈"，1944 年 11 月 8 日。

② 《延安协定草案——中国国民政府、中国国民党与中国共产党协定》，1944 年 11 月 10 日，《中共中央文件选集》第 14 册，第 393～394 页；美方记录英译中文版，见《五点协议草案》，1944 年 11 月 10 日，《中美关系资料汇编》第 1 辑，第 142 页。

11 月 10 日，毛泽东与赫尔利签署了"五点协议"草案，留下一栏供蒋介石签字。比较中共签署的"五点协议"与赫尔利带来的经国民党方面修改的"五点建议"的内容，很容易发现其中修改的内容是实质性的，反映了国共分歧仍然是针锋相对，冰炭难容。新"五点协议"的前提是国共两党地位平等，核心内容则是组织民主联合政府和联合军事委员会，这可以说是一项彻底的政治改革纲领。由于"五点协议"包含了中共中央一个时期以来所主张的立场和原则，毛泽东于签字的当天给罗斯福写了一封信，请赫尔利代为转达。他在信中说，通过同赫尔利谈判后签订了这个"五点协议"，其精神"是我们中国共产党和中国人民八年来在抗日统一战线中所追求的目的之所在"，中共中央委员会"已一致通过这一协定之全文，并准备全力支持这一协定而使其实现"。[①]

同毛泽东签署"五点协议"后，赫尔利曾向中共领导人表示，他"经过考虑"后认为，"五点协议"的条款都是公平合理的。[②] 特别是中共领导人表示继续承认蒋介石的领袖地位，更使他感到满意和放心，并相信自己已经达到了目的。赫尔利在离开延安时向罗斯福发出一份电报，他告诉总统"五点协议"中"几乎所有的基本原则都是我们的"。[③] 他到重庆后甚至

---

① 《毛泽东致罗斯福的信》，1944 年 11 月 10 日，《中共中央文件选集》第 14 册，第 397～398 页。

② 《周恩来年谱（一八九八——一九四九）》，第 587 页。

③ "Major General Patrick J. Hurley to President Roosevelt"，November 16，1944，The U. S. State Department，ed.，*FRUS*，*1944*，*China*，Volume Ⅵ，p. 699.

告诉戴维斯，如果谈判破裂的话，那么责任将在国民党方面。①
赫尔利的这种表示当时未必不是真心实意的。因为一方面，赫
尔利作为一位从美国政治中浸淫出来的政客，他相信采取资产
阶级民主政治的方式解决中国内部问题，不仅不会损害蒋介石
和国民政府的利益，而且会在政治上和道义上加强他们的地位。
美国政府曾经依靠资产阶级民主制度度过 20 世纪 30 年代初期
的经济危机，并使国家走向了繁荣。美国领导人从来都认为，
他们的经验是放之四海而皆准的普遍真理，在中国也不例外。
另一方面，赫尔利非常可能并不了解国共矛盾的历史、复杂性
和实质，实际上当时没有哪个在中国的美国人能够理解。所以，
他对两个方案所包含的国共两党的根本分歧，缺乏必要的理解。

11 月 10 日，赫尔利携"五点协议"回到重庆。中共中央
派周恩来与赫尔利同行，以便与国民党进一步谈判。中共中央
派周恩来前往重庆，当然是在表达对此次谈判的重视，不过他
们更倾向认为赫尔利签署这样的协议是由于对国共问题的无知，
就像他带着国民党修改过的建议来延安而对其中的陷阱懵然不
觉是一样的。所以，中共中央对这次谈判能否取得成果是相当
谨慎的。

果然，当赫尔利把"五点协议"交给宋子文后，蒋介石和
国民党要人立刻一致强烈表示反对。宋子文声称，赫尔利拿到
一张空额"账单"，而国民党永远不会接受中共的要求。蒋介

---

① "Memorandum by Mr. Troy L. Perkins of the Division of Chinese Affairs",
November 14, 1944, The U. S. State Department, ed., *FRUS*, *1944*, *China*,
Volume Ⅵ, p. 693.

石告诉赫尔利，他不愿造成类似南斯拉夫和波兰那种局面，这个"五点协议"在美国和英国或许可以作为解决同类争端的办法而被接受，但在中国，则意味着国民党的彻底失败，而他在没有承认国民政府被彻底击败之前，是决不会同意组织联合政府的。① 显然，蒋介石深知国民党政权有多么脆弱，他根本不敢冒此风险。

至此，赫尔利在调处中终于撞上了罗斯福政府对华政策必然要带来的矛盾。他最初的反应是对国民党方面的态度不以为然。11月13日，赫尔利约见了周恩来。他告诉周，因为从延安回到重庆后生病一天，还没有见过蒋介石，只是向王世杰和张治中等人介绍了"五点协议"的内容。赫尔利认为国民党方面的不满主要是针对有关中共军队的条款，而且他们建议不要公开此文件，以及最好不要上报罗斯福。赫尔利表示他非常不赞成国民党方面缺乏谈判诚意的态度，而中共"是民主的，他们是愿团结的"，并且"五点协议"已经上报罗斯福。不过他肯定意识到了国民党方面将不会接受"五点协议"，所以一再直接或间接地要求周恩来必须对协议内容保密。他甚至说："我们要保证不向外发表，我与你与毛主席站在一起，以便斗他们。"他似乎认为只要能与蒋介石当面会谈，就会解决国民党方面的问题，因为"蒋是想好的，下边的人是坏的"。②

11月15日和17日，国民党方面两次向赫尔利提交了反建

① Herbert Feis, *The China Tangle：The American Effort in China from Pearl Harbor to the Marshall Mission*, p.216.
② 《周恩来与赫尔利谈话要点》，1944年11月13日。

议案。赫尔利均表示不满意并予以拒绝，他认为国民党代表的所有指责中，唯一有价值的是关于联合政府的名称问题，只要把"联合"改为"两党"和"多党"就可以了。① 16 日，他在打给罗斯福的电报中说，蒋介石等"不能证明他的观点是对的"，而他本人"正不断与委员长和他的助手磋商，可能会使他们认识到，与共产党达成合理协议是必要的"。②

罗斯福复电指示赫尔利继续施加压力，同时复信毛泽东，表示为反对双方共同的敌人"日本侵略者，余期望与所有（一切）中国力量多的强有力的合作"。③ 面对美方的各种压力，蒋介石却无动于衷。他通过解决史迪威问题，已完全了解赫尔利手里有几张底牌，知道罗斯福政府其实无论如何也不会抛弃他的。赫尔利实际上已面临曾经使史迪威翻车的类似局面，不过对于他来说，上次是在史迪威和蒋介石之间做出选择，这回却是在国共之间决定取舍。赫尔利当然不愿步史迪威之后尘，他从延安回到重庆后，在第一次会见国民党代表时就表达过类似的担心，说过"你们不要将来连我也赶出去"。④ 这表明他是清楚与蒋介石和国民党方面尖锐对立将是何种结局，因此他没再多费踌躇，便决定背信弃义了。

11 月 19 日和 21 日，赫尔利分别会见了蒋介石和国民党谈

① 《国民党于十一月十五日提交美国罗斯福总统特使赫尔利的反建议》《国民党于十一月十七日提交美国罗斯福总统特使赫尔利的反建议》，孟广涵主编《抗战时期国共合作纪实》下卷，第 375、376 页。
② 《赫尔利致罗斯福总统》，1944 年 11 月 16 日，孟广涵主编《抗战时期国共合作纪实》下卷，第 370~371 页。
③ 《罗斯福复毛主席电》，1944 年 11 月 6 日，此电文由美军观察组转。
④ 《周恩来与赫尔利谈话要点》，1944 年 11 月 13 日。

判代表。他提出了解决作为谈判最大障碍的军事问题的办法，即可以由美军指挥官来指挥国共的军队，并向中共军队提供装备；他同时接受了国民党方面的建议，将"五点建议"中的组织"联合政府"改为允许中共代表参加国民政府和军事委员会。赫尔利从此大倒退，彻底背叛了他曾经签字同意并认为是公平合理的"五点协议"。在这些会谈的基础上，赫尔利同意向周恩来转交国民党方面提出的"三点反建议"案。其内容是："一、国民政府，因欲有效完成所有国内武力之统一与集中，俾能从速战胜日本，且对中国之战后复兴，寄其厚望，故愿将中国共产党之武力，于改编后收为国军之一部分，此后该共产党武力，在薪饷、津贴、军火及其他配备方面，即取得与其他部队之同样待遇，并承认中国共产党之合法地位。二、中国共产党应在抗战建国方面竭诚拥护国民政府，并经由军事委员会将其所有部队，交由国民政府统一指挥。国民政府愿就中国共产党之高级军官中，遴员参加军事委员会。三、国民政府愿遵孙中山先生所倡导并经中国共产党表示拥护之三民主义，创设一民治、民享、民有之中国政府。国民政府并愿采取政策，以策进步而促进政府之民主程序。兹依'抗战建国纲领'之规定，对言论自由、出版自由、集会结社自由以及其他公民自由权利，予以保障。各该自由权利，仅受抗战期间军事安全需要之限制。"①

"三点反建议"显然仍是国民党的老调重弹，与前两次提

---

① 《三点方案》，《中美关系资料汇编》第 1 辑，第 143 页。

出而被赫尔利否定的两个提案相比，唯一不同之处是添加了中共交出军队之后，可由国民政府"遴选"中共军队的高级军官参加军事委员会的内容。这显然体现了赫尔利与蒋介石会谈的意图。至于美军的指挥权问题，则由赫尔利直接向周恩来提出。

11月21日，赫尔利在结束与蒋介石等会谈之后会见了周恩来。他向周恩来转达了国民党"三点反建议"的内容，以及他提出的由美军担任国共军队的指挥官和向中共军队提供装备的建议，并介绍了会谈的内容。至关重要的是，赫尔利在会谈中蓄意曲解他已经签字的"五点协议"的精髓。他说"五点协议"中"最重要者是承认共产党的合法地位以及参加决策机关"，而组织联合政府变成了中共向国民政府"插进一只脚趾"。当周恩来问到蒋介石对联合政府的态度时，赫尔利竟然说联合政府"这件事已经过去了"。他还以"原不知实际情形"为由，不承认自己赞成"五点协议"的全部条款。周恩来当即指出无法接受国民党的反建议，因为第一，军事委员会的委员徒有虚名，并无实权，而且从不开会，冯玉祥、李济深便是先例；第二，中共代表只参加军事委员会而不参加政府，"仍不能参加决策"。赫尔利对此的解释是蒋介石对此均有承诺，只是不愿写在纸上。赫尔利遂建议，或者周恩来请示延安后再回复，或者周恩来直接带上王世杰、张治中到延安去谈判，而他"老了"就不去了。①

周恩来在当天请示中共中央后再次会见了赫尔利，其间商

---

① 《周恩来与赫尔利谈话记录》，1944年11月21日（上午11：30）。

定第二天周恩来会见国民党代表，不过只谈原则问题，阐述组织联合政府的立场，不涉及"五点协议"的全文；会谈结束后，周恩来将立即与包瑞德乘飞机返回延安汇报，然后再来重庆谈判。① 实际上，毛泽东接到周恩来的报告后立即对"三点反建议"表达了强烈的反对。他在报告上的批语反映了他的基本判断："党治不动，请几个客，限制我军。"②

第二天上午，赫尔利邀请周恩来、董必武与王世杰、宋子文在他的寓所举行了一次会谈。双方主要讨论了两个问题，一个是政治改革和组织联合政府，另一个是蒋介石与毛泽东在重庆举行会谈。关于第一个问题，双方的分歧非常清楚地呈现出来。周恩来在发言中强调中共主张进行政治改革、组织各党派联合政府；王世杰则强调"目前无从宣布废止党治"，因为"训政是载在《建国大纲》和国民党党纲上面的"，不过国民党"并非不准备容纳党外人士"。关于蒋介石与毛泽东的会谈问题，这是赫尔利最关心的，国民党代表也提出如果毛泽东能来重庆与蒋介石会谈，有些问题"不难得到解决"。但是，周恩来强调毛泽东赴重庆"必须能够解决问题，而不是为了聊聊。现在民主政府问题不能解决"，所以还不是时候。③ 这次会谈就这样结束了。

---

① 《国民党提出另一协定》，1944 年 11 月 21 日。

② 《毛泽东年谱（一八九三—一九四九）》中卷，第 560 页。

③ 《周恩来、董必武与国民党代表王世杰谈话纪要》，1944 年 11 月 22 日，孟广涵主编《抗战时期国共合作纪实》下卷，第 380～384 页；另参阅《王世杰同周恩来谈话记录》（《民国档案》1994 年第 3 期），这是王世杰于 1944 年 11 月 23 日根据回忆所做的会谈记录。

当天下午，周恩来和董必武会见了蒋介石。这次会谈的内容表明，赫尔利与周恩来谈话时是不够诚实的，他更在意的是将谈判维持下去。在会谈中，蒋介石一方面表示希望国共重新合作，并邀请毛泽东赴重庆谈判；另一方面声称"政府的尊严，国家的威信，不能损害"，而且他现在"做的就是民主"。①蒋介石的态度表明，国民党方面无意进行民主改革和组织联合政府，而赫尔利所说的蒋介石答应了中共的要求，只是"不愿写在建议上"等，都是子虚乌有。

上述时间紧凑的会谈都是基于周恩来定于 11 月 23 日返回延安而安排的，赫尔利则是幕后的主要推手。不过由于天气的缘故，飞机无法按计划起飞，实际上周恩来 12 月 7 日才启程。赫尔利利用这段时间，多次会见周恩来，一再劝说中共方面认真考虑国民党的"三点反建议"。

11 月 27 日，赫尔利与周恩来举行了长时间的会谈。在会谈中，他向周恩来喋喋不休地阐述他那个"插进一只脚趾"的理论，声称按照他的办法，中共一定会"大有作为"。他说国民党"恐怕你们插进一只脚趾就会全身挤进来"，所以中共现在接受"三点反建议"首先可以逐步改造国民政府，"一口咬不下，不妨做三口四口咬"；其次，中共可以取得合法地位并参加行政院；再次，可以合法地得到美国援助。他为了证明这是真的，还向周恩来透露他同魏德迈的一次谈话，说魏德迈是迫切希望与中共军队合作的，因为中共军队只需要军火，其他

---

① 《周恩来年谱（一八九八——一九四九）》，第 589 页。

军队还要供应粮食；美军准备向中共军队提供机枪、手榴弹等轻武器，以及派遣200名低阶军官去协助训练部队。他说最近将有大批美国飞机北飞运兵南下，"去的一趟是空的"，他已经向蒋介石提出给中共军队"运送一些武器"，而蒋介石未置可否，"只说让他考虑一下"。他还说新任驻华美军司令魏德迈告诉他，如果他能指挥中共军队，就"可以拿到五十个运输机给你们运送"。此外，他还在会谈中向周恩来透露，罗斯福已经任命他为新的美国驻华大使。[①]

周恩来对赫尔利提出的军事合作的内容是重视的。他询问赫尔利：蒋介石和国民政府是否同意美军向中共军队提供援助？中共军队的改编是在何应钦的指挥之下，还是在美军司令魏德迈的指挥之下？魏德迈本人是否能够到延安和华北前线视察？在赫尔利介绍了魏德迈的军事计划以及他愿意去延安和华北之后，周恩来告诉他，中共军队愿意也有能力配合盟军在中国战场的军事行动。最后，周恩来提出，需要确认赫尔利是否将在延安签署的"五点协议"和毛泽东致罗斯福的信等报告了罗斯福政府。赫尔利表示已经送出，但还没有收到回复。[②]

赫尔利有关与中共军队进行军事合作和提供军事援助的谈话产生了一些影响，毕竟在这个阶段，争取实现与美军的军事

---

① 《周恩来与赫尔利谈话记录》，1944年11月27日；另参阅《周恩来访晤美国罗斯福总统特使赫尔利谈话纪要》，1944年11月27日，孟广涵主编《抗战时期国共合作纪实》下卷，第385~387页。

② 《周恩来与赫尔利谈话记录》，1944年11月27日；另参阅《周恩来访晤美国罗斯福总统特使赫尔利谈话纪要》，1944年11月27日，孟广涵主编《抗战时期国共合作纪实》下卷，第386~388页。

合作是中共的"既定方针"。11月29日，周恩来将拟定的一份给国民党方面的"谈判复案"报告中共中央。这个复案提出组建"国防最高委员会"，然后由这个委员会改组国民政府的行政院和军委会。周恩来认为这样做可将"五点协议"的内容都包括其中，估计蒋介石"绝不会接受"，但中共可以借此"拉美国"。他在给中共中央的报告中分析说，目前有美军将领"做统帅，利多害少。将来美国要束缚，我们已经更壮大"，苏联一旦参战"我们更不怕了"。① 当天，毛泽东在收到复案和备忘录前曾给周恩来去电，指示他暂留重庆，等董必武和王若飞先行回延安讨论后再做决定。② 不过这个决定没有拖延太久。

12月1日，陈毅给毛泽东写了一封长达13页的信。他在信的第一部分阐述了他对国共谈判和赫尔利调处的看法和主张，开篇即举清初多尔衮给史可法信中的名句，"本朝天下取之于闯献，非取之于明朝"。他以这句话所包含的战略指导思想为例，系统阐述了宜将谈判"拖下去""就汤下面"，等待国际国内形势巨变，"水到渠成，把我党推上全国大舞台，实有如水就下，沛然莫御之妙用"，并提出如何"拖下去"的具体办法。关于美国对华政策和赫尔利调处，陈毅认为美国目前的企图"不过是全部着眼于他的军事利益，其全部政治见解仍是保持蒋的统治体系，认为我们的军事力量必须动用"；赫尔利推动国共谈判达成协议"只是动用我们军事力量的一个工具，并无

---

① 《周恩来关于向国民党提出谈判的复案和备忘录向毛泽东报告》，1944年11月29日。
② 《董王二人先回延安讨论复电》，1944年11月30日。

诚意要改革政治"，而"这是美帝国主义弄的极其精巧的商业手法，这是他们传统，口惠而实不至，惯会牺牲别人替自己打仗而外表十分漂亮"，等等。[1] 毛泽东当天接信，阅后即提笔回复："来示读悉，启示极多，十分感谢！今日已电渝不交复案，周、董均回，拖一时期，再议下着。至于基本方针，如你所说那样，除此再无二道。"[2]

当天，毛泽东在看过周恩来发来的"复案"草稿后即电告周，"目前不宜交出。应坚持五条协定"，周恩来立即回延安并转告赫尔利。[3] 第二天，12月2日一早，周恩来会见赫尔利，通知他已得到延安指示。第一，国民党的"三点反建议"与"五点协议""距离太远"，而中共中央认为只有组织联合政府才能克服危机；第二，国民党方面态度至今未见改变；第三，中共中央需要开会再讨论，所以他本人也不会再到重庆了。他在会谈中针对赫尔利对"五点协议"的曲解，很坦率地指出，中共与赫尔利对联合政府的理解是不一样的，国民党的"三点反建议"案的关键就是否定了组织联合政府。中共中央决定中断谈判，这对赫尔利不啻兜头一瓢冷水，他详细地重复了之前关于"插进一只脚趾""一口咬不下，不妨做三口四口咬"的理论，以及中共妥协就是"同我——美国政府合作"，那将得

---

[1] 《陈毅传》编写组：《陈毅传》，当代中国出版社，1991，第309~312页；刘树发主编《陈毅年谱》，人民出版社，1995，第436页。
[2] 《给陈毅的信》，1944年12月1日，中共中央文献研究室编《毛泽东文集》第3卷，人民出版社，1996，第229~231页。
[3] 《坚持五条协定暂不交复案》，1944年12月1日；可参阅《周恩来年谱（一八九八——一九四九）》，第590页。

到诸多好处，等等。①

赫尔利曾与魏德迈一起同周恩来会谈。但是，既然延安已经做出决定，周恩来在会谈中当然要拒绝赫尔利的要求，告诉他改组国民政府是"救中国的问题"，赫尔利的问题是一直不明白"政府不改组，就无法挽救目前的时局"。② 但赫尔利当时似乎还是没有领悟到这样的回答到底意味着什么。

12月7日，周恩来乘坐飞机离开重庆，赫尔利茫然若失。他立即与蒋介石和国民党代表会谈，企图另辟蹊径。他告诉蒋介石，如果不在政治上妥协，就不能统一中国军队和"在战争中产生一个强大、自由、统一和民主的中国"。他一面说服蒋介石做出一些装潢性的人事变动和改革方案，一面同国民党方面共同制订了一个新的方案，以便继续同中共谈判。这个新方案的主要内容是："（一）成立包括共产党和其他非国民党人士参加的战时内阁；（二）建立一个由政府代表、共产党代表和美军军官组成的三人委员会，制订出中共军队编入国民政府军队的详细计划；（三）由一名美军军官统率共产党的部队；（四）承认共产党为合法政党。"③

赫尔利和国民党一起搞出的这个新方案有两个关键性内容：一是组织包括各党派代表参加的"战时内阁"，以此回避组织联合政府；二是由美军参与建立三方委员会来整编和指挥中共军队。赫尔利以此为证，向罗斯福报告说，在他看来，蒋介石

① 《周恩来与赫尔利谈话记录》，1944年12月2日。
② 参阅《周恩来年谱（一八九八——一九四九）》，第590页。
③ 《驻华大使赫尔利致罗斯福总统》，1945年1月14日，《党史通讯》1984年第7期。

"已经走了很长一段路，并将继续前进"，尽管有人批评他"走的还不够远"。① 赫尔利之所以如此满意，是因为上述两个内容反映了其愿望。他从参与调处一开始，便坚持让中共代表参加国民政府的决策机构，这是他的"民主"概念的具体化。现在提出组织各党派的"战时内阁"，是企图将让"中共参加决策机构"与联合政府两个概念中和在一起，或者说搞得混淆不清。实际上这不过是一种粉饰而已。国民政府所谓的决策机构其实就是蒋介石的"脑袋"，不根本改组国民党政府为联合政府，"战时内阁"仍然只是一块遮人耳目的"民主"牌坊。

赫尔利曾一本正经地报告罗斯福，不经总统批准，他本人无权同意美军参与指挥中共军队。因此，这一点当时没有写进供谈判的正式文件中。但事实是，这一建议由赫尔利首先提出。他曾告诉蒋介石，"共产党的军队归附政府，这是谈判的主要目的"，② 而且完全符合罗斯福政府的意图。1945 年 1 月 4 日，美国新任国务卿斯退汀纽斯向罗斯福提出，如果国共两党不能达成协议，最好由美军军官指挥所有中国军队。这样美军在中国沿海中共控制地区登陆时，"可以避免政治方面的困难"；如果苏联参战，有一位"享有全权"的美军司令，对美国"更为有益"；而且在战争结束时，一位美军司令可以作为对中国的一种"稳定的影响"。罗斯福政府为雅尔塔会议准备的文件亦

---

① 《美国驻华大使赫尔利致国务卿》，1945 年 2 月 7 日，孟广涵主编《抗战时期国共合作纪实》下卷，第 420 页。

② 《美国驻华大使赫尔利致国务卿》，1945 年 2 月 7 日，孟广涵主编《抗战时期国共合作纪实》下卷，第 421 页。

提出相同内容的建议。① 史迪威当时提出指挥国共两党的军队时，主要是为了对日作战；这回罗斯福政府重提这一方案，着重点已经转向战后控制中国的局势。为了达到这一目的，赫尔利实际上已经开始将调处的重点转到如何控制中共军队的问题上。

赫尔利在与蒋介石磋商的同时，不断与中共领导人书信来往，试图说服他们回到谈判桌旁。12月8日，亦即周恩来到达延安的第二天，美军观察组组长包瑞德便奉赫尔利之命，与中共领导人举行会谈。包瑞德在会谈中表示，如果中共不接受国民党的建议，会在美国造成对其不利的影响。毛泽东则尖锐地指责赫尔利言而无信。他表示无法理解赫尔利的论点，如果中共双手被反捆着，一只脚伸进国民政府中去有什么意义。他告诉包瑞德，中共希望与美军合作，但赫尔利不要指望以此同中共做政治交易。罗斯福政府打算继续扶持蒋介石政权，那是他们的权力，但这无济于事。中共在没有任何外来援助的条件下已经战斗了七年，他们能像一切自由的人民一样行动自如。同日，周恩来致函赫尔利说明，由于在国民党的建议中"不可能找到基本的共同点"，他已无必要再去重庆。另外，为了使各方面了解此次谈判的真实情况，中共准备公布"五点协议"。②

---

① "Memorandum by the Secretary of State to President Roosevelt", January 4, 1945, *FRUS*, *1945*, *The Far East*, *China*, Volume Ⅶ（Washington, D. C.: U. S. Government Printing Office, 1969）, p. 154; "The Ambassador in China（Hurley）to the President", January 14, 1945, *FRUS*, *Conferences at Malta and Yalta*, *1945*（Washington, D. C.: U. S. Government Printing Office, 1955）, p. 352.

② 《中国共产党的答复》，《中美关系资料汇编》第1辑，第143~144页。

11 月 26 日，周恩来因天气原因，在重庆等候返回延安的飞机。毛泽东曾考虑是否在适当时机将"五点协议"的内容透露给民主党派和外国记者。① 现在他向包瑞德正式提出中共将公布"五点协议"，显然戳到赫尔利的痛处。赫尔利从延安返回重庆第一次与国民党代表会谈后，已经意识到谈判不会那么容易，所以向周恩来强调要对该协议内容保密。② 现在如果中共中央公布"五点协议"，不仅意味着国共谈判有可能完全破裂，而且肯定会使赫尔利处境尴尬，甚至声名狼藉。难怪他为此暴跳如雷，大喊被人"捉弄了"。12 月 11 日，赫尔利复信周恩来，表示坚决反对公布"五点协议"。他说"五点协议"和"三点反建议"都是谈判的基础，是可以修改的，而且"三点反建议"也非国民党的"最后一言"。③

在赫尔利复信延安的同一天，在重庆的王若飞报告中共领导人，他从包瑞德处获知，赫尔利对中共打算公布"五点协议""非常气愤"，认为这破坏了双方之前的协议，"使他在国际上丢了脸"；另外美方也猜测，中共中央此时拒绝谈判是否受到苏联的影响；等等。④ 在得知赫尔利对公布"五点协议"反应如此强烈后，中共领导人决定不把事做绝。毛泽东指示在

① 《毛泽东关于向外透露五条协定问题给周恩来、董必武、王若飞电》，1944年 11 月 26 日。

② 《周恩来与赫尔利谈话要点》，1944 年 11 月 13 日。

③ "The Appointed Ambassador in China（Hurley）to Mr. Chou En - lai"，December 11，1944，The U. S. State Department, ed.，*FRUS，1944，China，Volume* Ⅵ，pp. 732 - 733.

④ 《王若飞关于包瑞德、赫尔利等对国共谈判的一些意见给毛泽东、周恩来、董必武电》，1944 年 12 月 11 日。

重庆的王若飞转告赫尔利：中共中央"毫无与美方彻底决裂之意"，"五点协议"可以暂不公布；中共拒绝任何人迫使其做"牺牲联合政府，牺牲民主原则，去几个人到重庆做官"这样的廉价交易，其他一切都好商量。① 12月16日，周恩来致函赫尔利，重申中共的基本原则是废除国民党一党专政，组织联合政府；中共方面从来没有关闭谈判大门，现在的主要障碍是蒋介石和国民党坚持其一党专政，在此条件下只做个别人事变动是毫无意义的。②

周恩来的信使赫尔利燃起一线希望，认为这是中共有意恢复谈判的重要信息。他立即复信中共领导人，要求派周恩来到重庆谈判，并声称"循着五点协议的原则取得成功的机会比以往更为有望"。③ 周恩来很快就写信告诉他，中共方面不愿抽象地讨论是否接受"五点协议"，国民党应首先实行以下四点补充建议，以表示其确有诚意解决问题：（1）释放一切政治犯；（2）撤退包围边区和袭击新四军的国民党军队；（3）废止一切限制人民自由的法令；（4）停止一切特务活动。④

1945年1月7日，赫尔利复信周恩来。他一方面表示拒绝

---

① 《关于同国民党谈判的原则立场的指示》，1944年12月12日，《中共中央文件选集》第14册，第412页。

② "Mr. Chou En - lai to the Appointed Ambassador in China（Hurley）", December 16, 1944, The U. S. State Department, ed., *FRUS, 1944, China*, Volume Ⅵ, pp. 739 - 740.

③ "The Appointed Ambassador in China（Hurley）to Messrs. Mao Tse - tung and Chou En - lai", December 20, 1944, The U. S. State Department, ed., *FRUS, 1944, China*, Volume Ⅵ, pp. 744 -745.

④ 《中国共产党的答复》，《中美关系资料汇编》第1辑，第145页。

接受中共的四点补充建议，另一方面提出一项新的建议：他将与国民党代表一起访问延安，与中共方面会谈，如果在原则上达成一致，就请毛泽东和周恩来同赴重庆，完成签署协议的工作。① 赫尔利的建议是他在一天前与蒋介石会谈的结果，蒋介石当时只是在故作姿态，其目的是推卸谈判破裂的责任。11日，毛泽东回信答复赫尔利，他再次访问延安只会"徒劳往返"，因为国共两党八年来的秘密谈判已经证明，国民党方面缺乏诚意。他建议还是在重庆为准备召开国是会议而先召开一个筹备会，与会者包括国民党、中国共产党和民盟代表等；筹备会议的程序公开，确保参会代表行动自由。② 毛泽东的建议使国共谈判出现了新的转机，这些建议成为此后国共谈判的中心。

1月20日，赫尔利写信告诉毛泽东，蒋介石和国民党已经决定采取新的步骤，在行政院内设置一个有各党派代表参加的战时内阁性组织。他试图以此证明国共双方的立场已经多么接近，但对关于中共军队指挥权问题的两项建议却缄口不谈。他还说，他将派遣一位美军官"带着飞机和希望去延安"，将周恩来接到重庆谈判。③ 其实，赫尔利在与中共领导人书信往来

---

① "The Appointed Ambassador in China（Hurley）to Messrs. Mao Tse - tung and Chou En - lai", January 7, 1945, The U. S. State Department, ed., *FRUS, 1945, The Far East, China*, Volume Ⅶ, pp. 163 - 164.

② "Mr. Mao Tse - tung to the American Ambassador in China（Hurley）", January 11, 1945, The U. S. State Department, ed., *FRUS, 1945, The Far East, China*, Volume Ⅶ, pp. 168 - 169.

③ "The American Ambassador in China（Hurley）to Mr. Mao Tse - tung", January 20, 1945, The U. S. State Department, ed., *FRUS, 1945, The Far East, China*, Volume Ⅶ, pp. 180 - 181.

时经常闪烁其词，不断陈述蒋介石和国民党那些所谓"重要和切实的让步"，对其急于要求中共同意恢复谈判的真实意图讳莫如深。赫尔利如此作为，与其说他是代表罗斯福的调处人，不如说他已变成蒋介石的掮客。在中共领导人眼中，他的可信度越来越低。

1月22日，毛泽东通知赫尔利，中共中央决定派遣周恩来赴重庆谈判。① 赫尔利不免自鸣得意，认为这是他施展谋略迫使中共妥协的结果。他甚至对周恩来离开延安时发表的声明充耳不闻。周恩来在声明中公开宣布，他再次前往重庆的目的不是与国民党谈判，而是要推动召开党派代表会议，公开讨论组建联合政府问题。至于军队问题，无从提及。② 毛泽东的建议和周恩来的声明表明，中共中央已经决定改变以往与国民党方面秘密谈判的方式，借赫尔利调处之机，将国共两党的争论诉诸更多党派，以公开讨论组织联合政府来推动国统区的民主运动。

周恩来抵达重庆当天，国民党代表即在招待会上提出设置战时内阁性组织的问题。赫尔利也在一旁浑水摸鱼，与宋子文一起试图混淆一党专政与民主政治的界限，劝说周恩来让步。周恩来当即表示：只要不取消国民党一党统治，任何形式的组织机构中共均不会参加。他第二天又发表了公开声明，重申中共中央的立场，就是要求召开党派代表会议来讨论组织联合

---

① 参见《毛泽东年谱（一八九三——一九四九）》中卷，第574页。
② 参见《周恩来年谱（一八九八——一九四九）》，第597页。

政府。①

1月25日，在谈判正式开始之前，赫尔利向周恩来透露了国民党方面的谈判方案：（1）坚持"三点反建议"；（2）在行政院下设一个相当于战时内阁的机构；（3）成立由美国、国民党和中共等三方代表组成的三人军队整编委员会；（4）任命一名美军军官为中共军队总司令，并由一名中共代表和一名国民党代表分别担任副司令；（5）一旦整编委员会成立，国民政府便承认中共的合法地位。赫尔利在谈话中表示，他反对"一党政治"和"极权主义"，并认为周恩来在谈判中仍可坚持废除一党政治，主张民主联合。②

上述方案乍看起来自相矛盾，其中的关键就在国民党谈判方案的第一点，即国民党坚持"三点反建议"上。由于国民党提出在行政院下设战时内阁性的机构，以及由美军参与整编和指挥中共军队，"三点反建议"一条已经形同虚设。再次端出这个已经被赫尔利实际上否定的方案，不过是作为一个筹码。一旦中共中央提出组织联合政府和召开党派会议，国民党就可用它和设置"临时内阁"作为双方对等让步的交换条件。综观此次谈判的全过程，双方几乎未就坚持还是否定"三点反建议"进行任何讨论。

谈判正式开始后，王世杰声明，国民党将在"三点反建议"之外，再采取以下措施："（一）政府将于行政院之下，附设一机构。该机构之性质，与战时内阁相类似，其组成人员，

---

① 《周恩来年谱（一八九八——一九四九）》，第597页。
② 《周恩来年谱（一八九八——一九四九）》，第598页。

为由七人至九人，该机构为行政院之决策机构。中共及其他党派，均将被邀参加。（二）军事委员会委员长将委派中国军官二人（其中一人由共军司令官充任）美国军官一人，就中共军队之改编、装备及给养等问题负责拟定建议，呈由军事委员会委员长核定。（三）军事委员会委员长将委派一美国军官充任中共军队之直接司令长官。该司令长官应对军事委员长负责。政府所颁行军事法令及非军事法令，统由该司令长官就其所辖军区之范围内，负责予以遵行。"①

王世杰提出的这个方案完全反映了美国方面急于控制中共军队的意图。毛泽东在得到周恩来的报告后极为愤怒，指斥这简直就是"将中国军队尤其将我党军队隶属于外国，变为殖民地军队的恶毒政策"。周恩来在谈判中指出：民主与党治是绝不可能并存的，而国民党的建议是试图在维持一党统治条件下的所谓让步，组成三方编制委员会和任命美军司令指挥中共军队等，实为无理之提议，应该代之以改组国民党控制的军事委员会，改编和训练全国军队，承认敌后抗日武装，组建联合统帅部指挥全国军队，而不应仅是指挥中共军队。②

2月2日，周恩来针锋相对地提出了一项"关于召开党派会议的协定"草案，其内容是："（一）党派会议应包含国民党、共产党及民主同盟三方代表。会议由国民政府负责召集，代表由各方自己推出。（二）党派会议有权讨论和解决如何结束党治，如何改组政府，使之成为民主的联合政府，并起草共

---

① 《国民政府的建议》，《中美关系资料汇编》第 1 辑，第 146 页。
② 《周恩来年谱（一八九八——一九四九）》，第 598 页。

同施政纲领。（三）党派会议的决定和施政纲领草案，应通过于将来国民政府召开的国是会议，方能成为国家的法案。（四）党派会议应公开进行，并保证各代表有平等地位及来往自由。"①

周恩来的强硬立场将赫尔利逼到山穷水尽的地步。此时已是雅尔塔会议召开的前夕，这次美英苏首脑会议的主题之一是讨论尽早打败日本和安排战后亚太地区的国际秩序。这不能不使罗斯福政府产生紧迫感，对于赫尔利则是一种危机感。他完全了解前此罗斯福多次阐明的方针，实现中国内部的统一是中国拥有四强之一的大国地位和改善中苏关系的先决条件，这也在一定程度上决定着战后美国在亚太地区能否保持优势地位。

赫尔利不得不再次提醒蒋介石，蒋正在失去宝贵的时间，控制中共军队才是当下"最重要的目标"；为此，国民党必须在政治上妥协。中共中央已经公开提出要召开党派会议讨论国是，这已经使国民政府陷于被动局面，现在再加上赫尔利的一再督促，国民党方面不得不对周恩来的建议做出答复，表示同意召开包括各党派及无党派人士代表参加的政治协商会，并规定其任务是，"（一）从事结束训政时期，以建立宪政政府之步骤；（二）将来共同遵行之政治决策及军队之一元化；（三）国民党以外各党派参加国民政府之方式"，会议决议"将提交国民政府考虑并执行"。② 这个方案可以说全盘否定了国民党前此提出的一切建议，周恩来同意进一步研究后再做答复。赫尔利

---

① 《国共谈判文献》（三）（无版本信息）。
② 《与委员长的会商》，《中美关系资料汇编》第1辑，第148页。

要求国民党妥协的目的是换取中共交出军队，但周恩来告诉他，统编军队"还要看国民党进一步采取什么行动"。赫尔利在绞尽脑汁、精疲力竭之后抱怨蒋介石贻误时机，他告诉蒋，"能够与共产党一起工作的唯一文件是五点建议"，而且那也是"共产党签署的把军权交给国民政府的唯一的文件"。①

赫尔利完全没有料到，他四个月煞费苦心调处的结果竟然只是原地踏步而已。这样的结果除了能使罗斯福在雅尔塔会议上告诉斯大林，赫尔利在把国共两党"搞在一起的工作上取得了更大的进步"之外，并没有任何实际意义。中国军队没有统一，政治上仍是四分五裂。赫尔利抱怨蒋介石未能抓住时机，实现控制中共军队的目标。他在给罗斯福政府的报告中承认，目前国共谈判的结果"不能马上实现中国武装力量统一"。他还指责"中共是不民主的"，它的目的"是在制定宪法或在民主基础上还政于民之前，摧毁国民党统治的政府"。② 赫尔利这已经是在怂恿国民党方面倒退，并鼓动罗斯福政府支持这种倒退。

蒋介石显然充分理解赫尔利的意图和心情，他抓住时机以政治上的强硬立场来进一步影响美国的政策。他要求赫尔利转告罗斯福政府，不论中共赞成与否，国民党都将召开国民大会，而且希望美国给予支持。3 月 1 日，蒋介石发表公开讲话，宣布将召开国民党一党包办的国民大会，并再次提出已在国共谈

---

① 《美国驻华大使赫尔利致国务卿》，1945 年 2 月 18 日，孟广涵主编《抗战时期国共合作纪实》下卷，第 436 页。
② 《美国驻华大使赫尔利致国务卿》，1945 年 2 月 18 日，孟广涵主编《抗战时期国共合作纪实》下卷，第 436 页。

判中被否定的要求，即由美军参与改编和指挥中共军队，而对国民党同意召开政治协商会一案却只字不提。① 这表明，蒋介石和国民党决心以召开一党包办的国民大会来对抗召开政治协商会。蒋介石之所以在此一特殊时刻再次公开表示其顽固坚持国民党一党统治的立场，赫尔利的态度起了相当恶劣的作用。

3月2日，中共中央发表评论，抨击蒋介石3月1日讲话是"想找寻一件民主的外衣，来包裹其反革命法西斯的躯壳"，"最清楚地暴露了国民党内反动集团的立场与企图"。中共中央声明，它将一如既往，坚持废止国民党一党统治，组织民主联合政府。②

3月9日，周恩来通知已经回国述职的赫尔利，由于国民党方面对政治改革毫无诚意，中共认为已无必要答复国民党2月3日的提案。③ 至此，国共两党在抗战时期的最后一次谈判宣告破裂，赫尔利四个月的调处以失败告终。

以中共中央于1944年9月公开提出组织民主联合政府为标志，国共两党的争论已经涉及战后的建国方案。赫尔利正是在这一历史发展的重要时刻开始调处国共矛盾的，其调处在客观上增强了蒋介石政府坚持一党统治、反对政治改革的信心。这对中国政治形势的发展造成了极为严重的影响，也使罗斯福政府的战时对华政策从此走进一条死胡同。

---

① 蒋介石：《在宪政实施协进会上的演讲》，1945年3月1日，《中央日报》1945年3月2日。

② 《新华社记者评蒋介石在宪政实施协进会上的演讲》，《解放日报》1945年3月3日。

③ 《共产党的答复》，《中美关系资料汇编》第1辑，第151页。

第二章

从独角戏到二重唱

一　赫尔利的幻想

随着赫尔利在调处过程中的不断碰壁，罗斯福政府内部围绕对华政策问题爆发了一场激烈的争论。这场争论的中心就是罗斯福政府从一开始介入国共争端时便面临的那个基本问题：如果未能使国共两党达成协议，美国下一步应该采取什么对策。罗斯福决定要在国共之间充当调解人时，并没有在这个问题上耗费多少精力。他根据自己"自万里外观察中国之共产党员"的判断，相信中共同许多国家的社会民主党"无甚差别"，与国民政府"相类者多，相异者少"。① 但事与愿违，赫尔利第一轮调处的失败使美国战时对华政策面临一次真正的危机，罗斯福政府内部的争论亦随之爆发。

---

① 《蒋委员长在重庆接见居里先生听其报告来华之原因及传达罗斯福总统之口信后告以对共党问题应了解之基本要点及嘱其研究解决中国币制问题之办法谈话纪录》，1941 年 2 月 8 日，秦孝仪主编《中华民国重要史料初编——对日抗战时期》第三编《战时外交（一）》，第 542～543 页。

赫尔利到达重庆不久，他与美国驻华军政人员之间的分歧便暴露出来。就在前述赫尔利告诉罗斯福，美国失去蒋介石就会失去中国之时，戴维斯和谢伟思等人却向罗斯福政府发出了不同的警报。他们在给罗斯福政府的一系列报告中，分析了中国政治形势的基本特点。首先就是中共对中国未来的政治影响绝不容忽视。他们认为："共产党将在中国存在下去，中国的命运不是蒋的命运，而是他们的命运"；"共产党已建立了既广且深的群众支持，因而使他们之被消灭成为不可能。从这个基本事实，我们必须得出结论，未来的中国，共产党将占有确定和重要的地位。……除非国民党在政治和经济的改革上和共产党有同样的成就，并证明自己能争取人民的领导地位……不然，共产党在短短的几年中将成为中国唯一的主导力量"。

　　其次是对国共关系演变趋势的判断。戴维斯和谢伟思等人认为，国共谈判前途渺茫，蒋介石和国民党都知道，一旦在政治上做出让步，同意组织各党派联合政府，中共"迟早会夺走他和他的国民党的权力"；由于无力在政治上展开较量，蒋介石和国民党宁愿消极地将问题拖到战争结束之后，现在则是保存实力以便最后同中共摊牌；反观中共，他们除了组成真正的联合政府，并"没有兴趣与蒋介石成立协议"。

　　再次是关于美国的对华政策。他们认为，在未来难以避免的国共冲突中，美国能提供的援助不足以抵消国民党"在组织上的弱点"；面对目前国共之间的僵局，美国应采取的政策是"以和平的过程调整中国新的力量关系，以阻止内战的灾祸"；如果调处失败，美国必须限制"与国民党的牵涉"，并"开始与命定将控制中国的力量——共产党进行某些合作，以影响他们使之更趋向于美国友善的独立的地位"。他们提醒罗斯福政府，美国是在"与时间竞赛"，如果苏联在美国调处成功或拉住中共之前加入对日战争，中共就会"被苏联所抓住，成为苏联的附庸"。①

戴维斯和谢伟思等在赫尔利刚刚开始调处之时，便提出这种如此深刻和系统的见解，他们几乎是全盘否定了赫尔利调处的前提、思路和手段。

戴维斯、谢伟思等人与赫尔利的分歧最初尚未导致他们之间的冲突。这是因为一方面，赫尔利一开始固然坚守蒋介石不可取代的意见，但美国国务院里那些中国问题专家的忠告毕竟还是给他留下了一些印象。他当时既认为"中国只是名义上的共和国""中国政府是个人独裁统治的政府"，也承认中共是"决定中国命运的一种力量"。② 另一方面，美国的外交官们也力图影响赫尔利，争取使他面对现实，采取更加有弹性的行动。10月 22 日，戴维斯从延安写信给赫尔利，建议他访问延安，与"这里将决定中国未来的人"面对面地谈话，以便弄清楚他应"走的路"；提出罗斯福总统对那些"中国重要人物应有充分全面的印象"，而赫尔利则是帮助罗斯福得出正确结论的人之一。③ 不

① 《驻华外交官的备忘录 1943～1945 年》，《中美关系资料汇编》第 1 辑，第 587～599 页。

② 《驻华大使赫尔利 1944 年 12 月 4 日致国务卿函》，《党史通讯》1984 年第 7 期；《赫尔利与董必武谈话记录》，1944 年 10 月 17 日。

③ John Paton Davis, *Dragon by the Tail*: *American*, *British*, *Japanese*, *and Russian Encounters with China and One Another*, p. 344.

过，赫尔利与他们之间的这种协调并没能维持多久，由于国共谈判的突然中断，双方的冲突终于爆发了。

周恩来于 12 月 7 日离开重庆后，赫尔利同驻华外交官们的分歧很快表面化。戴维斯于 12 日向美国政府报告说："在国共之间达成协议的努力已经失败"，美国应该"毫不含糊地"告诉蒋介石，它将根据自己的判断，同"对抗日贡献最大的中国军队一起工作并提供援助"。①

赫尔利此时正为自己调处的失败懊恼不已，戴维斯的报告难免引起他的极度怨恨。赫尔利也在不久后向国务院提交了一份报告，为他的调处失败辩解。他声称，根据他的理解，罗斯福政府的对华政策是防止国民政府崩溃，支持蒋介石在政治和军事方面的领导地位，以及统一所有中国军队；他认为国共两党"公开宣布的原则如果有分歧也微不足道"，真正妨碍两党合作的"最大势力来自外国"。赫尔利在这里所说的"外国"是指欧洲一些资本主义国家驻重庆的代表，也包括某些美国驻华军政人员，而且只有"俄国人没有支持中国共产党"。他称部分美国驻华军政人员"那伙人"，详细列举并谴责了后者的观点，诸如国民政府是靠同日本人达成协议才得以苟延残喘的，而中共不必与国民党联合以及统一军队；美国应与中共——而不是国民党——合作。赫尔利故作姿态地保证说，他本人不会受任何"反对中国统一的观点的影响"，不过美国领导人在委

---

① "Memorandum by the Second Secretary of Embassy in China（Davies）", December 12, 1944, The U. S. State Department, ed., *FRUS*, *1944*, *China*, Volume Ⅵ, pp. 734 – 735.

任"那伙人"时，应对他们有"明确的看法"。① 12 月 30 日，赫尔利再次向美国国务卿报告说，那些有关国民政府正在与日本人达成协议的报告并不是真实的。他一本正经地提出一个看上去令人啼笑皆非的证据，即蒋介石和宋子文都说，那些报道是"毫无意义的谎言"。②

赫尔利的报告立刻遭到美国国务院中国处负责人文森特的反驳，他在一份备忘录中指出：赫尔利对罗斯福政府的对华政策的解释基本正确，不过美国在帮助国民政府避免崩溃和保住蒋介石的统治地位的同时，必须在中国政治局势中保持灵活性，准备"立刻支持"最能抵抗日本人的政治集团，从而避免在蒋介石垮掉的时候遇到麻烦。关于赫尔利在报告中说"俄国人没有支持中国共产党"，文森特认为在解释时应"有所限制"；中共的确没有得到苏联直接的物质援助，但存在苏联对中共间接的支持，而中共对国共谈判的态度"无疑受到莫斯科的影响"。文森特还嘲笑赫尔利对国共分歧的判断过于浅薄，他指出国共两党的分歧既是简单的，也是基本的；蒋介石同意中共代表参加国民政府是有条件的，即他们不会控制也不能直接影响到国民政府的政策，而中共的主要诉求则是建立各党派地位平等的联合政府，因此他对赫尔利调处能否达到目的不是很乐观。关于赫尔利蔑称为"那伙人"的美国驻华军政人员的观点，文森特简洁地将其归纳为：国民政府"有可能垮掉"，美国政府应准备与中国最强大的政治集

---

① 《驻华大使赫尔利致国务卿函》，1944 年 12 月 24 日，孟广涵主编《抗战时期国共合作纪实》下卷，第 403~407 页。
② 《驻华大使赫尔利致国务卿函》，1944 年 12 月 30 日，孟广涵主编《抗战时期国共合作纪实》下卷，第 408~409 页。

团——中共打交道；虽然赫尔利对此表示坚决反对，罗斯福政府却必须认真地考虑，一旦赫尔利调处失败怎么办。①

上述赫尔利的报告和文森特的备忘录揭开了罗斯福政府内部有关对华政策，特别是对国共问题政策争论的帷幕。1944年12月24日，赫尔利收到毛泽东经美军观察组转发的一封信。根据美方英译文记载，毛泽东在信中说，周恩来正忙于"筹备重要会议"，故不能接受赫尔利的邀请前往重庆，而且事实已经证明国民党方面并没有足够的诚意在"五点协议"的基础上进行谈判。因此毛泽东建议，"在延安举行一次会议，如有可能请包瑞德出席"。② 27日，包瑞德奉命到达延安，但第二天便被打发回重庆。他带去了周恩来当天写给赫尔利的一封信。信中说是由于翻译错误，赫尔利误解了毛泽东的意思。③ 包瑞德也告诉赫尔利，中共领导人否认提出过在延安举行会议以及邀请他本人出席的建议。不过周恩来在谈话中确实请他转告赫尔利，中共"希望改革，但没必要提倡撤换蒋委员长"。④

---

① "Memorandum by the Chief of the Division of Chinese Affairs（Vincent）", December 26, 1944, The U. S. State Department, ed., *FRUS*, *1944*, *China*, Volume Ⅵ, pp. 750 – 751.

② "Mr. Mao Tse - tung to the Appointed Ambassador in China（Hurley）", December 24, 1944, The U. S. State Department, ed., *FRUS*, *1944*, *China*, Volume Ⅵ, p. 745.

③ "Mr. Chou En - lai to the Appointed Ambassador in China（Hurley）", December 28, 1944, The U. S. State Department, ed., *FRUS*, *1944*, *China*, Volume Ⅵ, p. 755.

④ "Colonel David D. Barrett to the Appointed Ambassador in China（Hurley）", December 30, 1944, The U. S. State Department, ed., *FRUS*, *1944*, *China*, Volume Ⅵ, p. 757.

毛泽东 12 月 24 日的复信是由在延安的美军观察组的人员翻译并电传的，由于语言方面的障碍，发生误解并非完全没有可能。而且就当时的气氛看，中共领导人提出邀请赫尔利访问延安这种可能会使自己陷于被动的建议，也是不合情理之事。问题在于赫尔利已经知道中共领导人并无此意后，仍然同国民党方面协商，并向中共领导人提出，他愿与宋子文和王世杰一起访问延安。赫尔利的建议被中共领导人拒绝了，他借此机会发难，首先向美国驻华军政人员中的"那伙人"开刀。

1945 年 1 月 14 日，赫尔利在向罗斯福汇报国共谈判进展时说，周恩来曾于 12 月 22 日提出"建议在延安与政府代表举行会谈"，并邀请包瑞德也参加。但包瑞德到了延安后，周恩来不但否认曾经提出过这种建议，反而向国民政府提出新的要求。赫尔利表示"当时无法解释共产党立场急剧变化的原因"。赫尔利在这里显然歪曲了事实。根据美国国务院公布的文献记载，不论是从毛泽东的信中，还是从周恩来同包瑞德的谈话中，均看不到中共领导人"建议在延安与政府代表举行会谈"的字样。赫尔利这样说是为了证明，中共的谈判立场确实曾经发生过"急剧变化"，这样便推卸了他的责任，以及为在美国驻华军政人员中排斥异己埋下伏笔。

果然，赫尔利在谴责中共变卦之后便笔锋一转，把矛头指向魏德迈司令部的"一些军官"。赫尔利声称，他已经克服了国共谈判中的一切障碍，但中共领导人突然拂袖而去，究其根本原因是驻华美军司令部中的一些人在魏德迈离开司令部期间，"制订了在共产党控制区使用美国军队的计划"，而且该计划

"以在美国和共产党之间达成一项协议为基础，避开中国的国民政府，直接向中共军队提供美国给养，并把中共军队置于一名美军军官指挥之下"。赫尔利在报告中也承认，在此以前，他也听到过有关这个计划的"风声"，但他根据上述情况断言，国共谈判遇到的困难肯定是驻华美军制订的这个合作计划造成的，该计划企图"不通过中国国民政府来联合美国和共产党的部队"。①

赫尔利在报告中提到的那个计划是驻华美军司令部拟定的一份与中共军队合作的计划。该计划是根据魏德迈的下令拟订的，并由包瑞德和美国战略情报局的伯德上校带到延安交给中共领导人。赫尔利含糊其词地说，计划起草于"魏德迈不在司令部期间"。这是不符合事实的。难怪魏德迈听说之后与赫尔利闹别扭，而且美军人员也完全没有像赫尔利指控的那样，企图把国民政府撇在一边。他们曾经将该计划交国民党方面研究，并表示会尽早告诉蒋介石，而且实际上也这样做了。② 驻华美军司令部参谋长麦克罗将军在指示包瑞德将该计划提交给中共领导人之前，曾经要求包瑞德向中共领导人说明，美军人员的行动"纯属探索性的"，计划能否实施还未做出最后决定。赫尔利即使不了解包瑞德的行动过程，也没有理由指责美军人员的行动超越了罗斯福政府的政策界限。但是，赫尔利这样不择手段地排斥异己，竟然取得了预期的效果。美军领导人立刻根

---

① 《美国驻华大使赫尔利致国务卿》，1945年1月14日，孟广涵主编《抗战时期国共合作纪实》下卷，第410~414页。
② 参阅〔美〕迈克尔·沙勒《美国十字军在中国（1938~1945年）》，第202~203页。

据赫尔利的报告，命令魏德迈调查事件原委，并最终决定将麦克罗和包瑞德都调离中国战区。①

赫尔利犹嫌不足。他继续向罗斯福政府控诉"那伙人"的行动，指责他们已使中共领导人确信，竟然能"撇开"国民政府和他本人，"通过军事机构直接与华盛顿联系"。他陈述的根据首先是1945年1月9日，驻华美军司令部的德帕斯在访问延安以后，通过美军电台向魏德迈报告说，毛泽东和周恩来提出中共愿意派遣代表访问华盛顿，并准备面见罗斯福。其次是朱德于1月23日写信给魏德迈，要求美军提供两千万美元贷款，用于瓦解伪军。赫尔利认为，如果罗斯福政府接受中共领导人的建议，等于承认中共是"一个武装的交战国"，是"破坏美国扶持国民政府的政策"，结果是"立刻会在中国引起混乱和内战，导致美国对华政策的失败"。不仅如此，当麦克罗等辩护说，驻华美军"有权以任何有效的手段"同日本人作战时，赫尔利指责他们违反美国民主制度的根本原则之——军人不干涉政治。他声称，某些驻华美军人员的主张是"承认美国军队而不是合众国政府有权制订政策"，而美国的政治制度规定"只有合众国政府才能决定采取行动，并能指挥军队作为政府的工具来执行有效的政策"。②

尽管赫尔利的论证合乎逻辑，但需要澄清的基本事实是，一些美国驻华军政人员的行动是否已经超出当时罗斯福政府对

---

① 《美国驻华大使赫尔利致国务卿》，1945年2月7日，孟广涵主编《抗战时期国共合作纪实》下卷，第425页。

② 《美国驻华大使赫尔利致国务卿》，1945年2月7日，孟广涵主编《抗战时期国共合作纪实》下卷，第426页。

华政策规定的范围；他们到底是在执行一种政策，还是在"制订"新的政策。赫尔利肯定完全清楚这一点，所以他在报告中特别强调："不向有武装的以暴力反对国民政府的中共提供租借物资或其它援助。来自美国的任何供给中共的援助，都必须经过国民政府给予那个党"，即使这种援助"最终可能证明要比从美国运来抗日的同等价值的武器和军火更合算"，也绝不可违反这个原则，否则就会破坏罗斯福政府的既定政策——"防止国民政府崩溃，支持蒋介石为政府委员长和军队统帅"。① 显然，赫尔利为了达到他的目的，在这时已经把罗斯福政府的对华政策推向了极端。

赫尔利通过排挤麦克罗、戴维斯和包瑞德等人，至少达到了两个目的。首先是确立了他在中国作为罗斯福政府对华政策解释者的地位。既然赫尔利把他同美国驻华军政人员中"那伙人"的纠纷说成是捍卫罗斯福政府对华政策的斗争，美军方决定调离麦克罗等人便带有评判是与非的性质，即在实际上肯定了赫尔利的行动和他对罗斯福政府对华政策的诠释。赫尔利打击麦克罗等人不仅是要杀一儆百，而且为排斥异己打开了大门。结果继麦克罗、戴维斯和包瑞德之后，被称为"中国通"的美国驻华外交官也一个接一个地被"撵出了"中国。

其次是在美国驻华军政各单位中实现了"军令政令统一"，特别是使驻华美军司令部隶属于赫尔利领导之下，魏德迈则清楚了他与赫尔利的关系。在史迪威调离之前，驻华美军司令部

---

① 《美国驻华大使赫尔利致国务卿》，1945年2月7日，孟广涵主编《抗战时期国共合作纪实》下卷，第425~428页。

与美国大使馆是平行单位，前者主要听命于美军总部。两个机构虽然在推行美国对华政策时互相配合，但在具体工作中却是各自为政的，史迪威司令部的实际作用和影响甚至超过了美国大使馆。

赫尔利接任驻华大使一职以后，很有可能是受到蒋介石"军令政令统一"的启发，试图独揽美国驻华军政机构的领导权。12月6日，赫尔利在大使馆召集美国驻华各单位代表开会，决定以后每星期三召开一次汇报会议。赫尔利在这次会议上声明，他这样做的目的就是协调各驻华机构的行动。1945年1月，赫尔利在美国大使馆宣布，罗斯福政府的对华政策就是阻止国民政府崩溃，任何人都不得背离这一政策。他规定未经他的批准，不得将对蒋介石不利的报告通过外交途径送往华盛顿。[①] 当时买他账的人不多，连魏德迈都感到有必要向他的上司请示，应该如何理解美国对华政策，并对赫尔利搞掉他的部下表示不满。"那伙人"也不顾赫尔利的阻挠，继续向美国政府报告他们的观感和建议。艾其森甚至在一份备忘录中警告赫尔利，他那些无事生非的指责，可能会导致大使馆的某些同僚被召回国。[②]

但是，自从麦克罗等人被处理后，情况发生了根本变化。

---

① "Transcript of Press and Radio News Conference by the Ambassador in China (Hurley)", April 2, 1945, The U. S. State Department, ed., *FRUS*, *1945*, *The Far East*, *China*, Volume Ⅶ, pp. 322 – 323.

② "The Chief of the Division of Chinese Affairs (Vincent) to the Ambassador in China (Hurley), Temporarily in the United States", April 2, 1945, The U. S. State Department, ed., *FRUS*, *1945*, *The Far East*, *China*, Volume Ⅶ, pp. 322 – 323.

那些坚持己见的外交官被陆续调离中国，魏德迈则变得唯唯诺诺，他经不住赫尔利的软硬兼施，终于俯首帖耳。2月15日，魏德迈在重庆记者招待会上发表公开声明，表白他"试图置身于政治之外"，并把驻华美军的任务说成是"在国外继续进行战争……只是偶然与政治有关"。他宣布"受命"支持国民政府，他的政策是"不向任何人、任何活动或任何组织提供援助"。① 魏德迈的声明标志着赫尔利已经实现对美国驻华军政机构的控制。

赫尔利在重庆的较量中得手毕竟只是解决了局部的问题，争论并没有到此为止。麦克罗等人的行动不仅是1944年夏季驻华美军与中共军队合作的简单延续，而且是罗斯福政府对华政策出现某种混乱的产物。

1945年1月，美国国务院的中国事务专家们对国共谈判拖拖拉拉普遍感到不安。蒋介石发表元旦广播演说的第二天，在美国国务院负责中国处的文森特即指出：蒋介石关于召开国民大会的声明"被认为没有重大意义"，"蒋介石没有实现与中共暂时妥协的事实表明，他对（组成）有代表性的政府的最后承诺值得怀疑"。新上任的国务卿斯退汀纽斯亦认为，蒋介石正处于"进退两难的困境"。组织联合政府会使中共扩大影响，并且"多半会控制政府"，谈判失败又"会招致国民党最后垮

---

① "The Chief of the Division of Chinese Affairs（Vincent）to the Ambassador in China（Hurley），Temporarily in the United States"，April 2, 1945, The U. S. State Department, ed., *FRUS, 1945, The Far East, China*, Volume Ⅶ, pp. 322 - 323.

台的危险"。① 1 月 12 日，美国国务院中国处在为参谋长联席会议准备的备忘录中提出：美国在承认国民党政府为合法政府的情况下，与其他集团建立联系虽属"不守信义"，但在其他试探失败以后，如果"作战迫切需要，在特定的基础上将援助扩大到据信能够并愿意同日本人打仗的任何地方组织，而不考虑其政治隶属以及与中央政府的关系，将是正当的"。②

1 月 16 日，美军领导人与国务院领导人召开联席会议，试图澄清被来自四面八方的建议搞得混乱不堪的对华政策，以便驻华美军采取行动时能有所依循。美军方在会议中声明，魏德迈曾经一再询问其使命的性质，国务院应对此问题提供政策性指导。1 月 29 日，文森特起草了一份备忘录，答复美军方的询问。文森特在备忘录中试图使罗斯福政府的对华政策尽可能看上去有条理，说美国对华政策包括长期和短期两个目标：短期目标"是在动员中国的人力和物力进行对日战争方面提供援助，在中国运用美国的影响，在较大程度上实现政治和军事统一，以便使提供的战争物资取得更大的效果和价值"；长期目标"是通过援助，使中国成为统一、民主与合作的国家，能为远东的安全与繁荣做出贡献"。至于目前驻华美军的使命，备忘录认为"应集中于短期目标"，为了打败日本，必须重新装

---

① "Memorandum by the Secretary of State to President Roosevelt", January 4, 1945, The U. S. State Department, ed. , *FRUS*, *1945*, *The Far East*, *China*, Volume Ⅶ, p. 154.

② "Memorandum Prepared in the Division of Chinese Affairs, Political Appreciation of The Situation in China", January 12, The U. S. State Department, ed. , *FRUS*, *1945*, *The Far East*, *China*, Volume Ⅶ, p. 172.

备中国军队。鉴于中国局势复杂，希望驻华美军的这种行动服从于"使中国成为亚洲强国"的目标"是不现实的"；由于国共关系尚"不能令人满意"，重新装备中国军队不可能包括向中共军队提供援助，这自然会产生政治方面的影响；不过当美军在中国沿海登陆作战时，军事当局"应准备武装任何据信能够有效地同日本人作战的中国军队"。备忘录特意说明：不论为实现长期目标还是短期目标，美国的目的都是实现中国的统一，但这并不意味着中国必须统一于蒋介石之下；目前"蒋介石表现为有希望统一中国的唯一领导人，不过为了达到直接的目的而选择支持蒋介石，前景是混乱的"；美国有必要"保持某种程度的灵活性，以便允许在中国与任何最能促进中国统一、民主和友好的领导人合作"。① 美国国务院的这个备忘录的关键在于试图动摇罗斯福政府长期以"蒋介石就是中国"为前提而构筑的对华政策，明确提出了美国有必要保持某种"灵活性"。

1月29日的备忘录是太平洋战争爆发后，美国国务院的中国问题专家第一次系统地修正罗斯福政府对华政策的尝试。他们在估计战后中国在美国亚太战略中的地位问题，与罗斯福并无分歧，但他们不赞成通过全力扶持可能要垮掉的蒋介石和国民政府来实现美国的政策目标，担心那样做到头来会鸡飞蛋打。这时正值美国国务院被罗斯福冷落三年之后，重新积极地加入美国政府的决策过程之中。中国问题专家在对华政策问题上提

---

① "Memorandum by the Chief of the Division of Chinese Affairs（Vincent）to the Acting Secretary of State", January 29, 1945, The U. S. State Department, ed. , *FRUS*, *1945*, *The Far East*, *China*, Volume Ⅶ, pp. 37 - 38.

出如此尖锐的更改，一开始便对美国军政领导人的思考造成了一定的冲击。

上述重要文件均于2月初转到重庆美国驻华大使馆，赫尔利顿时感受到某种威胁。他认为这是国务院里的"那伙人"企图颠覆他的阴谋的一部分，其目的是要篡改他所奉行的对华政策。赫尔利当然不希望罗斯福政府的对华政策沿着国务院备忘录的路线调整。

从1月31日到2月18日，赫尔利向国务卿发出了由四个部分组成的系列报告，系统阐述了他在中国调处国共矛盾的过程和他对罗斯福政府的对华政策的理解。他说他在国共的争论中"猛然注意到"，中共事实上"不是共产主义者"，国民党一党统治和个人独裁的政府事实上不是法西斯主义；国共两党都在"争取民主原则"，他目前调处国共矛盾遇到的障碍既有国共之间的分歧，也有如前所述来自美国驻华军政人员的干扰，以及还有其他一些外国势力，等等。赫尔利坚信他一直在坚定地贯彻罗斯福亲自制定的政策，而罗斯福政府"决定支持中国国民政府和蒋介石的领袖地位是正确的"；现在虽然碰到困难，但罗斯福政府只要有"清醒的头脑，并能宽容和忍耐"，肯定"能有所作为"。最后他提出，希望回华盛顿与国务卿本人"当面讨论形势"。① 系统分析赫尔利的报告，可以发现其中存在严重的矛盾，例如把中共称为"有武装的、以暴力反对国民政

---

① 《美国驻华大使赫尔利致国务卿》，1945年1月31日、2月7日上午、2月7日下午、2月18日，孟广涵主编《抗战时期国共合作纪实》下卷，第415~439页。

府"的政党等。此刻他宣布突然有了新的发现，实际上是为了堵住那些对他的调处表示悲观的人的嘴。既然国共之间的分歧并不严重，罗斯福政府只要再耐心一些，再多给些时间，他就不会无所作为。

1945年初，赫尔利在了解到驻华美军与中共有来往后，便断定他的失败是"由一个美国计划造成的"。他有些故弄玄虚地不通知中共中央就撤换了美军观察组领导人，认为这样做而不公开施加压力，就可以"使共产党相信，他们在取代国民政府的努力中不能利用美国"。如前所述，毛泽东恰于1月22日通知他，周恩来准备到重庆谈判。赫尔利据此断言，正是他的谋略使他"立刻能够同共产党领导人重新开始谈判"。①

赫尔利得出这种荒谬的结论，至少说明他还是不了解国共关系的历史和复杂性，也不了解中共的历史和政策的特点。12月16日，周恩来在给赫尔利的信中说得已经很清楚了，中共中央并没有关闭谈判大门。此后，毛泽东和周恩来在写给赫尔利的信中，都曾提出恢复谈判的具体方案。他们的建议表明，中共中央仍然在观察国内外形势，特别是罗斯福政府对华政策的变化，至于对赫尔利的调处和目前陷入僵局的国共谈判，则是采取拖延和保留回旋余地的方针。由于赫尔利一再否定或不具体答复中共中央提出的建议，中共领导人当然会拒绝继续与国民党进行秘密谈判。

后来中共领导人在提出召开党派会议、公开讨论组织联合

---

① 《美国驻华大使赫尔利致国务卿》，1945年2月7日，孟广涵主编《抗战时期国共合作纪实》下卷，第427页。

政府后，表示同意恢复谈判并派遣周恩来前往重庆，其目的是借公开谈判的形式来推动国统区民主运动的发展，这与赫尔利自鸣得意的谋略并没有多大的关系。中共代表在谈判中未就任何原则问题妥协，本来已经足以使赫尔利明白，外部压力是不可能迫使中共中央放弃自己一贯立场的。但他执迷不悟，竟然认为谈判破裂是由于他利用外部压力的力度还不够大。于是他决定利用亚太地区国际形势的演变，寻找进一步向中共领导人施加压力的手段。

其实，赫尔利何尝不知道他的处境已经非常尴尬。振振有词地宣布"决定支持中国国民政府和蒋介石的领袖地位是正确的"并不困难，但用事实证明之谈何容易。为了解开这道难题，赫尔利于 1 月 14 日直接打电报给罗斯福，提出了一项建议。他说罗斯福应该在即将召开的雅尔塔会议上，努力与苏联和英国领导人协调对华政策。他说应该"确保丘吉尔和斯大林同意下列计划：（1）中国所有军事力量立即统一；（2）战后建立一个自由、统一、民主的中国"。只要罗斯福政府与苏联和英国达成上述协议，他就能实现"中国军事统一"和"建设一个自由、统一和民主的中国"。[①] 赫尔利的这个建议已经涉及根本改变罗斯福政府在解决国共问题上一直坚持的原则，他企图通过争取与苏英等大国协调政策，为解决国共争端创造条件。

赫尔利异想天开地相信中共中央会屈服于国际上的压力，

----

① "The Ambassador in China （Hurley） to President Roosevelt", January 14, 1945, The U. S. State Department, ed. , *FRUS*, *1945*, *The Far East*, *China*, Volume Ⅶ, pp. 176 - 177.

是根据他的两个基本判断：第一，外来因素可以给中共中央的政策造成决定性的影响；第二，美国有能力做到在国际上孤立中共，这主要是协调美苏对华政策和改善中苏关系。

赫尔利在1月14日向罗斯福提出的建议中，已经把争取苏联与美国合作作为解决国共争端的先决条件。这显然背离了美国政府在调处国共矛盾过程中一贯坚持的一个原则——优先解决国共争端，然后调整中苏关系。罗斯福政府虽然认为中苏关系与国共争端密切相关，交互影响，却一直不打算将调整中苏关系与调处国共矛盾搅在一起。这一方面是因为罗斯福政府相信，调整中苏关系的时机尚不成熟，在美苏未在亚太地区涉及的重大问题上取得谅解之前，放手让蒋介石同苏联直接交涉，很可能打乱美国的战略部署。另一方面，罗斯福政府一直认为，中国内部的国共矛盾不解决，国民政府与苏联打交道时必落下风。所以，只有首先实现内部统一，才能使国民政府在调整中苏关系时处于强有力的地位。苏联无机可乘，美国才有牌可打。况且苏联领导人已经说明，他们在中国内部纠纷中是清白的，罗斯福政府既没有理由，也没有必要，非要把国共问题与中苏关系拴在一起。

罗斯福政府采取首先调处国共矛盾，然后调整中苏关系的方针，与蒋介石的企图背道而驰。蒋介石的思路是按照法国的模式解决中国问题，效法戴高乐与苏联搞好关系，然后借助苏联的压力迫使中共妥协。如前所述，蒋介石和国民党一直在向罗斯福政府描述苏联正如何利用中共"赤化"中国，以及中共如何在苏联支持下策划"夺权"，等等。然而罗斯福政府却断定，蒋介石和国民党方面的叙述是危言耸听，尚不值得给予过多的关注。

在这里大致回顾美国副总统华莱士 1944 年 7 月访华期间以及之后的一些情况是有意义的。当时，蒋介石尽管已经充分了解了苏联这时尚无意介入中国内部的国共斗争，却仍然喋喋不休地向华莱士灌输的确存在中共按照苏联的旨意"颠覆"国民政府的危险性，然后要求美国首先担任中苏两国的"仲裁者"。华莱士当即表示，罗斯福政府不可能承担在中苏之间扮演媒人的义务。他不无揶揄地告诉蒋介石，如果中共确如蒋介石描述的那样与苏联过从甚密，那就更有必要赶紧先着手解决国共问题。①

华莱士的谈话反映了罗斯福政府的基本思路。美国国务院曾指示时任驻华大使高斯，应该向蒋介石强调，解决国共争端是使中苏关系能够改善的先决条件。罗斯福在听取华莱士的访华报告后，也曾于 7 月 14 日打电报提醒蒋介石，他正在慎重考虑"斡旋布置中苏二国代表的会谈"；国民党如果能够与中共"预先取得协议，具体布置如何在华北有效地对日作战，那末，任何这类会议更易于召开"。②

蒋介石从罗斯福政府那里吃了地地道道的闭门羹，不过他毕竟从华莱士透露的消息中了解到，苏联有意改善与国民政府的关系，并不希望因支持中共而冒险与罗斯福政府的对华政策

---

① 《华莱士副总统与蒋介石主席谈话记录摘要》，1944 年 6 月 21 日至 24 日，《中美关系资料汇编》第 1 辑，第 577 页。

② 《罗斯福总统致蒋介石主席》，1944 年 7 月 14 日，《中美关系资料汇编》第 1 辑，第 583 页。

发生冲撞。蒋介石决心不顾罗斯福政府的规劝，首先着手改善中苏关系。7月，蒋介石决定派遣宋子文访问莫斯科，并开始为此与苏联直接接触。国民政府还采取一系列行动，缓和中苏之间的紧张气氛。在新疆，国民政府撤换了盛世才并改组了新疆省政府。

9月16日，蒋介石在三届三次国民参政会上发表演说。他声称改善中苏关系的障碍已经不复存在，并表示确信改善中苏关系会很容易。① 在此届国民参政会关于外交问题的十项提案中，包括改善中苏关系内容的提案有三项，这是历届国民参政会所没有的情况。会议还通过了一项呼吁加强中苏关系和派遣友好代表团访苏的决定。重庆报刊同时登载了大量有关改善中苏关系的评论和文章。经蒋介石一阵呼风唤雨，重庆顿时弥漫中苏友好的气氛。自7月起，蒋介石为改善中苏关系所做的一厢情愿的努力，在此届国民参政会期间达到了高潮。

蒋介石单方面调整中苏关系的行动很快引起罗斯福政府的关注。美国驻华大使馆不断向罗斯福政府报告蒋介石的动向，认为他对美国的方针缺乏必要的理解，没有意识到中苏关系由于国民政府的反苏宣传而恶化所带来的基本问题，以及国共矛盾应在合理的基础上加以解决，只有解决了国共争端和中国政局稳定，才能恢复中苏关系的稳定。8月15日，美国国务院在为罗斯福与孔祥熙会谈准备的文件中说明，应通过孔祥熙转告

---

① 参阅《对"一年来军事外交及政治经济等情形"报告的决议（1944年9月17日通过）》，孟广涵主编《国民参政会纪实》，重庆出版社，2016，第821页。

蒋介石，美国政府认为，国共达成协议可以使任何改善中苏关系的行动"变得更容易"。① 11 月 18 日，罗斯福在获悉国民党方面拒绝"五点协议"后，曾立即指示赫尔利转告蒋介石，国民党应该与中共达成协议，这不仅仅是他的主张，也是"俄国"的观点；他要求赫尔利必须强调"俄国"两个字。② 与此同时，罗斯福告诉孔祥熙，苏联并不认为中共是真正的共产党，国民政府对中共应"设法容用"，而不必与中苏关系扯到一起，以免后患无穷。③

罗斯福政府的态度如此，苏联领导人此时亦无暇为处理中苏关系而举行谈判。苏联驻华武官曾在与美国外交代表谈话时，挖苦国民政府是用"不诚恳和孩子式的方式"提出宋子文访苏；苏联领导人现在正忙于欧洲战争，无法"为那种不诚恳的请求操心"。这时在国民党内部意见也不统一。宋子文和孙科等国民党要人认为，蒋介石在国共争端解决之前便企图改善中苏关系，既不明智，也不现实。美国的压力、苏联的冷淡和国民党领导集团内部意见的分歧等结合在一起，迫使蒋介石不得不先在国共谈判上花费一些精力。不过他从未放弃沿着另一条

---

① "Memorandum for President Roosevelt Prepared in the Department of State 49", August 15, 1944, The U. S. State Department, ed., *FRUS*, *1944*, *China*, Volume Ⅵ, pp. 142 – 143.

② "President Roosevelt to Major General Patrick J. Hurley", November 18, 1944, The U. S. State Department, ed., *FRUS*, *1944*, *China*, Volume Ⅵ, p. 703.

③ 《行政院副院长孔祥熙自华盛顿呈蒋主席报告访罗斯福总统晤谈关于军事、中国统一、垫款及驻华大使等问题之谈话情形电》，1944 年 11 月 16 日，秦孝仪主编《中华民国重要史料初编——对日抗战时期》第三编《战时外交（一）》，第 202 ~ 203 页。

线索的努力，而且终于等到了一位理解他的处境并愿意合作的美国人——赫尔利。

赫尔利自从当上总统特使后，就一直密切关注中苏关系的动向。11 月 7 日，他在前往延安的同一天还向罗斯福报告说，蒋介石有改善中苏关系的诚意。他特意提醒罗斯福不要忘记，苏联领导人同样表示过改善中苏关系的愿望。[①] 既然苏联愿意同国民政府打交道，而蒋介石又急于领受苏联的善意，赫尔利肯定认为自己的建议不仅有根有据，而且做起来易如反掌。他甚至没等到华盛顿的答复，便为蒋介石操办起来。

1945 年 2 月初，蒋介石在一次会谈中告诉赫尔利，苏联领导人已经同意于本月底或 3 月初，在莫斯科接待宋子文。国民政府为此次谈判准备的方案是："（1）建立更密切和更协调的中苏关系；（2）建议苏联在欧洲战争结束后立刻参加对日战争；（3）融洽地讨论战后朝鲜的地位和苏联使用东北港口的问题；（4）战后中苏间的经济关系；（5）讨论保证未来中苏边界的和平。"他表示希望美国方面能提出某些修正和建议。赫尔利不仅赞成蒋介石的行动，而且要求罗斯福政府给予支持。他在向罗斯福政府报告这次会谈内容时说：理解苏联对中共的态度"对解决中共与国民政府的矛盾至关重要"，而莫洛托夫已经将苏联的态度明白无误地告诉他了。[②]

---

① 《赫尔利致罗斯福总统》，1944 年 11 月 7 日，孟广涵主编《抗战时期国共合作纪实》下卷，第 350～351 页。

② "The Ambassador in China（Hurley）to the Secretary of State", February 4, 1945, The U. S. State Department, ed. , *FRUS*, *1945*, *The Far East*, *China*, Volume Ⅶ, pp. 851－852.

蒋介石这时将调整中苏关系与召集国民大会作为对抗中共有关组织联合政府的建议的两项重大措施，赫尔利此时如此热衷于介入调解中苏关系，其结果是蒋介石在国共谈判中再次出尔反尔，以致谈判最终破裂。蒋介石之所以忽然气壮如牛，重要的原因之一是赫尔利的态度使他相信，有可能通过改善国民政府与苏联的关系，达到孤立并最终"除掉"中共的目的。他在1月底的一次国民党高级会议上声称，"俄国人"是现实主义者，他们在远东不会骑上一匹"劣马"，而国民党军队在美国的帮助下强大起来以后，中共就会成为那种"劣马"。①

赫尔利自作主张，鼓励国民政府在事关美国整个亚太政策的问题上自行其是，立刻遭到来自美国国务院内部的抨击。国务院领导人警告赫尔利：美国政府一贯奉行的原则是不在中苏之间充当调解人，并坚持在调整中苏关系之前，促使国共达成协议。2月8日，国务院中国处在给国务卿斯退汀纽斯的一份备忘录中指出：中苏关系如何发展与所有同盟国家有关；在蒋介石准备与苏联谈判的问题中，有许多涉及美国和英国的利益，当然不能仅由中苏两国解决；蒋介石与苏联谈判能否获得预期的结果，取决于三种因素——谈判代表宋子文能否从蒋介石那里获得实权，宋子文能否使苏联相信国民党不会继续奉行反苏政策，以及国共关系的现状；其中国共问题是最关键的因素。②

---

① Joseph W. Esherick ed. , *Lost Chance in China*：*The World War II Despatches of John S. Service* (New York：Random House, 1975), p. 342.

② "Memorandum by the Chief of the Division of Chinese Affairs (Vincent) to the Secretary of State", February 8, 1945, The U. S. State Department, ed. , *FRUS*, *1945*, *The Far East*, *China*, Volume VII, pp. 853 – 854.

根据这个备忘录提供的中苏关系涉及的广泛背景，不论从哪个角度怎么看，赫尔利在中国的有关言行都是不合时宜的。

实际上，美国的战后亚太政策决定了它必然会介入调整中苏关系。它既不会允许国民政府擅自行动，破坏其战略规划；也不能容忍中苏改善双方关系时，将美国排斥在外，以致中苏之间达成的协议损害美国的利益。国务院此时反对赫尔利鼓励蒋介石自行处理对苏关系，充其量是感到条件尚不成熟，而赫尔利却认为这是给他苦心炮制的锦囊妙计泼冷水。他抱怨国务院是在贬低他在国共谈判中的作用，使他"仅作建议而不将这些建议付诸实施"，他的前任高斯就是因此失败的。实际上此时赫尔利的调处已经到了山穷水尽的地步，如果再不抓住中苏关系这根稻草，他就只有等着淹死了。2月下旬，赫尔利与魏德迈一起回国述职。随着他怒气冲冲地回到华盛顿，罗斯福政府内部有关对华政策的争论也从重庆转向华盛顿。

赫尔利是在他的调处处于进退两难的局面时回国述职的。他一再大包大揽，驻华使馆的那些美国职业外交官为他的一意孤行而忧心忡忡。他们既为美国在华利益面临灭顶之灾而担心，也为赫尔利的独断专行而苦恼。由于受到来自国务院的鼓励，他们不断上书华盛顿直陈己见，提醒罗斯福政府需要在认清中国政治现实的基础上，保持住对华政策的灵活性。

2月14日，卢登和谢伟思向魏德迈提交了一份措辞尖锐的备忘录，抨击赫尔利的做法违背了罗斯福政府公开声明的对华政策。他们在备忘录中指出，美国亚太政策的目标是"在最短时间内，以最少的美国人生命的牺牲，打败日本"；根据罗斯福政府的公开声明，美国的目的"是要中国在政治上团结起来，这是有效地动员中国军事力量不可缺少的先决条件"；当前造成中国政治上四分五裂的原因，是蒋介石推行保存实力、消灭异己的政策，而赫尔利的行动已经使国民政府确信，美国"会继续支持它，并只支持它"，"它会源源不断地收到更多的美国援助"。他们提醒魏德迈，"以外交手段解决国共分歧的努力已告失败"；目前明智的做法是由魏德迈发表一项声明，按照丘吉尔在南斯拉夫决定支持铁托时的做法，宣布美国将以打败日本而不是意识形态的倾向为标准，评价一切政党；这样做的结果是"会给中国人提供一个至今未有的走向坚强团结的基础"，蒋介石将"被迫在政权上做让步和允诺组织统一战线的联合政府"。①

两天以后，谢伟思根据他得到的情报向罗斯福政府报告说：国民党要员们已经确信，美国与他们一样对苏联抱有"怀疑和担忧"，并且会明确地支持国民政府，而赫尔利并没有设法打消他们的这种念头；国民党政府正准备以法国为榜样如法炮制，不过这是自欺欺人；中法两国的客观条件完全不同，国民政府和蒋介石的地位"比戴高乐更虚弱"，"中国共产党却比法国抵抗阵线强大——而且正迅速变得更强大"。谢伟思认为蒋介石和国民党在国际政治中的"手腕和知识非常有限"，他们习惯

---

① "Memorandum by Messrs. John S. Service and Raymond P. Ludden to the Commanding General, U. S. Forces, China Theater (Wedemeyer)", February 14, 1945, The U. S. State Department, ed. , *FRUS*, *1945*, *The Far East*, *China*, Volume Ⅶ, p. 216.

于"在不现实和盲目的乐观中，尽可能地狡辩和制造借口"。①

　　赫尔利离开重庆之时，美国驻华大使馆的外交官们越来越为中国局势的迅速恶化感到不安。他们经过讨论后决定孤注一掷，直言不讳地向罗斯福政府发出警报。2 月 28 日，在赫尔利到达华盛顿之前，艾其森签署并发出了由谢伟思起草的一份报告（以下称"2·28"报告）。他们在报告中严厉地批评赫尔利奉行的政策，认为美国的支持和援助一方面"极大地增强了蒋介石自认为力量强大的感觉，结果导致国民党不现实的乐观和不愿做任何妥协"；另一方面则促使中共领导人确信，美国已经决定"只支持蒋介石"，以致他们迅速地扩大和加强了中共军队的军事行动。在此局面下，罗斯福政府如果继续执行只援助国民政府的政策，中国的内战"将加速到来，中国的混乱将不可避免"。为了避免深陷泥潭，罗斯福政府需要按如下两个原则调整对华政策：一是以向中共提供援助来代替来自苏联的直接或间接的帮助和干涉，首先应私下向蒋介石说明这样做的好处，如果仍遭拒绝，就应像丘吉尔解决南斯拉夫问题那样，采取"公开声明这种更激烈的步骤"。二是"先取得具体的军事合作，而以政治合作作为一个不可避免的结果"。为此应向蒋介石建议，首先组织一个有代表性、有实权的战时内阁，然后以中国各派军队达成仅在各自区域中活动的协议为条件，由一名经魏德迈授意和蒋介石指定的美国军官来指挥全部中国军队。这样既可以"提高美国的声望"，又可以"将共产党争取

<hr>

① Joseph W. Esherick, ed., *Lost Chance in China: The World War II Despatches of John S. Service*, pp. 342 – 344.

到我们这边来，以代替他们投入苏联的怀抱"。①

上述建议中的第一个原则是将矛头直接指向赫尔利，他们提出如果国共谈判破裂，美国不必幻想苏联的协助，而应果断地与中共建立合作关系，迫使蒋介石让步。建议中的第二个原则完全不符合由蒋介石提出，遭到史迪威反对，得到罗斯福赞成，被赫尔利忠实执行，经国共谈判证明是行不通的方针——在中国以解决政治问题为军事合作的先决条件。

"2·28 报告"在华盛顿引起一阵骚动。副国务卿格鲁很快将它上呈罗斯福，并要求赫尔利到国务院澄清问题。② 3 月 5 日，国务院的中国问题专家们与赫尔利爆发了一场面对面的争论。赫尔利在国务院看到艾其森签发的报告后，立即暴跳如雷，指责这是"对他不忠诚的行为"，扬言一定要"干掉"谢伟思"这个狗娘养的"。他当时嘲笑史迪威就是因此而被召回的，高斯和艾其森"根本没见过共产党人什么样"，而且"从来没能把国民党和共产党弄到一起"；蒋介石表现出顽固不化则是"很自然的"，因为他的地位变得"更牢固了"；赫尔利警告他的对手，军队中反对他的人"已经被消灭了"，现在国务院竟然仍有人持不同政见，他决心到陆军部和白宫去"战斗"。赫尔利劈头盖脸的非难，使关于美国对华政策的争论最终变成了一场驻华的职业外交官们是否忠诚的审查，而中国问题专家们

———————————

① "The Charge in China（Atcheson）to the Secretary of State", February 28, 1945, The U. S. State Department, ed., *FRUS*, *1945*, *The Far East*, *China*, Volume Ⅶ, pp. 242 – 246.

② Herbert Feis, *The China Tangle*: *The American Effort in China from Pearl Harbor to the Marshall Mission*, p. 372.

的回答变成了无罪辩护。他们不得不表示，尽管乐于奉陪赫尔利继续争论下去，但最后仍须由最高领导人做出决定。①

赫尔利痛斥国务院的外交官后，继续到陆军部和白宫游说。他和魏德迈在参谋长联席会议上向美军领导人保证说，蒋介石和国民政府只"靠很少一点"的美国援助，就可以打败共产党。然后赫尔利又经过两次访问白宫，在两个关键问题上取得了罗斯福的支持。第一是在国共没有达成协议之前，不向中共提供援助；第二是争取苏联和英国支持美国的对华政策。②

4月2日，赫尔利在华盛顿的新闻记者俱乐部发表了一次公开讲话。他在谈话中指责中共及其领导的军队是中国统一和民主的障碍，并故意把中共与军阀混为一谈；他声称中共的力量被高估了，国民党军队才是中国最强大的力量，美国决不会向中共提供援助。③ 赫尔利的这篇讲话是罗斯福政府的政策将转向"扶蒋压共"的信号，是罗斯福政府调整对华政策基本完成的一个标志，也是赫尔利代表罗斯福政府在美英苏三大国中率先表明支持国民政府统一中国的立场。罗斯福政府迈出了借助国际压力解决国共问题的关键一步。

需要指出的是，罗斯福政府的对华政策在调整中转上"扶

---

① Herbert Feis, *The China Tangle*: *The American Effort in China from Pearl Harbor to the Marshall Mission*, pp. 372 - 373；〔美〕迈克尔·沙勒：《美国十字军在中国（1938~1945年）》，第214~215页。

② 参阅〔美〕谢伟思《美国对华政策（1944~1945）》，王益、王昭明译，中国社会科学出版社，1989，第141~142页。

③ "Transcript of Press and Radio Conference by the Ambassador in China (Hurley)", April 2, 1945, The U. S. State Department, ed. , *FRUS*, *1945*, *The Far East*, *China*, Volume Ⅶ, pp. 317 -318.

蒋压共"的轨道，并不仅仅是因为赫尔利特别神通广大，尽管他个人的确起了相当重要的作用。罗斯福政府对华政策的调整也是被一股强大的内在动力推动的结果，它发生在雅尔塔协定签订前后，此时不论国共争端如何解决，罗斯福政府必须确保使纸上的规划变成现实的格局。赫尔利不过先走了一步，罗斯福则是看到和置身于这种趋势后力图加以利用。他们之间的区别在于，罗斯福更多地从美苏关系和亚太地区的全局着眼，力求在这一地区保持对美国有利的稳定，因而在决心全力维持蒋介石的统治时，仍有可能对中共做出某种妥协。3月中旬，他决定接受中共的要求，促使蒋介石允许中共代表参加出席旧金山会议的中国代表团，就是突出的一例。[①] 赫尔利则完全是从维持蒋介石的统治出发，企图利用美苏之间的妥协，向中共施加压力。赫尔利能够击败国务院里的反对派，罗斯福的支持固然是一个重要的因素。其实不论是赫尔利的建议，还是罗斯福对他的支持，都大致反映了罗斯福政府对华政策的内在逻辑导致的难以扭转的发展趋势。

二　不光彩的交易

由赫尔利提出、经罗斯福认可的美国调处新方案的主要特点，就是借助国际压力——主要是与苏联协调对华政策，迫使中共妥协。罗斯福政府尤其是赫尔利在这里首先遇到的问题是，

---

① 参阅〔美〕迈克尔·沙勒《美国十字军在中国（1938～1945年）》，第212页。

苏联是否会支持——至少不干扰赫尔利的调处工作。罗斯福政府在为雅尔塔会议准备的一份文件中指出：中国是一个美苏英三国外交政策存在潜在的不协调的地区；美国必须在解决中国问题方面承担起领导责任，采取措施来使中国"成为远东一个主要的稳定因素"；然而，如果不能同苏联达成实质性的协议，美国能否达到这个目的是"值得怀疑的"；苏联对华政策的主要目标是希望有一个对它友善的中国，而美国对此应给予"明确的保证"。①

自从 1943 年 11 月在德黑兰举行的美英苏三国首脑会议结束以后，罗斯福持续努力与苏联协调对华政策。1944 年春，由于中苏关系恶化，罗斯福指示美国驻苏联大使哈里曼向斯大林说明，美方认为"蒋介石是唯一能使中国团结一致的人，因此不应让他的政府垮下去"，希望斯大林"在设法解决蒋和中共之间的问题时要耐心点"。6 月 10 日，哈里曼"奉旨"在克里姆林宫会见了斯大林和莫洛托夫。他向这两位苏联领导人介绍了罗斯福政府的对华政策。他说美国在中国的计划有三个要点：第一是扶持国民政府；第二是调处国共争端，"使它们团结起来共同抗日"；第三是使蒋介石"放宽国内政策"，即进行政治改革。哈里曼说他考虑的是"美苏联合的对华政策"，换句话说，是希望苏联领导人也能赞成罗斯福政府的对华政策。

斯大林对哈里曼提出的第一点没有异议，对后两点却报以嘲笑。他说那是"说来容易做到难"。他表示"美国应该而且

---

① "Pre-Conference Documents, CHINA", *FRUS, Conferences at Malta and Yalta*, 1945, pp. 353 – 354.

可以在这方面起主导作用",甚至可以"更加完全"地影响蒋介石;他认为蒋介石是"最佳人选",但不是没有缺点,主要是同日本人"战斗不力",而且周围有一群"无赖和卖国贼";中共"不是真正的共产党,他们是'人造黄油'共产党",不过他们是"真正的爱国者,他们要同日本人作战";蒋介石因为"意识形态的原因"与中共交恶是"愚蠢的"。斯大林最后声明,苏联"仍然以 1924 年对华友好条约为基础"来处理与中国的关系。①

罗斯福政府从斯大林的这番谈话中不会感受不到,国民政府与苏联打交道的困难程度有多高。苏联尽管不打算在蒋介石的统治地位问题上与罗斯福政府尖锐对立,但同时也要求美国方面采取措施,改变国民政府的现状。苏联的政策简单地说就是在妥协的格调中,力图加强对蒋介石和国民政府的制约。面对现实,罗斯福政府需要敦促国民政府进行民主改革,推动国共合作,否则就无法使苏联领导人接受美国的条件。这是罗斯福当时决定加快和更深入地介入国共矛盾的另一个重要原因。罗斯福通过各种渠道向蒋介石施加压力,以及赫尔利在中国疲于奔命,都是为了在处理与苏联在亚太地区的关系之际,尽快澄清中国的局势。

1944 年 10 月,罗斯福政府利用丘吉尔访苏的机会,敲定了苏联对日作战的日程和军事部署。随之而来的问题是,苏联参战后会在亚太,特别是在中国产生什么样的政治后果,美国

---

① 参阅 Herbert Feis, *The China Tangle: The American Effort in China from Pearl Harbor to the Marshall Mission*, pp. 140 - 141。

应如何应付苏联在各地区可能采取的行动。

11月10日，回到华盛顿述职的哈里曼在白宫向罗斯福介绍了苏军对日作战的计划。罗斯福当即对苏军参战后的政治意图提出了疑问。他当时询问哈里曼，"如果俄国人进入中国，他们还肯出来吗？"① 美国的担心主要聚焦于两个问题：第一，苏联是否会在打败日本后尽快从中国撤军；第二，苏联是否在苏军占领区扶植亲苏的自治政权，甚至可能是独立的政府。罗斯福当时尽管受到赫尔利那些夸夸其谈的报告影响，但仍然对苏军参战后的中国局势深感不安。

11月17日，罗斯福再次召见哈里曼，讨论与苏联对华政策有关的各种问题。哈里曼根据他的判断告诉罗斯福，苏联领导人同样急于使国共达成协议，以便苏军在东北向日军发动进攻后，可以利用中共军队保护苏军的右翼；苏联在参加对日战争之前，有可能向中共施加压力，迫使它向蒋介石妥协；如果国共之间不能达成协议，美国就会面临"与铁托在南斯拉夫的形势多少有点相似的局面"；苏联在华北和东北地区将支持中共，并向蒋介石提出"严厉得多"的条件；届时美国在中国会面对一个"结局不可能圆满的局势"。罗斯福当即授权哈里曼向斯大林询问清楚，苏联在对日宣战之前，"他们希望达成一种什么样的政治协议"。哈里曼的答复是"中国整个的政治问题，我认为无疑会在我们和俄国人的关系上带来最大的困难"。②

---

① 〔美〕W. 艾夫里尔·哈里曼、伊利·艾贝尔：《特使：与邱吉尔、斯大林周旋记》，第413页。

② 〔美〕W. 艾夫里尔·哈里曼、伊利·艾贝尔：《特使：与邱吉尔、斯大林周旋记》，第414~415页。

回到莫斯科后，12 月 14 日，哈里曼在克里姆林宫会见了斯大林。他在会谈中根据罗斯福的指示，试图"套出"苏联在亚太地区的全部政治意图。斯大林直率地告诉哈里曼：库页岛南部和千岛群岛应归还苏联。他随后又在特意准备的地图上画了一圈，说明苏联为了保护符拉迪沃斯托克（即海参崴）港口的交通，希望租借包括中国的旅顺和大连在内的辽东半岛南部地区；此外，苏联还需要租借从大连到哈尔滨，再由哈尔滨折向西北至满洲里以及向东连接到符拉迪沃斯托克（海参崴）的全部铁路线。斯大林保证，除了这些条件之外，苏联并无意侵犯中国在东北的主权。①

　　斯大林提出的这些条件让罗斯福政府如芒刺背，但在迫切需要苏联尽早参加对日作战的情况下，罗斯福感到除了做出妥协之外，也别无选择了。苏联的地理位置加上军事实力等，使它在东亚地区居于强有力的讨价还价的地位。罗斯福政府在相关的国际事务中对苏联所求尚多，特别是国共谈判迟迟不能取得实质性突破，这些客观条件促使罗斯福决心将同苏联的交易进行到底。这毕竟算是借花献佛，慷他人之慨；更何况在第一次世界大战后，列强们曾经做过同样的事情，而且在那以前不知道做过多少次。

　　1945 年 2 月 4 日至 11 日，美英苏三国首脑在雅尔塔举行了峰会，讨论打败德国后的对日作战问题和战后世界面临的一系列重大问题。罗斯福和斯大林为协调苏联参加对日战争后美苏

---

① 〔美〕W. 艾夫里尔·哈里曼、伊利·艾贝尔：《特使：与邱吉尔、斯大林周旋记》，第 424 页。

两国在亚太地区的关系，用中国在东北的利权做了一笔政治交易。他们最终就战后东亚地区涉及的各种问题达成了协议，即史称的"雅尔塔秘密协议"。苏联在雅尔塔秘密协议中重申了承诺，苏军将于欧洲战争结束两至三个月后，即开始对日作战，并与国民政府缔结一项友好同盟条约，"以期用武力帮助中国达到从日本枷锁下获得解放的目的"。作为交换条件，"雅尔塔秘密协议"规定："1. 维持外蒙古（蒙古人民共和国）现状。2. 恢复1904年日本背信弃义的进攻所破坏的原属俄国的权利，即（甲）将库页岛南部及其全部毗连岛屿归还苏联，（乙）大连商港国际化，并保证苏联在这个港口的优越权益，恢复租借旅顺港为苏联的海军基地，（丙）设立中苏合营公司，对通往大连的中东铁路及南满铁路进行共管，并保证苏联的优越权益，而中国保持在满洲的全部主权。3. 千岛群岛交给苏联。"① "雅尔塔秘密协议"的产生标志着由于欧洲列强的衰落和日本行将退出亚太国际政治舞台，东亚地区正在形成美苏两个大国据主导地位的局面。

"雅尔塔秘密协议"是二战后期美苏合作的产物，反映了它们之间关系的特点；协议中包含着很多基于军事考虑的算计和妥协，是美苏双方在东亚的力量对比保持暂时均衡的产物。这种状况使中国的地位变得举足轻重，美苏两国谁能更妥善地处理对华关系，谁就能在双方的较量中取得优势，并限制对方

---

① 《雅尔塔协定》，1945年2月11日，复旦大学历史系中国近代史教研组编《中国近代对外关系史资料选辑（1840—1949）》下卷第二分册，上海人民出版社，1977，第204~205页。

的发展。按照罗斯福政府战时的设想，既然美国在战后要称雄亚太，就必须在东亚大陆中心的中国取得支配地位。中国本来是罗斯福政府设想的亚太政策的重心，但是由于国民政府的腐败羸弱，现在却成为美国亚太战略中非常薄弱的环节。罗斯福在雅尔塔会议中向斯大林妥协，承认苏联在中国局部地区享有特殊的利益，就是因为他清楚地看到了国民政府的严重弱点。

雅尔塔会议结束后，罗斯福政府大幅度调整了对华政策，其方向是在"雅尔塔秘密协议"规划的格局中，在促使苏联按照承诺参加对日战争的同时，通过稳定地控制住中国局势，确立美国战后在这个地区的优势地位。为实现这个目标，罗斯福政府采取的第一个步骤就是通过调整中苏关系，促使苏联保证承认国民政府在战后对全中国的统治。调整中苏关系已成为这一时期美国对华政策的重点，不论是美国领导人还是4月回到重庆的赫尔利，都把主要精力首先用于推动中苏谈判。至于如何解决国共争端，他们以为水到自会渠成。

苏联这个时期对亚太地区的政策的出发点是取得并保护它在这一地区的战略利益，不过其目标总的来看还是有限的。它们包括维护亚太地区（主要是东亚大陆地区）的和平与稳定、保卫苏联东部边境的安全以及获取某些特殊的权益。苏联对华政策的目标是双重的：一方面是彻底打败日本法西斯，消除最后一个战争策源地，将日本势力逐出它在东亚的占领地，从而根本解除日本对苏联安全的长期威胁；另一方面是利用苏军参加对日作战所必然产生的巨大影响，努力制造一块缓冲地带，防止战后新的侵略势力进入以致苏联在这个地区的战略利益，包括安全利益和优越的经济利益等受到新的威胁。

欧洲战争结束之际，苏联断然宣布中止《苏日中立条约》，积极准备向日军发动进攻，这是完成其亚太战略的重要步骤。不过这仅仅是第一步，苏军的行动必然会引起地缘政治上的连锁反应，对亚太地区，首先是东亚大陆地区的国际力量对比产生深远的影响。苏联领导人非常清楚，在打败日本后，苏联在这个地区将面对一个野心勃勃、决心雄踞亚太的美国以及一个像火药桶一样，随时可能出现爆炸局势的混乱的中国。妥善处理在这个地区的对美和对华关系，将是苏联战后亚太政策的中心问题。

苏联在东亚处理对美关系的基调是通过妥协，争取让美国承认它在这一地区的特殊利益。除了美苏战时同盟关系的影响外，苏联采取这种政策是因为它在战后的主要任务必定是重建家园，恢复被战争严重破坏的国民经济。苏联不愿意也不能承受因与美国发生冲突而再受战争摧残，即使是军备竞赛也不能承受，它需要一个和平的环境以休养生息。但是，苏联的妥协并不是无限制地让步。苏联既不希望在东亚与美国对抗，也决不允许美国在东亚扮演日本曾经扮演的角色，以免美国势力无限制地扩张，危及苏联东部边境的安全。

苏联以妥协为基调处理对美关系，必然会影响到它处理对华关系的政策。中国是苏联设想的亚太安全缓冲地带中的关键地区，中国的政治局势如何发展，是决定美苏在亚太的关系能否稳定的重要因素。苏联基于对未来与东部边疆毗邻地区的稳定与安全的考虑，希望促使中国内部政治形势稳定，并努力使中苏关系得到改善和稳定。不论是中国发生内战，还是中苏关系恶化，都有可能招致西方国家——主要是美国的干涉，甚至有可能演变为苏联与美国的直接冲突。因此，苏联也需要调整中苏关系和解决国共矛盾。它基于切身利益，不能不关注甚至介入中国的内部事务。

"雅尔塔秘密协议"签订后，苏联领导人采取的行动表明，它的优先目标首先就是改善中苏关系，即利用苏军参加对日战争的特殊条件，通过谈判一举解决中苏之间那些悬而未决的问题，为两国关系长期稳定地发展奠定基础。其次，在中苏关系获得改善的条件下，利用其特殊的政治影响来推动国共谈判，使中国出现统一稳定的政治局面，从而杜绝其他国家主要是美国干涉的借口。换句话说，国民政府也只有接受苏联与美国谈妥的条件和奉行对苏友好的政策，苏联才有可能在解决中国内部问题方面给予支持。

苏联领导人虽然一再表示相信在中国，国民党才是唯一有力量统一中国的政治集团，但他们完全清楚国民政府的性质和两国间存在许多难以解决的历史问题。因此，在改善中苏关系时，苏联实际上奉行的是一种可以称为"中立国民政府"的政策，目的是影响国民政府的内政和外交，迫使它不敢积极追随美国的外交政策，以免使中国变成东亚的一个反苏基地。一方面，作为在亚太地区对美妥协的一部分，以及基于对中国政治力量对比的估计，苏联领导人一再声明，他们承认蒋介石在中国的领袖地位、承认国民政府的统治地位。另一方面，苏联领导人也不断强调，他们对国民政府"有许多保留意见"，抨击国民党统治的腐败和各种不合时宜的内外政策，谴责国民党内存在严重的反动势力及种种倒行逆施；苏共还借助舆论公开对中共争取民族解放和推动在中国进行民主改革的斗争等表示同情与声援。事实表明，苏联承认国民政府的统治地位是有条件的，而实现这些条件在苏联领导人看来，足以使中苏关系稳定、和睦地发展。

苏联与国民政府改善关系必然要影响它与中共的关系。苏共与中共有着深远的历史渊源，两党同是国际共产主义运动中的重要成员。但由于种种历史原因，苏联领导人对中共中央在抗战爆发后根据他们的实际情况制定的很多政策，包括在苏德战争爆发后不久，拒绝按照苏军统帅部的命令在华北地区与日军进行正规战等，既不能理解，也很不信任，以致苏联领导人一再公开或私下称中共是代表农民和小资产阶级利益的政党，当然他们也承认中国共产党人是爱国的。① 从本质上说，中苏两党分别代表着两个民族的利益。也正因为双方关系中存在这种特点，苏联必然要利用它与中共的特殊关系施加影响，以防止独立不羁的中国共产党人擅自行动，干扰苏联的对外政策。

然而，苏联和中共在处理同美蒋的关系中，毕竟有着重要的共同利益。苏联在利用中共的力量牵制美蒋方面，显然是留有余地的。必须指出，由于美国和国民政府把改善中苏关系与解决国共争端拉扯在一起，并经常蛊惑人心地把中共说成是苏

---

① 《赫尔利将军与莫洛托夫的会谈》，《中美关系资料汇编》第 1 辑，第 139 ~ 140 页；〔苏〕瓦·伊·崔可夫：《在华使命——一个军事顾问的笔记》，万成才译，新华出版社，1980，第 33 ~ 37 页。

联在中国的政策工具，苏联领导人经常在公开场合或私下向美国方面表示，苏联在外交方面与中共没有多少联系，这是有其策略方面的考虑的。事实上，这时苏联的确已经同中共没有多少联系了。问题在于，苏联在亚太地区热衷于大国外交时，过于轻视中共领导的革命力量，甚至还利用共产主义运动内部的党际关系，向中共中央施加压力，使之服从苏联的对外政策。苏联的这种做法在道义上是不光彩的。

雅尔塔会议结束后，美苏基于各自的利益，都开始为推动中苏谈判进行积极准备。赫尔利在 4 月返回重庆后，已经将推动中苏谈判当作他的首要任务。在到达重庆之前，他途经莫斯科，在那里与斯大林等苏联领导人讨论了与雅尔塔会议有关的问题。斯大林在会谈中表示，苏方也可以给赫尔利全权，由他根据自己的判断，决定何时将"雅尔塔秘密协议"的内容透露给蒋介石。① 赫尔利在重庆期间，不断说服蒋介石，在处理对苏关系时应根据"雅尔塔秘密协议"的精神，做出必要的妥协。5 月 10 日，他向罗斯福逝世后继任美国总统的杜鲁门报告说，根据他与蒋介石会谈后的理解，在涉及中国东北地区的权益问题上，蒋介石除了不同意"雅尔塔秘密协议"中"优越权益"和"租借"两个词以外，几乎同意了那个协议中的每一条。② 赫尔利显然认为，促成中苏谈判的条件已经成熟，他希望杜鲁门政府尽快授权他向蒋介石提出举行中苏谈判的

---

① 《赫尔利大使与斯大林大元帅的会晤》，1945 年 4 月 15 日，《中美关系资料汇编》第 1 辑，第 160～161 页。

② Herbert Feis, *The China Tangle: The American Effort in China from Pearl Harbor to the Marshall Mission*, pp. 304–305.

建议。

4月下旬，莫洛托夫访问华盛顿。他在白宫第一次会见杜鲁门时，就曾询问后者作为罗斯福的继任人，是否准备履行其前任在雅尔塔会议上声称要承担的义务，促使中国接受"雅尔塔秘密协议"中的有关规定。杜鲁门当即保证，美国方面将承担在雅尔塔会议上承诺的全部义务。① 莫洛托夫随后就在旧金山向宋子文发出邀请，表示欢迎他访问莫斯科。

5月8日，德国无条件投降。欧洲战争结束使中苏谈判直接被提上议事日程。5月下旬，杜鲁门派其前任罗斯福最信任的顾问霍普金斯访问莫斯科，再次同斯大林讨论如何协调美苏在各地区的政策。28日，霍普金斯和斯大林在克里姆林宫会谈，他们详细讨论了苏联参战和对华政策等问题。霍普金斯首先提出，美国人最关心的是在欧洲战争结束后，苏联将在何时对日宣战。斯大林答复说，苏军准备于8月向日军发动进攻，目前正为此积极准备。霍普金斯随后表示，杜鲁门政府希望了解苏联对中国内部统一问题的见解。斯大林声明，苏联并没有专门的计划，他赞成中国成为"完整的、稳定的国家"；蒋介石应"成为统一中国的承担者"，因为他是"中国领导人中最好的"，"中国共产党领导人就不如蒋介石那样好"，而且他们"没有能力完成中国的统一"。当霍普金斯表示美国将在中国坚持门户开放政策时，斯大林说："美国是战后能够用自己的资

---

① 〔美〕哈里·杜鲁门：《杜鲁门回忆录》第1卷，李石译，生活·读书·新知三联书店，1974，第67页。

源在经济上援助中国的唯一国家。"①

斯大林的上述谈话至少有三层含义：第一，苏联肯定会履行以往的承诺，按时对日本宣战；第二，苏联对日宣战后，将奉行支持由蒋介石统一中国的政策；第三，苏联承认美国在中国占据主导地位。苏联的条件则是杜鲁门政府确实履行"雅尔塔秘密协议"，协助推动中苏谈判取得成功。美国方面当然对此感到满意，杜鲁门一接到苏联希望于7月1日以前开始中苏谈判的通知，便决定马上通知国民政府，宋子文应该尽快去莫斯科报到。②

霍普金斯与斯大林5月28日的会谈是欧洲战争结束后，美苏协调其对华政策的一个重要事件。以此为标志，美国调处国共矛盾的独角戏开始演变为美苏的二重唱。从这个角度看，中苏谈判则是这场二重唱的序曲。

中苏谈判于6月30日开始，至8月14日结束，分两个阶段进行，前后历时一个半月。这次谈判是根据雅尔塔会议的精神调整中苏关系，使美苏两国领导人在雅尔塔会议期间有关中苏关系的秘密交易合法化。在争取国家独立和民族解放已成为历史潮流的时代，在全世界人民高举着民主自由的旗帜继续同法西斯浴血奋战的时刻，美苏作为《大西洋宪章》和《联合国家宣言》的主要签署国，用中国的利益做了一场交易，但这个交易起码在形式上还要取得物主的同意。这次中苏谈判虽然不

---

① "Memorandum of Conversation, by Mr. Charles E. Bohlen", May 28, 1945, The U. S. State Department, ed., *FRUS*, *1945*, *The Far East*, *China*, Volume Ⅶ, pp. 887–891.

② 〔美〕哈里·杜鲁门：《杜鲁门回忆录》第1卷，第192页。

过是迫使当事国政府承认"雅尔塔秘密协议"的一个手续，其过程的复杂程度却大大超过了美苏的预计。

苏联领导人在中苏谈判中坚决贯彻他们的既定方针，依靠苏联参加对日战争的有利地位和与美国协调亚太地区政策的巨大影响，充分利用国民政府对中共迅速发展以及苏联可能给予其援助的恐惧心理，迫使国民政府承认外蒙古独立和接受苏联在中国东北取得优越权益等，从而牢固地控制住苏联所谓东方安全缓冲地带的中心环节。

根据罗斯福与斯大林的口头协议，雅尔塔会议上关于中国问题的讨论必须对国民政府保密，直至苏军从西线调25个师部署到东方前线为止。他们的理由是防止国民政府过早知情，泄漏苏军参加对日作战的意图和军事准备。在上述5月28日的会谈中，斯大林毫不隐讳地告诉霍普金斯，苏军何时开始行动"有待于履行雅尔塔协议中与苏联愿望有关的条款"。他解释说："为使苏联人民看起来参加太平洋战争是正当的，有必要履行这些协议。"① 斯大林实际上是在暗示霍普金斯，杜鲁门政府必须向国民政府施加压力，迫使其接受美苏的安排，否则苏联就有可能按兵不动。霍普金斯有足够的政治和外交经验，对苏联领导人的提醒心领神会。

尽管蒋介石和国民政府不断通过各种渠道了解美苏在雅尔塔会议上会谈的内容，但直到6月12日，苏联驻华大使彼

---

① "Memorandum of Conversation, by Mr. Charles E. Bohlen", May 28, 1945, The U. S. State Department, ed. , *FRUS, 1945, The Far East, China*, Volume Ⅶ, p. 888.

得洛夫在会见蒋介石时，才具体告知苏联方面关于缔结中苏条约的条件，即"一、恢复旅顺港之租借，建立苏联海军根据地。二、大连商港国际化，并保证苏联在该港有优势的权利。三、为保证苏联与租借港之联系起见，在保持中国在东三省主权完整条件下，组织中苏合办公司，共同使用中东铁路和南满铁路。四、关于蒙古人民共和国问题，应保持现状，即蒙古人民共和国为一独立国家。五、库页岛南部及与其接壤诸岛，以及千岛群岛，应归苏联。"彼得洛夫当时解释说："苏联是一个太平洋沿岸的国家，苏联在太平洋需要有不冻港。"这是极其荒谬的逻辑，不过彼得洛夫说得一本正经。他也没有忘记提醒蒋介石，他提出的这些条件已获得了罗斯福和丘吉尔同意。①

蒋介石和国民政府处理对苏关系的考虑也是极为复杂的，同样受到国内外各种因素的影响，不过其宗旨最终仍然是维护其一党统治。国民政府在谈判中的立场不论是软化还是强硬，最终都以能否巩固和加强它在国内斗争中的地位为底线。在中苏谈判开始之前，蒋介石分别于 6 月 12 日和 26 日向彼得洛夫阐述了国民政府的立场。他说关于旅顺港问题，绝对不得使用"租借"一词，否则就会使中国成为"不平等国家"，并且使中国"领土不完整"。蒋介石拒绝苏联"租借"旅顺不仅仅是一个名誉问题，更是要确保国民政府对该港口的管理权和使用权。

① 《蒋主席在重庆接见苏联驻华大使彼得洛夫讨论有关缔结中苏友谊互助条约之问题谈话纪录》，1945 年 6 月 12 日，秦孝仪主编《中华民国重要史料初编——对日抗战时期》第三编《战时外交（三）》，第 559～562 页。

关于外蒙古前途的问题，国民政府可以给予高度自治，包括准其自行决定外交和军事问题，但主权应属中国。外蒙古的地位是中苏之间长期存在的争端，两国在 1924 年 5 月签订的《中俄解决悬案大纲协定》中达成了协议，现在国民政府坚持既有立场也是必然的，否则有可能在国际上引起不良的连锁反应，甚至造成边疆少数民族地区的不稳定。蒋介石最后指出，中苏两国间的事情可以由中苏双方自己解决，"美国同意与否，没有关系"。① 蒋介石强调这一点主要是为了达到两个目的。第一是使苏联不要因为担心中美结盟而提出太苛刻的条件；第二是试图预先堵住苏联方面的嘴，以免他们总是利用美苏之间的秘密谅解，向国民政府施加压力。其实蒋介石心里应该非常清楚，国民政府在外交上严重地依赖美国，杜鲁门政府的态度变化是决定国民政府的妥协程度的关键因素之一。很可能斯大林也是这样估计的，所以他在以往的谈判中才表示希望美国在中国问题上"发挥作用"。

中苏谈判正式开始后，苏方的谈判者是斯大林本人，中方则是行政院长宋子文。他于 6 月 30 日到达莫斯科，第二天即与斯大林举行了会谈。7 月 2 日开始谈判，斯大林向宋子文详细解释了苏联方面对"雅尔塔秘密协议"中各项条款的理解。他首先解释了苏联提出给予外蒙古独立的理由。第一是为了加强

① 《蒋主席在重庆接见苏联驻华大使彼得洛夫讨论有关缔结中苏友谊互助条约之问题谈话纪录》，1945 年 6 月 12 日；《蒋主席在重庆接见苏联驻华大使彼得洛夫说明中苏之事应由两国直接商议谈话纪录》，1945 年 6 月 26 日。以上见秦孝仪主编《中华民国重要史料初编——对日抗战时期》第三编《战时外交（三）》，第559~562、569~571 页。

苏联对抗日本的战略地位，第二是为了向苏联人民说明苏联参加对日战争的正当理由。他甚至表示，如果苏联在外蒙古没有自己的"法律权"，"苏联将失去整个远东"。斯大林这是在暗示宋子文，国民政府必须接受苏联的要求，否则苏联对抗日本的战略地位就没有"加强"，苏联人民也就"不能理解"为什么要把反法西斯战争打到底，意即苏联有可能不出兵对日作战。宋子文当即表示不能接受斯大林的解释。他坦率地告诉斯大林，国民政府的困难同斯大林的困难差不多，它无法向中国人民说明为什么要"放弃一部分领土"，而且接受这一条甚至会导致国民政府垮台；苏联既然要在外蒙古拥有驻军自卫的"法律权"以"对抗日本"，那么国民政府宁愿给予外蒙古高度自治权。

关于东北的港口和铁路等问题，斯大林首先提出，大连港需要"国际化"，但应该由中苏组成联合公司来共同管理；由中方人员任理事长，苏方人员担任经理；关税收入双方各得一半。他提出苏联要求这样做的理由是，"雅尔塔秘密协议"中承认，苏联在大连港的优越权益必须"获得保障"。宋子文则指出，大连港"国际化"的含义是使之成为自由港，管理权应属中国，而苏联可以享有优越的商业利益；如果苏方坚持中苏联营并分享关税，会导致中国航运转向其他港口，结果必置大连于死地。宋子文还声明，旅顺港应由中苏海军共同使用，不能再提"租借"。斯大林表示，在用什么词的问题上可以"迁就蒋委员长的愿望"。斯大林随后提出，中东路应由中苏共同经营，经理由苏方人员担任，铁路所有权归苏联，期限暂定为 40～45 年。与会的莫洛托夫补充说明，苏联还应控制与铁路有关的煤矿。宋子文则坚持"共同经营者"系指中东铁路的干线，支线和沿线厂矿企业等均不应包括于条约之内。

关于中国内部问题，斯大林建议国民政府能"容纳若干自由分子参加"。他特别说明，这里所谓的若干自由分子"不限于共产党"；而且"中国只能有一个政府，由国民党领导"；中国共产党人是"爱国者"，至于是不是真正的共产党则"颇有疑问"。宋子文则强调，国民政府只能在军令政令统一的前提下，允许中共代表参加政府；政府的领导权属国民党，而且决不能搞联合政府。斯大林对此表示谅解，认为宋子文表达的是"国民党的正当愿望"。[①]

在 7 月 2 日的会谈中，双方的争论首先集中在外蒙古的前途问题上，结果是谈判因此陷入僵局。7 月 4 日，宋子文打电报向蒋介石建议：如果苏联在外蒙古前途问题上坚持其立场，就应该中止谈判。7 月 7 日，斯大林与宋子文再次讨论外蒙古问题。宋子文坚持中国对外蒙古享有宗主权，不过可以给予其"高度自治，军事、外交均可自主"，其中包括外蒙古行政当局有权允许苏联在该地区驻军。斯大林也拒不

---

① "The Ambassador in the Soviet Union（Harriman）to President Truman and the Secretary of State, ［Paraphrase］", July 3, 1945, The U. S. State Department, ed. , *FRUS*, *1945*, *The Far East*, *China*, Volume Ⅶ, pp. 911－914;《行政院长宋子文自莫斯科呈蒋主席报告与史达林商谈关于外蒙独立及使用旅顺军港等问题之谈话情形电》，1945 年 7 月 2 日，秦孝仪主编《中华民国重要史料初编——对日抗战时期》第三编《战时外交（二）》，第 576～590 页。

让步，声明如果中方不承认外蒙古独立，苏联就不能签订中苏条约。双方立场如此尖锐地对立，宋子文感到已无挽回余地。他立即电告蒋介石：外蒙古问题事关重大，如不打算继续谈判，他准备于 11 日外蒙古独立节之前返回重庆。① 国民政府之所以在外蒙古前途问题上一再据理力争，主要是因为经过抗日战争，中国民众的民族意识空前觉醒，如果仍像第一次世界大战后那样作为战胜国仍要丧失国家权利，国民党的统治地位会被严重削弱。

但是，当苏联领导人坚定地要求以承认外蒙古独立作为改善中苏关系的先决条件时，蒋介石不能不重新权衡利弊。7 月 6 日，蒋介石在重庆召集国民党高级干部会议，经讨论决定在外蒙古前途问题上对苏妥协。蒋介石在会后打电报指示宋子文，承认外蒙古独立在形式上应由国民政府提出，经外蒙古人民用公民投票的方式解决，不得就此问题与苏联订立任何秘密协议。作为交换条件，应要求苏联保证：第一，中国对东北拥有的领土、主权及行政管理权必须完整，其中包括旅顺的管理权应归中国，军港可共同使用，不可共同管理；大连可成为自由港，行政管理权应归中国；中东路干线由中苏共同经营，由中国方面负责管理；中东路支线、附属厂矿企业不包括在内。第二，苏联不得支持中共和新疆地区的所谓匪乱。如果苏联不接受上

---

① 《行政院长宋子文自莫斯科呈蒋主席请示如史达林坚持外蒙必须由我国承认其独立是否即中止交涉电》，1945 年 7 月 4 日，秦孝仪主编《中华民国重要史料初编——对日抗战时期》第三编《战时外交（二）》，第 592 ~ 593 页。

述条件或不给予具体答复，宋子文可以中止谈判。①

7月9日，宋子文向斯大林转述了蒋介石的建议，并声明国民政府是为了与苏联合作才"忍痛牺牲"的，希望斯大林能投桃报李。斯大林立即表示：苏联将封锁与新疆接壤的边境地区，禁止运输军火，并协助国民政府平息新疆的"叛乱"；国民政府提出在中国军令政令统一是合理的要求，苏联只向国民政府提供援助，不会向中共供应武器，并将停止对国民政府的批评宣传；苏联尊重中国在东北的领土、主权与行政权的完整。② 由于国民政府与苏联在外蒙古前途问题上各得其所，谈判很快集中到东北问题上。

7月9日，宋子文向蒋介石报告了苏方提出的关于东北地区港口和铁路问题的条件。苏联方面提出两方面的条件。第一，港口。旅顺辟为军港，仅供中苏舰船使用，军港及旅顺市由苏联负责管理；大连港可供各国商船使用，但应辟出部分水域专供中苏船舶使用，苏联可在港口地区驻扎并调动军队；大连市

---

① 《蒋主席自重庆致行政院长宋子文指示外蒙独立须俟我国内真能确实统一时方能考虑并告以所谓国内统一巩固之要旨电》，1945 年 7 月 6 日；《蒋主席自重庆致行政院长宋子文指示必须以东北领土、主权与行政之完整及苏联不再支持中共与新疆匪乱为我国允许外蒙战后独立之交换条件电》，1945 年 7 月 7 日；《蒋主席自重庆致行政院长宋子文嘱向史达林说明允许外蒙独立为我对苏之最大诚意希望苏联对我之要求能作具体之答复电》，1945 年 7 月 7 日。以上见秦孝仪主编《中华民国重要史料初编——对日抗战时期》第三编《战时外交（二）》，第 593～194、596、597 页。

② 《行政院长宋子文自莫斯科呈蒋主席报告与史达林会谈关于解决外蒙、新疆、东三省及中共等问题之谈话情形电》，1945 年 7 月 9 日，秦孝仪主编《中华民国重要史料初编——对日抗战时期》第三编《战时外交（二）》，第 609～620 页。

政府由中苏各派 5 人组成，市长由苏方代表担任，大连港由苏方主管；在大连和旅顺的规定区域之外，由中国管理，所派行政人员应经苏联军事当局认可，并遵守苏军当局颁布的治安命令。第二，铁路。国民政府应承认苏联恢复其在中东路和南满路中长春至旅顺、大连各段的所有权益，其中包括铁路所属工矿企业、建筑物和森林土地；苏联同意国民政府参与铁路的管理，为此组织一中苏联合公司，设董事 7 人，苏方 4 人，中方 3 人；董事长由苏方代表担任，协议期限 40 年。① 苏联方面提出的这个协议草案不仅超出雅尔塔秘密协议的规定，而且超出斯大林 7 月 2 日提出的条件。这表明苏联实际上打算完全控制大连和旅顺两港，以及中东路和南满路的南段及其附属的工矿企业等。

　　同一天，宋子文将国民政府起草的协议草案交给斯大林。在 9 日、11 日和 12 日的正式谈判中，中苏双方就东北港口和铁路问题展开激烈的讨价还价。宋子文在 7 月 9 日的会谈中说明，根据 1924 年 5 月中苏达成的《中俄解决悬案大纲协定》和苏联在 1935 年已将中东路售予日本的事实，苏联不应再享有中东路的所有权；东北有关铁路的共同管理和经营仅限于干线，不应包括其他内容。11 日，宋子文进一步提出：苏联不得利用东北铁路运兵，路警必须由中国方面派遣；如在旅顺港的苏联驻军确需调动，可通过海路进行；中东路公司的理事会应由 5

---

① 《行政院长宋子文自莫斯科呈蒋主席报告苏方所提大连、旅顺及铁路等条件之内容电》，1945 年 7 月 9 日，秦孝仪主编《中华民国重要史料初编——对日抗战时期》第三编《战时外交（二）》，第 607 页。

名中国代表和 6 名苏联代表组成，理事长和经理均由中方代表担任。宋子文还提出，大连和旅顺必须由中国管理，旅顺可设苏联军事指挥官一人，权力限于管理旅顺军港。斯大林除同意由中方负责东北铁路的警卫和苏联不经东北铁路运兵之外，其余一概予以拒绝。[①]

此时，美英苏领导人即将在波茨坦召开会议，而苏联领导人急于在波茨坦会议召开之前达成协议。他们敦促宋子文尽快接受苏联方面的条件，斯大林甚至提出，可以设法推迟美英苏三国的首脑会议，以等待蒋介石的电报答复。宋子文则以苏联方面的要求已经超出国民政府对他授权的范围为由，声明必须返回重庆与蒋介石当面详细磋商，否则不可能对苏方的建议做出任何答复。[②] 7 月 14 日，宋子文返回重庆，中苏谈判暂时中断。

中苏谈判的第二阶段于 8 月 7 日开始，至 14 日结束。这一阶段的谈判是在对日战争发生根本转折的背景下进行的，国民政府的主要谈判代表改为外交部长王世杰，宋子文继续参加谈判，从旁协助并提供咨询。

7 月 26 日，美英苏三国发表《波茨坦公告》，敦促日本政府立即宣布无条件投降，并警告"除此一途，日本即将迅速完

---

① 《行政院长宋子文自莫斯科呈蒋主席报告与史达林会谈关于解决外蒙、新疆、东三省及中共等问题之谈话情形电》，1945 年 7 月 9 日；《行政院长宋子文自莫斯科呈蒋主席报告与史达林会谈关于苏联撤兵及铁路管理等问题之谈话情形电》，1945 年 7 月 11 日。以上见秦孝仪主编《中华民国重要史料初编——对日抗战时期》第三编《战时外交（二）》，第 609～620、622～631 页。
② 《行政院长宋子文自莫斯科呈蒋主席报告与史达林会谈关于苏联撤兵及铁路管理等问题之谈话情形电》，1945 年 7 月 11 日，秦孝仪主编《中华民国重要史料初编——对日抗战时期》第三编《战时外交（二）》，第 622 页。

全毁灭"。① 8 月 6 日和 9 日，美空军先后向日本广岛和长崎投掷了两颗原子弹。8 月 8 日，苏联正式向日本宣战。9 日 0 时，苏军同时向中国东北的东部、北部和西部边境发起突击；12 日，在外蒙古集结的苏军兵团越过大兴安岭，以每天 100 公里的速度长驱直入，冲向长春和沈阳。在盟军摧枯拉朽的联合进攻的打击下，日本政府于 8 月 10 日发出乞降照会，14 日宣布无条件投降。在此期间，中国战场也在发生巨变，后来的发展证明，其中对亚太国际关系冲击最大的是中共军队开始进攻日军。8 月 9 日，毛泽东在延安发表了题为《对日寇的最后一战》的声明，宣布"对日战争已处在最后阶段，最后地战胜日本侵略者及其一切走狗的时间已经到来了"。他号召一切人民抗日武装配合苏联红军，举行全国规模的"大反攻"，坚决消灭一切不愿投降的日本侵略者。② 8 月 10 日、11 日，八路军总司令朱德在延安连续发布七道命令，中共军队立即开始在东北、平津、归绥、太原、平汉、陇海、济南、胶东、津浦、沪宁、运河、广九等地区前线，向日军发动全面反攻。③

对日战争形势急转直下，对苏联和国民政府都造成了一定压力。对苏联来说，如果日本宣布投降而中苏谈判仍无进展，势必在外交方面造成某种困难，使苏联无法利用苏军占领东北地区的

---

① 世界知识出版社编《国际条约集（1945—1947）》，世界知识出版社，1959，第 78 页。

② 毛泽东：《对日寇的最后一战》，1945 年 8 月 9 日，《毛泽东选集》第 3 卷，第 1119 ~ 1120 页。

③ 中共中央党史研究室：《中国共产党历史（1921—1949）》第 1 卷下册，中共党史出版社，2011，第 664 页。

有利时机，以合法形式在东北获得优势地位。这不仅会影响中苏关系，而且有可能牵涉到美苏关系。苏联领导人在与美国和国民政府交涉时，曾经一再强调如果不能保证得到某些报偿，苏联人民将不能理解为什么要向日本宣战。但是，苏军向日本发动进攻时，显然没有以中苏谈判取得成功为条件，而苏联人民却表现出充分理解苏联政府决定参加埋葬日本法西斯的战争的高度政治觉悟。既然事实如此，苏联领导人的借口只能做这样的解释：如果没有中国的邀请，苏联参加对日战争后，便没有理由向中国索取报酬。苏联领导人的确怕有"师出无名"之嫌，不过师出无名并非对日作战无名，而是从中国攫取利权无名。

至于蒋介石和国民政府，眼看着苏军迅速席卷东北甚至前出到华北，如果继续坚持不做出让步的话，苦心经营的在国际上孤立和包围中共的计划很可能前功尽弃。斯大林在谈判中的确利用了苏军开始在东北对日军发动大规模进攻的局势，向王世杰、宋子文等施加了压力。国民政府无疑从中感受到巨大的威胁。蒋介石在中苏谈判中断期间曾经向苏方声明，国民政府决不能再后退一步；此时却不得不授权宋子文"权宜决定"。①国民政府除了维护"面子"，已经不再顾及其他了。也难怪密切跟踪中苏谈判进展的哈里曼认为，宋子文虽然做出据理力争的姿态，但最终仍会妥协，除非美国向苏联施加影响。② 而事

---

① 《蒋主席自重庆致行政院长宋子文告以大连自由港问题准予权宜决定电》，1945 年 8 月 11 日，秦孝仪主编《中华民国重要史料初编——对日抗战时期》第三编《战时外交（二）》，第 646 页。
② 〔美〕W. 艾夫里尔·哈里曼、伊利·艾贝尔：《特使：与邱吉尔、斯大林周旋记》，第 549 页。

实证明杜鲁门政府所能施加的有限影响也无济于事。

　　苏联和国民政府基于对各自利害关系的考虑，在第二阶段谈判中均做出一定让步。斯大林提出的折中办法是由中国负责大连市和大连港的行政管理，港务局局长由苏联代表担任，港口设备所有权为中苏共有；大连划入军事区，在和平时期不对大连市、大连港和与之相连的铁路实行军事管制。至于旅顺港，军事和行政管理均由苏联人负责，为照顾国民政府的"面子"，可设立一个中苏军事委员会；南满铁路延伸至旅顺军事区部分，不受旅顺军事当局管辖。关于双方共同经营东北的铁路，可在中苏联合公司中设 10 名董事，双方代表数量对等，董事会主席由中方代表担任；中东路与南满路只能设 1 名经理，由苏方代表担任，副经理可为中方代表。王世杰和宋子文表示基本接受了苏方的建议，他们提出的修改是在铁路管理方面可设置 1 名苏联经理，不过在遇到分歧时，董事会主席享有决定性投票权。斯大林对此未持异议。

　　宋子文、王世杰等报告蒋介石，认为已经不可能迫使苏联再做让步；签订中苏条约的好处是可以澄清中苏关系，保证苏联从东北撤军，并能削弱中共力量。8 月 12 日，他们打电报给蒋介石，声称"倘再迁延，极易立即引起意外变化"。① 他们在获得蒋介石批准后，接受苏方的全部条件。8 月 13 日晚，中苏双方达成协议。14 日，莫洛托夫和王世杰分别代表两国政府在

---

① 《行政院长宋子文、外交部长王世杰自莫斯科呈蒋主席报告为速缔立中苏条约以防生变请对外蒙及其他未决事项授予权宜处置之权电》，1945 年 8 月 12 日，秦孝仪主编《中华民国重要史料初编——对日抗战时期》第三编《战时外交（三）》，第 649 页。

《中苏友好同盟条约》上签字。

《中苏友好同盟条约》的签订可以说是继"雅尔塔秘密协议"之后的又一笔交易，苏联和国民政府各有所获。由于《条约》及一系列附属协议的签订，苏联基本达到了战略目的。它通过控制东北的主要铁路交通和获得重要港口的驻军权，实际上控制了这个地区的经济和战略要地。这不仅使苏联在东北获得了优越的权益，而且可以阻止其他大国的势力在战后进入东北，苏联的东方安全防波堤从此合龙。

《中苏友好同盟条约》对于国民党也不是只赔不赚。它损害的是中国的利权，国民政府却从中得到苏联支持它在中国实现军令政令统一的保证。《中苏友好同盟条约》换文的第一条明确规定："苏联政府同意予中国以道义上与军需品及其他物资之援助，此项援助当完全供给中国中央政府即国民政府。"关于东北苏军与国民政府之关系，《条约》规定：由国民政府派代表在东北收复区"设立行政机构""树立中国军队"。① 难怪条约签订后，国民党大员们欢欣鼓舞。宋子文告诉哈里曼，他"受到相当大的鼓舞"；宋美龄也向杜鲁门赞美中苏谈判的这种结果；孙科则声称，苏联保证支持国民政府和不介入中国内部事务，是对中国统一的"最大贡献"；王世杰对条约表示"甚为满意"，并宣布"中苏两国政府间应立即办理批准条约和交换照会的工作"。蒋介石则告诉赫尔利，中苏条约表明"（一）苏联方面有意帮助促成中国军队的统一；（二）有意支

---

① 复旦大学历史系中国近代史教研组编《中国近代对外关系史资料选辑（1840—1949）》下卷第二分册，第264、274页。

持中国创造一个统一、民主政府的努力；（三）有意支持中国国民政府"。①

正是由于有了某种虚幻的充实感，蒋介石才立即接受赫尔利和谋臣策士们的建议，在抗战一结束便向中共发动政治攻势，邀请毛泽东赴重庆谈判。很难想象，一个被决心以武力消灭异己的国民政府如此欣赏的条约，会成为远东和平的"基石"，会给中国内部问题的顺利解决带来福音。

三 一个帝国主义者的逻辑

对《中苏友好同盟条约》反应最积极且强烈者莫过于赫尔利了。中苏条约签订之前，赫尔利在中国的调处已经走到山穷水尽之地，他越来越像一个不断输掉本钱的赌徒，《条约》的签订被他看成是一根救命的稻草。在赫尔利看来，他从华盛顿回到重庆后所推行的政策能否成功，取决于两个关键性因素，第一是苏联在国共问题上是否真的会与杜鲁门政府的对华政策保持一致，第二是中共中央是否会因追随苏联而改变政策。中国政治的现实和在第一阶段调处的失败，本来应该可以使赫尔利在观察这两个问题时，头脑变得清楚一些，而且杜鲁门政府内部也继续发出一些颇有见地的劝告。但是，他似乎宁愿对现实视而不见，对杜鲁门政府中的一些更有中国问题经验的有识之士的劝告充耳不闻。赫尔利相信，不论是罗斯福在位时还是

① 《中国对中苏条约的反应》，《中美关系资料汇编》第 1 辑，第 182 页。

杜鲁门接任总统之后，美国政府通过在国际舞台上努力争取，就可以圆满解决第一个问题。至于第二个问题，他自有一套荒诞的逻辑。

1945年4月2日，就在赫尔利在华盛顿新闻记者俱乐部向美国媒体阐述美国对华政策的同一天，美国国务院中国处起草了一份备忘录，提醒赫尔利需要注意到，他的言行有可能造成一种困境：一方面蒋介石可能认为，赫尔利会"创造一个'国际环境'"，使蒋介石和"他的政府不会在让步中垮掉"；另一方面，赫尔利如果想达到目的，就必须向中共施以"坚定和持续的压力"，但问题是美国方面并"没有有效地施加压力的现成手段"。① 但赫尔利对后一点似乎胸有成竹，或者假装自信满满的样子。

4月3日，赫尔利离开华盛顿，取道伦敦和莫斯科返任。他是根据罗斯福的指示选择这条路线的，其目的是沿途争取丘吉尔和斯大林支持美国的对华政策。赫尔利第一站在伦敦会见了丘吉尔和外相艾登。丘吉尔当时毫不掩饰地挖苦赫尔利的计划是"伟大的美国式的梦想"，不过英国对东亚事态的发展已经无能为力，即便明知是个"梦想"，也只能追随其后。② 在莫

---

① "The Chief of the Division of Chinese Affairs (Vincent) to the Ambassador in China (Hurley), Temporarily in the United States", April 2, 1945, The U. S. State Department, ed., *FRUS*, *1945*, *The Far East*, *China*, Volume Ⅶ, p. 324.

② 《蒋委员长在重庆接见美国驻华大使赫尔利听其报告杜鲁门总统仍命其任驻华大使及其离华数月之经过情形谈话纪录》，1945年4月24日，秦孝仪主编《中华民国重要史料初编——对日抗战》第三编《战时外交（一）》，第211页。

斯科，赫尔利会见了斯大林和莫洛托夫。赫尔利在会见中告诉他们，国共之间的分歧仅属细枝末节，而美国方面的打算是"第一，支持一切统一中国军队的努力；第二，赞成中国人在中国建立一个自由、统一、民主的政府的热望"。为了尽快达到这一目的，美国"决定支持蒋介石领导下的国民政府"，而他在中国的努力是为了使"中国人自己选出他们的领导人，自己做出决定，并为自己的政策负责"。赫尔利是在表白罗斯福政府过去从来没有，今后也不会干涉中国的内部事务，他希望以此换取苏联领导人也摆出对等的姿态。不过赫尔利也太大言不惭了，如果他确有诚意尊重中国人民的意志，承认中国人民有权自己做出选择，又何必跑到莫斯科来统一认识？苏联领导人倒是一如既往，斯大林痛痛快快地表示，他可以确认之前他关于中共主要是为了争取改善民生的政党的看法，而且"赞成"赫尔利在这里阐述的美国对华政策，并"愿意协助"。①

赫尔利自认为不虚此行。当他兴高采烈地回到重庆时，竟自以为可以以三大国的代表自居了。赫尔利告诉蒋介石，经他穿针引线，美英苏"三国意见，业已一致。政策即为促成中国之军令统一，使其为一独立、民主、统一之国家"。蒋介石则表示非常满意，读了赫尔利"4·2讲话"后，的确"引以为快"。②

---

① "The Charge in the Soviet Union（Kennan）to the Secretary of State", April 17, 1945, The U. S. State Department, ed., *FRUS*, *1945*, *The Far East*, *China*, Volume Ⅶ, pp. 339 – 340.

② 《蒋委员长在重庆接见美国驻华大使赫尔利听其报告杜鲁门总统仍命其任驻华大使及其离华数月之经过情形谈话纪录》，1945 年 4 月 24 日，秦孝仪主编《中华民国重要史料初编——对日抗战》第三编《战时外交（一）》，第 211～213 页。

4月28日，赫尔利在重庆举行新闻发布会。他在会上宣布，他在华盛顿会见了罗斯福和斯退汀纽斯，在伦敦会见了丘吉尔和艾登，在莫斯科会见了斯大林和莫洛托夫。他与这些领导人讨论了中国问题，然后三大国已经就对华政策取得一致意见。当记者问到苏联对华政策时，赫尔利故弄玄虚地答复说，即将到任的苏联驻华大使会说明苏联对中共的态度。赫尔利的行为使他看上去更像是蒋介石的外交部长。他公开发表这种讲话的用意十分明显，就是要以所谓"三大国一致"的对华政策，向中共施加压力。

赫尔利自以为是地放言高论，很快引起杜鲁门政府中一些苏联问题专家的严重不安。他们担心赫尔利过分解读了苏联领导人的谈话，进而过度依赖苏联领导人的公开保证，这会将美国对华政策引入绝境。4月19日，哈里曼向美国务院远东司负责人说明：赫尔利关于与斯大林谈话的报告尽管事实是准确的，但他从中得出的结论过于乐观。哈里曼断言，苏联领导人不会"无限制地"与蒋介石和国民政府合作；特别是当苏军开始向日军发动进攻时，如果国共争端仍未解决，中国不能组成一个统一的、对苏联友好的政府，苏联领导人就会"充分利用支持中国共产党，甚至在东北，如果可能也在华北，组织傀儡政府"。哈里曼认为，赫尔利不仅是在自我陶醉，而且也会使蒋介石"过分乐观"；杜鲁门政府应该采取行动督促赫尔利"谨慎从事"，不要"唤起那种没有道理的希望"。[①]

---

① "Memorandum of Conversation, by the Deputy Director of the Office of Far Eastern Affairs (Stanton)", April 19, 1945, The U. S. State Department, ed., *FRUS*, *1945*, *The Far East*, *China*, Volume Ⅶ, pp. 341 – 342.

三天后，时任美国驻苏联大使馆代办的凯南发给国务卿一份报告。他在报告中指出：即使是同样的词句，其含义"对于俄国人与我们并不相同"。苏联领导人在与赫尔利会谈时如此痛快地使后者感到心满意足，就是因为他们清楚地知道，如果没有中共领导人的同意，美国的计划充其量也就是纸上谈兵。凯南认为："苏联的对华政策将如同最近一段时期一样，是一种流动而有弹性的政策，目的是在亚洲与苏联接壤的地区尽最小的责任，赢得最大的利益。"苏联领导人为此首先会设法改善与国民政府的关系；如果不能达到目的，他们就准备与地方性的军队合作。凯南提醒美国领导人，"在此紧要关头，我们本来就急于得到苏联的支持，再加以斯大林所用的言词……引导我们过分依赖苏联的援助，甚至认为苏联会默认美国实现在中国的长远目标"。① 此时，已调到美国驻苏大使馆工作的戴维斯亦在给哈里曼的一份报告中指出，根据苏联政治制度的特性，即使苏联控制着中共，"也不是通过政府系统，而是通过党"，而事实是苏联对中共中央的影响"被高估了"。②

美国的苏联问题专家们还注意到，苏联的舆论并没有因为苏联领导人对赫尔利做出保证，而停止对蒋介石和国民政府的抨击，也没有停止对中共的赞扬和支持。他们认为这种状况表

---

① "The Charge in the Soviet Union（Kennan）to the Secretary of State"，April 23，1945，The U. S. State Department，ed.，*FRUS*，*1945*，*The Far East*，*China*，Volume Ⅶ，pp. 343 – 344.

② "Memorandum by the Second Secretary of Embassy in the Soviet Union（Davies）to the Ambassador in the Soviet Union（Harriman）"，July 26，1945，The U. S. State Department，ed.，*FRUS*，*1945*，*The Far East*，*China*，Volume Ⅶ，pp. 439 – 440.

明苏联更积极地关注中国，以及正准备在适当的时候更积极地介入中国的内部事务。总之，在他们看来，不论是从苏联是否会支持美国的对华政策，还是从中共中央是否会接受苏联的影响等角度分析，赫尔利都没有理由因为同苏联领导人谈过那些话，就对解决国共问题的前景如此乐观。

与此同时，美国务院中国处的外交官们也在借杜鲁门接任总统的机会向赫尔利反攻。他们指责赫尔利的言行背离了战时美国对华政策的基本精神，而且完全是在另搞一套，并且赫尔利竟然对杜鲁门政府的相关部门封锁消息，仅把那些"赞成国民政府的报告送呈国务院"。他们将赫尔利的言行冠以"赫尔利政策"，并指出这个政策正在助长"蒋介石在解决内部统一问题上的不现实"（倾向），赫尔利"不明智地将美国对华援助仅限于蒋介石的军队"，结果损害了美国在中国的地位；这不仅导致"中国内部混乱"，而且"使（中国的——引者注）外部关系严重地复杂化"。他们提醒美国领导人必须注意，中共的力量正在迅速发展，他们"显然希望得到苏联援助"；而"国民政府正寻求美英的支持"；美苏在国共争端中各支持一方的状况即将形成，而这"孕育着远东和世界未来的和平被炸毁的可能性"。[①]

面对杜鲁门政府内部的一片警告之声，美国领导人不得不提醒并要求赫尔利注意，苏联领导人尽管保证支持蒋介石和国民政府实现政治和军事统一，美国仍"有必要面对这种可能

---

① Herbert Feis, *The China Tangle*: *The American Effort in China from Pearl Harbor to the Marshall Mission*, pp. 292 - 293.

性，即斯大林的保证与目前的形势直接有关，而这种形势不会长期持续不变"；苏联一旦积极介入亚太国际事务，肯定会按照对其最有利的方式，重新审订对华政策；赫尔利当前的首要责任是使蒋介石"充分觉察局势的急迫"，尽快实现中国的政治和军事统一，为中苏关系的稳定发展"建立一个基础"。5月7日，副国务卿格鲁打电报给赫尔利，转达了国务院的关切，并告诉他杜鲁门政府对华政策的主旨是"在广泛民主的基础上"促进国民政府统一中国，使它"能够担负起国际和国内责任"；美国在继续支持国民政府的同时，应保持"足够的灵活性"，应该使蒋介石和国民政府理解，美国的支持并不是"应有尽有的银行支票"。①

赫尔利并不把来自杜鲁门政府内部的非议放在眼里。自从罗斯福逝世以后，他已自诩为罗斯福和杜鲁门两届政府对华政策的当然诠释者。赫尔利假道伦敦、莫斯科回到重庆后，4月12日，他与蒋介石举行了一次会谈。赫尔利在会谈中告诉后者，他4月2日在华盛顿对新闻界发表谈话以及返任途经伦敦、莫斯科等地分别会见英国和苏联的领导人等，这些行动都是得到美国总统和国务院授权的。② 赫尔利自认为有权解释此时的

---

① "The Secretary of State to the Ambassador in China (Hurley)", April 23, 1945, The U. S. State Department, ed., *FRUS*, *1945*, *The Far East*, China, Volume Ⅶ, pp. 344 - 345; Russell D. Buhite, *Patrick J. Hurley and American Foreign Policy* (Ithaca, N. Y. and London: Cornell University Press, 1973), p. 213.

② 《蒋委员长在重庆接见美国驻华大使赫尔利听其报告杜鲁门总统仍命其任驻华大使及其离华数月之经过情形谈话纪录》，1945年4月24日，秦孝仪主编《中华民国重要史料初编——对日抗战时期》第三编《战时外交（一）》，第211页。

美国对华政策并据以推行之，对于他来说也是有理由的。所以，他接到国务院的指示后，很快就发起了反击。

5月20日，赫尔利直接打电报给总统杜鲁门，向这位新任总统讲授战时美国对华政策史，以便充分证明他在执行罗斯福总统的指示方面，肯定是循规蹈矩的。赫尔利告诉杜鲁门，早在珍珠港事件发生之前，"美国政府就有力地声明承担责任，在经济、政治和军事各方面支持中华民国的国民政府。美国与中国签订的租借援助协定继续了同样的政策。美国从一开始到现在，一直在事实上和法律上承认中华民国的国民政府"。罗斯福派他使华，就是为了"阻止国民政府崩溃和协调中国政府与（美国）军事机构之间的关系"。罗斯福完全了解国民政府的缺点，但是他仍然认为"在中国，美国无法指望从其他政权、政府或任何其他领导人那里获得的支持和合作等，会比从国民政府和蒋介石那里得到的更多"。赫尔利声称，他和魏德迈已经"阻止了"国民政府的崩溃，国民党军队也已经"稳定并支持住了"，还在"某些地方发动了进攻"；特别是经过他两次游说莫斯科，"中苏关系正变得更密切更协调"。赫尔利力图使杜鲁门相信，"俄国赞成统一中国军队，蒋介石目前正为统一而努力。这两个事实表明，有可能（获得）令人满意的结果"。① 赫尔利在这里的确把杜鲁门政府应该全力贯彻扶蒋政策的理由阐述得淋漓尽致，即罗斯福政府确定的对华政策之所以

---

① "The Ambassador in China（Hurley）to President Truman", May 20, 1945, The U. S. State Department, ed., *FRUS*, *1945*, *The Far East*, *China*, Volume Ⅶ, pp. 107 – 133.

不可动摇，就是因为只有国民政府才能给予美国所需要的"支持和合作"。

赫尔利这一套引经据典又联系实际的辩护到底对杜鲁门本人产生了多大影响，固然难以准确估量。不过，随后发生的历史事件确实有力地巩固了赫尔利的地位。6月6日，华盛顿爆发轰动一时的"六人被捕案"。赫尔利在国务院内的重要对手，被称为"中国通"之一的外交官谢伟思，一下子变成了在美国的共产党间谍嫌疑犯。在美国国内反共情绪正趋高涨之时，谢伟思的被捕把赫尔利作为一名勇敢的反共斗士的形象烘托得更加醒目。而且此时正值中苏谈判即将开始的关键时期，这更能显得赫尔利在中国无法取代，因为他同蒋介石的关系太密切了。结果，美国国务院的这一轮鼓噪很快便沉寂下来。

"赫尔利政策"对国共关系和中美关系的影响都相当严重，因为赫尔利的所作所为实际上都是在鼓舞和怂恿蒋介石和国民政府继续顽固地坚持其一党专政和反共政策，而这势必导致国共关系进一步紧张，甚至使蒋介石和国民政府更倾向使用武力。6月，国民党军队即开始在浙西、绥西和绥南等地区制造军事摩擦。6月6日，时任国民政府军政部长陈诚发表声明，国民党军队如遇"不友好的军队"的攻击，"不可能希望他们不用拥有的一切武器自卫"。这几乎是在公开宣布，国民党军队将会使用美国提供的武器装备进行内战。陈诚的这个声明由国民政府方面通报美国驻华大使馆，但是，赫尔利在向杜鲁门政府转达时，不仅不做任何说明，反而在两天后写给国务卿的一份报告中指责林沃尔特和史密斯，说他们关于国共关系紧张的报告是在散布谣言。他向杜鲁门政府谎报军情说，国共之间没有发生新的武装冲突，只是在互相"口诛笔伐"，而且在他看来，国共之间"情况确实有了进步"。①

赫尔利这类瞒天过海、蒙蔽视听的言行，更使蒋介石和国民党方面感到无拘无束。7月下旬，国民党军队向淳化爷台山地区发动军事进攻，企图夺取中共所控制的关中分区。抗战尚未结束，内战烽烟又起。事态发展的内在逻辑是清楚的，国民政府之所以敢于在外患未泯之时又要放手打内战，"赫尔利政策"起了重要作用。

"赫尔利政策"的另一个后果是相当彻底地破坏了中共军队同驻华美军曾经建立起来的抗日军事合作，这对中美关系的发展造成了长久的消极影响。在赫尔利回国述职期间，毛泽东曾经同美军观察组人员多次谈话。他在谈话中表示希望罗斯福政府一定要认清，蒋介石和国民政府奉行的政策十分危险，最终很可能会导致在中国爆发内战，而中共迫不得已也只有应战；目前中国的首要任务是抗日，而罗斯福政府应着重考虑这一涉及它切身利益的问题。②

赫尔利4月2日在华盛顿向新闻界发表的谈话立即引起了中共方面的强烈反应。中共中央认为，赫尔利这个讲话是一个非常重要的消极的信号，它将中共领导的军队描述为"不合法的军队"，这表明战时的美国对华政策将更向"扶蒋"倾斜。4

①　《进一步的国共谈判》，《中美关系资料汇编》第1辑，第166页。
②　《谢伟思与毛泽东等谈话备忘录》，1945年4月1日，孟广涵主编《抗战时期国共合作纪实》下卷，第564~570页。

月 5 日，中共在重庆发行的《新华日报》转载了赫尔利的讲话，并发表"编者按"。"编者按"公开点名批评了赫尔利和美国的对华政策，认为其危险性就在于助长了国民党的独裁反共政策，这将引发中国的内战。[①] 从历史的过程看，可以说《新华日报》的"编者按"是中共在二战后期转向同美国对抗的序曲。

1945 年 4 月 23 日到 6 月 11 日，中共召开第七次全国代表大会。这次大会是中共中央改变战时对美政策的一个转折点。在七大的政治报告和军事报告中，中共中央公开警告杜鲁门政府，对于中国人民的呼声必须给予严重的注意，不要使美国的外交政策违背中国人民的意志。[②] 毛泽东在七大期间以英军在希腊进行军事干涉导致希腊共产党失败为例，提醒全党要警惕新的外来干涉的危险，要警惕英军武装干涉希腊的指挥官斯科比式的人物。他认为抗战胜利后，中国有可能变成以美国为主统治的半殖民地，这将是一场长期的麻烦，所以高级干部要注意研究美国的情况，还要准备吃亏。[③] 中共领导人的这些谈话表明，中共中央认为同美国的对抗不仅难以避免，而且将是一场关系中国革命运动前途的严重斗争。

七大期间，中共中央已经决定采取措施，限制美军在敌后

---

① 重庆《新华日报》1945 年 4 月 5 日。

② 毛泽东：《论联合政府》，1945 年 4 月 24 日，《毛泽东选集》第 3 卷，人民出版社，1991，第 1031～1032、1085 页。

③ 毛泽东：《在党的第七次代表大会上的结论》，1945 年 5 月 31 日，中共中央文献研究室编《毛泽东在七大的报告和讲话集》，中央文献出版社，1995，第 192 页。

中共控制地区的活动。中共中央在给有关部队的指示中说，美国已经决心全力扶蒋，美军"暂时不愿贸然断绝与我方的关系，是企图借这种关系了解我方的政策"；因此，对美军可表示愿意合作，但是只限于供给情报、气象信息及地上救护，其他问题应向中央请示；如有未经许可的事件发生，我方有全权禁止。① 随后中共中央军事委员会通知各有关部队，为了防止美军利用与抗日根据地建立的联系进行破坏，不再准许在各根据地活动的美军组织派人到前线去，特别不准许美军在各根据地建立通信机构，并停止向美军供给机密情报；对于擅自空降到中共根据地的美军人员，应解除其武装，不准其通信并监视其行动。② 毛泽东通知在延安的美军观察组人员，他们为了抗日可以到中共根据地去，但"不准偷偷摸摸到处乱跑"；原因是杜鲁门政府现在推行扶蒋反共政策，中共对他们不放心。③ 驻华美军在此期间曾经提出在灵丘、阜平和沂水等地建立机场，在中共各军区、军分区建立通信网，在敌后增加地面救护站、气象台和侦察电台，等等。这些要求均被拒绝，中共中央在给有关部队的指示中说明，限制美军活动的目的是"警惕其反动阴谋，增加美军在敌后行动得不到我军配合的困难"。④

　　七大结束后，中共中央发动了一场宣传战。中共的报刊和

---

① 《中央关于警惕美蒋特务合作对我进行破坏给林平电》，1945 年 6 月 2 日。
② 《军委关于美国对华的反动政策及我之对策的指示》，1945 年 7 月 7 日，中央档案馆编《中共中央文件选集》第 15 册，中央党校出版社，1992，第 179～180 页。
③ 《愚公移山》，1945 年 6 月 11 日，《毛泽东选集》第 3 卷，第 1102 页。
④ 《军委关于美国对华的反动政策及我之对策的指示》，《中共中央文件选集》第 15 册，第 179～180 页。

广播连续发表社论、文章和评论，猛烈抨击杜鲁门政府正在推行的"扶蒋反共"政策。这场宣传战的重要内容之一是揭露国民党军队正将美国提供的武器装备用于打内战，中共中央据此强烈要求杜鲁门政府立即停止向国民政府提供军事援助，并呼吁中美两国的公众联合起来共同制止杜鲁门政府的错误政策。

7月12日，毛泽东亲自为新华社撰写评论，标题是《评赫尔利政策的危险》，将矛头直指还在重庆等待中苏谈判结果的赫尔利本人。毛泽东在评论中指出，"以美国驻华大使赫尔利为代表的美国对华政策，越来越明显地造成了中国内战的危机"；"这个以赫尔利为代表的美国对华政策的危险性，就在于它助长了国民党政府的反动，增大了中国内战的危机"；如果这个"赫尔利政策继续下去"，其结果是"在目前，妨碍抗日战争，在将来，妨碍世界和平"。[①]

赫尔利对中共中央越来越尖锐的抨击和警告置若罔闻，他宁愿在自己给自己挖掘的陷阱里越陷越深。6月30日，赫尔利会见了在重庆的中共代表王若飞。他在谈话中暗示说，现在"事情进展得很迅速，事情的逻辑或许会在没有争吵和正式协议的情况下，为国共争端带来解决办法"。[②] 他的所谓"事情"就是指刚刚开始的中苏谈判。7月10日，赫尔利在给国务卿的一份报告中说：国共两党目前都在拖延时间，"以等候莫斯科会谈的结果"；中共中央不相信苏联会"赞同支持蒋介石领导

---

① 《评赫尔利政策的危险》，1945年7月12日，《毛泽东选集》第3卷，第1114~1115页。
② 《美国驻华大使赫尔利就与中共代表王若飞的谈话致国务卿》，1945年6月30日，孟广涵主编《抗战时期国共合作纪实》下卷，第663页。

下的中国国民政府……仍充分希望苏联支持它们抵抗国民政府";"除非苏联公开表明态度,中共关于此问题的意见不会改变"。他声称"共产党的领导是聪明的,当文字写在墙上,他们自然会去读的";"现在任何争辩不能改变他们的地位,而只有事物的坚定的发展将改变他们的态度。……如无苏联支持,则中国共产党终将以一个政党的地位参加国民政府"。①

赫尔利在报告中阐述的这些观点是"赫尔利政策"的思想基础,其中贯穿着典型的帝国主义逻辑。赫尔利认为,产生于半殖民地半封建社会的中国共产党不可能有独立的政治主张,他们不过是像国民党一样听命于某个大国的工具。在这种逻辑支配下,他自信只要国民政府能同苏联达成协议,中共中央就会自动妥协,中国人民就会"自己选择"蒋介石。面对中国日甚一日的内战危机和中共日趋激烈的谴责,赫尔利可以说是孤注一掷了。他把宝全部押在中苏谈判的结果上,就等着开盘中彩了。

正是在这样的背景下,赫尔利得知中苏条约签订后大喜过望,他的得意之情溢于言表。8月16日,蒋介石在重庆通知赫尔利他本人对此条约的内容"一般地满意"。赫尔利立刻建议蒋介石抓住这千载难逢的时机,邀请毛泽东赴重庆谈判,一举实现"军令政令统一"。他认为:由于中苏关系的改善,"蒋介石现在将有机会发扬实在而真正的领导地位。他将有机会发扬

---

① 《赫尔利大使对于苏联与中国共产党关系的评论》,《中美关系资料汇编》第1辑,第163~164页。

不仅在战时，且在平时为中国人民领袖的资格"。①

8月14日，中苏条约签订的当天，蒋介石即向延安发电报，邀请毛泽东亲赴重庆谈判。之后几天，蒋介石又连续两次发出邀请电报。② 赫尔利是积极促使蒋介石采取这一行动的幕后推手。27日，赫尔利乘飞机亲自前往延安，迎接中共谈判代表团赴渝，以示隆重。赫尔利在中苏条约签订后采取的一系列行动基本上是基于他对苏联对华政策和苏联与中共并无重要关系的判断。这里提出的一个重要的问题是，苏联对中国内部问题包括国共关系等的公开表态，到底是对美国方面有诚意的妥协，还是像前述那些美国驻苏使馆的苏联问题专家所争辩的那样，只是某种权宜之计，以麻痹杜鲁门政府，哄骗赫尔利？这也是赫尔利同美国国务院中一些"中国通"争论的焦点之一。

不久之后的发展表明，苏联领导人至少在战争结束最初一段时间里，还是很忠实地履行了向美国方面承诺的义务的。就在赫尔利和蒋介石利用中苏条约的签订向中共中央发起政治攻势之时，苏联领导人也开始向中共中央施加压力。斯大林在此期间曾经打电报给中共中央，要求毛泽东接受蒋介石的邀请去重庆谈判，以"寻求维持国内和平的协议""走和平发展的道路"，否则发生内战，"中华民族有毁灭的危险"。③ 从上述内容

---

① 《中国对中苏关系的反应》，《中美关系资料汇编》第1辑，第182页。
② 《蒋主席电毛泽东请克日来渝共商国是》《蒋主席再电毛泽东，盼速来渝共定大计，受降办法系盟军总部规定，未便因朱毛－电破坏信守》《蒋主席三电毛泽东促行》，重庆《中央日报》1945年8月16、21、25日。
③ 《论十大关系》，1956年4月25日，中共中央文献研究室编《毛泽东文集》第7卷，人民出版社，1999，第42页；中共中央党史研究室编《中共党史大事年表》，人民出版社，1981，第78页。

看，斯大林显然认为中共领导人如果不去重庆谈判，一旦发生内战，就存在美国直接军事干涉的可能，如此中共军队会遭受毁灭性的失败。

那么中共领导人去重庆谈判就会避免内战吗？苏联领导人显然也明白，国共问题并没有那么简单。所以，在推动中共中央"寻求维持国内和平的协议"方面，斯大林进一步提出相当彻底的建议。他在1948年初，曾向一个访问莫斯科的南斯拉夫共产党代表谈到他当年的决定。他说苏联在战后曾经告诉中共，在中国进行武装斗争是没有前途的，应同蒋介石达成协议，解散军队，加入国民政府，但中共领导人没有接受这一劝告。斯大林承认"事实证明他们是正确的，苏联的估计是错误的"。[①] 斯大林在这里承认，苏联当时并不仅仅是要求中共领导人去重庆谈判，而且要求中共在国共一直争论的根本问题上妥协，要求他们解散军队，参加国民政府。苏联的这种立场给中共中央带来了巨大的压力，客观上也助长了蒋介石和国民政府的强硬立场，而赫尔利对他的调处前景仍然乐观和信心十足，亦源于苏联的政策。

重庆谈判的结果证明，不论是来自国内还是国际的压力，都未能迫使中共中央放弃已经获得的成果和长期坚持的基本原则。毛泽东在去重庆谈判前，在党内领导人会议上明确阐述了中共中央坚持的底线："人民的武装，一枝枪、一粒子弹，都要保存，不能交出去的。"[②] 事实证明赫尔利的策略不过是异想

---

① 〔南〕弗拉迪米尔·德迪耶尔：《苏南冲突经历1948～1953》，达州译，生活·读书·新知三联书店，1977，第98页。
② 《关于重庆谈判》，1945年10月17日，《毛泽东选集》第4卷，第1161页。

天开，他在同国务院一些职业外交官的争论中阐述的观点也多少有点文不对题。

美苏二重唱的影响在重庆谈判一开始便暴露出来。中共中央接受蒋介石的邀请，由毛泽东亲自赴重庆进行谈判，他们当时的确准备为实现国内和平做出一些政治上的让步。蒋介石和国民政府作为重庆谈判的发起者，却对达成国内和平、民主和团结的协议等缺乏诚意。在蒋介石看来，他邀请毛泽东赴渝更多的是向中共发动政治攻势的一个重磅炮弹。8月28日，在重庆谈判即将开始之际，蒋介石在国民党内部高级会议上，明确规定了这次谈判的宗旨是政治军事一揽子解决；对于中共的政治要求予以"极度之宽容"；对军事问题则"严格统一，不稍迁就"。第二天，蒋介石又决定在谈判中必须坚持国民党的"法统"，不得超越这一界限去讨论政府改组，一切问题都要以军令、政令统一为中心来解决。蒋介石之所以提出如此强硬的方针，赫尔利的支持和怂恿固然起着关键性作用，但是苏联方面也负有无可推诿的责任。蒋介石正是感到在国际上无所顾忌，才冒出借助外来压力，在谈判桌上取消中共军队和各地区中共政权的妄想。

既然国民党方面贯彻这种谈判方针，重庆谈判难免旷日持久，进展缓慢；而且这预示着重庆谈判即使能取得某种进展，也难以起到制止内战、实现国内和平的实质性作用。不过在重庆谈判开始后，赫尔利一度表现得异常超脱，并没有像过去那样在国共代表之间穿梭往返。在他看来，既然中苏条约已经公布，"有才智的"中共领导人自己"会去读"，那么他只需要坐享其成了。

然而，重庆谈判并没有沿着赫尔利的设想发展。中共中央尽管这时没有得到苏联的支持，却也不打算像赫尔利想象的那样，只是简单地"以一个政党的地位参加国民政府"。9月18日，周恩来通知美国驻华大使馆，毛泽东准备在赫尔利回华盛顿述职之前返回延安。这意味着赫尔利将空手而回。赫尔利立刻意识到他的计划即将破灭，他赶紧写信告诉毛泽东等中共代表，他本人将推迟返回华盛顿述职的行期，以等待国共谈判的结果；他还极力挽留毛泽东在重庆继续谈下去。①

9月22日，赫尔利会见了国共双方的谈判代表，他抱怨他们在谈判中"试图解决太多的细节"。赫尔利到这时竟然还认为国共两党在整个抗战时期一直在争论的政权和军队问题都不过是"细节"，且认为"试图在改组政府和军队整编的所有细节上达成协议，十之八九会导致无限期的争论"，如果"能就基本原则达成协议"，那些"细节"就不难解决了。② 第二天，赫尔利向杜鲁门政府提交了一份报喜不报忧的报告。他声称除了政府和军队问题之外，国共在其他方面都已达成协议，而且双方在政府和军队问题上，争论的不过是无关紧要的"细节"。他据此断定，重庆谈判的"成就"会使国共两党继续"讨论和平时期的合作"。③ 赫尔利长期参与国共谈判，很难想象他会不

---

① 《赫尔利大使离华》，《中美关系资料汇编》第1辑，第170页。

② 《赫尔利大使离华》，《中美关系资料汇编》第1辑，第170~171页。

③ "The Ambassador in China (Hurley) to the Secretary of State", September 23, 1945, The U. S. State Department, ed. , *FRUS*, *1945*, *The Far East*, *China*, Volume Ⅶ, pp. 467 – 468.

知道他所说的"细节"——军队和政权问题，正是国共两党长期分歧的焦点。很有可能的是，为了回国后能对杜鲁门政府有所交代，赫尔利宁愿在如此严肃的政治博弈中投机取巧，看来他已经意识到了自己的确处境不妙。

自从 1927 年国共合作破裂以后，重庆谈判是第一次，也是唯一的一次国共两党最高领导人面对面谈判解决中国重大问题的机会。但是，这次谈判并没有解决中国迫切需要解决的，也是这次谈判本来应该解决的问题。经过 43 天的谈判，国共两党签订了《政府与中共代表会谈纪要》（"双十协定"）。该《纪要》规定了国共两党将共同遵循"团结建国，避免内战"的总方针，并决定召开各党派参加的政治协商会议。不过也仅此而已，它给予渴望和平与安定的人们的，更像是一种精神安慰。由于受降、军队和解放区政权等实质性问题（赫尔利称之为"细节"）一个也没有得到解决，《纪要》难免成为一纸空文。实际上在重庆谈判尚未最后结束、"双十协定"墨迹未干之时，国民党军队便在驻华美军的协助下，在华北、华中大举抢占中共控制的各地区。随着国共内战将爆发的危机自 10 月中旬起日益加剧，中共中央决定于 11 月撤回尚留重庆继续谈判的全部代表。美国方面所热衷推动的、得到苏联诚恳支持的重庆谈判，终于在内战的炮声中宣告结束了。

重庆谈判的结局同它的特点有密切的关系。重庆谈判是一个相当特殊的历史事件，它虽然发生在二战结束之后不久，但如果追根溯源，可以说它也是美国战时对华政策和赫尔利直接介入国共矛盾的产物，是美国战时两届政府与苏联协调对华政策的产物，也是美国在亚太确立雅尔塔体系的一个重要步骤。根据美国政府和赫尔利的设想，中苏谈判和国共争端的解决本来均应在对日战争结束之前完成，而美国在战后面对的将是一个内部统一的中国。但历史的进程与美国政府和赫尔利的设想相反，中苏条约是在日本无条件投降的同一天签订的，重庆谈判则发生在日本投降整整两个星期之后。可以说，是日本出人意料的迅速土崩瓦解，彻底打乱了美国在亚太地区特别是在东亚大陆地区的计划表。

日本宣布投降时，中国并没有形成统一的局面。其结果之一是，国共两党利用日军停止抵抗的时机，立刻展开一场以争夺受降权为主要表现形式的斗争，甚至在一些地区爆发了局部的内战。这场斗争至少到 1945 年结束之前，一直是中国政治舞台上的主要内容，对中国政治形势起着支配作用。相比之下，国共在重庆的谈判倒有些像一支不协调的插曲。实际上，在争取受降权（不论是名义上的还是实际的）的斗争中，只要国共双方的力量不能达到某种程度的均衡，中国就不可能出现和平局面。而且，即使双方的力量暂时达到均衡，一旦它被破坏，又会爆发新的冲突。这是抗战结束后的一个时期里，国共两党斗争的一个基本特点。

在争取受降权的斗争中，国共双方的目标都是扩大自己的控制地区，同时限制和削弱对方的军事行动。国民政府在这场斗争的开始阶段处于明显的劣势。它长期执行消极抗战的政策，致使几百万人的军队一直部署在大后方，远离日军占领的大城市和交通要道，在华北、东北等地区尤其如此。相反，中共军队却一直活跃在敌后，包围着日军占领区的战略要地和交通要道。这种战略态势对于国民党方面肯定是十分不利的。面对这种尴尬的局面，在日本政府于 8 月 10 日发布乞降照会以后，杜鲁门政府在中国将注意力几乎全部集中于帮助国民政府垄断受降权，其政策迅速转向全力援助国民政府恢复对中国统治的轨道，调处国共矛盾实际上已经降到了不那么重要的地位。

从 8 月底至 10 月，美军帮助国民政府运兵 50 余万，抢占了上海、南京、北平和天津等重要城市和诸多交通要道。此外，美军还派遣了有 53000 人的军队，控制了北平、天津和华北地区的其他一些交通要道。[①] 驻华美军的这些行动更使蒋介石和国民政府有恃无恐。"双十协定"签订前后，正是国民党军队在华北、华中诸多地区开始大举进占之时。战场上军事态势的变化，必然会影响国共谈判的结果。如果说蒋介石将接收重点置于华南之时，尚可同中共坐在一起谈一谈；那么，当国民党军队在美军的协助下通过大规模运兵，自认为已经打破军事上的暂时均衡之后，便毫不犹豫地撕毁"双十协定"，放手向中共军队控制地区发动进攻。从这个意义上说，重庆谈判既是杜鲁门政府根据"雅尔塔秘密协议"构建战后亚太格局的终点，也是这个本来就摇摇欲坠的格局破碎的开端。

赫尔利调处失败的根源并不在于他对苏联对华政策判断失误，而在于他无视从而也就无从理解中共中央多次公开声明的"独立自主"原则及其确切的含义，以及中共中央多次表现出来的坚持这个原则的决心和意志。

---

① 参阅〔美〕费正清主编《剑桥中华民国史》第 2 部，章建刚等译，上海人民出版社，1992，第 790 页。

第三章
冲突的焦点

一 危机四伏

经过在雅尔塔会议期间美苏谈判达成"雅尔塔秘密协议"，到在莫斯科的中苏谈判签订《中苏友好同盟条约》，再到在重庆的国共谈判签订"双十协定"，可以说战后初期在东亚大陆终于形成了一个以美苏中合作为中心、美国在其中居于主导地位的地区格局。这个地区格局不久后就崩溃了，不过为了分析其何以如此脆弱及其崩溃导致的严重后果，首先需要概括指出这一格局的两个重要特点。

其一是构建这个格局的设想是由罗斯福政府于太平洋战争中期提出的，而它被逐步落实并最终变成现实的过程则开始于战争后期，一直持续到日本宣布无条件投降之后不久，即 8 月 14 日中苏签订同盟条约和 10 月 10 日国共达成"双十协定"。

战时美中苏在东亚大陆保持战略合作关系的重要基础，就是反对日本在这个地区的侵略和扩张这一共同战略利益。日本在亚太地区发动的侵略战争彻底摧毁了一战以后列强在这里构建的均势，结果是促使美中苏三国通过持续的外交协调与结盟，在这个地区重新建立和协调了它们之间的战略关系。不过，随着日本宣布战败投降，维系美中苏三国战时同盟关系的最重要的基础很快就塌陷了。它们之间存在的各种历史遗留的或在战争期间累积起来的分歧、矛盾等，均很快发酵并逐步表面化。各种不稳定因素在各方互动中很快暴露出来，并有逐步占据支配地位的趋势。各国内部都显著存在的对战后和平和重建国家的合理需求和期待，以及由此推动的各种妥协与合作等，均受到严峻的挑战、冲击。

其二是以美苏中为中心、美国居主导地位的东亚地区格局不论是形成，还是维持都取决于中国东北地区的一些历史遗留问题获得各方都能接受的解决方案，以及战争结束时刻达成的解决方案被维持住。20世纪30年代日本发动的侵华战争就是从吞并中国东北地区开始的。日本因战败而彻底退出东北之后，这里迅速成为美中苏矛盾汇聚并尖锐化的一个焦点。在美苏冷战爆发之际，这里很快成为美苏在东亚大陆地区争斗的一个热点。如何在战后，特别是在冷战爆发的新条件下处理美中苏三国在东北地区的利益纠纷，成为决定东亚国际形势演变方向的一个非常突出的问题。

后来的发展证明，上述两个基本特点的存在基本决定了战后初期美中苏在东亚大陆地区构建的格局自形成之日起，便存在很大的不确定性，尤其是中国东北地区，可以说是危机四伏。如果进一步分析上述两个特点之间的关联，就会更加凸显中国东北地区形势的特殊性。

自 19 世纪末以来，列强在中国东北地区的纵横捭阖既是决定这里形势的一个关键因素，也极大地影响着列强在亚太地区的相互关系。事实是，在结束了日本对中国东北的 14 年占领之后，美苏又在这里开始了新一轮的争斗。

早在 20 世纪初，日本、美国和沙皇俄国就在中国的东北地区成为竞争对手。日美俄三国之间的激烈角逐构成了当时列强在东北地区关系的基本格局，其中以日俄之间的争夺为主，美国则居间纵横捭阖，企图坐收渔利。

第一次世界大战后，东北地区的形势发生了很大的变化。一方面是苏联的影响逐步减弱，另一方面是日本的势力不断扩大。直至 1931 年，日本关东军发动九一八事变后，开始了日本独占东北的进程。当时的美国政府虽然宣布了"不承认主义"，却没有采取任何实际行动来阻止日本的武力扩张。苏联政府曾经支持东北人民的抗日斗争，向东北的中国抗日联军提供了大量的援助，但苏联对外政策的主旨以维护东部边境地区的安全与和平为主，所以不愿为东北问题与日本发生直接的军事冲突。1933 年 5 月，苏联正式向日本提出，愿意谈判让售中东铁路。1935 年 3 月 23 日，苏联为了缓和与日本的关系，不顾国民政府的抗议，与伪满洲国达成所谓《苏"满"关于中东路转让基本协定》，将中东路转卖给伪满洲国。① 以这一事件为标志，苏联势力从此全部退出东北，日本则终于实现了霸占全东北的野心。

日本靠武力征服造成的独霸东北的局面，必然要随着日本

---

① 《苏"满"关于中东路转让基本协定》，1935 年 3 月 23 日，《中国近代对外关系史资料选辑（1840~1949）》，第 187~189 页。

在战争中的彻底失败而根本改变。在重构战后东亚国际格局之时，占据世界政治中心的美苏难免要为解决东北地区的有关问题做出安排，何况东北地区与苏联毗邻。于是在战争后期，美苏都开始积极筹划，争相参与对东北地区的战后安排。而且，由于美苏都拥有强大的实力，它们之间的纵横捭阖，在一定时期内和某种程度上对结果有着决定性的影响。

苏联对东北的政策是其亚太战略的重要组成部分，根本上说是服从于苏联的战略利益的，具体地说也取决于当时的苏联领导人如何估计和评价中国在未来东亚大陆政治格局中的地位和作用。苏联决定参加对日战争后，很快就选择东北作为主战场，歼灭在那里的日军关东军。① 这当然主要是基于军事战略的考虑，不过苏联在军事战略上做出选择之后，企图利用参战以及将在战后一个时期对东北实行军事占领的有利条件，谋求在这一地区的局部优势地位和某些优越权益也是其出发点之一。苏联除了通过改善中苏关系以达到"中立"国民政府的目的外，还试图通过控制东北的主要港口和铁路以及取得在辽东半岛的驻军权等，在争取优越权益的同时也尽可能地在实际上拥有支配东北的政治和经济生活的影响力。这样，即使在战后不能彻底阻止其他外国势力的渗透，至少也可以形成一个可以控制的缓冲地带。

美蒋在战时已经确立的战略关系表明，国民政府在战后难

---

① "The Ambassador in the Soviet Union（Harriman）to the President", October 17, 1944, The U. S. State Department, ed., *FRUS*, *The Conferences at Malta and Yalta*, *1945*, p. 370.

免会继续追随美国的对外政策，苏联要从根本上改变这种状况是不可能的，苏联领导人当时的确也没有这个打算。毕竟，斯大林当时还是相信，通过美国政府对蒋介石施加影响可以更容易地实现苏联在东北地区的计划。可以说苏联对中国东北的计划同罗斯福政府的对华政策既有冲突，也存在可以妥协的空间；特别是对于美国尽早打败日本的军事战略而言，有着对苏联做出妥协而换取苏联在打败德国后尽早参加对日战争的紧迫需要。就罗斯福政府的抱负而言，它在中国的需求几乎是无所不包的，东北当然不会被排除在外。

太平洋战争爆发后不久，美国已经开始考虑战后如何解决东北问题。1943 年 11 月，罗斯福在德黑兰会议召开之前，把蒋介石拉到开罗。他的目的就包括了以中国东北的利权换取苏联在参加对日作战问题上，预先同蒋介石取得谅解。罗斯福在开罗会议上一面明白无误地表示，日本用武力夺占的包括东北四省在内的中国领土在战后必须"归还中国"；[①] 一面在与蒋介石的会谈中提出，可以考虑在战后使大连港国际化，以满足苏联方面希望获得一个前往太平洋的暖水港的要求。[②] 蒋介石表示，他并不反对罗斯福的这类建议，但前提是苏联必须保证在战后只与国民政府合作，并保证不得损害中国对东北的主权，

---

① 《国防最高委员会秘书长王宠惠自重庆呈蒋委员长关于开罗会议日志"附一：政治问题会商经过"》，1943 年 11 月，秦孝仪主编《中华民国重要史料初编——对日抗战时期》第三编《战时外交（三）》，第 527～528 页。

② 参阅 "The Ambassador in the Soviet Union（Harriman）to the President"，December 15，1944，The U. S. State Department，ed.，*FRUS*，*The Conferences at Malta and Yalta*，*1945*，p. 379。

以及美国应为国民党军队提供九十个师的装备，等等。①

德黑兰会议期间，美英苏三国首脑就东北问题初步交换了意见。11 月 30 日，当丘吉尔询问斯大林关于苏联战后在亚洲的政治意图时，斯大林表示苏联希望在东亚获得一个不冻港。罗斯福立刻依据他同蒋介石谈话的结果，提出可以把大连开辟为"在国际保证下的一个自由港"以满足苏联的要求。斯大林当时表示，他认为罗斯福的这个主意"不错"，并暗示与大连港相连的铁路问题亦应同时解决。②

显然，罗斯福政府为了换取苏联出兵对日作战，是不惜在中国东北问题上做出让步的。不过美国的妥协并不是没有限度的，罗斯福还是力图在有求于苏联而自己的影响力又有限的条件下，争取一个中方可以接受而又不根本损害美国利益的结果。罗斯福政府妥协的限度就是满足苏联获得通向太平洋的出海口的愿望，并承认苏联在东北享有某些优越的经济利益。换句话说，也就是将苏联在东北的发展限制在有机会获得优越的经济利益的范围之内，而苏联从东北走向太平洋不可妨碍美国从太平洋进入东北。罗斯福做这种妥协部分是由于他相信，凭借美国的雄厚资本和技术力量，可以通过自由竞争，在东北取得美国希望获得的利益。只要东北不为苏联独家控制，美国就不愁

① 《与蒋主席的会谈》，1944 年 6 月 23 日，《中美关系资料汇编》第 1 辑，第 581 页；另参阅《战后世界历史长编》编委会《战后世界历史长编 1945.5—1945.12》第 1 编第 1 分册，上海人民出版社，1975，第 9~11 页。

② 《德黑兰雅尔塔波茨坦会议记录摘编》，第 60 页；另见 "The Ambassador in the Soviet Union（Harriman）to the President"，December 15，1944，The U. S. State Department，ed.，*FRUS*，*The Conferences at Malta and Yalta*，*1945*，p. 379。

没有发展余地。罗斯福政府一面承认并支持中国恢复对东北的全部主权，一面又用中国东北的利权与斯大林做交易，换取苏联出兵对日作战，这是斤斤计较、老谋深算的表现。

罗斯福承诺使苏联在东北能够获得一个不冻港，就像是在慷慨地施舍美国的财产。不过斯大林肯定了解苏联在经济上与美国竞争的严重弱点，他绝对不会满足于仅仅获得在经济上发展的有利条件，而是要力争彻底控制东北，杜绝美国染指那里的机会。这是苏联提出还需要对中东铁路的控制权的一个重要原因。可以说美苏在东北问题上的妥协，一开始就包含着互相限制，甚至对抗的因素。

1944 年 12 月 15 日，美国驻苏联大使哈里曼向罗斯福政府报告了同斯大林会谈的情况。在这次会谈中，斯大林第一次详细阐述了苏联战后在东亚地区的全部要求，这立刻在罗斯福政府内部引起了严重的担忧。哈里曼对斯大林的这次谈话满腹狐疑，他当时向罗斯福报告说，斯大林所保证的尊重中国对东北的主权实际意义不大。苏联控制了中东铁路，并可以通过获得驻军权来加以控制，这形成了中苏对东北地区的影响。他因此提出，罗斯福政府应特别关注苏联对东亚政策的各种动向。[1]

1945 年 2 月，罗斯福与斯大林经过会谈，就战后东亚问题签订了"雅尔塔秘密协议"。这表明妥协仍然是这时美苏处理双方在东亚关系的主要倾向。但是，它们之间的深刻分歧不可

---

① 〔美〕W. 艾夫里尔·哈里曼、伊利·艾贝尔：《特使：与邱吉尔、斯大林周旋记》，第 424 页。

能被一纸协议根本消除，它们仅仅是暂时被掩盖起来而已。实际上，在讨论"雅尔塔秘密协议"的过程中，美苏在东北问题上的分歧已经显现出来，只是罗斯福当时没有打算花更多的精力去解决这些分歧罢了，也可能他更希望将具体的分歧留给蒋介石和国民政府自己去与苏联解决，美国只要达到确保苏联参加对日战争的目的就可以了。

2月8日，罗斯福与斯大林开始讨论东亚问题。罗斯福告诉斯大林，他已经收到哈里曼关于苏联参战条件的报告。其中关于库页岛南部和千岛群岛在战后转交给苏联的问题，解决起来没有什么困难，但与中国东北有关的一些问题则不那么简单。罗斯福提出，苏联无疑应该在东北南部的铁路终点有一个可以自由出入的不冻港，而最好的解决办法是使大连成为"国际共管的自由港"。至于中东铁路，罗斯福表示，他更倾向由中苏联合经营，而不是像斯大林建议的租借给苏联。罗斯福笼而统之的答复当然无法使斯大林满意，后者提醒罗斯福注意，如果他提出的那些条件不能被满足，苏联人民就难于理解，为什么苏联要同与它没有重大政治纠纷的日本打仗。这等于是说，如果罗斯福不接受斯大林的条件，苏联就不参加对日战争。最后罗斯福和斯大林同意，将苏联的参战条件用书面形式记录下来，而起草文件的任务委托给哈里曼和莫洛托夫。①

2月10日下午，莫洛托夫和哈里曼开会讨论了苏方起草的协议草案。哈里曼在讨论中提出了三点修正意见：第一，旅顺

---

① "Roosevelt - Stalin Meeting", February 8, 1945, The U. S. State Department, ed., *FRUS*, *The Conferences at Malta and Yalta*, *1945*, pp. 766 - 771.

和大连两港应成为自由港；第二，东北地区有关的铁路应该由中苏组成联合委员会共同经营；第三，他补充说协议的内容最终应征得国民政府的同意。哈里曼强调说，草案"必须体现这三条修正意见"。莫洛托夫回答说，前两点已经获得斯大林的赞成，关于第三点当还需要哈里曼进一步澄清。哈里曼在会后将苏方的草案和他的修正意见一起交给罗斯福审阅，罗斯福立即认可了哈里曼的修改意见。①

当天下午，罗斯福和斯大林正式讨论了美方提出的修正案。斯大林表示同意大连港成为国际共同管理的自由港，但旅顺将成为苏联的海军基地，所以需要租界。罗斯福对旅顺港由苏联租借作为军港这一点做出让步。斯大林进一步提出，东北铁路的运营由苏联和委员会共同管理更合适，以及这需要征得蒋介石同意。但是，他随即声明国民政府也需要同意维持外蒙古的所谓现状。关于外蒙古问题，苏联第一次提出是在 1944 年 12 月 14 日，斯大林告诉哈里曼，他在德黑兰会议期间唯一没有对罗斯福提及的是"承认外蒙古的现状——保持蒙古共和国的独立身份"。哈里曼当时在给罗斯福政府的报告中说，他"对此并没有吃惊"。②罗斯福询问斯大林是希望与国民政府外交部长宋子文在莫斯科讨论这一问题，还是希望由他来转告蒋介石。

---

① "Conversation Regarding the Entry of the Sovite Union into the War Against Japan", February 10, The U. S. State Department, ed. , *FRUS*, *The Conferences at Malta and Yalta*, *1945*, pp. 894 – 895.

② "The Ambassador in the Soviet Union (Harriman) to the President", December 15, 1944, The U. S. State Department, ed. , *FRUS*, *The Conferences at Malta and Yalta*, *1945*, p. 379.

斯大林表示希望罗斯福转告。于是他们达成了一致。①

2月11日，苏联方面提出了他们的最后修正案。其中在关于大连和东北铁路的条款中，加入了"苏联的优越权益须予保证"的字样。哈里曼对此"很不高兴"，希望罗斯福予以更改。罗斯福却表示"不愿为几个字大惊小怪"。另外，哈里曼对"苏联的这些要求必须在日本被击溃后，毫无疑义地予以实现"一句，也提出了异议；罗斯福则认为"这不过是行文而已"。哈里曼又把草案交给参谋长联席会议的将军们传阅，指望他们就某些细节提出问题，以使他有借口再次说服罗斯福改动草案的行文。② 但哈里曼的印象是美国的将军们显然对政治问题兴趣不大，他们此刻最关心的就是苏联是否会履行在打败德国后两三个月内进攻日军的诺言。结果，罗斯福终于与斯大林和丘吉尔一起在雅尔塔秘密协议草案上签了字。

"雅尔塔秘密协议"虽然对维护美苏的战时同盟关系，特别是确保苏联参加对日战争等方面有其独特的作用，但是，美苏双方在讨论中对协议涉及的中国东北港口与铁路的条款的确存在不同的理解，这在哈里曼向罗斯福提出而后者当时并不重视的那些内容上清楚地体现出来，而这些分歧被证明最终成为战后东亚大陆出现危机的根源之一，其核心就是东北地区的控制权。毕竟，哈里曼本人认真阅读并动手修改过苏联方面提出

---

① "Conversation Regarding the Entry of the Sovite Union into the War Against Japan", February 10, The U. S. State Department, ed., *FRUS*, *The Conferences at Malta and Yalta*, *1945*, p. 895.

② 参阅〔美〕W. 艾夫里尔·哈里曼、伊利·艾贝尔《特使：与邱吉尔、斯大林周旋记》，第444~447页。

的协议文本，并在美苏首脑会谈中一再表达了比罗斯福谨慎得多的态度。① 后来的发展表明，苏联企图利用"雅尔塔秘密协议"尤其是其中某些条款的模糊不清，将中国东北纳入它的势力范围。美国方面对"雅尔塔秘密协议"的条款显然有不同的理解。至少在罗斯福看来，"雅尔塔秘密协议""不过是说俄国人比英国人或美国人在该地区有着更大的利益罢了"。② 这种战略思维的根本分歧当时并没有导致美苏领导人的龃龉，因为它们尚不足以超过美苏合作打败日本的共同利益的需要。但是，随着反法西斯战争形势的变化，这一分歧对美苏在东亚地区的关系产生了越来越大的影响。

欧洲战争结束后，美苏的注意力更多地转向亚太地区。当"雅尔塔秘密协议"的条款需要进一步具体化时，美苏之间的矛盾便突显出来。5月10日，亦即欧洲战争正式结束后的第二天，美国国务院东欧处在一份为驻苏大使馆准备的备忘录中写道，随着形势的发展和通过鼓励中共，苏联保持着影响中国未来的有效手段；欧洲战争结束后，苏联肯定会利用参加对日作战的机会，在中国东北争取支配性的地位，它将以在东欧和中

---

① "Conversation Regarding the Entry of the Sovite Union into the War Against Japan", February 10, The U. S. State Department, ed., *FRUS, The Conferences at Malta and Yalta*, *1945*, p. 895. 关于苏联提供的协议和哈里曼的修改，见 "Draft of Marshall Stalin's Political Conditions for Russia's Entry in the War Against Japan"; "Mr. Harriman's Suggested Changes in Marshal Stalin's Draft of Russia's Political Conditions for Russia's Entry in the War Against Japan", The U. S. State Department, ed., *FRUS, The Conferences at Malta and Yalta*, *1945*, pp. 896 – 897。

② 参阅〔美〕W. 艾夫里尔·哈里曼、伊利·艾贝尔《特使：与邱吉尔、斯大林周旋记》，第 447 页。

欧使用过的方式来介入中国内部事务；美国为了确保自身的利益，必须尽一切努力阻止苏联的影响在中国占统治地位，包括通过向国民政府提供各种援助，从而防止中国的非共产党势力因对蒋介石失望而转向中共。①

两天后，时任副国务卿的格鲁根据哈里曼和凯南对苏联对华政策的分析，向陆军部和海军部提出两个问题：第一，苏联尽早参加对日作战对于美国是否如此重要，以致美国政府满足苏联的政治要求必须优先于苏联参战？第二，是否应该重新考虑"雅尔塔秘密协议"的安排，是部分还是全部实施该协议的条款？格鲁建议说，作为履行"雅尔塔秘密协议"的交换条件，应要求苏联保证同意按美国提出的方式实现中国统一，并保证支持《开罗宣言》中关于解决东北和朝鲜前途问题的条款。② 格鲁的建议显然适合杜鲁门接任总统后，美国政府中形成的处理对苏关系的气氛。

熟诸军事形势和美苏关于对日作战的军事战略的复杂性的美陆、海军首脑比美国务院要实际得多。他们在讨论格鲁的备忘录时认为，原子弹固然可以决定战争的进程，不过目前还不能把赌注押在未获得结果的试验上。于是他们给格鲁如下答复：首先，苏联是否参战及何时参战，并不取决于美国是否同意苏联提出的政治条件，军事方面的考虑并非政治上达成协议的决定性因素；其次，苏联有军事能力打败日军，先于美国占领库

---

① Herbert Feis, *The China Tangle*: *The American Effort in China from Pearl Harbor to the Marshall Mission*, pp. 305 – 306.

② Herbert Feis, *The China Tangle*: *The American Effort in China from Pearl Harbor to the Marshall Mission*, pp. 307 – 308.

页岛和中国的东北甚至华北地区；美军只能在库页岛有所作为，所以必须与苏联取得谅解；否则除非使用武力，美国不可能迫使苏联在东亚让步；再次，解决中国问题的关键仍在推动国共谈判，而不取决于美国还要进一步向苏联施加多大压力。在做如是解释之后，他们提出在目前的军事条件下，不妨重新检讨"雅尔塔秘密协议"的内容，以便寻求美苏之间更充分的谅解。然后他们又一脚把皮球踢回国务院，表示希望国务院澄清杜鲁门政府在东亚地区如何处理与苏联关系的政策。①

格鲁并没有立刻接受军方的观点，他很快将国务院给哈里曼的一封信转给陆、海军部，以作为给史汀生和福雷斯特的答复，而这封信实际上是国务院给驻苏大使馆的一份指导性文件。国务院在信中重申了罗斯福政府时期对华政策的基本原则，包括了要求苏联在战时和战后都不仅支持中国的统一，而且应该在使中国发展成为东亚和太平洋地区的主要强国方面与美国合作。为此美国政府应该得到苏联的如下保证：第一，说服中共接受国民政府的合理建议，达成统一中国的协议，将军队编入政府军中，然后接受美军的统一指挥；第二，在抗击中国东北、华北和朝鲜的日军的战争中，只与被统一起来的中国军队合作；第三，在对日战争的军事行动结束三个月后，美苏共同从东北和华北撤出全部陆海空军队，苏军占领的地区应转交国民政府充分控制。该信声称，争取与苏联达成上述协议的目的，就是

---

① "The Secretary of War（Stimson）to the Acting Secretary of State", May 12, 1945, The U. S. State Department, ed. , *FRUS*, *1945*, *The Far East*, *China*, Volume Ⅶ, pp. 876 - 877.

要确保苏联完全接受《开罗宣言》的原则，继续和彻底地承认包括东北、新疆和西藏在内的中国主权与领土完整，维持国民政府目前在国际事务中的地位和影响。①

5月28日，哈里曼在莫斯科参加了霍普金斯与斯大林的会谈。霍普金斯这次是以美国新任总统杜鲁门的特使身份访问莫斯科的，希望能够通过与斯大林直接会谈，确认苏联的各项政策，从而使杜鲁门政府能够在罗斯福去世后将美国的对苏联政策与美苏关系衔接起来。哈里曼则根据美国国务院的指示，利用陪同霍普金斯的机会，在会谈中向斯大林提出涉及对华政策的两个问题。第一是苏联在东北恢复其历史地位后，是否承认"门户开放"政策和使中国成为工业化国家；第二是苏军进入东北后，是否打算让国民政府在那一地区组织政府机构。斯大林对此给予肯定的答复，表示苏联将保证在东北实行"门户开放"；以及东北同中国其他地区一样，由国民政府建立政权，而且苏军所到的任何地方都是如此。至于具体问题，他希望这时担任国民政府行政院长的宋子文最迟于7月1日到莫斯科来谈判解决。② 可以说杜鲁门政府在雅尔塔会议后第一次在东北问题上与苏联协调行动的尝试到此为止，其结果对于杜鲁门政府显然是可以接受的。

① "The Acting Secretary of State to the Secretary of the Navy（Forrestal）", May 21, 1945, The U. S. State Department, ed., *FRUS*, *1945*, *The Far East*, *China*, Volume Ⅶ, pp. 880 – 882.
② 〔美〕W. 艾夫里尔·哈里曼、伊利·艾贝尔：《特使：与邱吉尔、斯大林周旋记》，第525页；Herbert Feis, *The China Tangle：The American Effort in China from Pearl Harbor to the Marshall Mission*, p. 310。

上述杜鲁门政府 5 月间的一系列行动表明，欧洲战争结束后，美国领导人在如何对待雅尔塔秘密协议方面是存在矛盾心理的。他们一方面继续希望用雅尔塔秘密协议中的承诺换取苏联早日出兵对日作战；另一方面又担心苏联会利用参战后必定会形成的优势地位，根据其意图任意解释有关东北地区的条款并采取行动，从而影响美国在东亚大陆的战略利益和影响力。杜鲁门政府在斯大林与霍普金斯的会谈中仅仅提出苏联承诺在东北保证"门户开放"和将东北行政权转交国民政府接收，并没有就雅尔塔秘密协议本身提出修改意见，这表明妥协仍是此时美国处理东北问题的主要倾向，特别是美军在冲绳岛登陆作战中人员损失惨重，这使美军方更加重视促使苏军早日参加对日作战。

在获得斯大林关于苏军将如约参加对日作战的保证后，从 5 月末开始一直到中苏谈判第一阶段结束，杜鲁门政府持续表达促使国民政府接受雅尔塔秘密协议让步的态度，以免国民政府的外交行动破坏美苏之间的谅解，从而妨碍苏军参加对日作战。6 月 9 日，杜鲁门会见了正在华盛顿访问的宋子文。国民政府此时已经确定了宋子文在 7 月 1 日之前访问莫斯科，与苏联领导人就苏军参战后的有关问题谈判，而这次会谈是他根据蒋介石的指示提出的。① 杜鲁门在会谈中出示了雅尔塔秘密协

---

① 《蒋主席自重庆致行政院长宋子文指示与杜鲁门总统商谈旅顺处理方案之步骤电》，1945 年 6 月 8 日；《蒋主席自重庆致行政院长宋子文指示与杜鲁门总统商谈旅顺问题时应注意之点电》，1945 年 8 月 8 日。以上均见秦孝仪主编《中华民国重要史料初编——对日抗战时期》第三编《战时外交（三）》，第 554 ~ 555 页。

议的文本，并告诉宋子文，前总统罗斯福承诺会支持协议中的规定，特别是美国人"亟需苏联参加作战"；他说这是为了减少中美军人的损失。①

4天后，6月13日，宋子文再次会见了杜鲁门。他在这次会谈中奉蒋介石之命询问杜鲁门，美国方面到底如何理解雅尔塔秘密协议中某些行文如"租借"等的确切含义。杜鲁门对此只是含糊其词地声明说，他"不会做任何伤害中国利益的事情"，只愿看到那些"可能引起麻烦和纠纷的问题得到解决"，而他真正关心的是"如何使苏联立即加入作战，而非枝节问题"，等等。②

6月15日，赫尔利按照杜鲁门政府的指示，向蒋介石通报了雅尔塔秘密协议的内容。他当天在给国务院的报告中说，蒋介石当时表示要等宋子文回到重庆后再予以答复，然后提出了三个问题：第一，美国是否愿意为了维护太平洋地区的和平而联合使用旅顺港作为海军基地？第二，美国是否成为中苏达成的协议的一方？第三，涉及库页岛的问题，不能仅由中苏讨论。③ 18日，格

---

① 《行政院长宋子文与美国总统杜鲁门第三次会谈纪录》，秦孝仪主编《中华民国重要史料初编——对日抗战时期》第三编《战时外交（三）》，第556页。

② "Memorandum of The conversation, by Acting Secretary of State", June 14, 1945, The U. S. State Department, ed., *FRUS*, *1945*, *The Far East*, *China*, Volume Ⅶ, pp. 901 – 903；《行政院长宋子文在华盛顿与美国总统杜鲁门讨论有关旅顺、大连租界问题谈话纪录》，1945年6月13日，秦孝仪主编《中华民国重要史料初编——对日抗战时期》第三编《战时外交（三）》，第563~564页。

③ "The Ambassador in China（Hurley）to the Secretary of State", June 15, 1945, The U. S. State Department, ed., *FRUS*, *1945*, *The Far East*, *China*, Volume Ⅶ, pp. 903 – 904.

鲁在与杜鲁门进行一次谈话的两天后，打电报给在重庆的赫尔利，指示他可以转告蒋介石，杜鲁门政府将承担履行在雅尔塔达成的秘密协议的责任。赫尔利随后的确向国民政府方面转达了这一信息。[1]

在莫斯科举行的中苏谈判正式开始后不久，哈里曼便会晤宋子文，与后者讨论了在中苏谈判中涉及的几乎所有问题。哈里曼告诉宋子文，应该尽可能对所有问题"达成充分的协议"，因为"过去从未出现过"这样的好机会。宋子文告诉他，谈判因战后外蒙古的地位问题而陷入停顿，并希望能取得杜鲁门政府的支持。哈里曼却告诉宋子文，在雅尔塔会议上并没有讨论该如何解释关于外蒙古维持现状的含义，所以只能按行文的字样接受。[2] 实际情况是，哈里曼是杜鲁门政府中最早知道苏联在外蒙古问题上的企图的。早在1944年10月15日，他在给罗斯福政府的报告中就清楚地报告了斯大林对战后外蒙古地位的要求，即"独立的身份（identity）"。他在这个报告中说，他对斯大林的这个要求并不吃惊，因为他几个月前就想到这一点了。[3] 据此可以说哈里曼在莫斯科显然是故作姿态，他的言行反映了杜鲁门政府无意在外蒙古前途问题上与苏联发生龃龉，

① Herbert Feis, *The China Tangle: The American Effort in China from Pearl Harbor to the Marshall Mission*, p. 315.

② "The Ambassador in the Soviet Union (Harriman) to the President Truman and the Secretary of State", July 3, 1945, The U. S. State Department, ed., *FRUS, 1945, The Far East, China*, Volume Ⅶ, p. 912.

③ "The Ambassador in the Soviet Union (Harriman) to the President", December 15, 1944, The U. S. State Department, ed., *FRUS, The Conferences at Malta and Yalta, 1945*, p. 379.

那一地区的前途对美国在东亚的利益并没有多少影响。7月4日，美国国务院打电报告诉哈里曼：美国政府介入中苏谈判为不智之举，他可以转告宋子文，关于外蒙古的决定只能按"雅尔塔秘密协议"中的有关文字理解，美国对此不能做任何官方解释。① 第二天，哈里曼便劝告宋子文，不必固执成见，应该在"广泛的基础上"与苏联达成协议，否则弊多利少。②

杜鲁门政府对苏联在外蒙古问题上提出的要求——不论是杜鲁门政府还是哈里曼本人都对此一清二楚——还能沉得住气，当斯大林针对东北铁路和旅顺、大连及其周围地区提出一系列要求时，他们却有些坐不住了。

7月6日，赫尔利从重庆报告美国国务院，国民政府开会决定在外蒙古独立问题上让步，以打破中苏谈判的僵局，甚至还准备做出进一步的妥协。③ 在接到这份电报前不久，美国国务院同一天向哈里曼发出指示，美国的原则是：（1）在中苏谈判中不充当"雅尔塔秘密协议"的解释者，但是美国作为该协议的缔结者之一，希望中苏在此协议基础上取得谅解前与美国

---

① "The Secretary to the Ambassador in the Soviet Union（Harriman）", Moscow, July 4, 1945, The U. S. State Department, ed., *FRUS*, *1945*, *The Far East*, *China*, Volume Ⅷ, pp. 914 – 915.

② "The Ambassador in the Soviet Union（Harriman）to the President Truman and the Secretary of State", July 5, 1945, The U. S. State Department, ed., *FRUS*, *1945*, *The Far East*, *China*, Volume Ⅷ, p. 915.

③ "The Ambassador in China（Hurley）to the Secretary of State", July 6, 1945, The U. S. State Department, ed., *FRUS*, *1945*, *The Far East*, *China*, Volume Ⅷ, pp. 918 – 919.

进行协商；（2）无意参与对大连的行政管理和控制，但希望保证尊重国际贸易中无差别对待的原则，在利用大连港和东北铁路设备方面，各国机会均等；（3）杜鲁门政府注意到斯大林保证尊重中国对东北的主权；（4）东北铁路所有权属于苏联这一点，在"雅尔塔秘密协议"中没有根据。已经有些迫不及待的哈里曼立刻领会了这个信号意味着什么。[①] 7月7日、8日两日，哈里曼在听取宋子文说明中苏谈判的进展情况及中方的打算后，于9日向杜鲁门政府建议：波茨坦会议召开在即，由于中苏最终肯定会达成协议，特别是中国会接受苏联对东北港口和铁路的要求，美国应该立即采取行动，准备利用美苏领导人会晤的机会，重新研究对"雅尔塔秘密协议"有关条款的解释。[②]

当天，哈里曼再次与宋子文详细讨论东北的港口、铁路等问题。他通过讨论感觉到，宋子文在满足苏联的要求方面，很可能准备走得比蒋介石所允许的范围更远，而且已经超出了"雅尔塔秘密协议"的条款；但对于国民政府方面是否打算不惜一切代价与苏联达成协议，又有些捉摸不定。由于没有得到杜鲁门政府的明确指示，哈里曼只能模棱两可地劝告宋子文，在苏军向日军发动进攻之前与苏联达成协议有巨大的好处，国

[①] "The Secretary to the Ambassador in the Soviet Union（Harriman）", Moscow, July 6, 1945, The U. S. State Department, ed., *FRUS*, *1945*, *The Far East*, *China*, Volume Ⅶ, pp. 916 – 917.

[②] The Ambassador in the Soviet Union（Harriman）to the President Truman and the Secretary of State", July 9, 1945, *FRUS*, *1945*, *The Far East*, *China*, Volume Ⅶ, p. 924.

民政府应该做出现实的让步，不要在东北问题上陷入绝境。同时他又向宋子文建议，如果中苏双方的分歧在短期内得不到解决，应该以"尽可能友好的方式"停止有关的讨论，回到重庆后予以"认真的考虑"。① 哈里曼的这段建议表明，至少他有意利用美英苏首脑在波茨坦开会的机会，推动杜鲁门政府调整在中苏谈判中一味压国民政府让步的方针。至于在目前指导思想陷入混乱的情况下，宁可使中苏谈判暂停。实际上，在哈里曼的指示下，驻苏使馆的确起草了一份分析苏联参战后东亚政策的文件，其内容之详尽几乎包括了苏联有关政策和可能采取的行动的各个方面。②

此时不仅哈里曼犹豫不决，美国政府也同样莫衷一是。13 日，格鲁根据国务卿贝尔纳斯的指示，为答复哈里曼 8 日的建议，起草了一份备忘录并指出：在外蒙古问题上，应该说服蒋介石，用外蒙古独立换取苏联保证中国在内蒙古和东北获得牢固的地位。至于东北问题，苏联提出的条件同恢复其在日俄战争中丧失的权利相比，对中国是有利的；可是按照苏联对港口和铁路的权利的解释，对中国又很不利。备忘录提出，美国政府应该单独或与英国联合，向苏联施加影响，以使它在东北铁路和港口方面的要求有所限制。包括大连港

---

① The Ambassador in the Soviet Union (Harriman) to the President Truman and the Secretary of State", July 9, 1945, *FRUS*, *1945*, *The Far East*, *China*, Volume Ⅶ, p. 925.

② "Memorandum by the Second Secretary of Embassy in the Soviet Union (Davis)", July 10, 1945, The U. S. State Department, ed. , *FRUS*, *1945*, *The Far East*, *China*, Volume Ⅶ, pp. 928 – 932.

的"国际化"不能解释为苏联应获得行政方面的支配权，共同经营东北铁路不能解释为苏联拥有所有权和在经营中的支配地位。总之，既然苏联已经保证参加对日战争和不支持中共，国民政府也应准备做合理的让步，不过不能影响美国的利益，以及不能与美国的政策发生矛盾。①格鲁的备忘录明确反映了美国在东北的利益，至于什么是中国的"合理妥协"，杜鲁门政府在中苏谈判中支持宋子文的限度是什么，却没有做任何说明。

由于斯大林需要前往波茨坦参加美英苏三国首脑会议，中苏谈判暂时中断。在波茨坦会议期间，苏联对东北的意图成为美国军政幕僚经常讨论的议题。他们在此期间提交的一系列备忘录中指出："雅尔塔秘密协议"以某种形式表明了美国长期奉行的对华政策，即门户开放和承认中国对东北的主权。但是，苏联在中苏谈判中提出的在东北获得特殊地位的要求，既损害了中国的主权，也损害了美国一贯奉行的对华政策，这"同罗斯福设想的整个精神完全背道而驰"。他们建议杜鲁门政府更积极地关注并介入中苏谈判，坚定地支持国民政府抵制苏联那些超过"雅尔塔秘密协议"的要求。具体办法或是请宋子文到波茨坦，将中苏谈判变为多边谈判，使美国成为直接参与者；或者同苏联领导人直接交涉，向苏联施加影响，取得苏联在东北支持门户开放的保证，对于中苏谈判中的细节则可以不过于

---

① "Memorandum by the Under Secretary of State（Grew）to the Secretary of State", July 13, 1945, The U. S. State Department, ed., *FRUS*, *1945*, *The Far East*, *China*, Volume Ⅶ, pp. 934 – 941.

拘泥。①

政治军事幕僚们的建议措辞激烈，使美国决策者颇费踌躇，因为即使在上述三个基本精神一致的方案中进行选择，也不那么容易。在第一阶段的谈判中，苏联已经保证不支持中共和不干预新疆事务，并声明在战争结束后，将东北行政权移交给国民政府。杜鲁门政府如果在东北港口和铁路之争中采取强硬的立场介入，甚至导致苏军参战之际中苏双方无法达成协议。冒这样的风险值得吗？

7月16日，美国第一颗原子弹试验成功，这的确一度使美国军政要人们激动不已，但他们很快就判断这并没有更多地改变亚太地区的战略态势。马歇尔在回答杜鲁门关于是否还需要苏联参加对日战争的问题时，相当冷静地指出：一方面，苏联已经在中苏边境接壤地区大规模地集结了军队，这本身就已经使美国达到将大批日军牵制在亚洲大陆的目的；另一方面，也正是因为苏军已经在远东大规模集结，只要苏联领导人愿意，就可以不顾美国的态度，挥师进入东北，取得它想要得到的一

① "Memorandum by the Secretary of War（Stimson）to President Truman", July 16, 1945; "Memorandum by the Ambassador in the Soviet Union（Harriman）", July 18, 1945, The U. S. State Department, ed., *FRUS*, *1945*, *The Far East*, *China*, Volume Ⅶ, pp. 943, 947; "YALTA AGREEMENT AFFECTING CHINA, The Special Assistant to the Secretary of State（Russell）to the Secretary of State", July 20, 1945, The U. S. State Department, ed., *FRUS*, *The Conference of Berlin*（*The Potsdam Conference*）, *1945*, Volume Ⅱ（Washington D. C.: United States Government Printing Office, 1960）, pp. 1238 – 1241; 另参阅 Tang Tsou, *America's Failure in China*, *1941 – 50*（Chicago: The Chicago University Press, 1963）, pp. 281 – 282; James F. Byrnes, *Speaking Frankly*（New York: Harper Press, 1947）, p. 205。

切。马歇尔显然认识到，尽管苏联参加对日作战可能已不像过去那样是绝对必要的，美国却没有因此就可以对苏联发号施令。美国除了继续协调与苏联的关系，别无更佳选择。

美国领导人在权衡利弊之后，决定继续执行在妥协中限制苏联的方针，避免采取过于刺激的行动，一方面继续推动中苏谈判，催促宋子文回到莫斯科的谈判桌旁，并不对国民政府做出正式和明确的保证；另一方面也要向苏联施加压力，限制苏联在东北提出过度的要求。

17日，杜鲁门在波茨坦会议正式召开之前会晤了斯大林。他在会谈中询问苏联对东北的港口和铁路的要求等，是否会妨碍那里的"门户开放"。斯大林回答说：如果苏联控制了大连，那里会成为自由港；苏联经营东北铁路亦不会妨碍美国未来在东北的贸易活动。他认为中苏谈判的关键障碍在于国民政府不肯承认苏联在东北的"优越权益"。参加会谈的国务卿贝尔纳斯强调，苏联提出任何超出雅尔塔秘密协议规定的要求，都会引起麻烦。斯大林反驳说，苏联提出的条件比"雅尔塔秘密协议"的规定更优厚。美国领导人显然不会满足于斯大林的这种保证。当晚杜鲁门告诉史汀生，他主张在东北坚持执行门户开放。[①]

7月28日，哈里曼向贝尔纳斯建议，应由杜鲁门直接说明，中苏在解释"雅尔塔秘密协议"方面存在的分歧。如果宋子文没有美国的支持，中苏达成的协议会给苏联在东北超过美

---

① Herbert Feis, *The China Tangle: The American Effort in China from Pearl Harbor to the Marshall Mission*, pp. 328 – 329.

国的特殊利益，甚至会切断东北同外国的贸易联系，那时美国将无法推卸在东北放弃门户开放的责任。他同时起草一封信，请求授权他转交苏联领导人。信中包括三点内容：（1）承认苏联在使用东北港口和铁路方面的利益，唯一的目的就是使苏联获得通向太平洋的出海口，以便与外部进行联系；（2）苏联应充分承认中国在东北的主权；（3）在东北承认机会均等和门户开放的原则。①8月4日，赫尔利从重庆报告美国政府：中国政府已经决定接受苏联对旅顺港的要求，而苏联又提出在旅顺以南100海里的一个岛上建筑军事设施。

面对杜鲁门政府内部强硬派的呼声和苏联在东北问题上咄咄逼人的进展，杜鲁门于8月5日指示贝尔纳斯，立即授权哈里曼通知斯大林：第一，美国不准备撤回对雅尔塔秘密协议的支持，宋子文已经接受了雅尔塔秘密协议中的条件，中苏之间不得达成进一步使中国让步的协议；第二，美国不同意将大连港划入军事区，以及将其一部分作为海军基地，罗斯福不仅曾经拒绝苏联租借大连，而且建议使之作为国际化的自由港；第三，建议在公布中苏条约时，中苏同时宣布保证东北"门户开放"；第四，美国不反对组成国际委员会，共同管理东北港口和铁路。②"8·5指示"是美国在中苏谈判问题上政策发生变化

---

① "Memorandum by the Ambassador to the Soviet Union（Harriman）to the Secretary of State", July 28, 1945, The U. S. State Department, ed., *FRUS*, *1945*, *The Far East*, *China*, Volume Ⅶ, pp. 950 – 952.

② "The Secretary of State to the Ambassador in the Soviet Union（Harriman）", August 5, 1945, The U. S. State Department, ed., *FRUS*, *1945*, *The Far East*, *China*, Volume Ⅶ, pp. 955 – 956.

的重要信号，它明确提出了美国限制苏联在中国东北谋求优势的界限，这成为哈里曼后来直接插手中苏谈判的指导原则。

由于杜鲁门政府的态度明朗化，哈里曼在中苏谈判第二阶段判若两人。8月7日，哈里曼会见宋子文后，声称对国民政府让步的幅度感到吃惊，好像国民政府过去的软弱与杜鲁门政府的影响全然没有关系。第二天，宋子文告诉哈里曼，斯大林又提出一个苏军应得到东北的日本战利品的问题。哈里曼认为，这是苏联在企图长期控制和榨干东北经济。他立刻将美国政府8月5日的指示转告宋子文，为这位对谈判前景感到"沮丧"的准代表打气。①

8日当天，哈里曼还会见了苏联领导人。他根据杜鲁门政府的指示向斯大林声明，美国反对将大连港划入军事区，希望苏联在公布中苏条约的同时，宣布支持东北门户开放。斯大林当即表示不能接受哈里曼的解释。他指出，"雅尔塔秘密协议"中的"优越权益"一款并非仅指贸易，苏联要求共同管理大连市区和港口这一点与"门户开放"没有关系。苏联方面已经一般地满足了中国的条件，东北相关的铁路和港口都是俄国人用俄国的钱建造的，如今苏方已经同意中方负责铁路警卫以及参与管理铁路和港口，可他们却不欢迎俄国人。斯大林最后表示，大连必须划入军事区，苏方可以保证通过大连展开的贸易活动充分自由，东北铁路原则上亦如此。②

---

① 〔美〕W. 艾夫里尔·哈里曼、伊利·艾贝尔：《特使：与邱吉尔、斯大林周旋记》，第550页。

② 〔美〕W. 艾夫里尔·哈里曼、伊利·艾贝尔：《特使：与邱吉尔、斯大林周旋记》，第549～550页。

尽管斯大林再次做出对"门户开放"的明确保证，哈里曼仍然满腹狐疑。他向杜鲁门政府报告说："雅尔塔秘密协议"中没有哪一条允许美国支持苏联的要求。他无法相信，在苏联保安部门的控制和秘密警察的管理下，大连能成为真正的自由港。12 日，哈里曼根据美国务院的指示写信给莫洛托夫，重申了他的口头声明：（1）大连应该成为国际自由港，苏联在运输方面的"优越权益"可获得充分保证，但这并不意味着大连港及与之相连的铁路可以划入军事区；（2）尊重中国主权和"门户开放"的原则。他在信中强调，杜鲁门总统本人非常希望，斯大林不要再迫使国民政府让步，谈判中凡是与美国的利益和原则有关的问题，都应与他协商。①

　　既然啃不动苏联这块硬骨头，哈里曼唯一的办法就是阻止中国方面继续后退，支持宋子文抵制住苏联的压力。哈里曼在会谈中提醒宋子文：国民政府方面的让步如果影响到美国利益和政策，必须事先同美国协商；杜鲁门政府已经一再表明，宋子文充分履行了雅尔塔秘密协议；如果他进一步妥协，就只能被理解为苏联在其他方面满足了中国的要求。宋子文立刻表示，他本人"彻底了解并承认此态度之正确性"。②

　　美国在 8 月 5 日以后直接介入中苏谈判，其重要性并不在于是否会严重影响中苏谈判的进程和结果，而是在于美国的行动表明，它已经不愿容忍因东北划入苏联的势力范围而给美国

---

① "The Secretary of State to the Ambassador in the Soviet Union（Harriman）", August 11, 1945, The U. S. State Department, ed., *FRUS*, *1945*, *The Far East*, *China*, Volume Ⅶ, pp. 971 - 974.

② 《中美关系资料汇编》第 1 辑，第 179 页。

未来在东亚的全面发展造成消极的影响。当时苏联在东北已是大兵压境，相比之下，美国的外交手腕由于缺少相应的实力做后盾，显得非常软弱无力。苏军大批进入东北后，美国政府为了尽快结束中苏谈判，以免出现更为不利的后果，于11日指示哈里曼在中苏谈判中坚守的底线：（1）接受苏联将大连划入军事区的要求，但平时不得驻军；（2）同意外蒙古独立，其影响不得波及内蒙古；（3）在港口设备所有权的问题上，应该设法支持宋子文；（4）铁路经营事务不是特别重要的问题。① 美国的让步实属迫不得已。它既然已经决心把自己的势力扩大到东北，可又无法通过中苏谈判，限制苏联对东北的控制，这就决定了不论中苏谈判的结果如何，美国最终都难免要与苏联在中国东北展开一场激烈的竞争。

在美苏的角逐中，国民政府扮演的角色是相当尴尬的。中苏两国在东北存在悬而未决的历史问题。九一八事变后，随着日本势力的迅速扩张，中苏在东北的接触被日本隔断，致使双方的矛盾暂时得到缓和。一旦日本势力退出东北，中苏在东北地区的各种争端必然会再度爆发。蒋介石对此当然不会掉以轻心。概而言之，维护国民党的一党统治对于蒋介石和国民党既然是生死攸关的首要政治目标和根本原则，它也必定成为处理对苏关系的出发点和归依点。这个基本原则也贯穿于蒋介石解决东北问题的整个过程之中，而且表现得特别突出。这既是由

---

① "The Secretary of State to the Ambassador in the Soviet Union (Harriman)", Washington, August 11, 1945, The U. S. State Department, ed., *FRUS*, *1945*, *The Far East*, *China*, Volume Ⅶ, pp. 969 – 970.

当时的中国政治的本质决定的，也是由中苏关系的特点决定的。

国民政府对苏外交的难题在于需要解决中苏和国共两种互相纠缠的关系。一方面，如果无法使苏联放弃控制东北地区或过度索取利权，不论政治、军事、经济和外交等哪个方面，都会给国民政府造成严重困难，甚至可能引起一场政治危机。1919 年的巴黎和会在中国引起的政治震荡，可谓前车之鉴。另一方面，如果不对苏联做相当让步，一旦苏军进入东北后对中共采取积极扶持的政策，对国民政府的威胁更严重。这两种前景都会危及国民政府的统治地位，不过尚可两害相权取其轻。蒋介石和国民政府在外交方面并不会超出近代中国统治者的思路。苏联势力向东北的渗透不过是"肘腋之忧"，中共才是"心腹之害"。蒋介石既然确定了和苏反共的方针，在东北必定要对苏联让步，切断苏联与中共在战后很有可能在东北建立的联系，从而继续维持包围中共的战略态势。

决定国民政府在处理对苏关系时一直以妥协作为基调的另一个重要也是最基本的因素，是它本身缺乏足够的实力，从而造成在外交上对美国的严重依赖。除非积极追随美国的东亚政策，否则国民政府在对苏外交方面是很难有所作为的。国民政府在东北问题上与苏联的一切争论，不仅是在维护中国的利益，而且从某种意义上说，也是在配合这个时期美国在东亚的战略方针，将"雅尔塔秘密协议"的有关规定落到实处，至少在形式上如此。

但是，无论如何也应该承认，不论从上述哪个角度考虑，东北对于国民政府毕竟有着比美国远为直接的利害关系。所以，国民政府在追随美国妥协的基调中，仍然企图尽可能缩小或控制苏联索求的范围，在东北地区的有关问题上采取了与外蒙古问题有重大区别的处理方式。从中苏谈判的实际情况看，国民政府在处理中苏关系时，始终把主要注意力放在东北问题上，一面按照杜鲁门政府的要求努力协调中苏关系；一面不断利用美苏矛盾，施展"以夷制夷"的手腕。在这方面，蒋介石的确是煞费苦心的。

1942年8月3日，罗斯福派往重庆的代表居里与蒋介石会谈时第一次试探了国民政府在战后对东北的政策。当时蒋介石强硬地表示："中国东北为中国领土之一部分，绝无讨论之余地"，如果未来在有关战后安排的和会上不承认中国对东北的主权，他"将继续抗战，即招致国家之毁灭，亦所不惜"。他认为罗斯福政府应该发表公开声明，重申东北是中国的一部分，否则苏联一旦插手东北，太平洋在战后"将无太平之望"。① 显然，蒋介石做出如此强硬的声明是在影响罗斯福政府的政策；他对罗斯福政府在东北问题上有可能对苏联做出妥协的企图是足够敏感的，而且认为如果得不到美国的帮助，国民政府"所能尽力之处甚微"。② 所以，他一直企图用在东北向美国人提供好处和便利，收买罗斯福政府支持国民政府抵制苏联可能提出

---

① 《蒋委员长在重庆接见居里先生听其报告罗斯福总统对史迪威将军地位问题之意见及讨论战后问题谈话纪录》，1942年8月3日，秦孝仪主编《中华民国重要史料初编——对日抗战时期》第三编《战时外交（一）》，第680～683页。

② 《蒋委员长在重庆接见威尔基先生商谈印度问题、美国援华问题、战后中美合作问题及英苏问题谈话纪录》，1942年10月5日，秦孝仪主编《中华民国重要史料初编——对日抗战时期》第三编《战时外交（一）》，第766页。

的各种要求。

1942年10月7日，蒋介石向当时正在重庆访问的美国代表威尔基建议，旅顺、大连等中国沿海要塞"必须返诸中国"，同时欢迎美国在这些要塞建立海军基地，供中美"共同维护而应用之"。① 1943年6月18日，在宋美龄访美期间，蒋介石专门指示她在见到罗斯福时，应说明东北的旅顺和大连"只可与美国共同使用，而不宜与其他各国公用"；中国必须保有旅顺港，将来大连或可作为自由港，不过这也要视苏联的对华政策而定。② 如前所述，罗斯福当时确实满足了蒋介石的愿望。他在德黑兰第一次向斯大林提及东北问题时，除了表示可以使大连港成为国际管理的自由港外，并没有更多的许愿。

罗斯福政府在雅尔塔会议中对苏联让步的程度的确大大超出了蒋介石的预料。在中苏谈判的酝酿阶段，国民政府曾经做出相当大的努力，争取杜鲁门政府站到自己一边，协助国民党政府尽可能地限制苏联在东北港口、铁路方面提出的要求。国民政府之所以对"雅尔塔秘密协议"的有关条款强烈不满，首先是担心如果同意苏联"租借"旅顺，会引起一系列外交纠纷。按照"租借"惯例，苏联在旅顺将享有驻军权、行政控制权，甚至包括实际上的治外法权。其结果不仅会导致苏联在实

---

① 《蒋委员长在重庆接见威尔基先生商谈战后稳定太平洋局势问题谈话纪录》，1942年10月7日，秦孝仪主编《中华民国重要史料初编——对日抗战时期》第三编《战时外交（一）》，第777页。

② 《蒋委员长自重庆致蒋夫人嘱与罗斯福总统详商战后远东和平与善后处理之各种政策及告以关于旅顺、大连问题中国只可与美国共同使用电》，1943年6月18日，秦孝仪主编《中华民国重要史料初编——对日抗战时期》第三编《战时外交（一）》，第853～854页。

际上控制大连港乃至辽东半岛，中国在该地区的主权严重受损，而且会在整个渤海湾造成不稳定的局面，直接威胁到华北地区的稳定与安全。

其次，蒋介石对同罗斯福政府长期交往所达成的谅解抱有幻想，他不相信美国会对东北港口这块肥肉失去兴趣。更何况罗斯福的继任者杜鲁门总统被国际社会普遍认为对苏联政府的立场要比前任强硬很多。加之当时赫尔利的外交行动，更加重了蒋介石可以通过外交活动影响美国政策的侥幸心理。

客观地评估，蒋介石当时显然高估了国民政府在美国东亚战略天平上的分量。他曾经先后向美国提出各种建议，归纳起来有四点：第一，希望确切了解美军是否准备在辽东半岛登陆，这是决定国民政府在东北对苏方针的基本因素；第二，要求美方做出对"雅尔塔秘密协议"有关条款的确切解释，以便在同苏联谈判时有所依赖；第三，坚决反对将旅顺港租借给苏联，同时邀请美国参与使用旅顺港，从而造成对苏联的直接制约；第四，争取美方直接参加中苏谈判，甚至签订一项多边的协议。

事实证明，这套拉美抵苏、以夷制夷的手腕，在当时很难产生预期的效果。决定外交天平倾斜方向的基本因素是实力地位。如果美国当时有实力自己打败占领中国的百万日本军队，特别是在东北地区的数十万日本关东军，以及有意愿在东北直接同苏联打交道，何劳蒋介石和国民政府邀请，美国很可能早就当仁不让了。杜鲁门政府一再拒绝给予国民政府明确的支持，把蒋介石那些絮絮叨叨的建议统统归为"枝节问题"。美国领导人指示赫尔利，有必要向蒋介石解释清楚，美国不愿共享旅顺港的使用权，也不可能参加中苏谈判；美国的立场是履行"雅尔塔秘密协议"，而该协议规定了旅顺租借给苏联。[1]

杜鲁门政府此时的态度如此暧昧，致使国民政府处于被动的地位；它除了按照美苏"雅尔塔秘密协议"的文本做出妥协，很难有其他的选择。国民政府当时判断，如果拒绝妥协，苏联完全可以凭借其出兵东北后的实力地位，实现它在东北的要求，而更大也是更可怕的代价可能是苏联转向在苏军占领区扶持亲苏政权，当然首选就是中共军队。进一步说，杜鲁门政府也会因为国民政府在外交上自行其是，拒绝在中苏争端中给予支持。反之，如果能够同苏联达成一个协议，杜鲁门政府对中苏纠纷便不能坐视不管，而国民政府进退便会有所依据，从而限制"雅尔塔秘密协议"的不利影响。可以说国民政府是在无可奈何的情况下并抱着一些幻想开始与苏联谈判的。

在中苏谈判的第一阶段，宋子文所坚持的所谓"原则"基本上没有超出美国方面对"雅尔塔秘密协议"的理解。即使是关于旅顺港的争论，用宋子文的话说也不过是争一个"面子"。苏联的让步仅仅是不使用"租借"两个字，但在实质性问题上，如旅顺驻军权和行政控制权等，苏联的要求统统得到了满足。

7月13日，宋子文在哈里曼的鼓励之下，不顾苏联的压力，毅然中断中苏谈判。他采取这一行动除了不愿为中苏谈判承担个人责任外，主要目的是想利用波茨坦的美英苏三巨头会

---

[1] Herbert Feis, *The China Tangle: The American Effort in China from Pearl Harbor to the Marshall Mission*, p. 329.

议，争取杜鲁门政府支持他在谈判中坚持的条件。宋子文在谈判中断前已经向哈里曼说明，他已经尽可能地接受了斯大林对"雅尔塔秘密协议"中有关条款的解释，现在希望了解杜鲁门政府对解决东北港口和铁路问题的确切看法；美国方面要么促使苏联接受中国的条件，要么提出一个中苏双方都能接受的妥协方案。①

7月19日，蒋介石与宋子文讨论了中苏谈判的情况。蒋介石在会谈后打电报给杜鲁门，要求他在波茨坦直接与斯大林讨论一下东北问题。蒋介石在电报中表示，宋子文在莫斯科的谈判中已经贯彻了"雅尔塔秘密协议"，在外蒙古问题上甚至走得更远。他不能做超出中国人民允许的限度的事情，希望杜鲁门向斯大林解释中国的合理立场，以使苏联不要再坚持不可能被满足的条件。② 宋子文则在重庆告诉赫尔利，杜鲁门政府在中苏谈判中应该更充分地支持国民政府，而且他不愿意再到莫斯科去谈判，因为"拟议中的与苏联的协议会在政治上损害对其负责任的人"。③

杜鲁门政府此时虽然无意再满足苏联对东北利权的过度要求，却不打算让蒋介石把它的态度误解为国民政府可以任意同

① 〔美〕W. 艾夫里尔·哈里曼、伊利·艾贝尔：《特使：与邱吉尔、斯大林周旋记》，第353页。

② "The Ambassador in China (Hurley) to the Secretary of State", 20 [19], July, 1945, The U. S. State Department, ed., *FRUS*, *1945*, *The Far East*, *China*, Volume Ⅶ, pp. 948 – 949.

③ "The Ambassador in China (Hurley) to the Secretary of State", 20 [19], July 29, 1945, The U. S. State Department, ed., *FRUS*, *1945*, *The Far East*, *China*, Volume Ⅶ, pp. 949 – 953.

苏联讨价还价。杜鲁门和贝尔纳斯本来就担心中苏谈判破裂，绝对不希望由于发出错误信号而导致中苏谈判中途翻船。7 月 23 日，杜鲁门答复蒋介石说："我要求你执行雅尔塔协议，但没有要求你做任何超出该协议的妥协。如果你与斯大林主席在正确理解雅尔塔协议方面存在分歧，我希望你安排宋子文到莫斯科，继续努力达成完全的谅解。"① 28 日，国务卿贝尔纳斯还专门打电报给赫尔利，指示后者催促宋子文于 7 月 30 日或 31 日再赴莫斯科，继续与斯大林谈判并争取达成协议。②

美国领导人这些听上去强硬却又难以捉摸其本意的答复使蒋介石颇费踌躇。他不清楚，到底怎样才算没有"超出该协议的妥协"。在无法确切了解杜鲁门政府的意图的情况下，国民政府只能按既定方针行事。当宋子文表示不愿做中苏条约的签字人后，蒋介石选择与政学系关系密切的王世杰担任外交部部长，王世杰作为国民政府的首席代表，而宋子文则作为二把手，他们一同前往莫斯科进行谈判。这一人事安排表明，蒋介石仍然打算力争与苏联达成协议。

当王世杰和宋子文到达莫斯科时，中苏谈判的气氛发生了显著的变化。宋子文通过同哈里曼的会商确信，杜鲁门政府在东北问题上已经改变了以前一味妥协的态度，这无疑使王世杰、

---

① "President Truman to the Ambassador in China (Hurley)", July 23, 1945, The U. S. State Department, ed., *FRUS, 1945, The Far East, China*, Volume Ⅶ, p. 950.

② "The Secretary of State to the Ambassador in China (Hurley)", July 28, 1945, The U. S. State Department, ed., *FRUS, 1945, The Far East, China*, Volume Ⅶ, p. 950.

宋子文等人讨价还价的地位有所加强。不过杜鲁门政府的口头保证不足以抵消苏军即将大举攻入东北所造成的压力。王世杰、宋子文等坚持的条件实际上基本维持在最低水平上,即:第一,要求苏联给国民政府留些"面子",宣布尊重中国的主权和领土完整,以使他们向中国人民有所交代;第二,战争结束后保证苏军按时撤出东北,该地区的行政权交国民政府接收。至于有关的港口和铁路利权问题,几乎全部接受了苏联的条件。

国民政府的让步对此后美苏和中苏在东北的争端均产生了重要影响。不同的利害关系,导致不同的斗争重点。美苏在东北的矛盾集中于港口和铁路的利权方面,表现为是否承认"门户开放"和"机会均等"的原则。国民政府同苏联的矛盾主要是行政权的接收之争。哈里曼曾经回忆说:"我发现宋一点也不关心那些令我们担忧的事情。他认为,能使斯大林承认蒋介石的国民政府对满洲的主权即为一项巨大的成就。他远不像我们那样地关心是中国还是苏联军队保卫铁路或者谁是大连港务局局长一类细节问题。"① 哈里曼这些事后评论并不完全准确,但却清楚地反映出美蒋在东北问题上的分歧,以及美国方面的某种情绪。美国的这种态度也证明,它全力支持国民政府接收东北,并不是因为特别尊重中国的主权与领土完整,而是担心东北的"门户"不对它"开放"。

后来的发展表明,美国、苏联和国民政府在东北的矛盾使东亚建立在"雅尔塔秘密协议"基础上的格局从一开始就很不

---

① 〔美〕W. 艾夫里尔·哈里曼、伊利·艾贝尔:《特使:与邱吉尔、斯大林周旋记》,第 537 页。

稳定。"雅尔塔秘密协议"和《中苏友好同盟条约》在调节美苏和中苏关系方面的平衡作用是暂时的，根本原因就在于美苏两国的矛盾这时在东北仍起着重要的作用。美国不甘心东北被划入苏联的势力范围，苏联不允许美国染指东北；一个要东北"门户开放"，一个要关上东北大门。国民政府的软弱和对美国外交支持的幻想使它无力阻止两个大国在这一地区的角逐。而且，国民政府因袭了清王朝"以夷制夷"的外交传统，企图在美苏复杂的矛盾中火中取栗，更加剧了这一地区的紧张局势。不难预见，东北在战后难免会成为新的热点，东亚国际格局的变动很可能以东北地区的冲突为中心展开。

二　进军东北

通观美国、苏联与国民政府通过外交谈判解决战后东北问题的整个过程，可以说它们三方当时对中国政治力量对比的真实状况的认知，基于不同的理由和逻辑而存在程度不同的误判。中共中央在抗战结束不久即做出进军东北的决策，是东亚地区国际关系发生根本性变化的一个关键点。这个根本性转变的核心就是近代以来列强主宰东北命运的时代已经基本结束，中共及其领导的军事力量将成为最终决定战后东北命运的力量。从后来中共军队进军东北所产生的历史性后果看，中共中央决定进军东北的战略决策不仅决定了东北冲突的形式和前途，而且最终导致东亚地区的力量对比发生迅速的和带有根本性的变化，以及逐步改变了美苏主宰战后东亚命运的局面。

在将日本侵略者逐出东北后，使东北成为中国革命运动的战略基地，是中共领导人经过长期谋划、长期准备并力争实现的极为重要的战略目标。从历史的联系看，战后中共部队向东北的进军，可以说是抗战时期东北对日斗争的继续和发展。九一八事变后，中共领导的东北抗日联军曾在东北地区进行了长期的艰苦卓绝的抗日斗争。全面抗战爆发后，中共军队经过艰苦奋战，相继开辟了冀热辽抗日根据地和山东抗日根据地等毗邻东北的战略要地地区，这为战后中共军队能够抢先进入东北创造了极为有利的条件。特别是冀东根据地的军民为开辟进军东北的通道，在长城内外长期坚持游击战争，打破了日伪军在长城沿线制造的"无人区"封锁线。他们依托那里的根据地不断向伪满统治的纵深地区渗透和发展。在战后争夺东北的斗争中，中共军队开辟的冀热辽抗日根据地和山东抗日根据地这两大战略地区的重要价值很快就充分显示出来。

　　1942年7月9日，毛泽东给当时正在山东临沭的八路军一一五师师部临时驻留的刘少奇发去一份长电报，特别提出了"山东的重要性问题"。他说估计"日本战败从中国撤退时，新四军及黄河以南部队须集中到华北区，甚或整个八路、新四须集中到东三省去"，"如此则山东实为转移的枢纽"，因此希望擅长组织工作的刘少奇能多待一段时间，以"掌握山东任务"。①

　　1945年4月5日，苏联宣布中止《苏日中立条约》后不久，中共政策立即出现了将战略发展重心从配合美军在东南沿

---

　　① 毛泽东：《山东有可能成为战略转移的枢纽》，1942年7月9日，中共中央文献研究室编《毛泽东文集》第2卷，人民出版社，1993，第434～435页。

海登陆逐步转向在华北和东北配合苏军作战的动向。毛泽东批转了晋察冀分局的一项重要指示。该指示认为：苏联终止《苏日中立条约》表明，苏日战争爆发已为期不远，远东形势将发生重大变化。今后配合盟军作战，将主要是配合苏联。现在须加紧进行主力军、地方军的训练与扩大，以便能抽出若干主力，用于开辟东北。晋察冀部队的主要发展方向应置于热辽与雁北地区，这对于配合苏军作战意义重大。该指示还指出：过去由于苏日签订中立条约，我们的舆论工作着重宣传美国在太平洋上的胜利，致使许多干部对美国存在盲目的观点，不了解美国偏重扶蒋的政策，也在人民群众中增加了对美蒋的幻想，为了克服这种盲目性，今后应着重宣传苏联对中国抗战的援助，以及苏联的强大和它取得的胜利。[1] 晋察冀分局的指示本身是针对局部地区的工作情况，但毛泽东及时批转这一文件表明，它的基本精神符合中共中央的战略意图，对全局有重要的指导意义。

在 1945 年召开中共七大期间，夺取东北已经成为一项相当突出的战略。中共领导人认为如能控制东北地区，就能形成背靠苏联的态势，从而根本改变中共长期被包围的态势。在 1935 年长征期间，中共中央就制定过"打通国际路线"的战略，即夺取西北地区以便能背靠苏联，这甚至得到了斯大林的呼应，当然最终还是未能成功。[2] 1945 年 5 月 31 日，毛泽东在七大的

---

① 《晋察冀分局关于积极配合苏联作战的准备工作的指示》，1945 年 4 月 18 日。

② 参阅杨奎松《"中间地带"的革命：国际大背景下看中共成功之道》，山西人民出版社，2010，第 320~325 页。

总结报告中指出："东北是一个极其重要的区域，将来有可能在我们的领导下""如果我们有了一大块整个的根据地，包括东北在内，就全国范围来说，中国革命的胜利就有了基础，有了坚固的基础""如果我们有了东北，大城市和根据地打成一片，那末，我们在全国的胜利，就有了巩固的基础了"。毫无疑问，中共中央认为控制东北将从根本上改变中国革命力量长期被国民党军队包围的状况。不仅如此，中共中央认为还有可能通过东北地区与苏联建立直接的联系，争取到国际援助。毛泽东当时提出："我们要做国际联络工作，做外交工作，很希望国际无产阶级和伟大的苏联帮助我们"，但也要准备"国际无产阶级长期不援助我们"。不过他坚信"国际无产阶级的援助一定要来的，不然马克思主义就不灵了"。[1]

1945年6月下旬，冀热辽军区组成三支"挺北支队"，开始向热河、辽宁的敌后地区进攻，掩护干部到指定地区开辟工作。日本宣布投降后，中共中央夺取实力地位的战略方向很快指向东北。1945年9月19日，中共中央发布具有重要历史意义的文件，提出"全国战略方针是向北发展，向南防御"，目前全党全军的主要任务是"完全控制热、察两省，发展东北我之力量，并争取控制东北"。中共中央认为："只要我能控制东北及热、察两省，并有全国各解放区及全国人民配合斗争，即能保障中国人民的胜利。"[2] 中共各有关部队立即按照中共中央的

---

① 毛泽东:《在党的第七次代表大会上的结论》，1945年5月31日，《毛泽东在七大的报告和讲话集》，第197、218~219页。
② 《中央关于确定向北推进向南防御的战略方针致中共赴渝谈判代表团电》，1945年9月17日，《中共中央文件选集》第15册，第278~280页。

部署，迅速向东北挺进，从此展开夺取东北的斗争。显然，在抗战接近尾声时，争取东北在中共中央的战后革命战略中已经具有关系全局的重要意义，决定着中共在战后的战略发展方向。从这个意义上说，中共对于东北势在必争。国内外任何力量都不可能阻止中共部队进军东北，至多影响其规模和速度。

中共军队进军东北并不单纯是一个军事行动，还是一场极为复杂的外交折冲，而且在开始阶段主要是外交较量，甚至可以说进军东北的成败也取决于外交较量的结果。中共在东北面临的是美苏和国民政府经过长时间的外交谈判后构建的格局，其中并没有给中国共产党保留一席地位，反之是将它彻底排斥在外的。罗斯福政府在雅尔塔会议期间与苏联讨论东北问题之时，已经对苏军参加对日战争后的作战方案及其可能在华北和东北地区与中共军队进行军事合作的局面及其应对等，做了相当详细的分析。① 国民政府为了防止苏联与中共在东北建立起特使关系，宁愿在东北地区的利权问题上做出让步。客观地看，美苏和国民政府在东北固然都有弱点，但它们的实力均强于中共。在冲破这种既定权力结构造成的障碍和阻力的过程中，与美苏和国民政府任何一方的关系处理不当，中共都会陷入完全被动，以致失去控制东北的机会。

到 1945 年 8 月下旬，苏军已经控制整个东北，在这一地区取得支配地位。"向北发展，向南防御"战略方针的形成和实

---

① "Briefing Book Paper: Political and Military Situation in China in the Event the U. S. S. R. Enters the War in the Far East", The U. S. State Department, ed., *FRUS, The Conferences at Malta and Yalta*, *1945*, pp. 351 - 352.

施均与如何稳妥地处理对苏关系密切相关；如何妥善处理进入东北的中共军队与东北苏军的关系，是中共能否在东北站稳脚跟和迅速发展的关键问题。

1944年夏至1945年初，中共领导人对苏联是否参加对日作战和战后对华政策等的基本判断，显然变得越来越积极；中共七大提出争取东北的设想则与对苏军参战后的东亚形势估计有直接的关联，中共领导人对得到苏联的帮助还是持乐观态度的，尽管他们保持着谨慎。① 中苏谈判开始以后，苏联和国民政府基于改善双方关系和外交政策的需要，均利用舆论工具渲染中苏谈判如何在"友好的气氛"中进行，双方代表如何"坦率""友好"地讨论问题。中共领导人当时尚无法确切了解莫斯科谈判的具体情况，很难确定中苏谈判会产生什么结果，以及苏联参战后对国共斗争会持什么态度，包括对东北的政策，等等。8月3日，曾经长时间在重庆参加国共谈判和与外国机构联络的中央委员王若飞在延安做了一次形势报告。他说中苏谈判一定签约，而且绝不会是"苏联自由支持共产党反对国民党的条约"；不过苏联不会允许国民政府亲美，也不会限制中共发展，尽管可能不愿意直接提供援助。② 由此可以推断，中共领导人认为国民政府此刻与苏联的关系是很不确定的。这一时期对于包括东北问题在内的中苏关系的各个方面，中共中央对外均未发表意见。

---

① 毛泽东：《在党的第七次代表大会上的结论》，1945年5月31日，《毛泽东在七大的报告和讲话集》，第199页。
② 《王若飞同志报告记录》，1945年8月3日，存中国人民大学中共党史系资料室，编号：6442/1。

1945 年 8 月 8 日晚，苏联对日本宣战，苏军随即向东北的日军发动进攻。8 月 9 日，毛泽东发表了《对日寇的最后一战》，号召八路军、新四军对日军"实行广泛的进攻"，包括了"密切而有效力地配合苏联及其他同盟国作战"。[1] 8 月 11 日，朱德公开发布了一系列向日军进攻的命令，其中第二号命令是命令八路军吕正操部队向东北挺进。[2] 同日，中共中央向全党说明，二号命令只是"为对外宣传，抢先取得国内外公开地位而发"，除李运昌率领的部队外，并非要求其他部队立刻开往东北。8 月 11 日和 12 日，中共中央颁布的有关全国军事部署的决定中，也都没有提到进入东北的部署。[3]

8 月 13 日，毛泽东向尚集中在延安的中共中央干部做了重要的政治形势报告。他在报告中肯定了苏联参加对日战争对中国抗战和中国革命运动的积极影响，认为"外国共产党的军队来援助中国人民，在中国境内打击法西斯，是历史上从来没有的"，"是自从盘古开天地、三皇五帝到如今，所没有过的事"。不过，综观报告的全部内容，毛泽东对苏联参战的肯定还是有一定范围的。他一方面是为了鼓舞士气，通过宣传来抵消杜鲁门政府全力扶持国民政府争夺受降权对革命队伍内部造成的心理影响；另一方面则是估计到，只要有苏联力量的存在，就有

---

[1] 毛泽东：《对日寇的最后一战》，1945 年 8 月 9 日，《毛泽东选集》第 3 卷，第 1119 页。

[2] 《解放日报》1945 年 8 月 12 日。

[3] 毛泽东：《中央关于日本投降后我党任务的决定》，1945 年 8 月 11 日；毛泽东：《必须力争占领之交通线及沿线城市》，1945 年 8 月 12 日；《毛泽东军事文集》第 3 卷，军事科学出版社、中央文献出版社，1993，第 1~3、6 页。

可能迫使杜鲁门政府不会贸然直接帮助蒋介石和国民党下决心立即发动内战。至于苏联是否会给中共直接或间接的援助，毛泽东未做任何预言和解释，而是强调在中共七大期间提出的一项原则，即中共全党要有坚持自力更生的决心和准备，"依靠自己组织的力量，打败一切中外反动派"。①

毛泽东的这次报告实际上已经表达了中共中央在当时对中苏关系的判断，并奠定了处理对苏关系的基调，即立足于自力更生，同时争取与苏联合作。他在该报告中列举了中共军队力争控制的全部地区，其中对东北三省只字未提。实际上中共中央最初对进军东北采取了谨慎的方针。

8月13日，冀热辽军区根据既定方针，决定调动部队分三路出关进入东北，通过配合苏军的行动在热河、辽宁和吉林等三省发展。22日，中共中央提醒晋察冀分局注意：苏军已经占领热河、察哈尔两省，晋察冀分局可抽调大批干部，到苏军占领区的城乡开展群众工作，建立政权和武装。必须以友好的态度与苏军协商，在其允许的范围内工作。② 从较早进入东北地区的中共部队给中共中央的报告看，进入东北地区的苏军在华北和东北不同地区对兴冲冲地前来联络的中共军队做出的反应是不一致的，这大致说明他们并没有得到高层的统一指示。直到9月上旬，中共曾克林率领的部队到达沈阳后，当地苏军还表示，他们需要向莫斯科请示，到底应该如何与这支中共部队

---

① 参见毛泽东《抗日战争胜利后的时局和我们的方针》，1945年8月13日，《毛泽东选集》第4卷，第1128、1132页。

② 《中央关于到苏联红军占领区建立地方政权和武装给晋察冀分局的指示》，1945年8月22日。

相处。① 这种情况表明，苏联至少也是不重视中共力量的存在和作用的，苏联领导人在与美国和国民政府接洽时，并没有考虑过中共这个因素。苏军统帅部制订在东北地区对日作战计划时，也没有考虑是否以及如何与控制着大片华北地区、华北与东北接壤地区的中共军队进行军事合作。实际上苏军对中共军队在相关地区的情况了解甚少。

22 日至 26 日，中共中央对东北的政策更加谨慎。中共中央曾经通知各解放区："苏联为中苏条约限制及为维护远东和平，不可能援助我们。"② 在这种情况下，根本无法确定是否可以派军队和干部进入东北并获得发展。26 日，中共中央发出党内通知，只提出配合苏军和外蒙古军队，控制热、察两省和辽宁部分地区。该通知说明："东北三省属于中苏条约规定的范围，行政权在国民党手里。我党能否派军队去活动，目前无法断定。因此命令所派遣的干部，继续进入东北。军队在热河发展，造成强大的热河根据地。"③ 可以断定，苏联领导人此时对重庆谈判的态度是这一时期影响中共中央对东北政策的主要因素。

8 月 26 日，《中苏友好同盟条约》正式公布。这时冀热辽军区北进各部队分别在围场、平泉、承德、绥中等地与南下苏军会师。经配合作战攻占了围场、隆化和山海关等重镇。

---

① 见《程耿关于我军已与苏联红军会师向中央的报告》，1945 年 8 月 17 日；《曾克林谈进军东北和四保临江的有关问题》，《党史通讯》1984 年第 2 期。
② 《中共中央中央军委关于改变战略方针的指示》，1945 年 8 月 22 日，《中共中央文件选集》第 15 册，第 243～244 页。
③ 《中共中央给各局，各区党委的指示》，1945 年 8 月 26 日。

张家口地区的八路军部队也与苏军会师。从中共中央所获的报告看，进抵长城一些地区的苏军对前往接应与配合作战的中共军队态度友善，并愿意进行合作。当时除了苏军未阻止，也不反感、不反对中共军队进入东北地区外，苏军实际上并没有，很可能也是无法完全控制广袤的东北地区。他们只是占领了主要城市和交通要道，并没有能力完全制止中共军队进入东北。当然，苏联最初持谨慎的态度，也是因为担心中共军队的行动，尤其是苏军与中共军队合作，会影响到苏联与美英的关系。①

中共中央根据各方面的实际情况，已经可以对苏联的态度做出基本判断，并据以确定与东北苏军关系的原则。29日，中共中央在一份给晋察冀和山东等分局的电报中阐述了对东北问题的基本判断和政策，即"苏联为了维护远东和平与受中苏条约之限制，必须将东三省交还国民党政府，国民党军队亦将进入东三省。我党我军进入东三省后，红军必不肯和我们作正式接洽或给我们以帮助"。但是，中苏条约中也有可利用之处，苏军报刊亦表示在中国支持民主与进步。只要中共军队在东北的行动不直接影响苏联方面在中苏条约中承担的那些外交义务，苏军"将会采取放任态度并寄予伟大之同情"。所以，中共指示各地区派往东北的干部和部队应立即出发，只要苏军不坚决反对，即可非正式进入东北。进入东北的部队不要用八路军的名义，不要声张，不要在报上发表文章，不进大城市，不勉强

---

① Sergei N. Goncharov, John W. Lewis and Xue Litai, *Uncertain Partners: Stalin, Mao and Korean War* (Stanford: Stanford University Press, 1993), p. 10.

与苏军建立联系，不请求苏军给予帮助。一切只要苏军不坚决反对者，即可放手进行。但是，苏军坚决反对者则必须予以照顾，不使苏军在法律上为难。中共中央当时估计，由于道路不通，国民党军队进入东北尚有困难，而苏军将于三个月内全部撤完，中共还有很好的机会争取东北和热、察两省。① 同日，中共中央在给从山东渡海进入东北的部队的电报中指示他们，到东北后不必去找苏军指挥机关正式接洽，因为苏方受条约限制，不会表示同意中共军队的行动，而且南满各城市也不会交中共接管；进入东北的部队不要用八路军的名义，用各种各样的名称和式样，应注意在苏军不去的县镇和农村开展工作，创造力量。②

根据上述两份文件可以推断，中共中央对于苏军是否给予援助是有保留的，所谓"争取"苏军的协助就是使苏军不妨碍中共军队和干部进入东北；中共部队和干部进入东北后，主要应在苏军尚未控制的城镇和乡村开展工作，组织力量，而大发展的时机则选择在苏军撤退而国民党军队未到之时。

9月初，胶东区党委向中共中央报告，山东渡海部队在大连与苏军做非正式接洽。对方表示，对中共军队在乡村开展活动不加干涉。6日，冀东十六军分区司令曾克林率部进入沈阳。7日，苏军代表与曾克林等举行会谈，讨论双方如何协调在东北的行动。苏方同意，八路军先以东北人民自治军的名义开展

① 《中央关于迅速进入东北控制广大乡村和中小城市的指示》，1945年8月29日，《中共中央文件选集》第15册，第257~258页。
② 《中共中央书记处给吕志恒、邹大鹏、余克等指示电》，1945年8月29日。

工作。11 日，中共中央根据胶东区委的报告，认为目前在东北极好发展，决定从山东抽调 4 个师 12 个团，到东北的农村和小城镇开展工作，利用国民党势力尚未到达东北的时机，迅速发展力量，争取在东北确立巩固地位。[①]

9 月中旬，中共部队抢先进入东北已经刻不容缓。此时国共重庆谈判尚未取得重要进展，而国民党军队已派遣四路大军，向平津张地区推进，抢占战略要地和交通要道。为了推迟国民党军队深入华北和抢先进入东北，保证完全控制热、察两省，中共中央决定在华北铁路沿线组织重大战役。与此同时，中央军委催促挺进东北的各部队抓紧行动，选择的时间和道路"以愈快、愈近愈好"。此刻不论苏军采取什么态度，中共军队都必须进入东北。这时与东北苏军协调行动对于中共中央来说，已经不是要不要向东北发展的问题，而是如何更快更好地向东北发展。

9 月 14 日，东北苏军指挥部代表贝鲁诺索夫在曾克林陪同下到达延安，向中共领导人转达东北苏军指挥部的口头通知。贝鲁诺索夫声明，根据苏军统帅部的指示，在苏军撤出之前，国民党军队和中共军队都不要进入东北，已进入苏军控制大城市的中共军队请自行退出，苏军不久即撤军，苏军撤出后"中国军队如何进入满洲由中国自行解决"。中共领导人表示，中共军队可不进入东北和热河的大城市，苏军应将热河、辽宁原属于抗日根据地的地区移交中共军队。贝鲁诺索夫遂表示同意。

---

① 《中央关于调四个师去东北开辟工作给山东分局的指示》，1945 年 9 月 11 日，《中共中央文件选集》第 15 册，第 274 ~ 275 页。

通过这次会谈，中共中央大致确定，中共军队是可以不公开地进入东北的，而且进入东北后，可在乡村和苏军不管理的地区开展活动，苏军实际上同意由中共军队控制经冀热辽进入东北的通道，以及苏军撤出东北后，不会干预中共争夺东北的行动。经过谈判，双方实际上达成如下默契：苏军允许中共军队进入东北，但不能以八路军的名义活动；中共可以在东北乡村开展工作，但不得在大城市和苏占区公开活动；苏军同意中共控制由冀热辽进入东北的通道。① 这时正是中共中央酝酿确定中共军队战略方向的关键时刻，这次延安会谈使中共中央下定决心，加快中共军队进入东北的步伐。

9月17日，在延安的中共领导人经过讨论后，向在重庆谈判的中共中央代表团发出了一份电报，提出了名为"向北推进，向南防御"的战略方针。该电报提出，为了在苏联军队"撤退时能抢先进入东北"，需要立即在冀东、热河一带屯兵"十万至十五万军队"；"为了实现这一计划，我们全国战略必须确定向北推进、向南防御的方针"。19日，中共中央在重庆的代表团即复电批准了这个计划。② 中共军队随后开始大规模向冀东和热河地区做战略集中，并陆续进入东北。中共军队进入东北后，按照中共中央的指示，一面避免同苏军发生矛盾和冲突，以免苏军阻挠；一面力争苏军不干涉和少限制自己的行

---

① 《中央关于东北情况及与苏军代表谈判问题的通报》，1945年9月14日，中共中央文献研究室编《刘少奇年谱（一八九八——一九六九）》上卷，中央文献出版社，1996，第490页。

② 《中央关于确定向北推进向南防御的战略方针致中共赴渝谈判代表团电》，1945年9月17日，《中共中央文件选集》第15册，第278~280页。

动。从 9 月中旬到 10 月初，中国共产党在东北可以说是既能发展，又无法放开手脚不受限制地发展。

不过恰在这个时期，苏联方面开始调整在东北的政策。随着美军开始在华北登陆和美苏之间出现外交龃龉，东北苏军对中共军队进入东北不反对但也不主动、不积极的态度逐步发生变化。苏联从 9 月中旬开始，在东北采取有限度地支持中共的政策，同当时美苏在东亚的关系紧张和日本投降后苏军在东北面临的复杂局面有密切关系。9 月 11 日至 10 月 2 日，美苏英中法等五国外长在伦敦召开会议，讨论缔结和约和管制日本等问题。美苏在巴尔干半岛及与东欧国家缔约等问题上争论不休。特别是在东亚，美国企图利用单独占领日本的既成事实，垄断对日本的控制权，抵制苏联参加管制日本。苏联则针锋相对，提出组织四国管制日本委员会。美国拒绝了苏联的建议，单方面宣布于 10 月下旬召开远东咨询委员会会议。在美苏的争论中，国民政府采取了追随美国的立场。伦敦外长会议因美苏争执不下无结果而终，双方关系顿时紧张起来。在这种气氛中，苏联在东亚地区采取强硬对抗的姿态，向美国反击。苏军在东北采取不受《中苏友好同盟条约》限制的行动，支持中共军队进入和控制东北，就是在东亚地区反击美国的重要行动之一。

另一方面，苏联在东北的地位并不稳固。根据中苏条约的规定，苏联必须于战争结束后三个月内全部撤出东北。当时东北伪满军队已经放下武器，但潜在的影响不可低估。这支军队长期保持对苏作战的态势，敌视苏联的程度可想而知。苏军撤退后，国民党军队有美国的帮助，势必很快会进入东北。一旦国民党军队和伪满遗留势力合流，加之美国在背后推波助澜，许多尚待解决的问题将随着苏联在这一地区实力地位的削弱，变得更为棘手。这种不稳定的状况使苏联方面对东北未来的局面感到担忧。一旦国民政府顺利接收了东北的行政权，苏联就有可能失去控制那里局面的能力。加之美军陆续在华北各大港口登陆，并协助国民党军队向华北和东北地区大规模运兵；杜鲁门政府也在不断要求苏联公开保证，在东北地区将遵守"门户开放"的原则。① 这也导致了苏联领导人加深了对杜鲁门政府试图在东北地区排挤苏联的怀疑。

正是基于对在东亚与美国博弈以及巩固在东北的实力地位的考虑，苏联采取了两项重要的措施。其一是拖延国民政府接收东北的时间，阻止国民党军队迅速进入东北；其二是准备在苏军撤出后，在东北造成对国民政府的牵制力量，防止出现国民政府独家经营东北的局面。为了实现这两个目标，苏联当时除了帮助中共在东北获得一定发展之外，没有更多的方案可选择。正是基于对实际利益和实力对比的现实估计，苏联在10月开始给予中共军队越来越积极的援助。这种趋势一直持续到11月中旬，才被国民政府的外交攻势打断。恰是在这个阶段，中

---

① "The Ambassador in the Soviet Union（Harriman）to President Truman and the Secretary of State", August 14, 1945; "The Secretary of State to the Ambassador in the Soviet Union（Harriman）", Washington, August 22, 1945, 7 P. M.; "The Ambbasador in the Soviet Union（Harriman）to the Secretary of State", Moscow, August 24, 1945, The U. S. State Department, ed., *FRUS*, *1945*, *The Far East*, *China*, Vol. Ⅶ, pp. 973 – 974, 979 – 980, 981.

共中央大幅调整了进军东北的战略计划。

9月下旬，中共中央已经得知，苏军将暂缓撤出东北。苏方表示中共军队可以接收毗邻东北的一些华北重镇，包括承德、平泉、赤峰等进入东北的战略要道。[①] 9月底至10月初，中共中央在给东北局的指示中提出，东北部队部署应背靠苏联、朝鲜，以外蒙古、热河的城市和乡村为依托，建立持久斗争的基地，进而争取与控制南满沿线的各大城市上。目前不能将主力部署在东北大门口。中共中央要求东北局做这种部署，当然与苏军的友好态度有关。但同时也说明，中共军队进入东北尚不能直接在东北南部的战略要地获得迅速发展的机会。中共中央认为，东北苏军不会承认国民政府以外的其他组织，肯定会将东北统治权交给国民政府。中共中央还要求山东渡海部队，仍然不得在苏军驻扎地区靠岸登陆。[②]

10月初，中共中央接获东北局报告，说东北苏军已经"下最后决心，大开前门"，苏军将从日军那里缴获的大量装备都移交给中共军队。东北局遂向中共中央建议，可抽调30万主力进入东北。[③] 10月下旬，苏军代表进一步鼓励东北局，在东北"应以主人自居放手些干"，迅速派人"接收工业中心及城市工业"，苏军并可协同中共军队同国民党军队作战。苏军代表甚

---

① 《中央关于目前形势与部署致中共赴渝谈判代表团电》，1945年9月26日，《中共中央文件选集》第15册，第295页。

② 《军委关于争夺东北的战略方针与具体部署的指示》，1945年9月28日；《中央关于东北战略方针与部署给东北局的指示》，1945年10月2日。以上见《中共中央文件选集》第15册，第299~301、309~310页。

③ 《甲乙关于抽调主力卅万控制东北致丙丁电》，1945年10月5日，参阅《刘少奇年谱（一八九八——一九六九）》上卷，第509页。

至建议，最好将中共"党的中心移到此间"。①

这时期东北苏军向中共提供了重要帮助。其中包括：将锦州以南至山海关地区转交中共军队接管，这对于中共军队进入东北和阻止国民党军队向东北进兵具有重要意义；将缴获的部分日军仓库移交给中共军队，这给初入东北的中共军队带来的益处不言而喻，它是中共军队在东北一度发展较快的重要条件；苏军从营口和葫芦岛撤出时，立即通知中共军队前往接收，使中共军队得以控制营口和葫芦岛，彻底破坏了国民党军队经海路抢先进入东北的计划，为中共军队在东北的发展提供了方便。9月30日，中共中央正式命令东北部队，改用"东北人民自治军"的番号，苏联远东司令部通知东北苏军，不限制佩带此种标志的部队的行动。东北苏军采取的这些行动，是中共能够先于国民党军队进入东北并获得较快发展的重要原因。

另一方面，苏联此时在东北对中共的支持毕竟是有限度的，这种有限度的支持，是为了在同美蒋争夺东北控制权的斗争中取得更有利的外交地位。确切地说，苏联仍然企图维持和巩固它在东亚既定格局中的地位，而不是打算抛弃这个注定要土崩瓦解的格局。因此它既允许中共在东北发展，又不准它无限制地发展。至于限制的范围，则取决于苏联同美蒋关系的紧张或缓和的变化。如果不特别指出这一点，就不能理解苏联在东北对中共的帮助何以带有很大的局限性，并在11月中旬以后发生了急剧变化。

---

① 《东北局关于与苏军交涉经过给中共中央的报告》，1945年10月8日；《辰兄态度积极关系皆好》，1945年10月25日。

中共中央为保证顺利实施"向北发展"的战略，在调动军队抢先进入东北的同时，在华北沿海地区同美军展开了一场外交和军事博弈，而其焦点是阻止驻华美军控制华北通向东北的各海陆要道。

9月底，西太平洋地区的美国海军陆战队根据同国民政府达成的协议，开始在华北沿海的一些重要港口登陆。美军在中共中央实施夺取东北的战略刚刚展开、国共在华北的武装冲突正达到高潮之际，抢占华北的海陆交通要道，战略意图是显而易见的。第一是帮助国民政府抢占华北重镇，为国民党军队控制华北和集结出关做准备；第二是限制中共军队在这一地区的活动和发展；第三是为了造成军事对峙的局面，向东北苏军施加压力。这可谓是一石三鸟。为达到这些目的，美军不惜参与国民党军队进攻中共控制地区的行动，直接向中共军队施加军事压力，直至在山海关地区抢占中共军队控制地区。

对于中共中央来说，如果不坚决抵抗华北美军的军事干涉，势必会失去对华北一些交通要道的控制，以致严重阻碍中共军队向东北的进军。自9月下旬开始，中共中央越来越关注美军在华北沿海登陆后的动向，认为"敌伪、美、英一致助蒋与我争夺东北，甚为明显"。① 中共中央当时即通知华北各部队，一方面对美国的外交工作极宜谨慎，基本方针是避免与美军冲突；在前线碰到美国军民，应不予扣留，不加伤害，不收缴其武器

---

① 《军委关于争夺东北的战略方针与具体部署的指示》，1945年9月28日，《中共中央文件选集》第15册，第299页。

和通信器材；如果美军人员与国民党特务一起到解放区活动，仅扣留国民党特务，不牵涉美方人员。[1] 另一方面应"十分警惕对方非法行为之可能"。[2] 中共中央还提醒山东分局，美军可能即将在烟台、威海、秦皇岛等地登陆，延安总部已经采取政治行动阻止美军的行动；美军在那些港口地区登陆后，中共有关部队应避免冲突，以善意接待；如美军进行武装挑衅，请迅速向中央报告。[3] 此后，中共中央又连续向各地区中央局发布指示，要求在遇到登陆的美军时，应以主人态度予以欢迎，避免冲突。各部队必须照常掌握驻地行政和治安管理权。如遇美军向我方开枪开炮，拘捕我方人员和占领我方阵地，以及携带国民党军队登陆，应向中央详细汇报，以便公开揭露其干涉中国内政的行径，但在行动上必须忍耐一些。[4]

中共中央这时对美军在华北沿海登陆采取谨慎的态度，一方面是因为重庆谈判尚未结束，同美军的关系紧张不利于在重庆的政治斗争；另一方面，中共中央此时认为还需要确切了解美国对华政策的变动和驻华美军的意图，因此力图避免刺激对方以致加剧与美军的矛盾，给自己造成新的障碍。

10月上旬，随着国共在华北的武装冲突愈演愈烈，美军在华北港口登陆后亦对中共驻军采取敌视态度。例如，在天津登

---

① 《中央关于对美外交政策给各局各区各部队的指示》，1945年9月25日。

② 《中央宣传部关于目前宣传方针问题的通知》，1945年9月29日，《中共中央文件选集》第15册，第304页。

③ 《中央关于美军登陆后我之对策的指示》，1945年9月29日，《中共中央文件选集》第15册，第302页。

④ 《中央关于美若登陆烟台等地我应避免冲突给林浩同志、山东分局的指示》，1945年9月30日。

陆的美军破坏了天津市的八路军办事机构，并拘捕了办事处的工作人员。随着美军敌对行动的不断升级，中共军队同驻华美军的关系急剧恶化，双方在华北很多地区都处于对峙状态，并时有小规模的军事冲突发生。当时双方最尖锐的直接冲突集中于烟台和秦皇岛地区。

烟台是从海路进入东北的最近港口。八路军于 8 月 25 日占领了烟台地区。随着夺取东北战略的实施，烟台被中共中央确定为海运部队进入东北的枢纽。9 月底，美军船只开始在烟台附近海域游弋，企图伺机夺占烟台。9 月 27 日，叶剑英要求驻延安的美军观察组转告驻华美军司令部，烟台已在中共军队控制之下，那里没有需要缴械的日伪军，美军已经没有必要在那一地区登陆。与此同时，中共中央一再催促山东根据地的有关部队，必须尽快做好渡海准备并采取行动，及时发现美海军舰艇在航道上游弋，冒冲突的风险也要向东北海运部队。中央军委通知东北局，美军已经在天津登陆，我军渡海行动不能因此停止，必须改在夜晚分散进行。9 月 30 日，中共中央还严厉批评山东部队的渡海行动过于迟缓，"已是大错，如不立即补救，将逃不了历史的惩罚"。①

29 日，美军舰抵达烟台海面。10 月 1 日，美军派代表在烟台上岸，与中共驻军负责人谈判，要求在烟台登陆。中共代表提出，美军士兵可在指定地点休息，美方可派人到市内察看美国人的财产。除哨兵外，一律不准携带武器。美军对中共方面

---

① 《军委关于迅速向东北进军的命令》，1945 年 9 月 30 日，参阅《刘少奇年谱（一八九八——一九六九）》上卷，第 505 页。

的合理安排仍不满足。4 日，美军派驱逐舰一艘，进抵烟台港，并要求中共撤退烟台地区的驻军，撤销在烟台的防务，将烟台移交美军接收。

为阻止美军在烟台强行登陆，中共中央指示烟台守军：对于美军登陆，"我军必须表示强硬拒绝，建筑工事，实行抵抗。只有在不能击退美军并无法阻止其登陆时，才予撤退……但仍不先开枪"。中共中央认为："只有我军采取强硬态度，并在世界上引起舆论大风波之后，才能压制美军的无理干涉。"① 中共中央将烟台交涉的全部经过、有关函件，以及美军在烟台地区行动的详细情况等，全部公之报端，以期造成反对美军介入中国内战的舆论。

美军原计划参与夺占烟台的军队共有 5 万名海军陆战队官兵。他们受命可以采取全规模的军事行动，并配以充分的海空支持。在了解到中共军队已经解除了日军武装、控制了烟台地区并确实准备实行抵抗之后，美军指挥官便以"没有美军在那里登陆的理由"为名，放弃了在烟台登陆的计划。

秦皇岛—山海关地区是中共军队同美军发生较激烈冲突的另一个地区。秦山地区既有陆路出关的重要通道，又有海路出关的重要港口，是联结华北和东北的咽喉要地。日本投降后，山海关、秦皇岛、北戴河等地已被中共军队控制。美军抢占这一地区，是为了帮助国民党军队控制向山海关运兵的滩头阵地和铁路线。美军得到的命令包括如遇中共军队抵抗，"可执行

---

① 《中央关于采取强硬态度拒绝美军登陆的指示》，1945 年 10 月 4 日，《中共中央文件选集》第 15 册，第 319 页。

必要而适宜的军事行动"。① 显然，同在烟台地区的美军不一样，他们的任务就是要帮助国民党军队控制这个地区。

10月1日，美军在秦皇岛强行登陆，并向前往联络的中共军队开枪射击。10月18日，美军乘卡车冲入中共军队控制的海阳镇，进行军事示威。随后美军于20日配合国民党军队攻占海阳镇，解除中共守备人员的武装。10月中旬，美军不顾中共守军的警告，强行修筑秦山铁路，并向中共军队的阵地推进，为进攻山海关做准备。31日，美军掩护国民党军队攻占北戴河。美军指挥官甚至恫吓说，如再遇中共军队射击，就轰炸中共军队据守的村庄。

10月18日，东北局报告中共中央，秦皇岛登陆的美军表面上表示中立，并试图与中共守军保持友好关系，实际上是在为国民党军队突袭山海关并进入东北做准备。② 鉴于秦山地区中共军队与美军的对峙日益严重，中共中央严令当地驻军禁止任何美军人员进入中共控制区。

这时国共已经在华北铁路沿线发生大规模武装冲突。中共中央当时提出的战略任务之一，就是"控制冀热辽，堵塞蒋军从陆路进入东北的计划"。在中共军队的有力打击之下，国民党军队依靠自己的力量在平津地区集结并进攻东北，已不可能。如果美军控制秦山地区，并完成秦山铁路的修筑，就会为国民党军队突入东北提供极大的便利，同时破坏中国共产党在华北

① 杜建时：《蒋帮劫收平津的经过》，《文史资料选辑》第55辑，文史资料出版社，1965，第35~49页。
② 《彭真传》编写组编《彭真年谱（一九〇二——一九九七）》，中央文献出版社，2012，第314页。

的防御计划。

鉴于秦山地区的局势日益严重，中共中央指示有关部队：对美军强修秦皇岛至山海关铁路应表示坚决反对；除非武装的美国人之外，应禁止美军任何武装人员进入中共军队控制区；在铁道线及其他接近美军地点建筑工事，严密部署警戒，不许美军通过；如美军武装进攻则坚决抵抗，只有在抵抗不住时才得撤退，并在有利的条件下实施反攻；有关部队应迅速将上述警戒线通知美军，并不得对美军先开枪。①

中共中央在延安也采取行动直接与美方交涉。朱德和叶剑英分别致函驻华美军负责人，强烈谴责秦山地区美军蓄意干涉中国内政，协助国民党军队进攻解放区，向山海关中共驻军实行军事压迫。他们要求美军离开日伪军和国民党军队向解放区进攻的战场，如果美军有正当事务必须前往中共军队控制地区，应该事先与中共方面联系。在此期间，驻重庆的中共代表访问了美驻华使馆，抗议美军帮助国民党军队进攻解放区。他们提醒美方注意，美军介入中国内政有可能引起国际争端。秦山地区的中共军队按照中共中央的命令，对美军采取了坚决抵抗的措施。

中共中央采取的措施并没有阻止美军控制秦山地区。美军已经强行登陆，给中共军队造成严重困难。中共军队只能迟滞美军的行动，却无法根本阻止美军向前推进。中共中央对美军

① 《中央关于坚决反对美军强修铁路问题给聂荣臻、萧克、罗瑞卿的指示》，1945 年 10 月 25 日，参阅《刘少奇年谱（一八九八——一九六九）》上卷，第 519~520 页。

的基本方针是坚决抵抗，避免冲突，不打第一枪，以免酿成更大冲突，给国民党方面挑拨的机会，给美国反共势力提供军事干涉的借口。在整个10月，中共军队与美军一直处于对峙的状态。到11月初，在东北登陆失败的国民党军队被美国军舰运抵秦皇岛，随即在美军支持下，向中共守军发动进攻，很快控制整个秦山地区，并由此突入东北。

中共军队在华北沿海抵抗美军的同时，也在华北铁路沿线采取抗击国民党军队的军事行动。抗战结束之前，国民政府在华北地区紧急组建了第十一、第十二两个战区，其目的包括在华北争抢地盘，并防止中共军队与苏军建立联系。抗日战争结束不久，蒋介石和国民政府高层就认为要想接收东北，就必须控制华北，巩固平津后再出榆关，否则国民党军队孤军深入东北是难操胜券的。中苏条约签订之后，国民政府企图依靠对苏外交，和平接收东北，以弥补国民党军队兵力严重不足的弱点。重庆谈判结束以及国民党军队在华南和华中取得优势地位后，蒋介石遂决定开始向华北用兵。国民党军队分成四路大军，沿平绥、同蒲、平汉和津浦等铁路线，向平津张地区集中。其战略意图是夺取和牢固地控制华北战略要地，一面配合在东北刚刚开始的外交接收，一面与华北沿海登陆的美军遥相呼应，为从北宁线和热河进入东北做准备。所以，国民党军队能否控制平津张地区既是能否控制华北的关键，也是关系到能否控制东北的战略行动。

为了挫败国民党军队的战略企图，中共中央于9月便开始在华北实施大规模交通战，提出"为争取时间扩大解放区，发展东北，整编主力，必须迟滞蒋军行动"，华北各根据地军民必须分段彻底破坏一切铁路和公路。中共中央向华北各根据地部队发布指示：目前国民党军队正向平津张地区急进，企图控制华北大城市和交通要道，以及争夺东北。为了保障根据地军民的既得利益和争取东北的战略计划的实施，对于经平汉、津浦、同蒲、正太和平绥等铁路前进的国民党军队，必须予以坚决打击和阻止；华北地区作战的重心应放在铁路线上，目的是消灭或阻止北进的国民党军队。中共中央特别强调：各地各部队必须认识到，目前的交通战是决定今后国内形势和中共地位的中心环节，所以必须"全力进行，坚决作战，不要怕消耗重"；任何"决心不大，成绩不好，陷于被动，随便放走顽军通过，或怕消耗，不愿坚决作战，都是不对的，必须严格纠正"。① 10 月中旬，华北中共军队先后发起察绥、邯郸、津浦路等战役，沉重打击了国民党军队，迟滞了国民党军队建立平津张战略基地并抢先进入东北计划的实施，为向东北大进军创造了有利的条件。

从华北地区的态势看，国民党军队在陆路集结军队的努力并没有达到预期的目标，只是在华北美军的大力援助下，才通过海运和空运一部分主力部队进占了平津和秦皇岛—山海关地区。11 月初，国民党军队开始向山海关推进。11 月中旬，国民党军队攻占了山海关并突入东北，而这一行动实际上得到了该

---

① 《军委关于彻底破坏和控制铁路公路迟滞蒋军行动的指示》，1945 年 9 月 29 日；《中央关于进行交通战阻止国民党军队前进的指示》，1945 年 10 月 15 日。以上见《中共中央文件选集》第 15 册，第 306~307、345~348 页。

地区的美军的协助。至此，国共在东北发生大规模军事冲突的
序幕终于揭开了。

三 "外交接收"失败

控制东北是国民政府在战后的既定战略目标。8 月 24 日，
在国民党召开的高层会议上，蒋介石在讲话中将在战后完全控
制东北列为"国民革命最大的目标和最迫近的工作"之一。[①]
如前所述，在莫斯科中苏谈判的第一阶段，苏联领导人就已经
明确保证，一俟战争结束，苏军会将东北的行政权完全移交给
国民政府接收。基于苏联方面的承诺，国民政府在抗战结束前
便确定，战后在东北地区将奉行"外交接收"的方针。中苏条
约签订后，蒋介石和国民政府更加相信，只要能够改善对苏关
系，促使苏联方面履行承诺，就可以比较顺利地实现完全掌控
全东北的目标。9 月 18 日，蒋介石发表了纪念"九一八"14 周
年长篇讲话，其中专门谈到中苏条约会使中苏两国"唇齿相
依，守望相助"。[②] 实际上中苏双方的确对苏军进入东北后的权
责和与国民政府的关系达成了协议；[③] 蒋介石在中苏谈判期间

---

① 〔日〕古屋奎二：《蒋总统秘录》第 1 册，台北："中央"日报社，1980，
第 83～84 页。

② 《"九一八"十四周年纪念广播词》，1945 年 9 月 18 日，秦孝仪主编《中
华民国重要史料初编——对日抗战时期》第七编《战后中国（一）》，台
北：中国国民党党史会，1981，第 74 页。

③ 《关于中苏此次共同对日作战苏联军队进入中国东三省后苏联军总司令与
中国行政当局关系之协定》，1945 年 8 月 14 日，秦孝仪主编《中华民国重
要史料初编——对日抗战时期》第七编《战后中国（一）》，第 22～23 页。

已经在指示宋子文，要求苏方为国民政府官员空运进入东北提供方便。①

9 月下旬，中共军队开始大规模向东北进军的行动引起了国民政府的注意，这促使国民党军队加快了进入东北的步伐。另一方面，10 月 1 日，苏联驻华大使馆通知国民政府，东北的苏军已开始撤退，主力部队准备于 11 月底撤完，希望国民政府派代表于 10 月 10 日至 15 日到达长春，与在东北的苏军当局举行谈判。② 9 日，国民政府东北行营代表董彦平抵达长春。之后双方经商定，同意东北行营驻扎长春。12 日，熊式辉、蒋经国和张嘉璈等也到达长春，中苏有关接收东北的正式谈判随后开始。

从 10 月 13 日至 11 月 15 日，国民政府东北行营与在东北的苏军当局在长春进行了一个月谈判，这阶段双方讨论的中心问题是国民党军队如何向东北运兵，结果未能就有关行动方案达成协议。国民政府的谈判方针是利用中苏条约的有关规定，要求苏联允许并协助国民党军队进入东北。国民党军队如能顺利进入东北，再辅之以整编伪满军队，就可以迅速确立在东北的军事优势。东北苏军的方针是采取各种措施，防止国民党军队大规模向东北运兵，即在彻底解决涉及东北地区利权的各种

---

① 《蒋主席致宋子文院长王世杰部长令与苏联商定派往东北人员之运输计划电摘要》，1945 年 8 月 10 日，秦孝仪主编《中华民国重要史料初编——对日抗战时期》第七编《战后中国（一）》，第 22 页。

② 《苏联驻华大使彼得洛夫为苏军撤退事面陈宋子文院长照会》，1945 年 10 月 1 日，秦孝仪主编《中华民国重要史料初编——对日抗战时期》第七编《战后中国（一）》，第 116 页。

悬案之前，不准东北有大量国民党军队存在。

中苏长春谈判经历了两个阶段。第一阶段从 10 月 13 日至 23 日，其间正式谈判三次，双方讨论的主要内容是国民党军队在大连港登陆的问题。国民政府在接到苏联关于谈判接收东北事宜的通知后，外交部副部长甘乃光便于 10 月 1 日下午照会苏联驻华大使馆，国民党军队的第十三军将于 10 日前后，从九龙乘美国运输舰前往大连登陆。① 为了防止苏联方面借故延宕，外交部同时指示傅秉常，将照会内容直接转告苏联政府。② 国民政府此时提出国民党军队在大连登陆的建议，不仅是国民党军队单方面的决定，而且是在根据驻华美军司令魏德迈的建议行事。③

大连地区于 8 月 22 日被苏军空降部队 250 人占领。国民政府在谈判开始即提出以一军之众，乘美国军舰在大连港登陆，很可能引起东北苏军对其真实意图的怀疑和警惕。另外，东北行营建议的军事行动也不符合中苏双方在莫斯科谈判时确定的接收程序，或者说双方对这个程序的理解有很明显的不同。苏联外交部接到通知后不久即召见傅秉常询问第十三军在大连登

① 《外交部次长甘乃光复军令部告国军海运大连经通知苏方电》，1945 年 10 月 1 日，秦孝仪主编《中华民国重要史料初编——对日抗战时期》第七编《战后中国（一）》，第 117～118 页
② 《外交部为国军登陆大连事致莫斯科傅秉常大使请洽告苏方电》，1945 年 10 月 1 日，秦孝仪主编《中华民国重要史料初编——对日抗战时期》第七编《战后中国（一）》，第 118 页。
③ 《南震主任呈蒋委员长告派熊式辉蒋经国赴长春会商接防办法电》，1945 年 10 月 2 日，秦孝仪主编《中华民国重要史料初编——对日抗战时期》第七编《战后中国（一）》，第 116～117 页。

陆后"究赴何地，其目的何在"。① 7 日，苏外交部正式通知傅秉常，第十三军在大连登陆违反中苏条约中关于大连港商业化的规定，苏联拒绝任何军队在大连港登陆。② 苏联驻华大使馆亦向国民政府递交了内容相同的照会。9 日，王世杰召见彼得洛夫做两点口头声明：第一，国民党军队在大连登陆属于中国主权范围内的行动，不能被认为违反中苏条约；第二，国民党军队到东北的目的是维持治安和镇压反动分子。他要求苏联驻华大使馆再向苏联政府转达国民政府的声明。③ 12 日，东北苏军司令马林诺夫斯基在长春告诉熊式辉，他无权答复是否允许国民党军队在大连登陆。④

10 月 13 日，长春第一次正式谈判开始。熊式辉继续提出国民党军队准备在大连、营口、葫芦岛和安东等港口登陆，苏军应根据中苏条约的规定给予协助。担任东北苏军代表的马林诺夫斯基表示，在大连登陆涉及中苏条约，应由两国政府解决；营口和葫芦岛可供国民党军队使用，但苏军不能保证安全，亦

① 《驻苏联大使傅秉常致外交部告苏联询国军登陆大连目的何在电》，1945 年 10 月 6 日，秦孝仪主编《中华民国重要史料初编——对日抗战时期》第七编《战后中国（一）》，第 118 页。

② 《傅秉常大使致外交部告苏联反对我军在大连登陆电》，1945 年 10 月 7 日，秦孝仪主编《中华民国重要史料初编——对日抗战时期》第七编《战后中国（一）》，第 119 页。

③ 《外交部长王世杰接见苏联驻华大使彼得洛夫关于中国政府派兵由大连登陆至东北谈话纪要》，1945 年 10 月 9 日，秦孝仪主编《中华民国重要史料初编——对日抗战时期》第七编《战后中国（一）》，第 120~121 页。

④ 《军事委员会委员长东北行营主任熊式辉到长春后与苏方代表谈话经过之情形》，1945 年 10 月 12 日，秦孝仪主编《中华民国重要史料初编——对日抗战时期》第七编《战后中国（一）》，第 121 页。

不了解港口的设备情况。他建议国民党军队最好是经铁路进入东北，他同时提出，国民政府在东北的秘密组织应该停止活动。①担任东北行营特派员的蒋经国在当天会见了马林诺夫斯基，后者表示国民政府不得任用伪满人员。蒋经国随即密报蒋介石，需要重视马林诺夫斯基在会谈中对反苏秘密组织问题的警告，因为苏方认为那些人的政治立场是反苏的。②

17日，中苏双方代表举行第二次正式谈判，仍未能就经大连运兵问题达成协议。熊式辉在谈判中提出，国民政府计划向东北运送四个军的部队，其中海运两个军，陆路运送两个军，并准备将伪满军队改编为保安队。苏方则坚持，海运的军队可于11月初在营口和葫芦岛登陆，届时苏军将撤出那两个地区；陆路运兵可经热河省进入东北，苏军可保证交通线安全；如有非正式武装，苏军将予缴械；至于国民政府能否整编伪满军队，须经请示才能答复。③至此可以说东北行营在与东北苏军的谈判中几乎一无所获。

---

① 《外交部驻东北特派员蒋经国呈蒋委员长告今日会谈最可注意事项函》，1945年10月13日；《熊式辉主任呈蒋委员长报告十月十三日与苏军总司令马林诺夫斯基谈话要点电》，1945年10月21日。以上见秦孝仪主编《中华民国重要史料初编——对日抗战时期》第七编《战后中国（一）》，第122~124页。参阅姚崧龄编著《张公权先生年谱初稿》，台北：传记文学出版社，1982，第519页。

② 《外交部驻东北特派员蒋经国呈蒋委员长告今日会谈最可注意事项函》，1945年10月13日，秦孝仪主编《中华民国重要史料初编——对日抗战时期》第七编《战后中国（一）》，第122~123页；参阅姚崧龄编著《张公权先生年谱初稿》，第521页。

③ 《军事委员会委员长东北行营主任熊式辉在长春与苏军总司令马林诺夫斯基交涉接收东北报告》，1945年11月26日，秦孝仪主编《中华民国重要史料初编——对日抗战时期》第七编《战后中国（一）》，第207~208页。

此时国民政府在重庆也是一筹莫展。10 月 15 日，彼得洛夫会见王世杰，严词拒绝了他 9 日的声明，表示"无论谁的军队在大连登陆，均系破坏中苏条约，故苏联政府，坚决反对"。① 蒋介石仍不甘心，他于 16 日指示东北行营：军队海运决不能因苏联方面反对而停止，在大连登陆的要求一定要坚持到底；同时国民党军队也要积极恢复北宁路交通，为陆路出关创造条件。不过蒋介石还是专门提醒了东北行营，对于保持中苏合作还是"应特别注意"，竭力避免对方误会。②

熊式辉等人曾于 17 日继续与马林诺夫斯基交涉，提出国民党军队可以分别通过海运和陆运进入东北，海运军队可在营口、葫芦岛等地登陆。马林诺夫斯基答复称，国民党军队可以在那里登陆，但苏军不负责维持当地治安；他建议国民党军队还是走陆路为好，苏军可以保证沿途地区的安全。③ 熊式辉等于 18 日接到蒋介石 16 日的指示后，第二天即与马林诺夫斯基举行了第三次正式谈判。熊式辉在谈判中根据蒋介石的指示，特别强调国民政府坚决修通山海关到锦州的铁路并收缴沿线非政府军队的武装，以及国民党军队一定于月底在大连登陆。马林诺夫斯基则坚决反对，声称此类事务根本无法在长春解决，只能由两国政府之间交涉。他最后表示可以向莫斯科转达东北行营的要求，但要求熊式辉也向重庆说

① 《苏联驻华大使彼得洛夫致外交部次长甘乃光反对我军登陆大连照会》，1945 年 10 月 15 日，秦孝仪主编《中华民国重要史料初编——对日抗战时期》第七编《战后中国（一）》，第 123 页。
② 台北《传记文学》第 36 卷第 2 期，第 36 页。
③ 参阅姚崧龄编著《张公权先生年谱初稿》，第 523 页。

明东北苏军的立场。① 第二天，甘乃光会见了东北苏军副参谋长巴佛洛夫斯基，进一步提出要在大连设立航空站，并提前派接收人员前往大连地区视察。② 苏军方面对所有这些要求都以必须请示莫斯科为理由予以拒绝，巴佛洛夫斯基第二天告诉甘乃光，绝不允许国民党军队在大连登陆，不允许国民政府收编伪满人员，国民党军队可通过铁路运兵，但在沿线有些地方苏军不能负责安全。③

由于苏军方面一直称没有得到莫斯科的指示，谈判已经无法继续下去，熊式辉在无可奈何之下只得返回重庆，与蒋介石商讨对策。此时正值国共军队在华北主要铁路沿线展开激烈的争夺战，东北苏军的强硬态度使国民党军队企图以少数精锐部队通过海运抢先进入东北的计划成为泡影。

长春谈判的第二阶段于10月25日开始。国民政府在前一阶段交涉失败后，决定放弃在大连登陆的计划，改为坚持要求在营口和葫芦岛登陆。引起这种策略变化的主要原因是国民政府终于确定了，东北苏军不可能允许国民党军队经大连运兵，蒋介石遂决定国民党军队进军东北的主力将沿北宁线进入东北。当时国民党军队的计划是原计划在大连登陆的部队转在营口、

---

① 《军事委员会委员长东北行营主任熊式辉在长春与苏军总司令马林诺夫斯基交涉接收东北报告》，1945年11月26日，秦孝仪主编《中华民国重要史料初编——对日抗战时期》第七编《战后中国（一）》，第208~209页；参阅姚崧龄编著《张公权先生年谱初稿》，第526页。

② 参阅《我驻苏军军事代表团团长董彦平报告书》，1946年7月12日，秦孝仪主编《中华民国重要史料初编——对日抗战时期》第七编《战后中国（一）》，第219页；参阅姚崧龄编著《张公权先生年谱初稿》，第528页。

③ 参阅姚崧龄编著《张公权先生年谱初稿》，第528页。

葫芦岛登陆，然后迅速控制住锦州和锦西等地区。① 这样就可以通过与在平津和秦山地区的军队配合，并在该地区美军的协助之下，完全控制北宁线及沿线地区。另一方面如上述，东北苏军从长春谈判开始，就提出国民党军队可以在营口和葫芦岛等地登陆，所以他们在外交上也就没有了反对的理由。

10月25日，王世杰在重庆会见彼得洛夫，告以国民党军队将根据熊式辉和马林诺夫斯基达成的协议，在营口和葫芦岛两处登陆，并于29日派飞机前往侦察；海运的国民党军队将使用美国船舰，并请当地苏军协助。② 26日，熊式辉回到长春。他当天便急电蒋介石称，"苏方态度，显有急激之变化"，东北行营遭遇各种限制，大连登陆已经完全没有可能。③ 国民党第十三军遂决定放弃在大连登陆，改为在营口和葫芦岛登陆。董彦平随即通知苏方，要求协助国民党军队在该处登陆，并提出从27日起，使用美国侦察机在登陆场做侦察飞行。东北保安司令杜聿明第二天到达长春，与马林诺夫斯基协商登陆问题并达成协议。

10月28日，蒋介石在重庆会见了彼得洛夫，要求苏方为第十三军在营口和葫芦岛登陆提供保障。他在此期间还多次打电报给东北行营，强调"第一要务，还在使国军如何速入东

① 参阅姚崧龄编著《张公权先生年谱初稿》，第538页。
② 《王世杰部长与苏联驻华大使彼得洛夫谈话纪录》，1945年10月25日，秦孝仪主编《中华民国重要史料初编——对日抗战时期》第七编《战后中国（一）》，第125页。
③ 《熊式辉主任呈蒋委员长告苏方态度急激变化电》，1945年10月26日，秦孝仪主编《中华民国重要史料初编——对日抗战时期》第七编《战后中国（一）》，第126~127页。

北"。为此必须迅速与苏军协商在营口、葫芦岛登陆，以及经山海关运兵等问题。其中的关键是苏军负责维持两个港口的治安。否则迁延不决，国民党军队将无法进入东北。① 29 日，蒋介石再电东北行营，指示今后应以打通北宁线为"对苏军交涉的中心"。②

东北行营接到蒋介石的指示后，于 10 月 29 日与马林诺夫斯基举行第四次正式谈判。马林诺夫斯基在会谈中表示，可以"掩护"国民党军队，保证其在"营口登陆之安全"；在葫芦岛则因苏军兵力甚少而"无把握"；国民党军队如果经北宁路运兵，在锦州至山海关一段已有"大股"中共军队，故苏方"不能保证安全"；如果国共发生武装冲突，苏军不予干涉。但苏军于 11 月 11 日撤退之前，国民党军队不能进入锦州。马林诺夫斯基在会谈中再次指责了国民政府人员在东北有反苏行动，他还警告熊式辉，苏军不准美国军舰驶入大连水域。③ 与此同时，彼得洛夫在重庆亦告诉王世杰，苏联政府同意第十三军在葫芦岛和营口登陆。④ 国民政府还公

---

① 《蒋委员长致熊式辉主任嘱与苏军洽商接防与登陆计划电》，1945 年 10 月 28 日；《蒋委员长致蒋经国特派员告决心在秦皇岛天津登陆出关接防函》，1945 年 10 月 29 日。以上见秦孝仪主编《中华民国重要史料初编——对日抗战时期》第七编《战后中国（一）》，第 129、130 页。

② 参阅姚崧龄编著《张公权先生年谱初稿》，第 538 页。

③ 《熊式辉主任呈蒋委员长告二十九日与苏军总司令马林诺夫斯基会谈要点电》，1945 年 10 月 29 日，秦孝仪主编《中华民国重要史料初编——对日抗战时期》第七编《战后中国（一）》，第 130～131 页。

④ 参阅《蒋委员长致熊式辉主任告务须要求苏军在葫芦岛负安全登陆之责电》，1945 年 10 月 30 日，秦孝仪主编《中华民国重要史料初编——对日抗战时期》第七编《战后中国（一）》，第 132 页。

开宣布，杜聿明已经与东北苏军达成协议，国民党军队可由海空两路进入东北。

为了保证控制北宁线的计划顺利完成，蒋介石要求东北行营在积极与苏军交涉运兵的同时，也要尽力维持双方在东北的合作关系。10月25日，苏军搜查设在长春的国民党吉林省党部和中央党部特派员办公室，切断了东北行营同外部的通信联系。26日，苏军通知东北行营，禁止国民政府官员到各地视察，不准国民政府在长春组织保安队，并指责国民政府的官员在东北进行反苏宣传。苏军还在长春郊区进行军事演习，以显示实力。

苏军在长春制造紧张空气，使东北行营惊慌失措。各大员纷纷向蒋介石告急，声称东北苏军的态度在急剧变化。蒋介石为了缓和与苏军的关系，立即通知熊式辉，要求国民党在东北各地的党部一律停止活动，党务人员归东北行营统一指挥。规定"如有不守纪律，违反政策，及有反苏言行之人员，应作反动分子取缔"。[1] 蒋介石还坚决撤换了CC系在东北进行反苏活动的官员。10月28日，蒋经国向苏军政治顾问声明，东北行营坚持奉行对苏友好的政策，并将蒋介石的命令转告苏方。[2] 国民党中央执行委员会专门通过决议，指示"东北党务工作人员对于苏联充分采取友好态度"。11月1日，蒋介石特意通知准备在营口和葫芦岛登陆的部队，必须与苏军"密切联络，尤

---

① 《蒋委员长致熊式辉主任令指挥监督东北各地党部电》，1945年10月26日，秦孝仪主编《中华民国重要史料初编——对日抗战时期》第七编《战后中国（一）》，第128页。

② 参阅姚崧龄编著《张公权先生年谱初稿》，第534页。

须忍耐戒慎，不可发生误会"。①

苏军对国民政府的要求继续采取敷衍的态度，一面公开表示信守以往谈判中的诺言；一面将营口和葫芦岛移交给中共军队，利用中共军队阻止或延迟国民党军队登陆。如上所述，苏军代表在谈判中曾多次表明，营口和葫芦岛只驻扎少量苏军部队，所以不能保证国民党军队登陆安全。11 月 1 日，苏联驻华大使通知国民政府，营口"已被来历不明之武装部队占领"。②当美军运输舰到达营口时，发现该港口已被中共军队占领。美军指挥官上岸与中共代表联系登陆，遭到拒绝。在葫芦岛亦遇到相同情况。美军指挥官经讨论认为，强行登陆有可能引发军事冲突，这不符合他们所获得的指示，因此决定折回秦皇岛，并将此决定通知蒋介石。③

11 月 5 日，熊式辉与马林诺夫斯基举行第五次正式谈判。熊式辉在会谈中指责东北苏军故意为国民党军队进入东北设置障碍，包括拒绝国民党军队在大连登陆，不负责北宁路运兵的安全，禁止东北行营视察交通设施，还把营口、葫芦岛转交中共军队等，所有这些行动完全违背了中苏条约的精神。马林诺夫斯基当即反驳说，苏军不可能阻止八路军进入营口，葫芦岛早被中共军队占领，而苏军不能介入中国的内部冲突。他声明

① 《蒋委员长致何应钦总司令并转杜聿明司令长官令饬登陆接防部队务必忍耐戒慎电》，1945 年 11 月 1 日，秦孝仪主编《中华民国重要史料初编——对日抗战时期》第七编《战后中国（一）》，第 136 页。

② 参阅姚崧龄编著《张公权先生年谱初稿》，第 538 页。

③ 《蒋委员长致熊式辉主任告共军占据葫芦岛国军折回青岛电》，1945 年 10 月 28 日，秦孝仪主编《中华民国重要史料初编——对日抗战时期》第七编《战后中国（一）》，第 129 页。

从 10 日起，凡是苏军撤出的地区，不论发生什么情况，苏方均不再过问。他还谴责国民党的机构人员在东北进行反苏活动，并再次强调反对东北行营整编曾与苏军作战的伪满军队。① 双方在互相指责中言辞激烈，立场尖锐对立，谈判终于中断。

第二天，苏军通知熊式辉，同意由美军运输机空运国民党军队至沈阳、长春等大城市机场，但只能在苏军撤退前 5 日降落；机场地面设备由苏方负责，每次只准降落飞机一架；空运部队的驻地由苏方指定。② 苏军的规定实际上限制了国民党军队的空运计划。至此，国民政府经海陆空运兵的计划无一不困难重重。

在第五次正式谈判之前，熊式辉和蒋经国等曾经设想三个方案：或与苏军破裂，或维持原谈判方案，或采取强硬措施，如撤退东北行营，使谈判升级到政府之间进行。他们经讨论后决定，先以营口登陆为谈判中心，争取维持目前的关系。为此，11 月 5 日，熊式辉还向马林诺夫斯基提交了一份备忘录，其中专门要求苏军解除占领营口的中共军队的武装。③ 但如上所述，继续与苏军交涉的结果是谈判陷入僵局。随后东北行营的负责

---

① 《熊式辉主任呈蒋委员长报告五日与苏军总司令马林诺夫斯基会谈详情函》，1945 年 11 月 5 日，秦孝仪主编《中华民国重要史料初编——对日抗战时期》第七编《战后中国（一）》，第 140～143 页；参阅姚崧龄编著《张公权先生年谱初稿》，第 539～542 页。

② 《熊式辉主任呈蒋委员长告有关空运部队事项电》，1945 年 11 月 6 日，秦孝仪主编《中华民国重要史料初编——对日抗战时期》第七编《战后中国（一）》，第 143 页。

③ 《熊式辉主任为中共第十八集团军擅行进占营口等事致苏军总司令马林诺夫斯基备忘录》，1945 年 11 月 5 日，秦孝仪主编《中华民国重要史料初编——对日抗战时期》第七编《战后中国（一）》，第 139 页。

人分别向蒋介石陈述了他们对苏军意图的估计。

熊式辉在给蒋介石的信中认为，苏军为应付国际视听，会允许国民政府空手接收，但不准国民党军队进入东北，而苏军可利用的筹码就是已经进入一些关键地区的中共军队；长春谈判的失败有可能使苏军或者扶植东北地方势力，或者把行政权移交给中共军队，使国民政府对东北的统治有名无实；而国民政府目前可供选择的最好对策就是向苏联政府做正式抗议声明，或者直接同斯大林交涉。[①]

张嘉璈在他提交的报告中分析说，东北苏军的行动证明，苏联对东北的政策是不准在那里建立反苏的政权，不准美国染指东北，不准国民政府利用东北来搞"以夷制夷"，不准对中共造成内外夹击之势。他也认为，除非直接同斯大林交涉，从而取得苏方对国民政府接收东北的彻底谅解，否则就只有退出东北了。[②]

蒋经国在写给蒋介石的信中指出，东北苏军的态度预示东北形势"必有变化"，而这并非只是中苏之间的问题，还受"美苏关系及国共冲突之影响"，而苏联担心的是国民党军队进入东北后，"会支持美国在东北之利益"，甚至在美苏"未来战争中"被美国利用，故东北苏军不愿国民党军队大规模进入东北，其手段就是帮助中共军队在东北发展，使国民政府"一时

---

① 参阅姚崧龄编著《张公权先生年谱初稿》，第542页；《熊式辉主任呈蒋委员长告苏军政治顾问与蒋经国特派员谈话内容电》，1945年11月12日，秦孝仪主编《中华民国重要史料初编——对日抗战时期》第七编《战后中国（一）》，第143页。

② 参阅姚崧龄编著《张公权先生年谱初稿》，第541页。

不能顺利接收东北"。①

　　值得注意的是，以上三人的报告中有一个共同点，即他们一致认为，苏联在东北的目标是阻止国民党军队大批进入东北，支持中共军队是阻止国民党军队进入东北的手段；苏联在东北的政策发生变化是美苏关系恶化的结果，苏联有可能在东北造成国共冲突的局面后，出面调解。如果这些问题不能妥善解决，国民政府实际上是无法接收东北的。11 月 10 日，熊式辉飞回重庆，直接向蒋介石请示对策。

　　东北行营三大员的报告将一系列亟待解决的战略性问题摆在蒋介石面前，包括：根据国民政府目前的实力和全国的军事态势，国民党军队是否急于进入东北；在中苏两国政府的关系进一步澄清之前，是否继续在长春进行接收东北的谈判；以及接收东北是否应该以占领长春为重点；等等。

　　这时在东北登陆受阻的国民党军队第十三军和第四十二军等部已经陆续抵达秦皇岛。蒋介石本来已经准备一旦营口、葫芦岛登陆不成，便从山海关打入东北。苏军声明 11 月 10 日从锦州撤军，蒋介石遂于 6 日决定，向山海关发动军事进攻，沿北宁路突入东北，首先控制从热河和河北进入东北的交通枢纽锦州。为了配合军事行动，蒋介石决定停止长春谈判，撤退东北行营，将谈判移到重庆和莫斯科之间进行。② 其用意一方面是将地方当局的谈判升级为国家谈判，以期引起国际关注，向

---

　　①　参阅姚崧龄编著《张公权先生年谱初稿》，第 542～543 页。
　　②　《蒋委员长致蒋经国特派员指示解决东北问题途径函》，1945 年 11 月 14
　　　　日，秦孝仪主编《中华民国重要史料初编——对日抗战时期》第七编《战
　　　　后中国（一）》，第 146 页。

苏联施加外交压力；另一方面可以在展开军事行动时，避免外交上节外生枝。与此同时，蒋介石密令蒋经国准备访问莫斯科，与斯大林直接谈判。

11 月 15 日，国民政府通知苏联驻华大使馆，由于苏方一再阻碍，国民政府决定东北行营从长春撤至山海关，后撤行动将于 17 日至 23 日之间进行。蒋介石还专为此事致电杜鲁门，称苏联在东北已经违反了条约，这已经危及了"中国主权完整"。① 蒋介石在此之前已经通知蒋经国，令其准备前往莫斯科，直接与苏联领导人交涉东北问题。② 就在国民政府宣布撤退东北行营的同一天，秦山地区的国民党军队开始向山海关发动大规模军事进攻。国民政府发动的外交和军事攻势使东北地区一时间弥漫起剑拔弩张的气氛。

蒋介石在 11 月中旬处理东北问题的方式可谓咄咄逼人。在外交方面，东北行营的熊式辉等人的建议是先同苏联最高当局协商，如无法达成谅解，行营再撤出东北。蒋介石却决定干脆先将行营撤到山海关，以此向苏联施加压力。在军事方面，白崇禧等人曾建议，首先稳定地控制平津张地区，大军再出榆关。但国民党军队四路进军完全控制平津张地区的计划未能顺利实现，蒋介石就断然决定先以少量精锐部队从山海关突入东北，

---

① 《蒋主席致杜鲁门总统告苏联违反条约东北行营移至山海关已危及中国主权完整电》，1945 年 11 月 17 日，秦孝仪主编《中华民国重要史料初编——对日抗战时期》第七编《战后中国（一）》，第 147～148 页。

② Donald G. Gillin and Romon H. Myer, eds., *Last Chance in Manchuria: The Dairy of Cgang Kia - Ngau* (Stanford: Stanford University Press, 1989), pp. 109 – 110.

甚至不惜冒兵力不足的危险，不顾第十三军孤军深入，有遭受已经在东北和冀热辽解放区集结的中共军队夹击的后果。他敢于这样孤注一掷，几乎全盘改变接收东北的计划，杜鲁门政府给予的支持显然起着非常重要的作用。

在中苏关于接收东北的交涉过程中，杜鲁门政府一直扮演着重要的角色。国民政府计划的制订和变动，都与杜鲁门政府的有关政策有密切关系。杜鲁门政府对中苏条约的态度可以说是满意但不满足。满意的是中苏条约至少在形式上暂时排除了苏联介入中国内部事务、插手国共斗争的可能性，并防止了出现苏联依靠军事占领完全控制东北的局面。不满足之处是担心国民政府对苏联的让步会影响乃至严重削弱美国在中国的主导地位，特别是限制美国未来向东北的发展。

在中苏条约签订的当天，哈里曼就再次向莫洛托夫提出：苏联最好以文字的形式公开宣布遵守"门户开放"的原则。莫洛托夫当即予以拒绝，他说中苏条约已经意味着尊重了"门户开放"政策，而且斯大林已经多次做过口头保证，苏联的政策是不会改变的。但是，哈里曼仍然坚持苏联必须发表书面声明。他在会谈后向杜鲁门政府报告说："除非施加强大的压力"，否则他怀疑美国人是否真能得到那个声明。①

8月22日，时任美国国务卿贝尔纳斯通知哈里曼，他希望了解中苏双方对公开发表一个尊重"门户开放"声明一事的态

---

① "The Ambassador in the Soviet Union（Harriman）to President Truman and the Secretary of State", August 14, 1945, The U. S. State Department, ed., *FRUS*, 1945, *The Far East*, *China*, Volume Ⅶ, pp. 973 – 974.

度。第二天，他又指示哈里曼，尽快会见苏联领导人，"清楚和有力地解释美国公众和舆论的重要性"，以及"强调美国公众对远东事件，特别是对包括东北在内的中国局势的发展，有浓厚的兴趣"，而斯大林的口头保证不能满足这种形势，中苏条约亦"无法保证充分的机会均等和不受歧视的自由"。他要求哈里曼说明，美国所坚持的"门户开放"和"机会均等"，就是针对东北铁路和港口的经营和使用问题，务必请苏联领导人在他们的声明中"使用清楚和确切的措辞"。①

27 日，哈里曼当面向斯大林转达了贝尔纳斯的要求。斯大林表示可以接受美方的建议，不过苏联方面需要美方保证，国民政府应该发表一个同样内容的声明。② 31 日，哈里曼和凯南与苏联外交部代表举行谈判。苏方代表提出，他理解这一声明是关于在全中国"门户开放"的问题的。凯南则强调，声明就是针对东北地区的；美国之所以特别注意这一点，是因为它与中苏条约中解决东北问题的条款有关。③ 结果双方未能达成任何协议。

苏联的态度如此，国民政府对发表此类声明也有所顾忌。当时国民政府正迫切希望公布中苏条约，将苏联对中国内部问

---

① "The Secretary of State to the Ambassador in the Soviet Union（Harriman）", August 22, 1945, The U. S. State Department, ed., *FRUS, 1945, The Far East, China*, Volume Ⅶ, pp. 979 – 980.

② "The Ambassador in the Soviet Union（Harriman）to the Secretary of State", August 29, 1945, The U. S. State Department, ed., *FRUS, 1945, The Far East, China*, Volume Ⅶ, pp. 979 – 980.

③ 〔美〕W. 艾夫里尔·哈里曼、伊利·艾贝尔：《特使：与邱吉尔、斯大林周旋记》，第 552～553 页。

题的保证公之于世。它在东北问题上关注的重点是确保能够顺利接收东北行政权，相比之下，港口和铁路是否对美国"开放"等是次要的。当宋子文向国民政府汇报美国的建议时，外交部给他的答复是，还没有研究有关的细节，这需要由正在伦敦开会的外长王世杰决定。最后，国民政府以中苏条约对"门户开放"已经有了足够的保证为借口，使杜鲁门政府的努力只能不了了之了。

杜鲁门政府在采取上述外交行动的同时，也试图限制苏军在东北的作战行动。在波茨坦会议期间，美苏达成了关于双方海空军在东北活动范围的协议，但没有划分地面部队的行动界线。美军方曾经提出，美军可以在中国大连和朝鲜登陆，条件是日军投降先于苏军占领该地区。当然，这个设想被证明完全是幻想。不过，在中国战场的其他地区，美军的行动确实是有影响的。8 月 10 日，美军参谋长联席会议向魏德迈发出指令称，美军准备控制中国的要害港口和交通要道，魏德迈应准备帮助国民政府将其军队运送到各关键地区，而美军控制的地区只可以交国民政府接收，驻华美军不得与国民政府的军队以外的其他军队和机构交往，等等。[1]

日本宣布投降的第二天，麦克阿瑟指示美国驻莫斯科军事代表团团长迪恩转告苏军指挥部，他已经下令在太平洋地区对日全部作战行动结束之前，只要不影响美军安全，应立刻停止进攻日军。迪恩在转交麦克阿瑟的电报时，加上了一句，希望

---

[1] The U. S. State Department, ed., *FRUS*, *1945*, *The Far East*, *China*, Volume Ⅶ, pp. 527 – 528, 979 – 980.

"苏军通知其部队颁布同样的命令"。① 迪恩长期在莫斯科处理与苏联的军事合作，多次与哈里曼共同参与涉及亚太问题的谈判，对美苏在这一地区的关系不乏了解和理解。把他的行动解释成技术性问题或工作疏忽，都是很难有说服力的。而且，麦克阿瑟如果不是别有用心，完全不用多此一举，把美军的行动通知苏军。

苏军参谋长安东诺夫在接到通知的第二天答复麦克阿瑟说，美军的要求肯定是一种误解，只有苏军最高指挥官才能决定苏军应于何时在战场上结束作战行动。同一天，苏军参谋部发表声明指出：日本政府发表的投降公告只是一般性的宣言，它还未向日本武装部队发布停战令，因此"苏联远东武装部队将继续进攻日本"。②

17日，苏联远东军总司令华西列夫斯基在答复日本关东军提出的停战建议时，指责该建议对东北日军投降问题只字未提。他限令日军必须从20日12时起，全线停止一切对苏军的作战行动，就地缴械投降。18日，日军通知远东苏军总指挥部，日军准备履行全部投降条款。华西列夫斯基于同日命令苏军各方面军："鉴于日军的反抗已被摧毁，而道路不通的情况却严重阻碍我军主力迅速前进，完成既定任务。为了立即占领长春、奉天、吉林和哈尔滨这几个城市，必须派出专门编组的、装备精良的快速支队。……不要怕它们离自己的主力太远。"③ 苏军各部队立即执行华西列夫斯基的命令，迅速向各大城市和主要

---

① Herbert Feis, *Japan Subdued: The Atomic Bomb and the End of the War in the Pacific* (Princeton: Princeton University Press, 1961), p. 143.

② 《真理报》1945年8月16日。

③ 〔苏〕亚·米·华西列夫斯基：《毕生的事业》，柯雄译，生活·读书·新知三联书店，1977，第669页。

260

港口挺进。至 25 日，苏军已完全控制东北全境，主力推进到长城沿线，前锋直抵张北地区并与部分八路军部队会师。杜鲁门政府试图限制苏军作战行动显然是没有用的。

杜鲁门政府在解决东北问题时显得如此束手无策，关键是美国在这个地区的实力不足。它既不能使苏联发表公开声明来保证东北"门户"对美国开放，又无法限制苏军对整个东北地区的军事占领。剩下的唯一办法是支持和援助国民政府恢复对东北的统治，从而达到限制苏联的目的。8 月 27 日，哈里曼与斯大林会谈后，就曾尝试利用赫尔利转告蒋介石，苏联希望国民政府最近就能派军队接收东北。[①] 在华盛顿，美国领导人也告诉国民政府的代表，东北还没有中共军队，苏军将很快撤退，目前那里的主要问题是没有中国军队前往接收。

杜鲁门政府的本意当然是敦促国民政府尽快派军队进入东北，但产生的效果却是双重的。国民政府一方面于 8 月底 9 月初制订并公布了接收东北的纲要和计划，并组建了东北行营；另一方面却仍然抱定外交接收有望成功的幻想，不做足够的实际准备。

9 月上旬，美军观察员发现中共军队正向陕西、山西和察哈尔集结。他们报告称：如果那类情报属实，估计中共军队很可能是在努力控制进入东北的通道。[②] 美国驻苏联大使馆也向国务院报告：中共军队已经奉命进入东北，与苏联合作接受日军投降；估计苏联会鼓励中共军队在苏军撤出后接管东北，苏

---

① 关于会谈内容见〔美〕W. 艾夫里尔·哈里曼、伊利·艾贝尔《特使：与邱吉尔、斯大林周旋记》，第 552 页。

② Herbert Feis, *The China Tangle: The American Effort in China from Pearl Harbor to the Marshall Mission*, pp. 363 – 364.

联地方当局对蒋介石的态度不会像苏联领导人那样缓和。

9月11日，蒋介石指示在华盛顿的宋子文立即同美国领导人交涉，请他们务必决定于本月向国民政府提供运兵舰船；按照国民党军队目前的计划，有关部队12月初才能到达东北，而那时苏军会以国民党军队未能到达为借口，将东北政权交给中共接收。① 宋子文接到电报后立即打电话给时任美国国务院代理国务卿艾奇逊，向他转告了蒋介石迫切要求美国协助国民党军队向东北运送3个师约30000名官兵。宋子文还表示希望能尽早见到杜鲁门总统本人。②

9月14日，宋子文会见了杜鲁门和海军上将李海，讨论美国如何继续向国民政府提供军事援助。宋子文在会见中要求杜鲁门政府务必协助国民政府将军队从广州直接送往大连，否则中共军队就会捷足先登。杜鲁门当时的答复是，美国不会直接参与关于接收东北的谈判，但可以提供运兵舰船。他还保证美国将协助国民政府在日军占领地区"取得和平和安全"，而且"申明了向东北运兵的重要性"，命令美军方立即开始筹办，而李海表示可以满足蒋介石的要求。③

---

① 《蒋委员长致宋子文院长嘱商请美政府提早供给船舶运输国军至东北接防电》，1945年9月11日，秦孝仪主编《中华民国重要史料初编——对日抗战时期》第七编《战后中国（一）》，第115~116页。

② "Memorandum by the Acting Secretary of State to President Truman", September 12, 1945, The U. S. State Department, ed., *FRUS*, 1945, *The Far East*, *China*, Volume Ⅶ, pp. 1207-1208.

③ "Memorandum by the Director of the office of Far Eastern Affairs (Vincent) to the Secretary of State", November 12, 1945, The U. S. State Department, ed., *FRUS*, 1945, *The Far East*, *China*, Volume Ⅶ, pp. 614-615.

会谈结束后，美军参谋长联席会议立即指示魏德迈尽快提供一份报告，说明美国帮助将国民党军队运往东北到底需要什么装备。随后根据魏德迈的答复发布指示声称："美国的政策是在被解放地区建立必要的中国军队方面，向中国政府提供援助，特别是在满洲，要尽可能地快。"[①] 同一天，9 月 18 日，杜鲁门指示艾奇逊告诉宋子文，在西太平洋的美海陆军部队已经接到命令，从即日起运送国民党军队到东北港口，具体计划由魏德迈向蒋介石说明；只要国民党军队准备完毕，即可使用美国舰船。[②] 美军方还为将国民党军队从大连运到沈阳制订了运输计划。正是因为得到了美军的支持与合作，蒋介石才决心在兵力不足、运输极端困难的情况下，从遥远的南方调动精锐部队在大连登陆。

国民党军队在大连登陆失败后，改由营口和葫芦岛登陆，同样是与驻华美军协调行动的结果。9 月下旬，魏德迈根据美军部的指示，与蒋介石达成秘密协议，由美军抢先控制从北平到山海关的交通线。宋子文曾经向艾奇逊说明，国民党军队无法依靠铁路线向东北运送军队，而魏德迈同蒋介石达成的协议，为国民党军队从陆路出关提供了保障。[③]

---

① "The Joint Chiefs of Staff to the Commanding General, United States Forces, China Theater (Wedemeyer)", September 18, 1945, The U. S. State Department, ed., *FRUS*, *1945*, *The Far East*, *China*, Volume Ⅶ, p. 565.

② Herbert Feis, *The China Tangle*: *The American Effort in China from Pearl Harbor to the Marshall Mission*, p. 383.

③ "Memorandum by the Acting Secretary of State to President Truman", September 12, 1945, The U. S. State Department, ed., *FRUS*, 1945, *The Far East*, *China*, Volume Ⅶ, pp. 1207 – 1208.

魏德迈的计划得到麦克阿瑟的有力支持。9月底，美军代表麦克罗告诉奉蒋介石之命前往联络的廖耀湘，麦克阿瑟已收到侵华日军总司令冈村宁次的报告，认为中共军队在平津地区的军事行动是苏军控制那一地区的前奏。为了防止中共军队夺占平津，他决定派美国海军陆战队第三军团在渤海湾的港口登陆，抢先控制那一地区。在中国登陆的美军得到的命令包括：部署受降事宜，与护路部队协同占领北平到山海关的铁路线，指挥并控制沿线日军，收缴日军武器和军用仓库，控制天津日军司令部，保护通信设备，美军在塘沽、天津、秦皇岛等地区如受到中共军队攻击，可采取适当的军事行动。至10月下旬，美军已经控制天津到秦皇岛的铁路线。25日，杜聿明在上海与第七舰队指挥官金凯德达成协议，由美国第七舰队负责，运送国民党军队到营口和葫芦岛。蒋介石急于使第十三军在营口和葫芦岛登陆，就是为了夺取锦州和锦西，与控制山海关内铁路线的美军配合，完全控制北宁线。

11月初，由于苏军的阻挠和中共军队的抵抗，国民党军队抢先进入东北和在华北战略集结的计划均告失败。蒋介石遂决定，海运东北的部队在秦皇岛登陆，经山海关向东北进攻，企图将正向东北集中的中共军队主力截为两段，一举切断华北解放区与东北的联系，然后各个击破。这种军事冒险是在美国的协助、怂恿之下进行的。

在整个平津地区，国民党部队集结了4个军，全部由美军运送。秦皇岛到山海关的铁路由美军修筑完成。根据魏德迈的估计，如果没有美军协助保护天津到山海关的交通线，国民党军队的 4 个军仅仅够在平津一带维持治安和巩固阵地之用。美军为了使国民党军队腾出手来进入东北，还担负起了在华北的护路工作，为此甚至不惜重新武装已被缴械的日军。在天津到山海关铁路沿线的车站和城市，到处可以看到星条旗下站着荷枪实弹的日本兵。不仅如此，美军还直接参与指挥国民党军队作战，为国民党军队运送补给，帮助国民党军队抢占北宁线上中共军队控制的留守营车站和山海关附近的石门寨阵地。事实表明，驻华美军的介入是推动国民党军队不惜武力打入东北的重要因素，因此可以说驻华美军对加剧东北地区局势的紧张是起了重要作用的。

从抗战结束到 1945 年 11 月中旬，美国、苏联、国民政府和中国共产党围绕东北展开了一场激烈复杂的外交和军事争斗。在这个阶段最初的较量中，中共军队抢先进入了东北，并在东北北部地区占据了有利的地位，具有特殊意义。这预示着列强主宰东北地区命运的时代走向终结，任何解决东北问题的方案均不能忽视或否认中共力量的存在及其重要的作用。后来的发展表明，解决东北地区的问题如此，解决中国问题也一样。中共在夺取东北的斗争中显示出来的实力和战略决策水平，已经预示了中国乃至整个东亚的力量对比都在发生转折性的变化。

第四章

难咽的苦果

一 "最佳方案"

中共军队在东北的迅速发展，以及苏联与中共实际上在东北形成的战略合作关系，均导致东亚国际格局开始发生重大的变化，这必将严重冲击美国在战争后期规划的东亚战略格局。

美国战后东亚战略规划的基础是"雅尔塔秘密协议"。杜鲁门政府在战争结束前后处理对苏和对华关系、调解中苏关系以及调处国共矛盾，都是以"雅尔塔秘密协议"为蓝本进行的。继雅尔塔会议的美苏妥协和莫斯科的中苏妥协之后，赫尔利又力促国共妥协，试图通过重庆谈判来彻底完成"雅尔塔秘密协议"为东亚规划的格局。然而事与愿违，杜鲁门政府贯彻其东亚战略的最后一步也是至关重要的一步即重庆谈判，并未能解决引起国共冲突的实质性问题，结果最终酿成国共间的大规模内战。

中共在战后争夺实力地位的斗争中，锋芒直指美国东亚战略结构中最重要但又最薄弱的环节，从而使美国的战略部署陷入一片混乱。美国驻华大使馆和驻海参崴的领事馆向杜鲁门政府发出警报说，中共军队已经进入东北，并得到东北苏军的支持。美国的反苏预言家们更是危言耸听，把苏联在东北的意图说成是企图在那里建立傀儡政府，中共则是苏联的最佳代理人。美国在东亚渴望获得的优势地位越来越像海市蜃楼，而蒋介石就像一位扶不起来的天子，尽管国民党军队获得越来越多的美国军事装备，但仍然不能在同中共军队的较量中占上风。

不仅如此，从日本投降到 1945 年 11 月初，驻华美军全力援助国民政府接收，结果在东亚形成了新的战争热点。局势到了一触即发的地步，而且很可能一发不可收拾。可是国民政府仍在那里火上浇油。11 月中旬，国民政府选择在东北发动外交攻势，一方面是为了向苏联施加压力；另一方面也是为了拖美国下水，逼它在东亚向苏联摊牌。蒋介石知道杜鲁门政府尚不会对东北的前途置之不理，他希望利用美国人几乎无所不包的欲望，增强国民政府的实力地位。如果东北的形势按照国民政府的设计发展，美苏在东亚的对峙很有可能迅速演变成一场对抗，其前景不难预见。因为这时华北驻有十万余美军，与东北数十万计的苏联军队可以立即形成对峙局面。面对这种危险且尴尬的局面，杜鲁门政府重新调整对华政策势在必行。

太平洋战争结束后，美国对华政策的一个显著特点是举棋不定，欲去频回。这一特点的出现仍然可归结于美国东亚政策的基本矛盾，即雄心勃勃、目标宏大却实力不足，以及对自身面临的复杂局面缺乏必要的理解。美国在第二次世界大战中取得了辉煌的胜利，军事实力空前增长。但是，美国在东亚面临的基本矛盾并没有消除，而且随着野心的膨胀还在进一步扩大，而杜鲁门政府对罗斯福的对华政策除了萧规曹随之外，并没有能够适时地做出其他选择。可以说，杜鲁门政府继承了罗斯福对华政策的宏伟目标，也继承了它的一切难以克服的矛盾。

战后初期，杜鲁门政府的对华政策包含两个基本原则。其一是继续努力维持国民政府在全中国的统治地位。一方面，在经历对日战争的考验之后，杜鲁门政府对国民政府的前途远不如罗斯福当政时期那样充满信心。另一方面，尽早打败日本这个战略性需求下降后，杜鲁门政府认为国民政府的战略价值已经大幅贬值。杜鲁门在他的回忆录中说："我们美国往往认为中国是一个国家，但是事实上，在1945年，中国只是一个地理上的名词。当抗日战争胜利时，中国的情况就是这样。蒋介石的权力只及于西南一隅，华南和华东仍被日本占领着。长江以北则连任何一种中央政府的影子也没有。"① 问题是杜鲁门政府无论如何也不愿放弃罗斯福政府在战争期间已经在中国付出的"巨大努力"，它仍然想千方百计地守住东亚大陆这块阵地。面对亚洲民族解放运动的蓬勃兴起和美苏抗衡的加剧，杜鲁门政府一时还难以找到更加合适的"伙伴"，只好继续骑上国民党政权这匹"劣马"，参加东亚的角逐。这种无可奈何的选择，一直深刻影响着杜鲁门政府的对华政策。

其二是美国在援助国民政府之时，一直试图避免直接卷入中国的内部冲突，特别是国共之间的军事冲突。杜鲁门政

---

① 〔美〕哈里·杜鲁门:《杜鲁门回忆录》第2卷，李石译，生活·读书·新知三联书店，1974，第71~72页。

府并非不了解美国在东亚的结构性弱点，以及战后美国国内的基本问题，它断定在当时的条件下，为一个前途未卜的政权火中取栗，不仅力所不逮，而且得不偿失。在整个抗日战争过程中，罗斯福政府在处理中国问题时，一贯坚持的原则之一就是反对和不以武力介入中国内部的国共武装冲突。对日战争结束时，杜鲁门政府公开宣布的政策一直遵循罗斯福时期的这个原则。

上述两个原则既反映了杜鲁门政府在战后处理中国内部冲突的基本方针，也给美国对华政策造成了无法解决的难题，即如何在不承担超载义务的条件下，继续有效地实现它的东亚计划。这是在中国当时的条件下无法解决的问题。美国的目标起着支配作用，而它的原则又限制着它实现目标的手段。美国政府最初并没有意识到，它奉行的原则在中国的政治现实中显得多么自相矛盾，罗斯福政府看上去只是简单地把目标和使用的手段糅合在一起。事实证明，赫尔利对国共两党力量对比的估计，以及他对中苏关系所做的充满乐观和自信的报告，无疑对掩盖矛盾起了相当大的作用。那些报告使当时的美国领导人信以为真并为之兴奋起来。

对日战争结束前夕，美军参谋长联席会议即向魏德迈发出指令，明确规定该指令中列举的所有行动"仅适用于与美国的基本原则不发生矛盾的范围，即美国不支持中国的中央政府在中国进行自相残杀的战争"。该指令说明：魏德迈指挥美军采取的行动是基于继续向国民政府提供军事援助，以使国民党军队重新控制被日军占领的全部地区，驻华美军应迅速协助将国民党军队调往中国的枢要地区。①

8月15日，美军参谋长联席会议再次指示魏德迈，驻华美军应根据以下原则采取行动：（1）占领日本、朝鲜和中国沿海的枢要地区；（2）迅速占领日本应为"优先行动"，占领朝鲜并接受那里的日军投降是第二位的任务，占领中国沿海和台湾从属于前两项任务；（3）控制中国的主要港口、交通要道和占领沿海地区，以便在不卷入中国陆地行动的情况下，扩大援助中国战区的军队。② 至于这种行动在中国特殊的环境中会产生什么后果，当时尚未引起在华盛顿的美军领导人过多的关注。

9月初，杜鲁门政府与国民政府在华盛顿展开了有关战后美国继续援华问题的谈判。9月5日，杜鲁门根据美军方的建议，批准继续向国民政府提供6个月的租借物资，其中包括利用美国海空军为国民政府运兵，继续运送已经储存在印度和缅甸的准备供给中国的物资，以及将中国西部地区储存的美军物资转交国民政府。13日，国务院在给杜鲁门的一份备忘录中指出，向国民政府提供军事援助符合美国的利益，不过应规定这些援助不被用于内战。14日，杜鲁门向宋子文发表口头声明，宣布美国将帮助国民政府加强军事力量，但补充的援助不得用于内战和支持不民主的政权。③

----

① "The Joint Chiefs of Staff to the Commanding General, United States Forces, China Theater (Wedemeyer)", August 10, 1945, The U. S. State Department, ed., *FRUS*, *1945*, *The Far East*, *China*, Volume Ⅶ, pp. 527 – 528.

② Herbert Feis, *Japan Subdued: The Atomic Bomb and the End of the War in the Pacific*, p. 143.

③ 《杜鲁门总统就援华事项对宋子文博士的口头声明》，1945 年 9 月 14 日，《中美关系资料汇编》第 1 辑，第 953 页。

从日本投降到 9 月 14 日杜鲁门发表口头声明，美国制定对华政策的指导思想看上去是清楚的，即援助国民政府迅速恢复对全中国的统治，但这种援助是有限度的，即美国不能被卷入中国内部的军事冲突，亦不支持国民政府在解决内部问题时奉行武力统一政策。

杜鲁门政府的政策很快引起驻华美军负责人的疑问。魏德迈向马歇尔报告说，他实际上无法执行华盛顿给他的指令，因为指令中的规定使他的使命"至少被限定在无法实行的程度"；大批有组织的中共军队包围或占领着中国的关键地区，阻止国民党军队接收；美国准备协助国民党军队受降或遣返日军，必然要阻止中共军队的行动，在南京和上海已经出现这种情况，而且美军在中国任何其他地区都会面临类似的局面；美军实际上承担了在征服中共军队的战争中支持国民政府的责任；如果美军将其行动限于不支持和不介入中国内战，则其必将取消目前正在给予国民党军队的支持。魏德迈承认，他采取的行动与指令中规定的基本原则相冲突。为了解决政策中自相矛盾的问题，他用"最富伸缩性的方式来解释"美军方的命令，以便尽可能牵制中共。①

魏德迈的报告并没有立即在杜鲁门政府中引起不安。当时重庆谈判正在进行，根据赫尔利的报告，国共两党达成协议并不是没有希望的。而且国民政府尚在集中力量接收华南，国共争夺受降权的斗争暂时主要还限于口诛笔伐。特别是随着美苏

---

① Herbert Feis, *The China Tangle：The American Effort in China from Pearl Harbor to the Marshal Mission*，pp. 402 - 404.

在东亚关系上出现紧张，杜鲁门政府多少有些急不可待地要限制住苏联在东亚的行动。所以，美军方非但没有针对魏德迈的疑问设法解释对华政策的矛盾，反而催促驻华美军加紧为国民党军队向北运兵。为了加快国民党军队向北推进的速度，驻华美军几乎动用了一切手段，其中包括在一些交通要道地区对中共军队进行武装示威和挑衅。

从9月底开始，随着国民党军队向北推进，杜鲁门政府不断收到来自中国的报告。这些报告指出：国共在华北和东北的武装冲突中投入的兵力越来越多，内战规模正趋向扩大。在这种日渐灼热的气氛中，在华北担负护路任务的美军不断与中共军队发生摩擦，而当地美军指挥官扬言要对中共军队的攻击进行报复。形势的复杂性还在于，中共军队在华北和东北均得到苏联的援助，实力不断增强。美苏在中国内战中各支持一方的局面已经出现，这种状况继续发展下去，中国的内战很可能演变成美苏之间的对抗。

另一个严重的问题是，这时在华北尚有大批日军未被解除武装。国共双方都企图在内战中利用他们，而美军也在利用部分日军护路。这批数量可观、受过良好训练并且装备精良的日军如果长期在华北存在下去，会使该地区形势难以稳定。[①] 总之，这些报告表明形势已"几乎绝望"。[②] 杜鲁门政府必须重新研究驻华美军的行动范围，调整对华政策已经刻不容缓。

---

① 〔美〕迪安·艾奇逊：《艾奇逊回忆录》上册，上海《国际问题资料》编辑组、伍协力合译，上海译文出版社，1978，第16页。

② 《共产党和国民党部队间的冲突》，《中美关系资料汇编》第1辑，第173页。

美国在中国面临的问题是由驻华美军向国民党军队提供援助引起的，美国调整对华政策自然从讨论军事问题开始，然后延伸到政治领域。从10月下旬到11月上旬，杜鲁门政府集中讨论的问题是美军是否继续留在中国，是否继续为国民政府向北运兵。

早在美军在华北登陆之前，文森特就向国务卿提出：应提请总统注意了解并重新讨论美国对华政策，如果没有足够的军事理由，美军应放弃在华北登陆的计划。他的建议第二天便被否定。美军方认为，美军目前的行动与原计划相比已经大大削弱。美军控制华北港口，一是为了通过这些港口遣返日军，二是为了协助国民政府阻止正在那里发生的混乱。美军方某些人甚至认为，没有必要担心美国依靠现有的能力卷入中国内战会有什么不好的结果。他们甚至声称已经在那里的6万名美军可以无所顾忌地"从中国的一端走到另一端"。[1]

到10月下旬，美军在华北登陆产生的复杂影响逐步凸显出来，终于在华盛顿引起了关注。10月22日，国务院和陆海军联席会议向美国军政领导人提交的一份政策报告指出：美国为了实现在东亚的目标，应该支持国民政府沿着适合美国有关政策的路线发展，并在发展中国的现代化陆海空军方面给予援助和指导；另外，军事援助和相关的指导应限于保持中国内部的和平与安全，让中国在占领朝鲜和日本中负起责任。至于停止军事援助的条件，则是它被用于支持不符合美国政策的政权、

---

[1] 〔美〕迈克尔·沙勒：《美国十字军在中国（1938—1945年）》，第279页。

用于自相残杀的战争，或用于侵略性的行动。报告认为，美国政府曾经制定了一项明确的政策，鼓励中国统一和实行民主。鉴于目前中国的形势，应当考虑：（1）重新恢复国共谈判，以改善中国内部的政治条件；（2）应注意苏联的动向，鼓励和支持苏联在伙伴的基础上，通过协商解决两国共同的问题。① 这个报告实际上是针对驻华美军援蒋行动引发的严重问题，试图提出一个衡量美国对华政策适当与否的标准，以及要调整对华政策所必须考虑的因素。它无疑是一个信号，表明杜鲁门政府内部将开始就调整有关政策展开讨论。

11 月初，杜鲁门政府内部关于对华政策的争论逐步聚焦于如下几个问题：第一，驻华美军是否应该撤出中国；第二，驻华美军撤出中国会对华北和东北的形势产生什么影响；第三，如果驻华美军不撤出中国，怎样才能避免卷入内战。11 月 3日，马歇尔打电报给魏德迈，要求了解一些他认为关键性的问题，如美国海军陆战队在秦皇岛至山海关地区采取了什么行动；这些行动对帮助国民党军队控制日本占领地区是否有必要；在不损害其使命的情况下，海军陆战队撤出该地区的最早日期是何时；如何估计美军撤出对华北的影响。②

11 月 14 日，魏德迈在给马歇尔的答复中说，美国海军陆

---

① "Reported by the State – War – Navy Coordination Committee, SWNCC 83/6", October 22, 1945, *FRUS*, *1945*, *The Far East*, *China*, Volume Ⅶ, pp. 585 – 589.

② "The Chief of Staff, United States Army (Marshal), to The Commanding General, United States Forces, China Theater (Wedemeyer)", November 3, 1945, The U. S. State Department, ed., *FRUS*, *1945*, *The Far East*, *China*, Volume Ⅶ, p. 601.

战队在天津到秦皇岛地区采取的行动，对保护交通线是完全必要的。目前运抵华北的国民党军队已有第十三军、第六十二军、第九十二军、第九十四军等4个军，它们足以把美军从其占领区替换下来，并同时保护一些有限的地区。但是，国民政府如果坚持要守住现在已占领的所有地区，并企图加以扩大，特别是准备进入东北，肯定需要美军继续替它看住沿海港口和交通要道。魏德迈认为，美国的目的如果只是解除日军武装，那么已经运送的国民党军队足够用了，据此他已无权再运送更多的国民党军队到华北地区。他进一步指出，国民政府从平津向北推进和控制东北的战略计划，是根据那里没有中共军队制订的，而且国民党军队完全没有与中共军队作战的准备。在目前已经出现军事困难的情况下，美国政府应该建议蒋介石，先控制长城以南地区，暂时不要进入东北，因为在华北的中共军队非常强大，它们威胁着所有交通线。而且苏联明确地表现出要在华北和东北造成对中共有利的条件，它正在为国民政府接收东北设置障碍。①

魏德迈的这份报告相当清楚地勾勒了他所认识到的国共在中国博弈的战略大格局，以及美军和国民党军队的力量的限度。他的报告实际上也为美军停止援蒋运兵提出了一个现实的构想，即国民党军队不应也无力再扩大占领区，应该暂时停止军事接收东北。反之，根据魏德迈的逻辑，如果美国坚持要帮助国民

---

① "The Commanding General, United States Forces, China Theater (Wedemeyer), to the Chief of Staff, United States Army (Marshall)", November 14, 1945, The U. S. State Department, ed., *FRUS*, *1945*, *The Far East*, *China*, Volume Ⅶ, pp. 627－628.

政府立即恢复对全中国的统治，美军就不能撤出它目前占领的全部地区，并应继续在军事上援助国民政府，特别是为国民党军队向华北和东北运兵。

在魏德迈提交上述报告前后，杜鲁门政府接到驻华军政人员提供的类似报告。这些报告说明，驻华美军已经拒绝为国民政府向东北运兵，可中共军队正从山东渡海进入东北，并在平津及秦皇岛展开大规模交通战，破坏铁路和桥梁，而苏联显然希望中共军队控制苏军撤出的地区。驻华美军原定任务不久即可完成，但是，它们所处的地位大部分影响到政治领域，过早撤退不仅会在目前，而且会在将来产生严重的政治后果。所以，任何及早撤出美军的建议，均应考虑到华北的形势与中国其他地区的不同之处。

既然战后美国对华政策的基点早已经放在维护国民政府的统治之上，美国领导人即使面对如此之多的困难和建议，仍然无法抛弃他们的成见。参谋长联席会议曾向国务院和陆海军部联席会议提出了他们的结论。他们在备忘录中首先提出两个问题：（1）美国是否继续向国民政府提供援助，直到华北和东北的形势稳定为止；（2）是否制订从11月15日开始从中国撤退美军的计划，或者让美军留在那里，直到局势澄清为止。参谋长们的结论是：在美军顾问团建立起来之前，美军应该继续留在中国，并将此一决定通知了魏德迈。① 然而，这样的决定仍然无法解决驻华北美军已经引发的问题。军方于是便把皮球踢

---

① "The Joint Chiefs of Staff to The Commanding General, United States Forces, China Theater (Wedemeyer)", November 9, 1945, The U. S. State Department, ed., *FRUS*, *1945*, *The Far East*, *China*, Volume Ⅶ, p. 611.

给国务院，让其为军方的决定寻找理由。

随着中国的政治军事形势急速变化，杜鲁门政府为国民政府运兵的性质正在从根本上发生变化，而美国军政领导人越来越有重新审订驻华美军的行动与美国对华政策的基本原则的关系的紧迫感。有代表性的是陆军部给国务院的一份备忘录，其中提出，美军卷入中国内部的复杂事态后，"可以预见和能够承担的后果是什么？从军事观点看，在远东应决定采取什么军事行动来反对侵略？对此国务院应作一声明，指出美国在远东，特别是在东北、内蒙、华北和朝鲜的利益冲突中，不能再后退的最低限度是什么"。① 军事问题从此延伸到政治领域。

经过一番犹豫，至少到 11 月中旬为止，美军方选择了帮助国民党军队扩大占领区的方针。这无疑是在中国内战中支持国民政府的决定。但是，随着中国内战逐步升级，华北美军与中共军队的摩擦日渐频繁。美国继续在华北驻军，不直接卷入内战已不可能；要帮助国民党军队扩大占领区，不扩大军事援助的规模也不可能。虽然美军主观上并无意愿直接参与中国内战，但仅靠扩大援蒋的规模显然是无济于事的。曾经极度轻视中共军事实力的魏德迈，经过两个月的亲身体会，也不得不承认，国民党军队靠目前的力量——包括美国已经提供的援助，根本不可能稳定地控制华北，更不要说东北了。即使美国扩大援蒋的规模，向华北运送更多的国民党军队，也不会有什么效果。②

---

① "Memorandum Prepared in the War Department", November 1, 1945, The U. S. State Department, ed., *FRUS*, *1945*, *The Far East*, *China*, Volume Ⅶ, p. 600.

② 《魏德迈将军的报告》，《中美关系资料汇编》第 1 辑，第 191～192 页。

事实其实是简单明了的，国民政府并没有足够的力量来用武力统一中国，而且后来的事实证明，在美国的援助下也不行。文森特在杜鲁门政府内部的争论中就曾尖锐地指出，国民党军队无论如何也不可能做到"日军在 8 年中都做不到的事情"。①

另一种办法是美国直接进行军事干涉，派遣更多的美军代替国民党军队守住华北的阵地，使后者脱出身来进攻中共军队控制地区。问题是美国人愿意付出这样的代价吗？对日战争结束后，美国军队正在大规模复员。根据陆军部的计划，到 1946 年 1 月，太平洋地区的 90 万美军将减少一半以上。即使是这样的速度，也远远不能满足美军官兵在战争结束后渴望回家并尽快恢复正常生活的愿望。此时美国国内正掀起"让孩子们回家去"的运动，魏德迈也收到美军家属寄来的"数以千计的信"，要求迅速让他们的亲人返回家园。在这种形势下，驻华美军只能减少，不可能增加。魏德迈曾经要求美军领导人增派 7 个师到华北，尽管他声称此举是为"阻止苏俄在华北及东北势力之发展"，② 但参谋长联席会议仍然只答应派遣 2 个师，而且这 2 个师还是原计划用于占领朝鲜的多余部队。

杜鲁门政府头痛的另一大问题是，国民党军队越是向北发展，与苏联的矛盾就越尖锐。美军扩大在华北的军事行动，肯定会招致苏联的怀疑，加剧美苏关系的紧张。杜鲁门政府为美

---

① "Memorandum by the Director of the Office of Far Eastern Affairs (Vincent) to the Secretary of State", December 9, 1945, The U. S. State Department, ed., *FRUS, 1945, The Far East, China*, Volume Ⅶ, pp. 759 – 760.

② Albert C. Wedemeyer, *Wedemeyer Reports* (New York: Henry Halt Press, 1958), p. 345.

军在华北的行动所做的公开解释是，他们在那里只是为了协助国民党军队解除日军武装并将其遣返日本。但随着国共军事冲突的升级，这种解释越来越像美军驻扎华北战略要地的借口。反之，东北的苏军是为对日作战进入中国的，苏军驻扎东北是有条约根据的。而且苏联政府一再声明，战争结束后三个月即从中国撤军，并且公布了明确的期限。到11月间，苏军已经通知国民政府的东北行营，他们开始执行撤军计划。两相对照，杜鲁门政府在外交上已经很被动了。

美军在华北的行动引起国际舆论的普遍关注和指责，也受到中共和中国公众的强烈反对。如果美国不谨慎行事，致使苏联感觉受到威胁，苏联很可能采取相应的措施，或者拒绝从东北撤军，造成美苏军事对峙的局面，或者无限制地向中共军队提供援助。这样必然使美国陷入一场无法取胜的国际冲突之中。美国战争援助处的代表麦克鲁从中国返美后，于11月6日向美国政府和军方领导人汇报：美国援蒋运兵是"有高度意义的步骤和证明，说明在整个远东我们支持蒋"，但是，如果苏联决定支持中共，美国就会陷入"真正的混乱之中"。①

"美国的法力是有边的"，美军在华的行动必须有所限制。美军即使不想撤出华北地区，但在当时的条件下，美军留在华北的最乐观的前景恐怕也就是无所作为。尽管美军方有人声称，美军在中国"从这头走到那头都不会受到什么阻碍"，可是事

---

① "Minutes of the Meeting of the Secretaries of State, War, and Navy", November 6, 1945, The U. S. State Department, ed., *FRUS*, *1945*, *The Far East*, *China*, Volume Ⅶ, pp. 606 - 607.

实证明，美军从秦皇岛坐火车到天津，乘吉普到山海关都不安全。① 美军既要在华北待下去，又不能造成国共内战扩大，以致引起直接卷入国共军事冲突并与苏联发生对抗甚至冲突，唯一的出路就是设法使中国没有内战。11 月中旬以后，杜鲁门政府内部的有关讨论就沿着这条思路发展。

11 月 16 日，美国国务院中国处负责人之一庄莱特在他起草的备忘录中声称：如果中共控制了华北和东北，那里就会出现得到苏联支持的共产党政权，这意味着"对日战争徒劳无功"，"建立强大和统一的中国的前景就会消失"，中国将会分裂，从而引起外国干涉，并有可能使"世界陷入第三次世界大战"。在一阵危言耸听之后，他强调美国应该首先考虑自身利益和安全，至于"中国的民主"和"自相残杀"的内战等，应放在第二位。他认为，美国必须继续支持国民政府，尽一切可能帮助国民政府接收日军占领区，特别是接收东北。美国如果不准备参与国民党军队在东北的登陆，就应该把舰船交给国民政府；任何撤退美军和半心半意地援助国民政府，都会摧毁美国渴望达到的目标。②

庄莱特的备忘录把美国对华政策中反共和限制苏联的内容发挥得淋漓尽致。尤其是他特别强调，必须保持美国对华政策

① "The Navy Department to the Department of State", November 14, 1945, The U. S. State Department, ed., *FRUS*, *1945*, *The Far East*, *China*, Volume Ⅶ, pp. 626 – 627.

② "Memorandum by the Chief of the Division of Chinese Affairs (Drumright)", November 16, 1945, The U. S. State Department, ed., *FRUS*, *1945*, *The Far East*, *China*, Volume Ⅶ, pp. 630 – 634.

的一贯性，而美国当前在中国的任务是防止苏联与中共控制东北和华北。在他看来，杜鲁门政府唯一的选择就是继续和扩大给予国民政府的援助。

庄莱特的备忘录由文森特转交给副国务卿艾奇逊，不过艾奇逊此时正在考虑的是如何才能尽快遣返驻扎华北的大批日军，以及如何防止国共冲突加剧，以免苏联"冒冒失失地登场"，何况驻华美军此时已奉命暂停为国民政府向东北和华北运送军队，庄莱特此刻提出那样的建议既不切实际，也不合时宜。艾奇逊要求文森特再提供一份"比较全面的分析和可供选择的意见书"。① 美军方也通知魏德迈，国务院非常想了解国民政府是否有能力在没有美国进一步援助的情况下，肃清东北和华北的日军；以及美军撤出或留在华北，到底会对当地的形势产生什么影响，并要求提出可供"选择的行动路线来"。②

11 月 19 日，文森特在他准备的一份备忘录中未加论证地提出四个可供选择的方案：第一，海军陆战队撤出华北；第二，海军陆战队留在华北，"任务不变"；第三，海军陆战队不仅留在华北，还要"扩大它们的任务"，以便帮助国民政府控制华北和东北的形势；第四，海军陆战队留在华北，其任务明确规定为仅限于加速解除日军武装将其遣返日本。③ 从当时杜鲁门政府内部的状况看，文森特的这些建议没有一条有可能被采纳。第一条早已被否定；第二条提出美军留在华北又不变更其任务，

① 〔美〕迪安·艾奇逊：《艾奇逊回忆录》上册，第 15 页。
② Albert C. Wedemeyer, *Wedemeyer Reports*, p. 349.
③ 〔美〕迪安·艾奇逊：《艾奇逊回忆录》上册，第 15~16 页。

根本行不通；第三条要求增加对国民政府的援助，却无法估量"扩大"的限度；第四条提出要限制驻华美军的任务，又无法解决美国对华政策面临的基本问题。所有这些选项都被认为行不通很可能就是文森特没有展开其论证的原因。

这期间，魏德迈也根据给他的指令，多次向杜鲁门政府全面报告他对中国形势的看法。魏德迈认为，一方面，国民政府没有能力完成它面临的使国内统一和实行民主改革的任务；没有足够的军事资源用于控制华北，也不可能采取成功的军事行动进攻东北，或用政治手段接收东北的行政权。蒋介石只知道催促美军为他向北增调兵力，并企图使美军成为一种威慑力量，以使国民党军队可以集中力量进攻中共军队。在这种情况下，如果美军继续留在华北，不可避免地会被卷入国共内战和政治纠纷。另一方面，中国已经变成了"美苏这两个世界最强大国家的政治和经济竞技场""美苏在华北和东北争夺实力地位的斗争已经展开"。如果中共在国共斗争中取胜，就意味着中国将变成苏联的"傀儡国"，而苏联就会实际上控制欧亚大陆。美国曾经决心阻止日本把中国变成它的附庸，所以现在美国也不能允许苏联这样做。但是，如果美国直接干涉中国的内部事务，就有可能卷入同苏联的战争，这肯定需要增派"远远超过目前在中国战区可以动用的更多的美军"，而这显然是办不到的。魏德迈建议国民政府必须接受现实，限制自己力图控制的范围。他的基本估计是：第一，蒋介石如果接受外国的行政和技术人员的帮助，进行政治和经济改革，国民政府可以控制华南；第二，除非与中共达成协议并认真加以执行，国民政府不可能在数月甚至数年内稳定华北，而现在问题是国共达成协议"为时尚属遥远"；第三，除非与苏联和中共达成协议，国民政府在许多年内不可能收复东北。基于以上分析和判断，魏德迈向杜鲁门政府建议：立刻撤退驻华美军，同时向国民政府提供军事和经济援助；对于东北地区，美国可以提出由美英苏三国"联合托管"，从而"杜绝苏联在东北的单方面行动"。①

11月26日，由于美军参谋长联席会议人事变动，魏德迈立即向刚接任总参谋长的艾森豪威尔陈述了他对中国形势的估计。他在给后者的电报中提出，在现在的局面下，即使国民政府想暂停接收东北，集中全力巩固长江以北和长城以南地区，如果没有美军的帮助，也是很难实现的；华北的国民党军队就算是在靠近海港的地区作战，也没有力量保障供给线畅通无阻。魏德迈再次强调，如果美军不介入国共内战，国民党军队仅靠美国提供援助是不可能控制东北的；如果美军不介入国共内战，仅靠国民党军队完成日军遣返更是不可能；如果不进一步投入更多的美国军事力量，仅靠目前驻华美军和中国战区的军事资源，既不能帮助国民政府统一中国，也不能完成遣返日军的任务。魏德迈重新提出三个他认为美国必须选择其中之一的方案：或者撤退全部驻华美军，接受国共协商的结果；或者改变给他

---

① Albert C. Wedemeyer, *Wedemeyer Reports*, pp. 345 - 346, 452 - 453;《魏德迈将军的报告》,《中美关系资料汇编》第 1 辑, 第 191 ~ 192 页; "The Commanding General, United States Forces, China Theater (Wedemeyer), to the Chief of Staff, United States Army (Marshall)", November 14, 1945, The U. S. State Department, ed., *FRUS*, *1945*, *The Far East*, *China*, Volume Ⅶ, pp. 627 - 628。

的指令，并派遣足够多的陆海空军部队，执行援蒋统一和遣返日军的任务；或者由联合国托管东北，利用联合国的资源遣返日军，同时撤出驻华美军和停止给予国民政府的援助，让中国人自己决定他们的未来——不论是通过改革还是革命的途径。①

这时在杜鲁门政府中，没有人认为魏德迈的建议是可取的；关于美英苏三国对东北实行"联合托管"，更没有人认为是可以接受的。魏德迈经过两个月徒劳的努力，终于认识到他以往对中共力量的估计是多么不现实，然而在华盛顿的美国将军们却不愿接受魏德迈的经验和判断。11 月 26 日，陆军部和海军部的部长们在给国务院的一份备忘录中称：魏德迈对中国形势的估计太悲观，"不能作为美国行动的基础"；美国政府多次公布的政策是"统一的中国，特别是将包括东北在内的领土归还中国。现在花费可观的代价赢得了战争，没有仔细检查便放弃任何公布的目标，显然不是令人满意的"。他们认为，美国目前面临的真正问题是，如果继续援助国民政府，就会加剧中国内战，而美国舆论会批评美国政府卷入友好国家的内部事务，并增加与苏联的矛盾；如果改变以往的政策，不支持蒋介石统一中国，则会产生抛弃一个盟国的不良影响，并有可能导致国民政府垮台，从而在国际事务中失去一个大国的支持。总之，中国问题无论如何也不能再拖延不决，否则就会加强中共的军事实力，并影响苏联或者重新考虑继续履行中苏条约的期限，

---

① "The Commanding General, United States Forces, China Theater (Wedemeyer), to the Chief of Staff, United States Army (Eisenhower)", November 26, 1945, The U. S. State Department, ed., *FRUS*, *1945*, *The Far East*, *China*, Volume Ⅶ, pp. 681 – 684.

或者决定正式向中共提供援助。他们建议杜鲁门政府应遵循下述原则制定政策：通过政治方式解决中国的统一问题，不必立刻诉诸武力；政府在澄清对华政策之前，美军继续留在华北；在解决中国内部问题时，应考虑苏联方面的态度，以便国民政府能通过政治途径控制东北。① 这个建议的目的显然就是要利用驻华北美军继续保持国民政府的实力地位的同时，寻求政治解决国共冲突的途径。

11月27日，国务院和陆海军部召开了一次联席会议，专门讨论陆军和海军部长们的备忘录。在此之前，美国国务卿内尔纳斯已经向国民政府驻美大使魏道明询问过，国共双方是否有做出妥协的可能性。他得到的答复是，这主要取决于苏联方面的态度。在联席会议上，国务院和军方领导人经过争论，决定从两个方面着手解决问题：一方面促使国共达成协议，如果蒋介石拒绝合理的妥协，美国就停止向国民政府提供援助；另一方面是与苏联协商，争取苏联支持美国的政策。艾奇逊把这次联席会议讨论的结论概括为：继续帮助国民党军队向华北运兵；国共军队在日军撤出的地区停战；通过斡旋促使国共达成一项政治协议，并迫使蒋介石接受这条路线。②

继续援蒋运兵，促成国共停战，改组国民政府——这就是杜鲁门政府从五花八门的建议中选择出来的一个"最佳"方案，也可以说是又回到了罗斯福政府对华政策的轨道上，不同

---

① "Memorandum by the Secretaries of War (Patterson) and Navy (Forrestal) to the Secretary of State", November 26, 1945, The U. S. State Department, ed., *FRUS*, *1945*, *The Far East*, *China*, Volume Ⅶ, pp. 671 – 672.

② 〔美〕迪安·艾奇逊：《艾奇逊回忆录》上册，第16~17页。

的只是面临更大的难题。这个方案的实质就是既保证实现在国民政府统治下的中国统一和稳定的目标，又避免美国承担超出其能力和意愿的义务。对于美国决策者来说，尚待进一步讨论解决的问题是如何使这个笼统的原则具体化为可行的计划，以及由谁和采取什么手段，才能推动国共关系沿着美国人设想的途径发展。

二 马歇尔上任之后

就在 11 月 27 日的联席会议刚刚为调整对华政策勾画出一个轮廓时，赫尔利突然于同一天在全美新闻俱乐部发表讲话，猛烈抨击杜鲁门的对华政策，随后他又向杜鲁门递交了辞职书。赫尔利在他的讲话和辞职书中，把他在中国调处国共矛盾失败的原因归咎于杜鲁门政府在 "政策上面的混乱"，以及美国 "国务院中很多部门" 正努力地 "支持共产主义，尤其是中国的共产主义"。他声称，杜鲁门政府如果准备实现美国在华的既定目标，不仅需要制定明确的对华政策，而且有必要 "全盘改组" 那些制定对华政策的机构。① 12 月 5 日，赫尔利在参议院外交委员会作证。他在发言中再次指责杜鲁门政府，声称他调处国共矛盾失败是因为国务院内部的亲共分子和帝国主义分子勾结在一起，破坏了他的行动。②

---

① 《驻华大使（赫尔利）致杜鲁门总统》，《中美关系资料汇编》第 1 辑，第 603~606 页。

② 参阅 Russel D. Buhite, *Patrick J. Hurley and American Foreign Policy*, pp. 260 – 261, 273 – 274。

杜鲁门政府好不容易刚刚就找到一条解决中国问题的出路达成初步共识，赫尔利却发起突然袭击，结果在杜鲁门政府中造成一次"地震"，并在美国政治中引起轩然大波。早在 8 月 25 日，赫尔利就在一封给国务卿的信中提到，他准备辞去中国大使的职务。回国述职后不久，赫尔利一再向国务院领导人表示准备辞职。由于当时国共两党领导人正在重庆举行谈判，美国政府尚需进一步观察中国形势的发展，所以美国领导人拒绝了赫尔利的要求，表示他们完全支持赫尔利在中国的努力，并建议他去新墨西哥州的日光下休养，然后再返回华盛顿，那时他"就会对整个问题有完全不同的看法"。

　　但是，国共在华北的武装冲突爆发后，美国舆论哗然，赫尔利顿时成了众矢之的。他被指责"颠覆了"罗斯福的对华政策，对前驻华大使高斯的辞职和国务院里那些能干的"中国通"遭"清洗"负有责任。苏英两国也通过各种方式谴责赫尔利。中共中央也公开表示，反对他再担任驻华大使。只有蒋介石希望他尽快结束在华盛顿的述职，返回重庆继续帮助国民政府。

　　面对来自四面八方的谴责之声，赫尔利最初以攻为守，不断发表讲话，摇唇鼓舌，推波助澜，唯恐杜鲁门政府在介入中国内部事务的问题上走得还不够远。当他意识到这一招于事无补时，便在 27 日会见杜鲁门后仅两个小时提出辞职。显然，他在这次会谈之前已经准备好了那份很长的辞呈，而会谈的结果又无法使他感到满意。第二天，他又发表公开声明，在推卸责任的同时借机大大发泄了一通对政府有关部门和杜鲁门本人的不满。① 赫尔利的言行和美国国内舆论与国际舆论越来越清楚地表明，他已经失去了影响中国政治形势的资本。杜鲁门政府在重新审视对华政策之际，起用赫尔利去重庆力挽狂澜，显然是不智之举。杜鲁门接到赫尔利的辞职书后，毫不犹豫地予以批准。

为了迅速平息赫尔利辞职引起的混乱，杜鲁门政府立刻采取行动。12月7日，贝尔纳斯在参议院外交委员会发表讲话，反驳了赫尔利对杜鲁门政府的各种指责，并阐明了杜鲁门政府将调整对华政策的指导方针。他在发言中说，杜鲁门政府在支持国民政府的问题上，与赫尔利并没有实质性分歧。但是，美国不可能将它的支持扩大到卷入中国的内部冲突。美国将继续支持中国实现统一、民主和稳定，并且"始终相信蒋委员长领导下的政府，是发展民主中国最满意的基础"。不过国民政府也必须"扩大范围容纳各党派的代表"。关于被赫尔利猛烈抨击的那些国务院的外交官，贝尔纳斯认为，他们报告所观察到的中国的情况和对政府的对华政策提出意见是完全必要的，杜鲁门政府会继续留用他们。② 贝尔纳斯的这番发言表明，杜鲁门政府既不打算为赫尔利的失败承担责任，也不会因赫尔利辞职造成的冲击就改变已经选择的路线。

---

① 《驻华大使（赫尔利）致杜鲁门总统》，1945年11月26日，《中美关系资料汇编》第1辑，第603～606页；〔美〕哈里·杜鲁门：《杜鲁门回忆录》第2卷，第76～77页。

② 《国务卿贝尔纳斯致陆军部的备忘录》，《中美关系资料汇编》第1辑，第628页；另参阅《贝尔纳斯声明美国对华政策鼓励各党派互相让步促成中国团结民主》，《解放日报》1945年12月10日。

杜鲁门政府在批准赫尔利辞职的同时，即宣布任命马歇尔为总统特使前往中国。11 月 26 日，杜鲁门总统在白宫为马歇尔退休举行了告别仪式。杜鲁门曾在仪式结束后，郑重其事地向马歇尔保证：他已经为美国做出重大的贡献，退休后决不会受到白宫的打扰。但是，几天后杜鲁门便自食其言，打电话给刚跨进家门的马歇尔，声称中国的情况非常紧急，希望他能代表自己到中国去。① 在马歇尔表示服从指派后，杜鲁门随即向全国公布了对马歇尔的任命。

杜鲁门政府以异乎寻常的速度，一举完成批准赫尔利辞职和任命马歇尔的程序，除情况的确"非常紧急"之外，还因为马歇尔具有肩负此等重任的特殊条件。当时影响杜鲁门政府调整对华政策的基本因素主要来自三个方面：美国国内的批评、国共两党的关系，以及美苏关系。杜鲁门政府调整对华政策的目的包括：平息美国国内的党派攻讦和舆论的批评；通过调处国共纠纷，使国共关系能按照美国的愿望发展；限制苏联扩大在东亚的影响，而又不至于破坏美苏关系的大格局。在解决这些问题方面，马歇尔的条件是独一无二的。

首先，在美国公众眼里，马歇尔具有公正无私的品德和深厚的民主修养，因而备受爱戴，被众人寄予厚望。起用这样一位超脱于政党纠纷、人格方面在美国公民看来几乎是无可挑剔的人物取代赫尔利，足可以消除美国国内党派纠纷引起的麻烦。

其次，马歇尔在第二次世界大战中担任美军总参谋长一职，

---

① 〔美〕哈里·杜鲁门：《杜鲁门回忆录》第 2 卷，第 77 页。

是蜚声世界的著名人物，享有"胜利的组织者"的盛名。战争期间，他在调度欧洲和太平洋两大战场的美军、协调各军兵种及美英等盟国军队共同作战时，显示出卓越的组织和谈判才能。正是由于马歇尔具有"集天下斡旋功夫于一身"的才干，美国领导人才会断定，他一定会像魔术师那样，在调处国共纠纷中创造奇迹。

再次，马歇尔在美国是一位无可争议的战略家，曾经是罗斯福和杜鲁门两任总统最重要的军事顾问，陪同他们出席了战争期间每一次重要的国际会议。可以说马歇尔既对美国的全球战略了如指掌，又具有强烈的反苏意识。如果有谁既能在战略上透彻地了解美国对华政策所涉及的既广且深的背景，又能从战术上精明计算国民政府在军事行动方面的得失，在美国政军两界恐怕非马歇尔莫属。杜鲁门毫不犹豫地委重任于马歇尔，表明他确信后者是执行新对华政策的最佳人选，他当时实在"想不出一个比他（马歇尔——笔者注）更合适的人来担任出使中国的艰巨任务"。①

马歇尔接受杜鲁门的任命后，立刻走马上任。当他开始参与讨论和制定对华政策时，中国政治形势正在发生变化。11月30日，哈里曼报告杜鲁门政府说，他得到的消息证明，苏联已经同意国民政府的要求，决定延缓从东北撤军。② 第二天，国务院又接到驻华使馆领事史密斯的报告。该报告转述了王世杰

---

① 〔美〕哈里·杜鲁门：《杜鲁门回忆录》第 2 卷，第 77 页。
② "The Ambassador in the Soviet Union（Harriman）to the Secretary of State", November 30, 1945, The U. S. State Department, ed., *FRUS*, *1945*, *The Far East*, *China*, Volume Ⅶ, pp. 1045 – 1046.

11 月 27 日递交的一份备忘录, 说明了苏联延缓撤军的情况。报告指出国民政府正急于与苏联达成协议, 以便合法地接收东北。① 美国驻海参崴的领事馆也报告说, 苏联延缓撤军会给国民政府更多的时间调动军队; 不过苏联正有计划地提高在亚洲的地位, 在东北则是迫使国民政府承认苏联在那一地区享有最优的利益。② 艾奇逊立即召见魏道明, 要求他解释中苏之间的协议是否包括其他条款。③ 显然, 苏联宣布延缓撤军和国民政府的态度已经引起杜鲁门政府的关注与担心, 他们既不愿看到国民政府与苏联达成的这样一笔重要的交易中包含对美国不利的内容, 也担心苏联对东北地区的政策会发生根本性改变, 苏军会长期驻扎在那里。

12 月初, 魏德迈再次向时任参谋长联席会议主席的艾森豪威尔报告了华北的形势。他指出, 驻华美军实际上正为国民政府防守着秦皇岛、天津、北平和青岛, 并控制着塘沽到秦皇岛的铁路线; 还有大约 1 万名日军在协助美军护路; 除非能协助国民政府尽快向华北增调军队, 否则美军无法执行解除在华日军武装的任务。在这种情况下, 美国要么甘冒卷入中国内战的

---

① "The Counsellor of Embassy in China (Smyth) to the Secretary of State", December 1, 1945, The U. S. State Department, ed. , *FRUS*, *1945*, *The Far East*, *China*, Volume Ⅶ, p. 1047.

② "The Consul General at Vladivostok (Clubb) to the Secretary of State", December 6, 1945, The U. S. State Department, ed. , *FRUS*, *1945*, *The Far East*, *China*, Volume Ⅶ, pp. 1049 – 1050.

③ "Memorandum of Conversation by the Director of the Office of Far Eastern Affairs (Vincent)", December 1, 1945, The U. S. State Department, ed. , *FRUS*, *1945*, *The Far East*, *China*, Volume Ⅶ, p. 1048.

风险，继续为国民政府向华北运兵；要么立即动用美军的资源遣返日军，而不管国共之间的争执。魏德迈提出，如果美国的政策是支持中国的统一和稳定，就需要执行第一个方案；反之，如果美国只准备遣返日军，就采取第二个方案。他建议杜鲁门政府无论如何要发表一项声明，确定美军驻华北的目的，并宣布美国不向任何人发动攻击，但在执行任务过程中有权采取行动，保护美国人的生命和财产安全。①

魏德迈的报告再次证明了驻华美军的处境已非常不妙，他们非但难以执行杜鲁门政府公开宣布的任务，反而要利用日军作挡箭牌。而且由于华北地区国共军事冲突愈演愈烈，魏德迈的建议实际上是要求杜鲁门政府为美军可以采取军事行动开绿灯——如果美军还要在中国待下去而不出现伤亡的话。驻华美军的行动当然会引起各方面的关注，尤其是苏联报刊这时开始公开指责美军的行动，抨击美军留在中国不走缺乏正当的理由。

东北形势的急剧变化和华北美军的处境加快了杜鲁门政府调整对华政策的步伐。国务院和陆海军部在 11 月 27 日联席会议上确定的原则必须尽快具体化，以便能够适应迅速变动的形势。

11 月 28 日，贝尔纳斯向马歇尔宣读了由文森特起草的一份题为《在华行动提纲》的文件。该文件的主要内容包括如下几方面：（1）东北是中国的组成部分，国民政府重建对东北的

---

① "The Commanding General, United States Forces, China Theater (Wedemeyer), to the Chief of Staff, United States Army (Eisenhower)", December 2, 1945, The U. S. State Department, ed., *FRUS, 1945, The Far East, China*, Volume Ⅶ, pp. 755 - 757.

行政控制权是中国恢复在东北的主权的唯一途径。美国准备为此帮助国民政府向东北运兵。（2）美国海军陆战队在中国的任务是帮助国民党军队解除日军武装，并将他们遣送回国。（3）美国在国际上承认并支持国民政府，但不能在中国的内部斗争中用军事介入的方式给予支持。（4）国共停战是完成第一、二两项任务的必要条件。如果得到中国方面的邀请，美国可以参与斡旋国共军队实现停战。（5）美国将以各种方式支持国民政府通过政治谈判，实现中国的统一，这包括改组国民党的"一党政府"，并取消中共"自治性"军队。（6）美国要求苏联和英国支持它的政策。该文件最后说明：美国准备以各种合理的方式向中国提供政治、经济和军事援助，前提是国民政府要沿着美国指出的路线实现和平和统一。① 国务院起草的《在华行动提纲》基本上反映的是该部门的一贯方针，即援助国民政府向东北运兵，以排挤苏联；促成国共停战，以稳定华北局势；改组国民政府，以形成统一中国的政治基础。最终目标是通过政治方式，使中国形成在蒋介石领导下的统一局面。

马歇尔对《在华行动提纲》并不满意，主要是认为它不够明确，容易引起误解。他要求重新起草一份文件，并解释了他考虑的因素。第一，既要使美国公众明了美国政策"暗示的含义"，又要使蒋介石能在明确的数据的基础上，计算能得到多少军事援助，而且还要使蒋介石注意到，美国海军陆战队将驻

---

① "Memorandum by the Director of the Office of Far Eastern Affairs（Vincent）", November 28, 1945, The U. S. State Department, ed. , *FRUS*, *1945*, *The Far East*, *China*, Volume Ⅶ, pp. 745 – 747.

在某些指定的港口，目的是保护自己的安全。这种方式同时也暗含着美国能够在纯粹政治性的问题上控制蒋介石的行动。第二，马歇尔表示他很清楚，美军驻在中国的某些港口，可以使蒋介石从那里自由地调动他的大部分军队，扩大对华北铁路的控制。第三，马歇尔自己设想，中共可能会为自己的利益而拖延谈判，以便引起更大的混乱，减少国民政府控制东北的可能性，而这种情况肯定会给苏联控制东北创造条件。第四，应该由国务院发表坦率的声明，使美国公众、苏联、中国和英国等，都能清楚地理解杜鲁门政府到底打算做什么。①

马歇尔当天即与他的助手一起重新拟订了一份题为《美国对华政策》的草案。这个草案除了重申文森特的《在华行动提纲》中的部分原则外，还加入了一些新内容，包括：美苏均承认国民政府是"中国唯一合法政府"，在中国只有这个政府表现出有能力实现中国的统一；美苏均承认中国有权控制包括东北在内的被解放地区；根据复员和遣返日军的需要，美国将继续向国民政府提供援助，并协助它运送军队，使它能够控制华北和东北。马歇尔强调，提出这些原则的目的是试图平衡《在华行动提纲》中表现出的更多地向国民政府施加压力的倾向，并表明美国准备利用外交手段和既有军事地位，向苏联特别是

---

① "Memorandum by General of the Army George C. Marshall to Fleet Admiral William D. Leahy, Chief of Staff to the Commander in Chief of the Army and Navy", November 30, 1945, The U. S. State Department, ed., *FRUS, 1945, The Far East, China*, Volume Ⅶ, pp. 749 – 751；另参阅 Herbert Feis, *The China Tangle: The American Effort in China from Pearl Harbor to the Marshall Mission*, pp. 414 – 415。

向中共施加压力。①

　　12 月 8 日，文森特重新拟订了一份对华政策文件，其中修改了马歇尔 11 月 28 日的草案。相比较而言，这份文件的确更多地强调了要"用和平谈判的方式"迅速解决国共争端，并明确提出："为了便利安排停战，在拟订中的国民会议达成临时协议之前，美国将不运送国民政府的军队到华北等地区，因为运送军队会损及军事停战和政治谈判的目标。"②

　　美军方立刻对文森特修改过的文件提出异议。陆军部在给马歇尔的备忘录中指出，如果国务院确定的目标包括统一中国，那么规定解决东北问题将等待国共谈判的结果，这一点很值得怀疑。因为那里的形势已经表明，只有运送更多的国民党军队，才能保证国民政府在最近的将来控制整个东北，而美军为国民政府运兵的能力会随着时间的推移而消失，所以拖延肯定对中共有利。陆军部建议，为了防止因谈判而拖延时间，应规定在改组国民政府之前取消中共军队。③

　　为了答复陆军部的非难，文森特在给国务卿的备忘录中建议：如果中共在谈判中拒绝合作，美国可以继续帮助国民政府

---

①　"Memorandum by General of the Army George C. Marshall to Fleet Admiral William D. Leahy, Chief of Staff to the Commander in Chief of the Army and Navy", November 30, 1945, The U. S. State Department, ed., *FRUS*, *1945*, *The Far East*, *China*, Volume Ⅶ, pp. 749 – 751.

②　"Memorandum by the Director of the Office of Far Eastern Affairs (Vincent) to the Secretary of State", December 8, 1945, The U. S. State Department, ed., *FRUS*, *1945*, *The Far East*, *China*, Volume Ⅶ, pp. 759 – 760.

③　"Memorandum by Lieutenant General John E. Hull, War Department General Staff, to General Marshall", December 8, 1945, The U. S. State Department, ed., *FRUS*, *1945*, *The Far East*, *China*, Volume Ⅶ, pp. 758 – 759.

向华北运兵。但他随即补充说明,这并不是一个明智的解决办法,因为美国的这类行动不会阻止内战的发生,而且美国这样做是企图使国民政府去做日军没有做到的事。反之,如果蒋介石拒绝合作,美国就应该与中共做出安排,以便迅速遣返华北的日军。①

12月9日,马歇尔与贝尔纳斯、艾奇逊、文森特和陆军部参谋赫尔等人在国务院开会,共同研究对华政策问题。他们讨论了马歇尔主持起草的文件和文森特的修改方案。贝尔纳斯首先表示支持文森特的修正意见。他声称中国的强大和统一对美国的利益非常重要,如果不能使国共组成联合政府,苏联最终会控制东北,并对华北保持占统治地位的影响;如果中国自己不能控制东北,就没有使苏联不那样做的办法了。所以,马歇尔应该持有足够的武器,"以便诱导中央政府和共产党政府走到一块儿",而马歇尔的武器就是美援和帮助国民政府运兵。美军方应该指示魏德迈向东北调运更多的国民党军队,包括对它们的后勤支援;美军采取行动帮助国民党向华北增调军队,则必须等待马歇尔与国共双方谈判的结果。

马歇尔的军事顾问重申对国务院的方针中存在的矛盾感到担心。国务院主张在停战和达成政治协议之前就向华北增运国民党军队。马歇尔本人则立刻施展出他的调处才能。他曾经支持军事顾问们的意见,但在贝尔纳斯发言之后,他即提到两种

---

① "Memorandum by the Director of the Office of Far Eastern Affairs (Vincent) to the Secretary of State", December 9, 1945, The U. S. State Department, ed., *FRUS, 1945, The Far East, China*, Volume Ⅶ, pp. 759 – 760.

可能性：一是中共接受美国的建议，而蒋介石却反对；一是中共反对做出合理的妥协，而国民政府方面采取合作的态度。如果调处中出现其中任何一种情况，美国应该怎么办？贝尔纳斯按照文森特的建议答复说：如果出现第一种情况，就告诉蒋介石，美国将停止给予国民政府的一切援助，与中共协商遣返华北地区的日军；如果出现第二种情况，美国就应该全力支持国民政府向华北运兵。①

贝尔纳斯的答复显然难以自圆其说。如果杜鲁门政府有意把驻华美军的任务仅仅限于遣返日军，他们根本不必为调整对华政策如此大伤脑筋。只要他们愿意，完全可以同中共方面协商，解决遣返华北地区日军的问题。同样，如果通过协助国民党军队向华北运兵就可以保证国民政府取得军事优势，杜鲁门政府也绝不会为促使国共停战操心。马歇尔当然不希望按这种似是而非的答复采取行动。

美国国务院官员和军方领导人的争执相持不下，他们最后接受了麦克阿瑟、魏德迈和斯普鲁恩斯等在亚太的军事指挥官的建议。后者在给杜鲁门政府的报告中说：美国应冉运送 6 个军的国民党部队及其所需的装备到华北和东北；执行这一任务的时机，可由马歇尔在完成他的使命的过程中确定。②

12 月 9 日的会议实际上采纳的是一种折中方案。贝尔纳斯当天向陆军部提交了一份备忘录，内容包括他两天前在美国参

---

① Herbert Feis, *The China Tangle: The American Effort in China from Pearl Harbor to the Marshall Mission*, pp. 418 – 420.

② Herbert Feis, *The China Tangle: The American Effort in China from Pearl Harbor to the Marshall Mission*, p. 418.

议院外交委员会的发言，以及国务院给魏德迈的最新指示，即：驻华美军可以协助国民政府向东北运兵，包括运送必要的装备和补给；在国共达成协议之前，停止向华北运送国民党军队；应妥善准备向华北运兵，但不能通知国民政府；是否实施向华北运兵的计划，应由马歇尔根据两种情况做出决定，一是不妨碍国共谈判，二是谈判失败，为保证美国的长远利益，运兵已属必要。[①] 这个方案既否定了贝尔纳斯提出的选择，即在蒋介石不肯合作时，与中共合作遣返日军，也否定了美军方坚持在国共达成协议之前就为国民政府运兵的建议。马歇尔有权决定的是在什么时机将为国民政府运兵的计划付诸实施。会议的决定实际上有两重含义：一是要利用美国援助来加强国民政府在华北和东北的军事地位；二是要利用美国援助作为促使国共谈判妥协的工具。后来的发展证明，这个方案中自相矛盾的逻辑贯穿马歇尔调处活动的始终。

美国军政领导人争来论去，其实是在什么条件下为国民政府运兵的问题上兜圈子。这种本末倒置的逻辑已经把美国对华政策置于一种荒唐的前提之下。文森特为使美国对华政策仍然保留转圜余地，在第二天起草给马歇尔的指令时，说明杜鲁门总统特别希望马歇尔能说服国民政府，召开代表各党派的会议来解决中国政治统一的问题。目前则应实行停战，特别是在华北地区停战。但是他并没有按照贝尔纳斯的指示，进一步说明一旦马歇尔调处失败，美国可以采取什么行动。文森特在给贝

----

① 《国务卿贝尔纳斯致陆军部的备忘录》，1945年12月9日，《中美关系资料汇编》第1辑，第628页。

尔纳斯的备忘录中解释说，如果美国达不到基本目标，应采取什么路线，最好等待马歇尔到中国后的报告，现在就起草那种指令并不明智。①

文森特的建议虽然得到了美国领导人的认可，马歇尔却要追根究底。在 12 月 11 日又一次审议美国对华政策的会议上，贝尔纳斯重申，美军有权向东北运送国民党军队和他们所需要的装备，也有权协助遣返日军和向华北运送国民党军队。但关于后一点，目前应对蒋介石保密，目的是向国共双方施加压力，以便达成停战和组织联合政府的协议。杜鲁门批准了贝尔纳斯的汇报，并表示他会支持马歇尔的一切行动。

马歇尔对贝尔纳斯的决定并不满意。他说根据他的理解，他将利用国共双方对美国是否帮助国民政府向华北运兵这一吃不准的情况，尽量迫使它们做合理的妥协。问题是当蒋介石不肯做"合理的让步"时，美国"倘若放弃对委员长的支持，那么随之而来的便是一个分裂的中国，以及俄国人可能重新在满洲掌权的悲剧性后果。出现这种局势实际上意味着我们的失败，并失去我们参加太平洋战争的主要目标"。马歇尔询问，在这种情况下，美国是否打算继续帮助国民政府向华北运兵。如果答案是肯定的，那就意味着美国政府要"放弃它引为自豪的行动和正在执行的许多政策"。杜鲁门和贝尔纳斯的答复是，美国"不得不支持蒋介石，扩大援助国民政府向华北运兵，以便

---

① "Memorandum by the Director of the Office of Far Eastern Affairs（Vincent）to the Secretary of State", December 10, 1945, The U. S. State Department, ed., *FRUS*, *1945*, *The Far East*, *China*, Volume Ⅶ, pp. 763 – 764.

完成遣返日军"。贝尔纳斯补充说明，美国的政策是不再向中国派兵，他已经就此发表过公开声明。杜鲁门立刻表示同意。①

杜鲁门和贝尔纳斯虽然把援蒋运兵说成为了遣返日军，但他们同马歇尔一样，深知那样做的后果，而且非常清楚美国援蒋能力的限度。正是因为他们都看到了调处失败会产生何种影响，美国必须尽可能防止国共谈判破裂。这就是为什么马歇尔在调处期间会一再向国民政府施加压力。另一方面，11日的讨论实际上已经反映出美国领导人对马歇尔调处可能失败的潜在担忧，所以他们也为调处失败后美国可能采取的行动规定了界限，即美国绝对不能直接卷入中国内战。

12月14日，马歇尔同杜鲁门、艾奇逊在白宫最后一次研究对华政策，杜鲁门把有关的文件——"总统给马歇尔的信""美国对华政策声明""国务卿、陆军部的备忘录"以及供发表的"新闻电讯稿"等，统统交给马歇尔，并征询他的意见。这些文件概括了美国对华政策的目标和马歇尔可以利用的手段。概括地说，美国的目标是促使中国出现稳定和统一的局面，方法是利用美国的影响，并争取苏联的支持，以促成国共停战，进而通过政治谈判，将国民政府改组为由各党派参加的联合政府。马歇尔在完成其使命的过程中，有权充分利用美国的实力地位，迫使国共双方做合理的妥协，有权决定美国在调处失败后采取的行动路线。马歇尔当场对这些文件表示满意，但他指出：指令中有一条没有见诸文字，即如果不能确保蒋介石做出

---

① Herbert Feis, *The China Tangle: The American Effort in China from Pearl Harbor to the Marshall Mission*, pp. 419 – 420.

必要的让步，美国政府仍有必要通过他支持国民政府。杜鲁门当即肯定了这个结论的正确性。①

同一天，联合参谋部指示魏德迈：驻华美军的任务是协助国民政府解除中国战区的日军武装，以及控制包括东北在内的被解放地区；美军有责任与国民政府协调行动；美国应援助国民政府向东北运兵，并提供相应的装备和补给；美军不承担进一步向华北增调国民党军队的任务，除非得到参谋长联席会议的专门指令；华北港口除了为向东北运兵所必需者外，不得再用于调动军队；驻华美军应尽可能避免与中共军队发生任何冲突，美国对国民政府的支持不得扩大到用美军的介入影响中国内部冲突的进程。②

12 月 15 日，杜鲁门公开发表美国对华政策声明，阐述美国对华政策的主要原则和行动路线。首先，针对中国内部的国共斗争，美国的主张是立即停止敌对性的军事冲突，召开有中国各主要党派参加的政治协商会议，尽快解决目前的纠纷，以促成中国的统一。为了达成统一的目的，国民政府必须扩大其政治基础，容纳其他党派参加。政府改组后，中共应将其"自治性军队"统编于政府军队中。其次，针对苏联在东北的行动，美国强调一切同盟国家均承认国民政府是中国唯一合法的政府，是中国统一的基础。不仅是美国，苏联

---

① Herbert Feis, *The China Tangle*: *The American Effort in China from Pearl Harbor to the Marshall Mission*, p. 420.

② "The Joint Chiefs of Staff to the Commanding General, United States Forces, China Theater (Wedemeyer)", December 14, 1945, The U. S. State Department, ed., *FRUS*, *1945*, *The Far East*, *China*, Volume Ⅶ, p. 699.

也同样有义务保证中国的主权和领土完整，包括将东北归还中国。再次，针对美国国内舆论的批评和党派攻讦，解释了美军将继续留在华北以完成遣返在华日军的工作，但保证美国对国民政府的支持"不会扩展至以美国军事干涉影响中国任何内争的过程"。①

杜鲁门选择发表公开声明的时机恰恰是莫斯科三国外长会议召开的前夕。杜鲁门政府不仅要通过这个对华政策声明来平息美国内部的批评及稳定中国的形势，而且打算促使苏联和英国都接受一个公之于世的既成事实。根据杜鲁门政府内部历次会议讨论后所确定的方针，贝尔纳斯在三国外长会议开幕伊始，便积极着手争取苏联赞成杜鲁门政府的对华政策。他在会议开幕的当天就提出，应将苏军撤出东北问题列入议程，并分发了杜鲁门的声明和有关美军留在华北的备忘录。在 19 日的会议上，他又提出苏联应该承担条约义务，支持国民政府，并把拖延遣返日军的责任推到中共身上。在整个会议期间，贝尔纳斯不断吵吵嚷嚷，反复同莫洛托夫争论苏军应撤出东北和美军有必要留在华北等，直到斯大林在接见他时表示苏方可以做出承诺。②

莫斯科三国外长会议于 12 月 27 日闭幕。会议发表的公报声明，美英苏三国外长一致同意，"必须在国民政府之下建立

---

① 《杜鲁门总统关于美国对华政策的声明》，1945 年 12 月 15 日，《中美关系资料汇编》第 1 辑，第 628~630 页。

② 可参阅《莫斯科会议的讨论 1945 年》，《中美关系资料汇编》第 1 辑，第 185 页；Herbert Feis, *The China Tangle: The American Effort in China from Pearl Harbor to the Marshall Mission*, pp. 426 –427。

一个团结而民主的中国，国民政府的各部门必须广泛地由民主分子参加，并且内战必须停止。他们重申不干涉中国内政的政策"。公报还说明，美苏两国外长在尽快从中国撤军的问题上，"彼此意见完全一致"。① 三国外长会议发表的这个公报当然是美苏再次协调它们的对华政策的产物。杜鲁门政府希望通过这次会议，再次促使苏联公开保证支持国民政府的合法地位，特别是保证将东北移交国民政府接收，以及在美军继续留在华北的问题上取得苏联的谅解。会议公报发表后，贝尔纳斯认为美国已经达到了目的。

到 12 月 27 日为止，美国政府经过近两个月的反复研究，终于完成了对华政策的调整和马歇尔使华的全部准备工作。调整后的美国对华政策无疑基本上延续了罗斯福在开罗会议以后奉行的方针，不过它毕竟形成于太平洋战争刚刚结束的新的历史环境中。如果说罗斯福的政策是企图在战后的东亚构建一种新的秩序的话，那么杜鲁门政府经过修正后的对华政策，则是在修补一个在纸上形成、在战后的现实中却摇摇欲坠的格局。这就使它与罗斯福的政策既有相似之处，也有某些新的特点。

对日战争结束后，杜鲁门政府经过两个多月的努力，终于得出一个结论，即国民政府已经不可能凭借武力统一中国，即便有美国的大规模援助，其结果也一样。承认国共力量对比的变化，重新估计中共的实力，是影响杜鲁门政府调整对华政策的一个基本因素。雅尔塔会议结束后，赫尔利和魏德迈曾经一

---

① 《莫斯科会议的讨论 1945 年》，《中美关系资料汇编》第 1 辑，第 185～186 页。

度使美国领导人相信，中共的力量并不可怕，美国只要继续给些援助，国民政府就有可能在与中共的斗争中取胜。现在这个神话终于被事实打破了。

杜鲁门政府在进退两难的情况下，决定再次介入中国内政，调处国共矛盾，企图通过促成国共停战和改组国民政府，保住它对亚太的战略规划。从这个意义上说，自雅尔塔秘密协议签订后，美国两届政府经过将近10个月的努力，不过是兜了一个大圈子，结果又回到了罗斯福的起点。不同的是，基于对日战争已经结束和对国共力量对比的重新估计，杜鲁门政府这一次采取了比罗斯福强硬得多的手段。这些手段包括：（1）选择声望和能力远远超过赫尔利的马歇尔使华，既可以确保政策顺利实施，又可以产生引起各方面重视的戏剧性效果，从而对各方面造成某种心理上的压力；（2）授权马歇尔坦率地告诉蒋介石，"一个不统一的、被内战弄得支离破碎的中国"，不可能得到美国的援助；（3）统一领导美国援华工作，规定一切援华项目是否实施均须等待马歇尔对中国形势做出判断；（4）美国向华北增调国民党军队的准备工作暂时对国民政府保密；（5）加强华盛顿的统一领导，马歇尔在中国的一切行动直接对总统负责，并只接受总统的命令。杜鲁门政府采取这些措施，不论是从主观意图还是从客观效果看，的确都使国民政府受到了更大的约束。

美国再次调处国共矛盾的目的，实际上是试图用资产阶级民主政治去争取蒋介石靠武力得不到的东西。第二次世界大战结束前后，欧洲有许多国家组成了联合政府，其中凡是处于英美势力范围中的国家，共产党在联合政府中均未取得支配地位。既然苏联承认美国在中国居于主导地位，实行民主政治不外乎产生类似西欧国家那样的联合政府，这个政府当然不会与美国的利益背道而驰。欧洲的经验使美国领导人确信，在民主政治的环境里，"没有理由认为"国民党在夺权斗争中不能"取得胜利"。① 于是杜鲁门政府又一次拾起罗斯福试验失败的"法宝"。

杜鲁门政府制定新的对华政策也是基于在东亚取得对苏联的优势的需要。从某种意义上说，撮合国共与限制苏联对于美国决策者来说，不过是一个问题的两个方面。如果说罗斯福推动国共联合尚有使国共共同抵抗日本侵略者的积极意义，那么马歇尔调处则完全服务于美国在战后对亚太的战略目标。可以说杜鲁门政府调整对华政策的全过程自始至终包含着限制苏联的意图。正是从在亚太限制苏联的战略出发，在决定为国民政府向东北运兵的问题上，杜鲁门政府内部没有发生过任何争论。

这里需要指出的是，杜鲁门政府之所以断然决定支援国民政府向东北运兵，一方面固然是受对苏联战略的支配，并企图防止中共在东北形成坐大之势；另一方面仍然寄希望于能与苏联保持一定的协调行动，从而限制中共力量在东北的发展。如果苏联能保证并切实履行中苏条约中的有关规定，中共军队在东北肯定会受到限制，国民党军队进入东北也不会引起什么大的麻烦。然而，在战后世界舞台上，尽管美苏两国的关系居于

---

① 〔美〕哈里·杜鲁门：《杜鲁门回忆录》第2卷，第103页。

中心地位，但它们却不能左右所有地区的所有政治力量。特别是在中国，美苏的妥协与斗争虽然影响重大，国共两党的关系毕竟主要按照自身的规律变化和发展。中华民族的空前觉醒和中共领导的民族解放力量的空前集聚，使中国不再会被纳入任何一个国家的势力范围。任何大国都不再能操纵中国的革命运动，这是中国近代革命历史发展到这一阶段的基本特征之一。杜鲁门政府不理解这个最基本事实的重要性，它的对华政策就很难放在现实的基础上。

三 机会仍然存在

正当杜鲁门政府积极研究和制定新的对华政策之时，东亚政治形势也在发生显著变化，其特点就是有关各方面的关系明显地趋于缓和。毛泽东在 10 月间曾经判断，第二次世界大战结束后，世界政治的前途是光明的，这包括"资本主义国家和社会主义国家在许多国际事务上还是会妥协的"，因为妥协对各方都有好处。[1] 这个判断被证明是符合战后初期一个阶段的国际政治的演变的。尤为突出的是在大国妥协的趋势的影响下，不仅杜鲁门政府在调整其对华政策，苏联方面亦在调整其对华政策，国共两党也在调整各自的政策。

对日战争结束后，苏联在东亚地区的政策虽然有所变化，但总的说来，并未超脱战时对华政策的窠臼。它在保持已经获

---

① 《关于重庆谈判》，1945 年 10 月 17 日，《毛泽东选集》第 4 卷，第 1162 页。

得的实力地位的基础上，继续争取大国之间、主要是与美国协调行动，以谋求合作作为解决国际问题的主要手段。9月召开伦敦外长会议失败后，杜鲁门政府在解决战后日本管制问题上一度采取自行其是的外交行动，破坏了雅尔塔会议期间达成的美苏协调处理有关东亚国际事务的规范，这引起了苏联政府的不满和警惕。结果是苏联政府立即采取行动，一方面拒绝参加杜鲁门政府提议设立的所谓"远东咨询委员会"；另一方面在中国东北地区采取强硬措施，通过为国民政府设置障碍、阻止国民党军队向东北运兵和援助中共向东北发展等措施，强化自身在东亚的实力地位。苏联的这类强硬措施显然是对杜鲁门政府在管制日本问题上采取强权立场的一种报复和警告，而不是像美国的那些激进的反苏预言家声称的那样，预示着苏联打算"自己干"了。

对日战争结束后，苏联对外政策的主旨是维护来之不易的国际和平与稳定，争取获得有利于恢复国内经济建设的外部条件。因此，苏联领导人在东亚不可能谋求扩张，苏联方面任何追求优势地位的行动最终必定要以维护有关地区的和平和东部边疆的安全为归宿。11月6日，莫洛托夫在纪念十月革命28周年大会上发表讲话，不点名地批评了美国对外政策。他说，"任何一个国家，要求在一般的世界大事上起领导作用，正如要求世界霸权一样，原是种轻率的要求。其实，只有经过战争的重大负担，并保证各民主国家对法西斯主义获得胜利的那些共同努力的强国，才对永久的和平有所裨益"。他进一步阐述了苏联对外政策的原则，声称"苏联对于可能出现的新的和平扰乱者的警觉性，绝不放松。另一方面，对于那些爱好和平的各强国加强合作的关切，仍然跟从前一样。这是我们最重要的任务"。苏联《消息报》在莫斯科三国外长会议结束后发表的评论，更清楚地反映了苏联对外政策的基本特征："国际合作反对者并不相信英美苏三国合作的理想，但是全世界所有爱好和平的人民都要求明天的安定与和平。没有英美苏三国的合作，就没有巩固持久和平的保证。"①

苏联显然希望能够维持美苏两国在反法西斯战争中建立的合作关系，并通过巩固这种合作关系来维护与苏联毗邻地区的和平和安宁。苏联对华政策是其东亚政策的重要组成部分。为了与美国协调关系，苏联必然要谋求改善与国民政府的关系，除了依靠已经获得的实力地位，还打算通过多种外交手段，争取国民政府在美苏之间保持至少是一定程度的中立，同时避免公开介入国共斗争而导致同美国的矛盾尖锐化。至于苏联与中共的关系，在苏联领导人看来，其发展程度不会给缓和对美对蒋关系带来不可控制的负面影响。东北苏军的行动已经表明，苏联领导人认为如果在与中共的关系上不谨慎，就会在外交上失去主动，为美国国内的反苏势力，甚至推动驻华美军直接干涉国共内战等提供借口。

苏联缓和东亚紧张局势的第一个措施，就是在矛盾最尖锐的东北地区缓和同国民政府的关系。国民政府宣布撤退东北行营后，苏联迅速做出反应。11 月 17 日，苏联驻华大使照会中

---

① 转引自石啸冲《历史转变的年代（1945～1946）》，中外出版社，1946，第161～162、173 页。

国外交部，否认东北苏军曾向中共军队提供援助，苏军撤出的地区被中共军队占领是国民政府自己无力完成接收工作的结果；如果国民政府同意，苏军可以暂缓撤出东北，同时允许国民党军队空运至沈阳和长春等大城市。东北苏军司令部亦通知东北行营的代表，苏联已经准备暂缓撤军，并将加强长春城防，清除暴乱，取缔反国民政府的宣传。①

国民政府的军政要员经过讨论一致认为，解决东北问题首先要将部队空运到长春，以便控制联结南满和北满的战略枢纽。19 日，国民政府在答复苏联的照会时提出：接收东北应重新拟订具体办法，经双方同意后实行。所谓具体办法就是协助国民政府接收和阻止中共力量发展同时进行，这包括解除沈阳、长春及其周围机场附近中共部队的武装；苏军必须给予方便，使国民政府通过北宁路和东北各港口运兵能顺利进行；苏军协助国民政府接收行政权，并准许编组保安队。如果上述条件能被接受，国民政府可以同意苏军缓撤一个月。② 24 日，苏联政府在答复中除了保证空运至沈阳和长春的国民党军队安全着陆之外，其余条件一概予以拒绝。苏方照会还说明，苏军在已经撤出的地区无法协助国民党军队运兵，中方所称中共军队在沈阳和长春周围集结，查无实据。照会最后建议，具体问题可以由

---

①　《外交部致驻外各使领馆告接防东北困难情形暨苏方态度电》，1945 年 11 月 7 日，秦孝仪主编《中华民国重要史料初编——对日抗战时期》第七编《战后中国（一）》，第 152 页。

②　《外交部为另订接收办法与延期撤兵事致苏联驻华大使馆照会》，1945 年 11 月 19 日，秦孝仪主编《中华民国重要史料初编——对日抗战时期》第七编《战后中国（一）》，第 153 页。

双方在东北的地方当局协商解决。①

11月26日，国民政府照会苏联大使馆，表示接受苏方的部分有关建议，立刻派代表前往长春，以便恢复谈判，协商国民党军队进入沈阳、长春等地的具体办法。②30日，彼得洛夫通知王世杰，苏联政府同意延缓撤军一个月，由此引起的具体问题则由马林诺夫斯基在长春与中方代表当面讨论。③苏联在与国民政府协商的同时，亦开始在东北用各种手段，促使中共配合苏联的外交行动。

苏联在东北争取与国民政府重开谈判和延缓撤退苏军的一系列行动表明，苏联对华政策的主要方面仍然是谋求改善与国民政府的关系；它在东亚与美国斗法时，仍然希望尽可能地中立国民政府，使之不要积极追随美国的外交政策，尤其是不要过分反苏，甚至引起华北美军的直接干预。

战后初期，苏联为了创造有利于其重建战后经济的和平与安全的国际环境，力争与所有毗邻国家建立友好关系。不过也应看到，为了达到维护其国家利益的目的，苏联根据它对各邻接国家的政治形势的估计和自身的战略考虑，针对不同地区采

---

① 《苏联驻华大使彼得洛夫复外交部部长王世杰照会译文》，1945年11月24日，秦孝仪主编《中华民国重要史料初编——对日抗战时期》第七编《战后中国（一）》，第154页。

② 《外交部为派代表令商接收东北办法事致苏联驻华大使馆照会》，1945年11月26日，秦孝仪主编《中华民国重要史料初编——对日抗战时期》第七编《战后中国（一）》，第155~156页。

③ 《苏联驻华大使彼得洛夫致外交部部长王世杰同意延期撤退东北苏军照会译文》，1945年11月30日，秦孝仪主编《中华民国重要史料初编——对日抗战时期》第七编《战后中国（一）》，第157页。

取了不同的政策。这些政策概括起来大致有两种模式。其一是对那些处于苏联防御中心地带的东欧国家，苏联充分利用军事占领的有利条件，坚决支持那一地区的各国共产党及其领导的政治力量，帮助它们建立起共产党领导的政权，从而在欧洲中东部地区为自己建筑了一道坚固的安全墙。

其二是对处于苏联安全防线两翼的国家，苏联基本上采取了一种可以称为"中立化"的政策。比如对地处北欧的芬兰，苏联一面争取与其建立友好关系；一面通过签订条约、租借波卡拉半岛的一些地区和海域等行动，建立了海军基地；加之根据1940年的《苏芬条约》，苏联已经控制了卡累利阿地峡，从而严重削弱了芬兰的防御能力。这样芬兰即便有意与苏联为敌，它的边境也无险可守。相比较而言，苏联对中国采取的政策与对芬兰的政策更加接近。

苏联在决定缓和与国民政府的关系之时，东北地区已经形成了对苏联比较有利的态势。除了外蒙古和朝鲜已经建立了对苏友好的政权外，中共军队已经控制热、察两省的广大地区和辽宁的部分地区，在东北其他地区也在逐步取得新的发展。加之苏联根据《中苏友好同盟条约》控制了旅顺、大连和长春铁路，从而使东北北部的主要城市实际上处于被控制状态或战略包围之中，即使国民政府能够占领这些大城市，那里的军事和经济力量也已经被严重削弱了。苏联与其冒支持中共军队夺取东北而与美国发生公开对抗的风险，不如通过谈判把已经被掏空的东北交给国民政府，换取外交上的主动地位。

苏联在妥协的同时，又以协助接收为条件，迫使国民政府再做让步。其一是宣布延缓撤退东北苏军，从而继续保持在东北的实力地位。这样做既可以遏制美国势力乘机进入东北，又可以作为要求美军撤出华北地区的外交筹码。其二是利用延缓撤军造成的局面，迫使国民政府在解决东北经济问题时做出让步，接受共同经营东北的部分工矿企业。当时苏联在拆迁东北的厂矿设备之时，又提出中苏在东北进行经济合作，除了获取经济利益外，主要是为了通过彻底控制东北经济，阻止美国资本挤入这一地区。苏联的这种担心并非毫无根据。东北行营经委主任张嘉璈在到任之前即在美游说，与美国有关部门就双方在东北进行经济合作问题交换了意见。张嘉璈的行动虽然未必有政府背书，但表明国民政府的要员们还是有意在重建东北经济过程中将美国拉入这个地区的。

苏联在完成对东北大城市和战略要地的战略包围及控制海陆交通之后，如果能实现对东北工业的控制，那么东北行政权不论交到谁的手中，都不再可能构成对苏联的威胁。换句话说，苏联的妥协其实也是另一种形式的斗争，意在缓和与国民政府关系的同时，进一步巩固其在东北的地位。即使国民政府没有按照苏联的愿望改变其对外政策，从而在美苏之间保持中立，它也无力再改变东北的实际状况了。

苏联在东北紧张局势缓解后，继续主动在外交上拉拢国民政府，邀请蒋经国访问苏联。12月25日，蒋经国应斯大林的邀请，到达莫斯科访问。在蒋经国访苏期间，斯大林曾两次与他会谈。根据斯大林谈话的内容，可以将苏联对华政策的基本方针概括为以下三点：第一，苏联仍然希望与国民政府建立友好关系，苏联愿意向中国提供经济援助，苏联过去没有，将来也不打算介入国共斗争，它赞成国共两党"和平共存""和平竞争"；第二，苏联赞成美中苏在东亚地区合作，希望国民政府能奉行"独立政策"，在美苏之间"不偏不倚"；第三，苏联决不允许美国染指东北，反对美军继续驻在中国。① 这三点内容的实质，也是改善中苏关系的根本条件，就是国民政府必须在美苏之间保持"不偏不倚"的中立，否则中苏关系迟早要逆转，国共问题也不可能得到彻底解决。

12 月 31 日，蒋介石在重庆会见了苏联驻华大使彼得罗夫。蒋介石在会谈中阐述了国民政府对国共谈判的立场和政策，并询问苏方对中国政局的看法。彼得罗夫表示，苏联支持"建立一个统一的民主的中国，不仅有利于中国人民，也有利于世界人民的团结"。② 这听起来无懈可击的外交辞令在本质上的确反映了莫斯科的真实态度，与斯大林对蒋经国的谈话精神是一致的。至此，国民政府与苏联也基本完成了一次政策协调。

苏联在主动缓和中苏关系的同时，也开始着手与美国协调对华政策。在莫斯科三国外长会议上，美苏代表在中国问题上一再交锋，他们争论的焦点就是各自从中国撤军的问题。苏联的目标就是迫使美国从华北撤出全部美军。在开幕式上，莫洛

---

① 《斯大林与蒋经国会谈记录：中苏关系问题》，1945 年 12 月 30 日，沈志华主编《俄罗斯解密档案选编：中苏关系》第 1 卷，中国出版集团东方出版中心，2014，第 99 ~ 108 页；《斯大林同志同蒋介石的私人代表蒋经国的会谈记录》，1945 年 12 月 30 日，〔俄〕A. M. 列多夫斯基：《斯大林与中国》，陈春华、刘存宽译，新华出版社，2001，第 24 ~ 25、27 页。

② 《彼得罗夫与蒋介石会谈纪要：国共关系问题》，1945 年 12 月 31 日，沈志华主编《俄罗斯解密档案选编：中苏关系》第 1 卷，第 109 ~ 110 页。

托夫首先提出，应将驻华美军撤离问题列入议程；此后又一再坚持，外长会议必须讨论美军在华北驻扎的问题。他指出，日本投降已经几个月，中国华北仍有全副武装的日军，这是很不正常的现象，美国对此当然负有责任。12月21日，苏联方面提出一份备忘录，建议美苏达成谅解，同时从中国撤军；中国的内部问题应在没有其他国家干涉的情况下，由中国人民及其政府自行解决。不过直到斯大林本人会见贝尔纳斯时，苏方才做出了某种妥协。斯大林在这次会谈中表示，苏联可以在美军驻华北问题上做出让步，不过美国领导人应该清楚，美军长期驻华对国民政府并没有什么好处。他还表示苏联赞成杜鲁门政府派遣马歇尔使华，用政治谈判的方式解决国共纠纷。① 苏联的让步避免了因美军驻华问题的争论而破坏东亚刚刚缓和下来的局面，同时苏联又换取了美方承认苏军可以延缓撤出东北的对等行动。结果是苏联既实现了在东北地区的既定目标，又防止了因苏军延缓撤军可能引起的美苏关系的紧张。

美苏之间的妥协必然影响到国共两党的关系。尽管国共武装冲突从10月中旬开始不断升级，但中共中央当时仍然相信，中国有可能出现和平发展的局面。中共中央判断在重庆谈判结束后6个月左右，是由"抗日阶段转变至和平建设阶段的过渡时期"。在国际上，美苏两国的关系仍然是以妥协为主；在国内，国民党将被迫不得不走重庆谈判确定的道路，只是时间早晚而已。当时国民党军队在华北地区发动大规模军事进攻，是

---

① 参阅〔英〕F. C. 琼斯、休·博顿、B. R. 皮尔恩《1942～1946年的远东》，复旦大学外文系英语教研组译，上海译文出版社，1978，第303～305页。

为了争取在华北和东北占优势，以便在有利的条件下实行政治妥协，因此，不能把大规模内战误认为全面内战阶段已经开始。中共中央在给各地区的指示中说明，中共在这个过渡阶段的方针是："坚持又团结、又斗争，以斗争之手段达到团结之目的"，"毫不动摇地争取目前斗争的胜利，以便有利地转到和平发展的新阶段"。① 中共中央这时所说的胜利，就是集中力量，有计划地歼灭向华北和东北进攻的国民党军队，争取控制东北，在华北取得有利地位。10 月底、11 月初，中共中央再次指出：必须动员全力，控制东北，保卫华北、华中，6 个月内粉碎国民党军队的进攻，然后坐下来同国民党谈判，迫使对方承认华北和东北的自治地位，这样才有可能过渡到和平局面，否则是不可能实现全国和平的。②

中共中央提出在向和平阶段过渡时期取得军事胜利，从而实现华北和东北自治的战略方针，同苏联的政策变动有直接关系。中共中央继 10 月 19 日发出有关放弃分散方针、守住东北大门、开展全东北工作的指示后，23 日又明确提出了要"竭尽全力，霸占全东北。万一不成，亦造成对抗力量，以利将来谈判"。③ 中共中央这时的判断是，争取东北的关键是在两个月内阻止国民党军队通过海路和空运进入东北，而如果得不到苏军

---

① 《中央关于过渡时期的形势和任务的指示》，1945 年 10 月 20 日，《中共中央文件选集》第 15 册，第 372 页。

② 《中央军委关于十一月份作战部署的指示》，1945 年 11 月 1 日，《中共中央文件选集》第 15 册，第 395 页。

③ 《中央关于集中主力拒止蒋军登陆给东北局的指示》，1945 年 10 月 19 日，《中共中央文件选集》第 15 册，第 364～366 页；《中央关于东北省主席人选及战略重点给东北局的指示》，1945 年 10 月 23 日。

的允许和帮助，实现这个计划是不可能的。中共中央一面要求在重庆的谈判代表与苏方协商，使苏军于11月、12月两个月延缓撤退；一面指示东北局，务必争取东北苏军同意在两个月内阻止国民党军队经海路和空运进入东北，以及进入东北的部队应按照当地苏军的建议，迅速在安东、葫芦岛和营口等地设防，控制一切重要机场，接收主要城市的政权、工矿企业、兵工厂和武器弹药等。东北苏军当时曾鼓励东北局领导人说，中共在东北应以主人自居，放手开展工作，而苏军也准备协同中共军队，打击沿北宁线向东北进攻的国民党军队。[①]

11月初，中共中央根据"夺取东北，巩固华北、华中"的方针，决定将主要作战方向转到东北。中共中央在给华北和东北前线领导人的电报中指出，11月至12月中旬，将是继华北冲突之后，国共武装争夺东北的另一次高峰，战场是在辽宁南部、锦州、热河和冀东等地区；现在中共军队必须集中可能的力量，争取这场战略性质的决战的胜利，奠定中共在东北的巩固的大根据地，否则国共武装冲突将难以停止。中共中央这时提出，如果能在11月歼灭国民党军队两个师，以及在整训后根本歼灭进攻的国民党军队，就可以控制整个东北；为达此战略目标，中共华北部队必须迅速北进，准备夹击从山海关突入东北的国民党部队；进入东北的部队应以锦州为中心集结力量，发动群众，创造战场；同时应准备破坏葫芦岛码头和北宁路一

---

① 《东北局关于与苏军交涉经过给中共中央的电报》，1945年10月8日；《辰兄态度积极关系皆好》，1945年10月25日。

段，严密控制长春机场并争取全歼国民党军队的机降部队。①

但是，苏联在 11 月中旬决定并着手改善与国民政府的关系后，也很快开始限制中共军队在东北的行动。11 月 20 日，东北苏军代表通知东北局，他们根据上级的指示，必须将长春路沿线及各大城市交国民政府接收，因此决定凡苏军驻扎的地区，中共军队均不得进入，并不准与国民党军队作战；在东北苏军全部撤出东北之前，包括山海关至锦州地区在内的东北全境内，亦不准中共军队作战；中共军队必须退至铁路沿线 50 公里以外，中共所属机关必须从大城市撤出。苏军代表声称，为了苏联的利益，他们不惜牺牲一切。②

东北苏军的行动严重干扰了中共中央预定的战略计划，另外，国民党军队攻占山海关后向北进攻的速度较快，中共东北部队和从华北刚刚到达锦州一带的部队已经很难抓住战机，因此要阻止国民党军队进入东北实际上已经不可能了。中共中央根据东北形势出现的复杂变化很快就认识到，中共军队要独占东北特别是独占东北的所有大城市已经不可能了，关键的原因就是苏联方面为了照顾与美国的关系，不能完全拒绝国民党军队进入东北和接收各大城市；而中共军队目前尚不能完全阻止国民党军队进入东北。不过，中共中央还是认为，尽管目前出

---

① 《中央关于组织野战军及反对美舰掩护国民党军在东北登陆给彭真、林彪的指示》，1945 年 11 月 4 日；《中央关于向东北增调兵力控制东北的指示》，1945 年 11 月 4 日。以上见《中共中央文件选集》第 15 册，第 400 ~ 401 页。

② 《满洲不许作战》，1945 年 11 月 20 日；有关东北苏军的行动还可参阅《陈云年谱》（修订本）上卷，中央文献出版社，2015，第 505 页；《彭真年谱（一九○二——一九九七）》上卷，第 318 ~ 319 页。

现了困难的局面，但国共两党谁在东北占优势还不能确定，还要根据将来形势发展和国共在东北的力量对比来决定。在目前的条件下，中共军队在东北的主要任务应转向建立巩固的根据地，做长期斗争的准备，以争得在"东北之一席地位"及可能的优势。12 月 28 日，中共中央发出《建立巩固的东北根据地》的指示，要求进入东北的部队应努力在距离国民党军队占领中心较远的城市和广大乡村地区建立巩固的根据地，将工作的重心放在群众工作方面。①

为了配合东北的战略调整，中共领导人向国内外公开宣布了解决东北问题的主张，声明国共军队在东北南部沿北宁路发生的武装冲突是国民党军队进攻中共军队已经控制的地区引起的；中共方面原则上不反对国民政府接收长春路，但必须事先协商，而和平解决东北问题的关键是必须承认中共在东北的重要地位。中共中央还指示在重庆的中共谈判代表，应向国民党方面提出，为避免东北地区的内战扩大，国民政府向东北运兵之前应先实行停战。

中共中央在东北调整战略计划的着眼点是争取适应美苏妥协后的形势及其给国共关系带来的影响。中共中央在给各地区中央局的指示中指出：目前世界的中心问题是美苏之争，反映在中国便是国共之争。在这个错综复杂的格局中，杜鲁门政府的对华政策是扶蒋打共反苏；蒋介石和国民党的方针是打击中

---

① 毛泽东：《建立巩固的东北根据地》，1945 年 12 月 28 日，《毛泽东选集》第 4 卷，第 1179 页；《中央关于集中全力放手发动群众给东北局的指示》，1945 年 12 月 31 日，《中共中央文件选集》第 15 册，第 532~533 页。

共时中立苏联，反苏时则必然连上中共；苏联的对华政策是在形式上与中共隔离，在对美斗争中有时中立蒋，在对蒋斗争中亦经常不联系美国。① 在此条件下，中共有必要谅解和配合苏联的外交行动，但这种谅解和配合是主动和有原则的，而非迫不得已的权宜之计。中共中央在了解到东北苏军态度变化的当天即通知东北局，应当服从东北苏军的决定，将长春路沿线及大城市让给国民党军队，同时力求控制次要城市，站稳脚跟，准备长期斗争；为了争取时间和更有利的条件，东北局应向东北苏军说明，锦州至山海关一带原属中共冀热辽解放区，现在中共军队只能让出营口，不能让出锦州、葫芦岛和北宁路南段。另外，中共军队及干部从大城市和长春路沿线撤退需要若干时间做各种部署和解释工作，希望东北苏军推迟允许国民党军队进入东北的时间。如果东北苏军不接受这些建议，东北局应考虑彻底破坏北宁路的锦州至山海关段，使国民党军队在短期内不能利用铁路迅速运兵。② 此后，中共中央又基于"让开大路，占领两厢"的方针，指示东北局"以控制长春路以外之中小城市、次要铁路及广大乡村为工作重心"，依靠发动群众"在东北站稳脚跟，并确立我们对国民党的优势"。③

中共中央为了使进入东北的部队和干部的思想适应形势的

---

① 《中央关于对美蒋斗争策略的指示》，1945 年 11 月 28 日，《中共中央文件选集》第 15 册，第 455～456 页。

② 《中央关于让出大城市及长春铁路线后开展东满、北满工作给东北局的指示》，1945 年 11 月 20 日，《中共中央文件选集》第 15 册，第 431 页。

③ 《中央关于撤出大城市后的任务给东北局的指示》，1945 年 12 月 3 日，《中共中央文件选集》第 15 册，第 460 页。

变化，防止因不理解国际问题的复杂影响而滋生反苏情绪，还特别告诫东北局须充分理解，苏联在 11 月中旬以后的外交妥协是美蒋在东北采取外交攻势后，中苏关系陷入危机的反映，是一场严重的国际斗争，东北局的工作必须顾及苏联的国际信誉。东北局按照中共中央的指示精神，一再向各有关部队的官兵和干部解释，苏联为顺利地进行与美蒋的斗争，"必须首先取得主动地位，在外交上站稳脚跟"；中共在东北的工作必须"使苏联在履行中苏条约上毫无困难之处。这是击破美蒋外交攻势、打退美国干涉中国内政阴谋的必要条件"；由于某一时期条件的变化和策略需要，苏联执行中苏条约的程度和援助中共的态度会有所变化，但其政策的本质一贯不变，目的是保持东亚地区的和平；东北广大干部必须准备自力更生，"竭力避免把一切希望寄托在苏联的援助上，以苏联对我们援助一时的增减而发生盲目的乐观或悲观失望的情绪"。①

中共中央在东北配合苏联的政策调整，就必须缓和与美国的关系。11 月下旬，中共中央已经提出了一项可以称之为"中立美国"的政策。中共中央提出，美国对华政策的基本点仍是扶持蒋介石，但目前已经决定不直接参与中国内战，不援助蒋介石和国民党用武力统一中国，赞成中国和平统一，这种变化有利于中共中央进行政治斗争。为了应对国际国内迅速变化的形势，中共中央提出，"目前在以对蒋斗争为中心时……有时（甚至只是形式上的）也可中立美国"。与此同

---

① 陈云：《对满洲工作的几点意见》，1945 年 11 月 30 日，《陈云文选》，人民出版社，1984，第 221～224 页。

时，中共中央特别说明："中立美国"是反蒋斗争的一种策略，目的是减少进行国内斗争的困难。这样做并非不反对美国将中国殖民地化的政策，也非不抗议美国武装干涉中国内政，更非在美军进攻我们时采取不抵抗政策。对于美国政府的帝国主义政策，应持坚定的立场，严厉地批评和坚决地抵抗。[①] 这项在国内斗争中"中立美国"的政策的实质，就是在苏联表示不介入中国内部事务、在外交上与中共隔绝的背景下，利用美苏矛盾与美蒋矛盾，尽可能地排除美国军事干涉的危险。

贝尔纳斯12月7日在参议院外交委员会发表讲话后，中共中央已经判断杜鲁门政府的对华政策会有所改变，其中可能有可利用之处。两天后，在重庆的中共代表团成员王炳南打电话通知美国驻华大使馆，周恩来率中共谈判代表团已经到达重庆，由于中国形势的发展取决于美国对华政策，中共方面正等待马歇尔到中国来。[②] 18日，中共发言人发表了一项公开声明，表示赞成杜鲁门发表的对华政策声明中关于希望中国停止内战、通过民主协商改组国民政府的内容。中共发言人的声明改变了以往要求立即无条件撤退驻华美军的主张，仅提出美军应终止超出协助受降范围的行动，以及希望驻华美军能够迅速遣返日

---

① 《中央关于对美蒋斗争策略的指示》，1945年11月28日，《中共中央文件选集》第15册，第455~456页。

② "The Chargé in China（Robertson）to the Secretary of State", December 17, 1945, The U. S. State Department, ed., *FRUS*, *1945*, *The Far East*, *China*, Volume Ⅶ, pp. 487–488.

军。① 这实际上是有条件地承认美军可以继续留在华北。当然，中共中央的公开宣传对杜鲁门的声明所做的肯定评价，都有明确范围，对美军在此期间超出受降范围继续为国民政府调动军队的行动，仍然进行了公开的批评。中共领导人向延安美军观察组说明：中国目前最重要的问题是将军队用于解除日军武装，中共军队愿为此与美军合作。

12月19日，中共中央专门就美国对华政策的变动及中共的对策等问题发布了党内指示。这项指示的内容表明，在美国对华政策明朗后，中共中央"中立美国"的政策有了新的发展，即从一般地对美国不挑衅和避免冲突，转变为在同国民党进行政治斗争时利用杜鲁门政府的政策和马歇尔调处国共矛盾的努力，争取政治谈判取得成果。中共中央对美国对华政策的变化给予了积极的评价，指出了赫尔利辞职以及杜鲁门发表声明要求中国停止内战、结束国民党一党专政和约束驻华美军的行动等均表明，"美国已决定不直接参加中国内战，不援助蒋介石武力统一中国，而援助中国的和平统一。所有美国政策的这些变动，对中国人民要求民主和平的当前斗争是有利的"；中共中央"准备利用杜鲁门的声明，在政治协商会议上向国民党展开和平政治攻势，以配合解放区的自卫斗争"。为了缓和与美国的关系，中共中央在指示中要求各有关部队，对驻华美军及美方人员应持友好态度，避免冲突；对进入解放区的美国记者，应帮助他们自由采访和报道中共控制地区的真实情况，

---

① 《解放日报》1945年12月18日。

使他们获得友好的印象，以影响美国的对华政策；对于在中共控制地区降落的美国飞行员和进入中共控制地区的美军人员，应善意接待。[①] 在公开宣传中，中共领导人还通过报刊和各种公开场合，表示了欢迎马歇尔使华调处国共争端。

国民政府在争夺华北和东北的过程中，不论是军事还是外交都要仰仗美国的支持。由于杜鲁门政府调整了对华政策，国民政府暂时无法靠武力恢复对华北和东北的统治，蒋介石不得不配合杜鲁门政府，限制在华北和东北的军事行动。

11月上旬，蒋介石为了解决兵力不足的难题，要求驻华美军协助向北调运5个军。驻华美军拒绝了他的要求，美军方面的理由是根据所得指令，他们无权运送国民党军队进行内战，而且他们认为国民党军队并没有做好与中共军队进行全面内战的准备；至于向东北运送国民党军队，更超出美军受权执行的任务的范围，美军若同意采取行动，有可能引起苏联的误解，故接收东北应由中苏之间通过谈判自行解决；美军将国民党军队运到东北邻接地带后，将立即撤回。魏德迈很明确地告诉蒋介石，美国既不准备介入中苏在长春的谈判，也不可能派兵进入东北。[②] 美国海军在运送国民党军队到东北时，一直谨慎避免发生任何武装冲突，这使国民党军队无法顺利地在营口和葫

---

① 《中央关于美国对华政策变动和我党对策的指示》，1945 年 12 月 19 日；《中央关于对美蒋斗争策略的指示》，1945 年 11 月 28 日。以上见《中共中央文件选集》第 15 册，第 494～495、455～456 页。

② 《魏德迈参谋长上蒋委员长陈述苏军延缓撤退国军进驻长春沈阳之意见备忘录》，1945 年 12 月 5 日，秦孝仪主编《中华民国重要史料初编——对日抗战时期》第七编《战后中国（一）》，第 159～161 页。

芦岛登陆。

11月17日，蒋介石就撤退东北行营一事打电报给杜鲁门，声称苏联违反中苏条约的有关条款，造成东北局势紧张；这不仅危及中国，也是对东亚和平与秩序的威胁；唯有美中两国采取积极和协调的行动，才能防止局势进一步恶化。[①] 但蒋介石没有从杜鲁门政府那里得到期待中的安慰，他只好再次给杜鲁门打电报，表示国民政府在控制华北之前，将暂时搁置接收东北。同时要求驻华美军再帮他运5个军到华北，以协助接收河北、山东、热河、察哈尔和绥远等省。

蒋介石在玩弄欲擒故纵的手段，利用美国人对苏联的猜忌心理，刺激他们进一步扩大援助。岂知杜鲁门政府虽然有意在华北和东北扩大影响力，却不愿背着太重的包袱和付出太多的代价，参与到与苏联的角逐中，这与美国的战略利益不符。杜鲁门不管蒋介石赞成与否，直接发表对华政策声明，公开表示反对国民政府的武力统一政策，这对国民政府不啻一瓢冷水。在美国暂停援助和不提供保证的情况下，国民政府无法加强进攻东北的军事行动。国民党军队到达锦州后，蒋介石不得不通知杜聿明没有他的手令不准继续前进。此后国民党军队将军事行动限制在沈阳以西和以南地区，致力巩固北宁路的安全，转而集中兵力在热河发动进攻。

国民政府为了防止中共利用国民党军队兵力不足的弱点，在东

---

① 《蒋主席致杜鲁门总统告苏联违反条约东北行营移至山海关已危及中国主权完整电》，1945年11月17日，秦孝仪主编《中华民国重要史料初编——对日抗战时期》第七编《战后中国（一）》，第148～149页。

北继续扩大力量，故在取得苏军允许其向东北运兵的保证后，也对苏联做出让步。国民政府相继恢复长春谈判和派蒋经国访问莫斯科，目的都是通过对苏外交来造成有利的外部条件，以便在集中兵力于南满和热河作战时，利用苏军暂时控制住东北的大城市和交通线。这就是所谓"外交接收北满，军事接收南满"的战略。

国民政府对苏联的让步包括：第一，同意苏军推迟至1946年2月1日撤出东北；第二，在东北经济问题上做一定妥协。蒋经国在会见斯大林时，陈述了国民政府在东北与苏联进行经济合作的原则，其主旨是以经济方面的让步换取苏联协助国民政府接收东北。[①] 蒋介石还否定了张嘉璈将东北经济问题谈判升级为中苏政府之间谈判的建议，他提出经济问题可以部分让步，但不能与苏联合作经营全部东北企业的原则。[②] 在对苏联做出让步的同时，国民政府也开始试探与中共谈判解决华北和东北问题的途径。

从11月中旬到12月底，整个东亚形势从急剧紧张迅速转向缓解。当杜鲁门政府调整对华政策之时，苏联和国共两党基于对形势的估计及各自的利害关系，均做出了一定的妥协，从而使国共关系出现了缓和的新转机。在这种缓和的情况下，马歇尔本来是可以有所作为的。特别是东北形势的微妙变化表明，杜鲁门政府如果采取有力的措施，是有可能促使中国出现和平局面的。机会是存在的，关键是美国在压蒋妥协方面到底准备走多远。

---

① 《斯大林与蒋经国会谈记录：中苏关系问题》，1945年12月30日，沈志华主编《俄罗斯解密档案选编：中苏关系》第1卷，第99～108页。
② 参阅孙越崎《回忆我与蒋介石接触二、三事》，《文史资料选辑》第84辑，文史资料出版社，1982，第130～134页。

第五章
"无法在水上步行"

一 和平昙花一现

1945 年 12 月 21 日，马歇尔飞抵上海，历时一年的调处就此开始。马歇尔在到中国之前，曾经派他的助手向史迪威请教经验。史迪威的答复是寓言式的，他说"马歇尔无法在水上步行"。马歇尔到达上海的当天，魏德迈亦坦率进言，向他提出类似的忠告。马歇尔对此颇不以为然。使他相信美国不至于无所作为的原因，除了对美国的影响力估计很高之外，另一个客观的因素就是国共关系此时正在出现新的转机。

"双十协定"签订后，国共两党决定从 10 月 20 日起，继续谈判解决受降、解放区政权、军队整编和召开政协等问题的具体办法。随着国共在华北地区武装冲突加剧和双方争夺东北的斗争的展开，从谈判开始后的第二天起，国共双方代表的谈判实际上成为对各自军队在战场上的较量的配合。简单地说，国共之间的军事斗争支配着这一阶段的谈判。

在谈判中，国民党方面除了一如既往地提出应该解决统编中共军队的问题之外，还特别强调恢复华北和华中的交通。国民党的目的很明显，就是要确保国民党军队顺利地向北运兵。中共方面则针锋相对，要求国民党军队立刻停止进攻中共军队、停止进占中共军队控制的地区以及停止向华北和东北运兵，以无条件停战作为解决一切问题的先决条件。

在 10 月 21～23 日的谈判中，周恩来一再提出警告：如果国民党军队在华北发动大规模军事进攻，军队冲突将无法避免，军队整编问题和政治问题便无从谈起。他建议，首先规定双方军队停止攻击，驻在原防区不动；其次应划分受降区域，双方按规定分别执行受降，互不侵犯。

10 月 26 日，国民党代表根据蒋介石的指示，提出以恢复交通为核心的三点建议：（1）铁路交通必须恢复；（2）中共军队从铁路线退出，其他已占领地区维持现状；（3）叶剑英早日来重庆，商谈军队整编及驻地等问题，国民政府可以保证不向中共军队驻地发动进攻。① 这一方案双管齐下，一方面可以确保国民党军队在华北和东北取得军事优势；另一方面则可通过谈判，统编中共军队。为了在政治上取得主动，国民党中宣部长吴国桢第二天即发表公开讲话，声称国民党方面已经同意，在华北的中共军队让出铁路线后，其他中共占领地区可维持现状。

为了回击国民政府的政治攻势，中共代表团于 27 日发表公开评论，指出中共军队退出铁路线是国民党方面提出的单方建

---

① 《周恩来年谱（一八九八——一九四九）》，第 625 页。

议，并且已被中共代表驳回。现在华北和其他一些交通隔断的症结是国民党军队大举进攻解放区，以及利用日伪军进行内战。① 29 日，中共中央指示谈判代表团应采取强硬态度，"不停止内战，一切无从谈起"。② 30 日，周恩来即在谈判中提出"停止内战的四项办法"：甲，停止进兵、进攻、进占；乙，停止利用日伪军内战；丙，在平绥、同蒲、正太、平汉北段、陇海东段、津浦、胶济、北宁西段等八条铁路线上双方均不驻军；丁，国民党如向青岛和平津运兵，事先必须经过协商。军事小组只有在确定上述四项原则后，才能拟定具体方案，否则无权解决问题。上述问题如不能先行解决，中共方面同意先召开政治协商会议，但开会时必须首先解决停战和恢复交通问题。③

国民政府急于恢复交通就是为了向华北和东北运兵，因此不可能接受中共方面的建议。为了抵制中共方面提出的关于铁路沿线不驻军的建议，国民政府的谈判代表避开"三停"等问题，于 31 日提出一个由铁路警察护路的方案。10 月 30 日，国民党又提出六点反建议：（1）国共双方向各自的军队下令停止进攻；（2）中共军队沿铁路干线两侧退出 10 公里；（3）由国民参政会组成交通考察团，分赴各地考察交通；（4）国民党军

---

① 《中共代表团关于无条件停止内战的提议》，1945 年 10 月 27 日，重庆市政协文史资料研究委员会、中共重庆市委党校编《政治协商会议纪实》下卷，重庆出版社，1989，第 814~819 页。

② 《毛泽东年谱（一八九三——一九四九）》下卷，第 43 页。

③ 《中共代表向国民政府代表提出停止内战的四项办法》，1945 年 10 月 29 日，中央统战部、中央档案馆编《中共中央解放战争时期统一战线文件选编》，档案出版社，1988，第 22 页；《周恩来年谱（一八九八——一九四九）》，第 626 页。

队如需要沿所涉八条铁路运兵，可以事先与中共方面协商；
（5）于1946年1月商定中共军队整编办法；（6）立刻召开政
治协商会议。① 第二天，双方代表拟定了停止军事行动的具体
办法，商定分别请示各自的最高决策层后，再继续商谈。

如前所述，11月初国共争夺东北的斗争达到一个高潮。为
了配合实施"向北发展、向南防御"的战略计划，中共中央指
示谈判代表团立即向国民党方面提出华北地区受降由中共军队
负责，以及国民党军队不得开入东北。后经数度电报往返讨论，
决定将谈判方针定为在不束缚自己手脚的条件下，保留伸缩余
地，基本原则是先停战，然后讨论恢复交通。11月8日，周恩
来根据中央指示在谈判中提出了新的四项条件：（1）国民党军
队应全面停止进攻解放区；（2）国民党军队从进占地区全部撤
退；（3）国民党军队从八条铁路线上撤退；（4）取消各地"剿
匪"命令。② 国民党方面以此方案没有明确答复他们的六点反
建议为理由，拒绝讨论。谈判自此陷入僵局。

随着国共冲突向北移动，11月10日开始，国共谈判中争
论的焦点逐步集中到国民党军队沿北宁路先向东北运兵的问题。
为了换取顺利向东北运兵，国民党方面表示，国民党军队可以
停止对中共军队的进攻和进占行动，但不同意撤出已经占领的
地区。中共代表则坚持，不允许国民党军队向东北运兵，并拒
绝了国民党方面提出的拉美苏"从旁斡旋"的建议。周恩来当

---

① 《政治协商会议延期》，《中美关系资料汇编》第1辑，第173页。
② 《中央关于宣传与谈判等问题致周恩来、王若飞电》，1945年11月7日，《中
共中央解放战争时期统一战线文件选编》，第28~29页；《周恩来年谱（一
八九八——一九四九）》，第626页。

时提出了两个原则性的建议：（1）先停战再谈其他问题；（2）先解决政治问题，再解决军队整编。结果在将近一个月的谈判中，双方未能就任何问题取得一致意见。谈判于 11 月 17 日中断，25 日周恩来率中共代表团返回延安。

从表面看，国共这一阶段谈判的失败固然是由于双方都试图通过谈判，为取得战场上的有利地位创造条件，以及取得政治宣传的效果，但就实质而言，国民政府拒绝无条件停战，才是谈判不能取得进展的症结。因为争论的一切问题，都是国民党军队进攻华北中共控制区引起的，而且国民党军队在华北的军事行动反映出蒋介石在处理国共争端时，更倾向于将使用武力。

到 11 月底，以东北局势缓和为契机，国共两党也开始着手恢复谈判。这时国共双方的军事力量对比基本上处于一种新的均衡状态。中共军队在华北处于战略防御的地位，如果美国继续为国民党军队向华北运兵，显然会使形势更加不利于中共军队。在东北，由于国际形势的变化，中共军队既无法阻止国民党军队开入，也不能阻止其接收仍被苏军控制的长春路沿线的大城市。

另外，国民党军队虽然处于战略进攻的地位，但实际上也是困难重重。例如兵力严重不足，在华北地区不能维持任何一条铁路线畅通无阻。而且国民党军队战线太长和兵力不足的弱点，靠美军的海运和空运援助也无法克服。在东北，苏联延缓撤军看起来暂时对国民政府有利，但在苏军撤退之前，国民党军队仍无法越雷池一步。国民政府要根本解决东北接收的各种问题，还有赖中苏关系进一步改善，但中苏关系的改善又谈何容易，国民政府肯定要付出较多代价才行。

在国共对抗处于暂时均衡的状态下，中共中央决定采取更为灵活和进取的政策，主动提出恢复谈判，在政治上取得了主动的地位。国民政府也不得不接受现实，与中共展开谈判并在政治、军事等问题上做出一些让步，从而换取驻华美军的援助。这时国民党军队的计划是先集中兵力控制热河地区，开辟第二条进入东北的通道。从这个意义上说，国民政府是在继续将谈判作为配合军事进攻的手段。这是当时中国政治和军事形势的基本特点，也是马歇尔面临的基本现实。

　　马歇尔到中国后，首先着手做了两件事，其一是协调同国民政府的政策，迫使国民政府接受全面停战；其二是争取中共中央接受美国扮演调解人角色，从而为他的调处取得立足点。

　　12 月 21 日，马歇尔在重庆第一次会见蒋介石。会谈一开始，他就向蒋介石陈明立即停战的利害关系。马歇尔指出：杜鲁门政府的政策是美国是否援华取决于国共争端能否和平解决；除非蒋介石采取明确的行动解决目前的停战问题，否则在中国继续保持美国的力量是非常困难的。他认为不论从对美国公众的影响，还是从国民政府的切身利益考虑，拖延停战都没有什么好处。蒋介石告诉马歇尔，他认为杜鲁门对华政策声明中最重要的内容就是维护中国的统一，而取消中共军队则是维护中国统一的根本途径；国民政府目前的方针首先是占领华北，只要在那里有足够的军队，就可以迫使中共妥协。其次，蒋介石表示，希望莫斯科三国外长会议能达成协议，促使苏联履行条约义务，国民政府将据此决定在东北采取何种行动；另外还要看能否调动更多的国民党军队，而这一点正需要与马歇尔协商。①

马歇尔和蒋介石的会谈凸显了美国与国民政府的基本分歧。马歇尔主张立即停止内战，这既是杜鲁门政府对华政策的重要内容，也是解决其他一些问题必不可少的条件。而且马歇尔如果不能迫使国民政府接受停战，他在中国一天也站不住脚。但蒋介石却直截了当地要求美国为他继续向华北战场运兵，把在华北取得军事优势当作解决一切问题的基础。不过他在这一点上是输定了，因为马歇尔已经得到明确的指令，停止为国民党军队向华北运兵。实际上没有美国的运输工具作后盾，国民政府是很难再打下去的。

双方的第二个基本分歧是华北和东北两个地区哪一个地区应该是战略重点。蒋介石显然是以华北为军事斗争的重点，东北问题则暂时搁置，他指望通过与苏联的外交折冲来暂时稳住那里的形势。马歇尔则正相反，他希望以国民政府完成接收东北作为战略的重点，而以华北停战作为尽早控制东北的条件。这一分歧不过是赫尔利调处时期美蒋的一个基本矛盾的继续。美国是着眼于取得对苏联的优势，试图尽快把苏联从东北排挤出去；蒋介石则着眼于国共斗争，企图缓和中苏关系，将战略重点放在在华北取得对中共的军事优势。

马歇尔当然不可能改变杜鲁门政府的既定方针，听任蒋介石自行其是。他在实践华北停战、控制东北和实现中国统一这

---

① 《马歇尔与蒋介石会谈纪要》，1945 年 12 月 21 日，《政治协商会议纪实》下卷，第 814～819 页。

个三位一体的公式时，紧紧抓住制止华北内战这个关键环节。结果产生了这样一种独特的现象，即当马歇尔声称是为国民政府权衡利弊之时，却表现为赞成中共中央提出的无条件停战的建议。

分歧尽管存在，马歇尔和蒋介石还是找到了基本的共同点。第一个共同点是取消中共的"自治性军队"。蒋介石声称，读了杜鲁门声明之后，他"加强了"取消中共军队的决心。马歇尔立刻表示，"一个统一的国家不能有两支独立的军队"。他认为中共中央是否会接受美国的方案，还有待观察，如果中共中央在这方面表现出缺乏诚意，就会失去美国的同情。①

第二个共同点是限制苏联。利用杜鲁门政府内部存在的对苏联的强烈猜忌，煽动其反共情绪，是蒋介石的拿手好戏。马歇尔被任命为特使后不久，驻美大使魏道明就告诉他，解决国共争端的关键是苏联到底会采取什么态度。只要杜鲁门政府对苏联采取坚定立场，中共问题就不难解决。② 马歇尔到中国后，蒋介石更是滔滔不绝地向他灌输，的确存在苏联侵略东北和赤化中国的严重危险；中共中央的一切策略变动，都被蒋介石解释成受苏联指使的结果。马歇尔据此立刻断定，他遇到了在德国与苏联打交道时相同的情况。他打电报要求国务卿贝尔纳斯证明，国民政府在对苏外交中"遇到的困难，是否完全类似我

---

① 《马歇尔与蒋介石会谈纪要》，1945 年 12 月 21 日，《政治协商会议纪实》下卷，第 814～819 页。
② 《驻美大使魏道明呈蒋主席告与马歇尔特使晤谈要点电》，1945 年 12 月 6 日，秦孝仪主编《中华民国重要史料初编——对日抗战时期》第七编《战后中国（三）》，第 46～47 页。

们自己（美国）在欧洲所遇到的困难。或者苏联在这里的政策是否是蓄谋阻挠实现一个有效而统一的中国"。贝尔纳斯答复说，苏联目前准备"履行其对华条约，不会有意去干什么事情，破坏我们为统一中国所做的努力"。①

贝尔纳斯的答复显然不足以消除马歇尔的疑虑。在 12 月 26 日的一次会谈中，马歇尔再次向蒋介石表示，根据后者和宋子文介绍的情况，苏联"勾结"中共及其控制东北的策略，与它在世界其他地方与美国打交道时使用的手段一样，所以，确定中共是否与苏联有联系这一点的确非常重要。② 对苏联与中共关系疑神疑鬼是支配马歇尔调处全过程的一个重要因素，几乎影响马歇尔改变其调处策略的每一次变动。

12 月 23 日，马歇尔首次会见了中共代表周恩来。会谈中，马歇尔特别强调美国介入中国内部事务的必要性和合理性。他声称，美国在太平洋战争中付出了巨大的代价，并且在太平洋地区部署了巨大的陆海空军力量，因此有义务维护这一地区的和平与安定。正是付出的代价、承担的义务和对未来战争危险的担忧，促使杜鲁门政府派他到中国来，帮助解决国共之间的争端。马歇尔说这番话的目的实际上就是要求中共中央接受他的调处。马歇尔进一步说明，杜鲁门政府认为"中国必须寻找

---

① "The Acting Secretary of State to General Marshall", December 29, 1945, The U. S. State Department, ed., *FRUS*, *1945*, *The Far East*, *China*, Volume Ⅶ, p. 824.

② "Notes by General Marshall on Conference with President and Madame Chiang Kai – shek at Their Country Residence", December 26, 1945, The U. S. State Department, ed., *FRUS*, *1945*, *The Far East*, *China*, Volume Ⅶ, pp. 814 – 815.

达成协议的基础，以便结束中国存在两支军队（的局面），那种情况意味着存在两个政府——两个国家"，而中国"应该只有一支军队，而且这支军队是为国家服务的"。换句话说，中国统一的关键就是统一中国军队。马歇尔调处的每一个步骤都是向这一目标迈进的。

周恩来在这次会谈中向马歇尔说明，中共中央赞成杜鲁门对华政策声明中的主要之点，因为它符合罗斯福曾经提出的政策，即在民主的基础上统一中国。中共中央的要求是首先立即无条件停战，其次政府必须民主化。目前的中国政府是国民党的"一党政府"，这是中国存在两支军队的基本原因。中共中央的谈判原则是先政治民主化，再军队国家化。中共中央同意通过召开政治协商会议组成联合政府，并可接受蒋介石在联合政府中保有领袖地位，承认国民党在政府中的第一大党的地位。①

周恩来的谈话基本上界定了中共中央能够与马歇尔合作的范围，实际上也是表明可以有条件地接受马歇尔参与调处国共争端。另外，周恩来提出的建议至少在形式上与马歇尔的设想有不少吻合之处。当然马歇尔也很清楚，既然要当调停人，首先就要使冲突的双方均认可他作为调停人的身份。为此他不做出公正的姿态不行，不对中共中央让步肯定也不行。

经过一系列的会谈和准备，马歇尔于12月29日向杜鲁门报告说，对于如何解决国共之间的分歧，特别是军队国家化的问题，他已经有了自己的看法，不过目前还不是公布这些看法

---

① 《马歇尔与周恩来会谈纪要》，1945年12月23日，《政治协商会议纪实》下卷，第820~824页。

的时候。① 虽然马歇尔以后也从未详细解释过他的这些"看法"，但根据他来华后一直到1946年3月11日回国述职这段时间里采取的行动，可以基本看清楚他调处的思路，即首先实现停战，为解决其他问题创造必不可少的条件；其次推动政协谈判取得成功，为整军奠定基础；最后完成统编中国军队，实现中国的政治统一。

12月16日，中共谈判代表团在抵达重庆时，叶剑英就在机场发表声明，重申了中共的一贯主张。他表示希望首先停止军事冲突，军队整编要视政治谈判情况而定。19日，周恩来宴请邵力子，再次提出一切问题的解决取决于无条件停战。27日，国共谈判正式恢复。周恩来向国民党方面转交了无条件停战的三点建议：（1）双方下令所属部队，均暂时各驻原地，停止一切军事冲突；（2）与避免内战有关的一切问题，均应于军事冲突停止后，经和平协商解决；（3）为保证实施上述两项办法，应在政协会议指导下，组织各界内战考察团分赴全国发生内战的地区进行考察，随时提出报告，公之于世。②

国民党方面对中共代表团的建议最初仍持强硬否定的态度，拖延不予答复。马歇尔为此于30日会见了国民党代表，向他们施加压力，要求他们放弃"相当不妥协的立场"。③ 面对马歇尔的指责，国民党方面经请示蒋介石，向中共代表团提出建议，

---

① "General Marshall to President Truman", December 29, 1945, The U. S. State Department, ed., *FRUS*, *1945*, *The Far East*, *China*, Volume Ⅶ, p. 826.

② 《中共代表团关于无条件停止内战的建议》重庆《新华日报》1946年1月1日。

③ "General Marshall to President Truman", January 1, 1946, The U. S. State Department, ed., *FRUS*, *1946*, *The Far East*, *China*, Volume Ⅸ, p. 1.

由国共两党代表和美方代表组成军事三人小组，具体讨论解决与停战有关的问题，并说明蒋介石已经决定于 1946 年 1 月 10 日召开政治协商会议。31 日，国民党代表向中共代表团提交书面答复，声称国民党方面主张将停战和恢复交通两个问题并列解决，其目的是继续强调应以恢复交通作为停战的条件。①

中共代表团 27 日提出的三点建议和国民党方面 31 日的复文表明，双方的基本分歧点仍然集中在前一阶段未能解决的主要问题上。国民党方面强调有条件地停止军事进攻，无条件地恢复交通，并以恢复交通为停战的先决条件。中共则坚持首先无条件停战，然后协商解决其他问题。马歇尔的调处实际上正是从解决这一基本分歧着手，促使国共双方做出妥协。

1946 年 1 月 1 日，马歇尔指示他的助手起草了一份停战计划，这项计划体现了他在停战谈判中奉行的基本方针，即促成华北停战和确保顺利地向东北运兵。2 日，马歇尔分别向蒋介石和周恩来提出一份停止军事冲突和恢复交通的备忘录。他综合国共双方的意见，提出五点建议，其中前四点是实质性内容，包括：（1）立即停止一切战斗行动；（2）停止一切军事调动，国民党军队为接收而开入东北及其在东北境内的调动属于例外；（3）停止一切破坏交通的行动；（4）一切军队维持其现时的地位。②这份备忘录对于理解马歇尔调处的思路极为重要，它大致概括了马歇尔力图促使国共双方让步的关键内容。

---

① 《政府代表复中共代表团信》，重庆《新华日报》1946 年 1 月 1 日。
② 《马歇尔特使上蒋主席提出国共双方停止军事冲突令稿之备忘录》，1946 年 1 月 2 日，秦孝仪主编《中华民国重要史料初编——对日抗战时期》第七编《战后中国（三）》，第 63 页。

首先，在备忘录的第一条中，马歇尔不附加任何条件地提出立即停止一切战斗行动。这显然符合中共的主张，是要求国民政府做出让步。这一条件看上去非常简单，实际内容却相当复杂，它既反映了马歇尔制止中国内战的决心，也涉及根本改变国民政府的战略计划。蒋介石在1945年11月中旬已经重新修改了战略方针，决定首先集中兵力进攻华北解放区，控制华北战略要点，打通主要的铁路线。他曾经明确地告诉马歇尔，控制华北地区是迫使中共屈服的主要手段。① 国民党代表在谈判中的一再拖延搪塞，无非都是为了配合国民党军队在华北的军事行动。

但事实已经表明，国民党军队继续在华北发动军事进攻的结果是，不仅使交通无法恢复，而且国民党军队根本无力再抽兵北上进入东北。这当然不符合杜鲁门政府的战略意图。为了使国民党军队从华北抽身，转赴接收东北，以及顺利遣返华北的日军，马歇尔坚决迫使蒋介石接受美方的方案，立即在华北停战。马歇尔采取的措施包括：拒绝为国民党军队向华北运兵，冻结美军控制的华北各港口，拒绝蒋介石要求立即商谈整编中共军队的建议。马歇尔称，为了实现立即停战，暂时不讨论使问题复杂化的其他项目，所以在前述他的五点建议中的第五点是停战以后"将发布其他训令与命令"。② 马歇尔以这些措施向蒋介石证明，如果

---

① 《马歇尔与蒋介石会谈纪要》，1945年12月21日，《政治协商会议纪实》下卷，第817页。

② 《马歇尔特使上蒋主席提出国共双方停止军事冲突令稿之备忘录》，1946年1月2日，秦孝仪主编《中华民国重要史料初编——对日抗战时期》第七编《战后中国（三）》，第63页。

不按美国的旨意行事，国民政府就什么也别想得到。面对如此巨大的压力，蒋介石除了配合马歇尔的行动，是没有其他选择的。

其次，马歇尔是以立即停战为条件，换取中共方面接受美军为国民党军队向东北运兵的"合法性"。在马歇尔的备忘录中，恢复交通是作为一般的条件，并没有特别予以强调。当然这并不意味着马歇尔对此不重视，而是说他并不打算以此作为立即停战的条件。但是，马歇尔的停战是有条件的，这个条件就是保证国民党军队可以向东北调动。由于美国准备利用海路帮助国民党军队向东北运兵，恢复华北陆路交通问题的紧迫性自然被削弱了。马歇尔在与周恩来的私下会谈中一再说明，根据中苏条约和美国与国民政府达成的协议，不仅国民政府必须接收东北，而且美国有义务协助它完成这一使命。他要求周恩来接受他的建议，并将其正式写入停战令中。

当时中共中央基于对东北形势的估计，认为中共军队尚无法阻止国民政府接收长春路及其沿线的大城市，也不可能阻止国民党军队进入东北，因此在东北问题上做某种妥协是难以避免的。周恩来向马歇尔说明，凡涉及国际的条约，中共方面不干涉；国民党军队可以进入东北，从苏军手中接收地方，但军队调动必须事先与中共方面协商，以免引起军事冲突。另外，有关东北问题的条款不得写入停战令正文，理由是国共两党与美等三方面主要是解决中国内部冲突，凡涉及国际问题，均不能撇开苏联讨论接收东北。马歇尔遂表示可以不在停战令正文中写入东北运兵问题。[①]

---

① 《周恩来年谱（一八九八—一九四九）》，第 635 页。

在基本问题上取得谅解之后，张群、周恩来和马歇尔组成军事三人小组，于7日正式开会，讨论发布停战令的细节。会谈一开始，张群便提出国民党军队必须接收热河省的赤峰和内蒙古的多伦。他声称，根据国民政府与苏军达成的协议，除东北外，华北的某些地区也应成为例外，国民党军队为了接收可以在那里调动军队，特别是赤峰和多伦应由国民政府接收。他据此提出，华北和东北以外应由国民政府接收的地区均属例外；在这些地区可以实行停战，但军事调动不能受限制；即使赤峰和多伦以南的地区，如果有类似情况，也应用类似的办法解决。

周恩来针对张群的建议指出，华北各地区已经由国共双方接收完毕，那里的受降权是国共之间争论的问题，与中苏条约无关；为了能够达成停战协议，中共方面可以让步，将接收东北问题包括在停战令正文中，但同时须声明"在东北九省的所有军事行动应通过协商安排"。至于赤峰和多伦，周恩来提出可以考虑改变谈判方式，邀请苏联代表参加讨论。

张群当即拒绝了周恩来的后一条建议，声称根据中苏条约国民政府有权向东北调动军队，这一问题不能与中共协商。而且中苏已就接收赤峰和多伦做出了安排，没有必要再与苏联讨论。

周恩来遂又提出：赤峰和多伦已被中共军队接收，因此涉及内政问题；既然国民政府声称接收华北某些地方与接收东北等，都是以中苏条约为根据，那么在此谈判中不妨为接收这些地区制定明确的原则。张群仍然表示不能接受，他坚持国民党军队接收东北的行动不能受到限制，接收赤峰和多伦可以援引接收东北的方式，但两者也不能混为一谈。①

这场争论持续到 1 月 9 日，仍然没有结果，周恩来不得不提醒张群，国民党方面实际上仍然是坚持有条件停战，这表明它不准备停止敌对行动，由此引起的后果应由国民党方面承担全部责任。至此停战谈判陷入僵局。

关于赤峰和多伦的争论具有重要的背景。停战谈判期间，国民党军队始终没有停止在热河地区的军事进攻。国民党军队占领锦州之后，利用苏军延缓撤退的机会，将兵锋转向西面的热河，企图打通承锦线交通，开辟陆路进入东北的通道，同时切断华北解放区与东北的联系。1 月 4 日，国民党军队动用 4 个师的兵力，沿承锦线向西发动进攻，结果被中共军队阻击于平泉、古山一带，无法前进。因此国民党方面企图借谈判之机，为该地区的军事行动创造条件。如果国民党军队控制赤峰和多伦，既可以对华北中共军队形成包围的态势，又可以使进入东北的中共军队陷于孤立无援的境地。

中共中央对国民党军队的战略意图十分清楚，对热河争夺战给予极大的关注。中共中央在给华北部队的电报中指出：国民政府推迟接收东北，集中兵力先取承德和张垣，目的是在停战前控制战略要点，隔断华北与东北的联系，从而降低中共的地位，并动摇杜鲁门政府目前的调处政策，迫使中共在谈判中

---

① 《军事三人小组会谈记录》，1946 年 1 月 6、7、8 日，《政治协商会议纪实》下卷，第 877~915 页。

接受其苛刻条件。因此，能否取得热河争夺战的胜利，是决定中共"在今后整个阶段中的地位"的问题。[1]

为了挫败国民党军队控制热河的企图，中共中央于1月9日指示重庆谈判代表团，拒绝国民党方面将热河、察哈尔作为停战例外地区的要求，并应该向马歇尔声明，由于国民党军队在热河、察哈尔发动进攻，内战尚未停止，美军应停止向华北和东北运送国民党军队。魏德迈1月5日声明将新六军运往东北，亦应停止。中共不反对部分国民党军队到东北接收主权，但国民政府始终拒绝协商国民党军队安全进入东北的办法，因此一旦发生冲突，责任全在国民党方面。[2] 显然，中共中央基于热河地区此时在战略上的重要性，认为有必要向马歇尔施加压力，利用他急于向东北运兵的企图，迫使他压国民政府让步。周恩来当天便向马歇尔转告了中共中央的立场。

华北停战和向东北运兵是指导马歇尔参与停战谈判的基本方针，国民党方面坚持控制赤峰和多伦的行动显然影响到华北停战。马歇尔对张群的建议事先是了解的。在1月6日会谈时，张群即提出热河应与东北一样，作为可以调动军队的例外地区。马歇尔当时即表示反对，认为中共不可能接受。他建议不要提热河全省，只提赤峰和多伦。他当时认为那里仍由苏军占领，国民政府可以为接收主权派军队前往。张群被迫接受了马歇尔

---

① 《军委关于保卫承德、张垣的战斗部署给聂荣臻等的指示》，1945年1月2日，《中共中央文件选集》第16册，第7~8页。
② 《中共中央给重庆代表团的电报》，1946年1月9日。

的建议，但马歇尔当时曾声明，他不能保证中共方面肯定会接受。① 在中共明确表示华北内战不止，就不能同意国民党向东北运兵的情况下，马歇尔调来处去，结果不能前进一步，他当然不能允许谈判出现这种结局。9 日晚，马歇尔直接向蒋介石提出赤峰和多伦问题，后者表示可以接受周恩来的建议，在停战协议中不涉及这两个城市的归属。② 可以肯定，如果不是马歇尔施加了压力，蒋介石是不可能做出这样的让步的。

赤峰和多伦的争论所涉及的另一个问题是国民政府如何根据中苏条约接收东北。周恩来提出，应为国民政府接收东北确定一个统一的原则，因为在东北无疑会遇到在赤峰和多伦碰到的同样问题，即根据国民政府与苏军达成协议需要接收的地方如果已经被中共军队控制，应如何处置。中共中央提出的原则是国民党军队只能从苏军手中接收地方，不得争夺已由中共军队接收的地区，否则必然导致武装冲突。国民党方面则坚持，国民党军队接收东北的行动不受限制。中共方面为了避免拖延谈判时间，当时并没有坚持必须就此达成协议，只是要求进入东北的国民党军队的数量应有所限制，并每日向军调部报告军队调动的情况，同时指出如果这一问题长期悬而不决，难免会引起严重后果。③

---

① 《马歇尔与张群会谈记录》，1946 年 1 月 6 日，《政治协商会议纪实》下卷，第 877～884 页。
② 《军事三人小组会谈记录》，1946 年 1 月 10 日，《政治协商会议纪实》下卷，第 946 页。
③ 《军事三人小组会谈记录》，1946 年 1 月 8 日，《政治协商会议纪实》下卷，第 917～924 页。

由于国民党方面在赤峰和多伦归属问题上做出妥协，停战谈判迅速取得进展。1月10日，国共代表签署了停战协议，蒋介石和毛泽东随即分别向国共双方军队发布了停战令，抗战胜利后持续了两个多月的大规模武装冲突暂时结束。和平局面的出现为马歇尔进一步调处创造了良好的气氛。马歇尔对此相当兴奋，他把停战协议称为"中国取得有效统一的非常重要的奠基石"。①

　　停战协定签订的当天，政治协商会议在重庆开幕。在政协会议召开期间，马歇尔埋头于制订整军计划，并没有以调处人的身份参加会议。马歇尔始终将调处重心放在解决军事问题方面，在他看来，解决政治问题不过是为解决军事问题奠定基础。他自称一直试图避免过多卷入政治问题的争论，以免陷于"发号施令的地位"，招致各方面的批评。当然，国民政府并不希望马歇尔参与讨论政治问题也是他回避的重要原因。蒋介石深知美国人对在中国实行民主政治的特殊兴趣，他宁愿把马歇尔的调处限制在解决军事问题的范围内。

　　但是，马歇尔没有直接参与政协谈判并不等于他对解决政治问题没有自己的方案，也不等于他对解决政治问题没有施加影响。杜鲁门的对华政策声明已经公开阐明了美国政府对中国政治民主化、改组国民党一党政府为联合政府的基本立场。根据这一精神，马歇尔不介入政协谈判是不可能的。

　　正当政协谈判进入关键阶段之际，马歇尔于1月21日向蒋介石提交了一份草案。这份草案首先提出"规定在立宪政府成

---

① 《军事三人小组会谈记录》，1946年1月10日，《政治协商会议纪实》下卷，第965页。

立之前成立一临时政府，以统治权赋予委员长作为全中国的主席"。其次提出一项"临时政府组织法"，规定国务委员会由14人组成，在行使职权时，应以在表决时获得多数票赞成或反对为准则；总统在双方票数相等时，有决定性投票权。该法案还规定，在立宪政府成立之前，非经国务委员会同意，政府不得发布影响各县各行政区纯地方性事务的法令；各地方政府暂由颁发此法令时之现有行政官员管理；在行政官员未确定的地区，由国务委员会成立专门的小组委员会，国共各派代表二人组成，以选派该地区的临时行政官员。①

马歇尔的方案一方面保证使蒋介石获得政府中的领袖地位，另一方面也极大地限制了蒋介石的权力；特别是关于地方政府的规定，无异于否定了国民党消灭解放区政权的要求。难怪蒋介石读了马歇尔的方案后，认为他提出了"共党所不敢提者"，并且"足以召亡国之祸也"。②

不管蒋介石如何愤慨，马歇尔都要执行杜鲁门政府的既定方针。他向蒋介石提出，"有两个因素使他（蒋介石）绝对有必要与共产党尽早就建立统一的政府和军队问题达成一项协议。第一，在目前形势下，中国很容易受到俄国小规模渗透的危害，从而加强共产党政权，而国民政府在中国西北及满洲对俄国的

---

① 《附：马歇尔特使所提"临时政府组织法"建议案节录》，秦孝仪主编《中华民国重要史料初编——对日抗战时期》第七编《战后中国（三）》，第71页。
② 《蒋主席批阅马歇尔特使所提"临时政府组织法"日记》，1946年1月23日，秦孝仪主编《中华民国重要史料初编——对日抗战时期》第七编《战后中国（三）》，第70~71页。

相对地位逐步削弱。第二，美国陆海军力量显然不能继续在中国长期驻留"。① 马歇尔在这里既是陈明利害，也是施加压力。国民党最终被迫接受政协决议，马歇尔的重大影响不容忽视。

政协会议闭幕的当天，周恩来向马歇尔表示，中共领导人很重视马歇尔在调处时所持公正合理的态度；中共中央准备以马歇尔此种态度所体现的原则为基础，在地方和全国性问题上与美国合作。② 根据中共中央当时对国际国内形势的估计，周恩来的谈话不能被一般地解释为仅仅是一种策略，他对马歇尔的评价符合此后中共领导人的一贯看法。

马歇尔此时在中国政治民主化方面所采取的行动，远比赫尔利最初调处时更为坚决。他之所以如此，主要是基于如下考虑。正如马歇尔本人向蒋介石说明的那样，如果中国长期处于不统一的状态，就不能阻止苏联通过中共政权向中国渗透。在这个过程中，国民党政权会被逐步削弱。为了防止苏联的影响扩大，阻塞苏联渗透的渠道，除了尽快实现政治统一，没有别的路可走。中共方面已经一再声明，民主是中国统一的基础，国民党不在民主改革方面让步，就不能达到预期的目的。当然，杜鲁门政府要求蒋介石做这种让步，也是基于有把握通过民主改革，继续维持住蒋介石和国民党的领导地位。而且周恩来已

---

① "General Marshall to President Truman [Extract]", January 24, 1946, The U. S. State Department, ed., *FRUS*, *1946*, *The Far East*, *China*, Volume Ⅸ, pp. 142 – 143.

② "General Marshall to President Truman and the Secretary of State", February 1, 1946, The U. S. State Department, ed., *FRUS*, *1946*, *The Far East*, *China*, Volume Ⅸ, pp. 151 – 152.

经表示，联合政府成立后，中共仍然承认蒋介石的领袖地位，承认国民党为第一大党。马歇尔吃了这颗定心丸，自然会更加相信，美国式的民主一定会再一次被证明是战胜共产主义的灵丹妙药，也足以使国民政府起死回生。从更现实的需要考虑，赫尔利调处的经验证明，中共提出先政治民主化，然后军队国家化，并不是一个可以讨价还价的筹码，而是坚定不移的原则。马歇尔如果不能做到迫使蒋介石在政治上让步，就无法使中共交出军队。在这个关键问题上，马歇尔看来是吸取了赫尔利的教训。

　　杜鲁门在声明中将"取消中共自治性军队"置于改组国民党"一党政府"之后，已经表明美国政府解决中国政治和军事问题的程序。马歇尔忠实地贯彻了杜鲁门政府的意图。尽管他在民主改革问题上的出发点是利害关系，但客观上毕竟推进了政协谈判，顺应了当时中国政治发展的潮流。他在推动政协谈判方面的建树应该予以肯定。马歇尔本人对政协会议的结果亦津津乐道，他在给杜鲁门的报告中说："事情进展得相当顺利，政治协商会议的工作进行得很好，为建立民主联合政府提供了比较明确的基础。我曾经极为秘密地送给委员长一份临时宪法，会议把此宪法的细节都包含了进去。通向制宪会议的道路看来是稳妥的。"① 这番话表明，马歇尔当时的确真诚地赞成政协决议。

　　停战谈判和政协谈判完成之后，马歇尔立刻开始着手解决军队整编这个最敏感、最棘手的问题。马歇尔指导整军谈判的

---

① "General Marshall to President Truman", February 4, 1946, The U. S. State Department, ed., *FRUS*, *1946*, *The Far East*, *China*, Volume IX, p. 206.

方针除了包括取消中共军队这个最基本的原则外，还包括另外三个重要的设想。

第一，大幅度削减包括国民党军队在内的中国军队的数量。在这一点上，马歇尔与国民政府仅仅要求整编中共军队有所区别，与中共要求整编全国军队基本一致。1 月 13 日，马歇尔询问魏德迈，基于对国家的安全和利益的考虑，中国需要复员多少军队。魏德迈的答复是：国民党军队的数量过于庞大，已成为国民政府的"癌痛"，必须予以裁汰，如此才能稳定中国的经济，保证国家的财政能集中支持一定数量的军队，从而使之真正有实力。① 他据此拟订了一个复员国民党军队的计划。② 马歇尔正是在这个计划的基础上制订了军队整编的数量和比例的方案。

第二，马歇尔认为，整编后的中国军队应遵循美国的建军传统，从属国家，不干涉国内政治事务。将整军谈判安排在政协会议之后，就是要营造一种符合他的设想的气氛。马歇尔强调的这个原则符合政协会议关于军队问题的决议。政协决议中的军事问题决议明确规定，整军的原则是军党分立、军民分治、以政治军。③

---

① "General Marshall to Lieutenant General Albert C. Wedemeyer", January 13, 1946, The U. S. State Department, ed., *FRUS*, *1946*, *The Far East*, *China*, Volume Ⅸ, pp. 178 - 178.

② "Memorandum Prepared by the Plans Staff of Lieutenant General Albert C. Wedemeyer", January 13, 1946, The U. S. State Department, ed., *FRUS*, *1946*, *The Far East*, *China*, Volume Ⅸ, pp. 177 - 188.

③ 《马歇尔致张群周恩来备忘录》，1946 年 1 月 24 日，中共代表团梅园新村纪念馆编《国共谈判文献资料选辑（1945.8 ~ 1947.3）》，江苏人民出版社，1980，第 78 页。

中共中央当时接受了这个原则。中共领导人认为，马歇尔根据这个原则制订的整军方案尽管有许多内容仅仅是他的幻想，但是对于破坏国民党军队中地方系的原系统是彻底的，所以中共中央指示重庆代表团，应在原则上赞成他的意见。[①] 马歇尔的确认真执行了杜鲁门政府取消中共"自治性军队"的方针，但这并不等于他会按照蒋介石的办法，把中共军队简单地统编到国民党军队之中。马歇尔是试图以基本平等的态度，同时整编国共两党的军队，使之成为独立于党派斗争之外的国家武装力量。这是他在整军问题上与蒋介石的又一个不同之处。

第三，马歇尔不仅希望按照美国的军事制度使中国军队"国家化"，而且要使中国军队"美国化"。作为一个军事领袖，马歇尔对军队是国家政权的支柱不乏深刻的理解。中国军队可以独立于中国内部的党派斗争，却不能脱离美国的影响。马歇尔曾经是史迪威争取中国战区指挥权的积极支持者，他深刻了解史蒋矛盾的背景。透过史迪威在中国战区遇到的重重困难，马歇尔不会看不到，不控制中国军队，美国就不能从根本上影响中国的政治形势；而要控制中国军队，就必须使中国军队"美国化"。

对日战争结束后不久，在马歇尔尚未卸去总参谋长的职务时，美国陆海军部和国务院曾经提出一份备忘录，特别说明了由美国训练、指导中国军队的重要性，要求国民政府从其他国家取得军事援助之前应与美国达成协议。1月13日，魏德迈向

---

① 参阅《周恩来年谱（一八九八——一九四九）》，第642页。

马歇尔建议，不要复员国民党军队的 A 类师，即美国装备和训练的 39 个师；他也不赞成对他"业已委以重任或预定将要委以重任的部队做任何变动"。在魏德迈的计划中，保留下来的国民党军队正是以那些美式编制的师为核心。①魏德迈的建议是马歇尔整军方案的重要基础。马歇尔使中国军队"美国化"的设想，不仅包括国民党军队，而且包括中共军队。他在整军谈判中明确提出，整编结束后，美国将向保留下来的 10 个师的中共军队提供训练并提供 11 个步兵营、11 个野战炮连的机械化装备。这一计划获得美国国务院和陆军部的批准。正是从这种考虑出发，马歇尔更重视整编的成功，在国共军队的比例上表现得并不像国民党方面那样斤斤计较。

经过一个多月的酝酿和准备，整军谈判于 2 月 14 日正式开始。马歇尔自信为谈判所做的准备工作细致周到，因此谈判一开始，便坚决执行第一要"整"，第二要"快整"的方针。

整军谈判围绕马歇尔提供的整军方案展开，国共双方争论的主要问题是整编后双方保留军队的比例、整编军队的时间与程序，以及整军方案使用什么名称。

国共军队的比例是自抗战以来国共两党长期争论的焦点之一。在重庆谈判期间，赫尔利曾经提出国共双方的军队按 5∶1 的比例整编，结果被国民党方面拒绝。此后周恩来又提出，中共方面可让步为按 7∶1 缩编军队，即在当时保留 43 个师，以后

<hr />

① "General Marshall to Lieutenant General Albert C. Wedemeyer", January 13, 1946, The U. S. State Department, ed., *FRUS*, *1946*, *The Far East*, *China*, Volume IX, pp. 178 – 178.

再按此比例裁减。国民党方面仍不同意，他们坚持中共军队最多只能保留 20 个师。结果重庆谈判未能就这一关键问题达成协议。国共双方同意另设军事小组，具体商谈整编计划。

马歇尔来华后，经过仔细研讨，试图一举突破国共保留军队数量的比例这个难题。在整军谈判开始之前，马歇尔向国民政府提交一份草案，建议整编完成之后，国共军队的比例应为 2:1，即一共编 60 个师，其中中共军队占 20 个师。另外在海空军中，中共军队应占 30%，并向他们提供必要的技术和行政训练。蒋介石对此大为震惊，立即指示张治中转告马歇尔务必予以修改。马歇尔在他修改后的草案中规定，整编后国共军队的比例为 5:1，海空军一项则完全删去。①

即便如此，马歇尔的方案仍使国民政府相当被动。国民党谈判代表张治在谈判中提出，根据过去的计划，当国民党军队保留 254 个师时，中共军队为 20 个师；如果国民党军队削减至 50 个师，中共军队应低于 20 个师。他建议双方的比例为 6:1，即中共军队保留 15 个师。周恩来则提出，在第一阶段整编后，中共军队应保留 20 个师；如果能缩短整编过程，中共方面可以削减更多的军队。在双方争执不下的情况下，马歇尔提出一项折中方案，即在整编第一阶段的前 9 个月，国民党军队削减为 105 个师，中共军队削减为 20 个师；至第 12 个月，国

---

① 《张治中回忆录》（二），文史资料出版社，1985，第 739~740 页；"General Marshall to Lieutenant General Albert C. Wedemeyer", January 13, 1946, The U. S. State Department, ed., *FRUS*, *1946*, *The Far East*, *China*, Volume IX, pp. 178 - 178；《马歇尔提出军队整编计划草案》，《政治协商会议纪实》下卷，第 969~974 页。

民党军队削减为 90 个师，中共军队削减为 18 个师。经过反复讨价还价，国民党方面不得不表示，可以接受按 5∶1 的比例整编军队。

双方在达成的协议中具体规定，目前国民党军队裁编成 90 个师，中共军队裁编成 18 个师。整编全部完成后，全国军队编成 60 个师，其中国民党军队 50 个师，中共军队 10 个师。根据这个方案，整编第一阶段结束时，中共军队比原提出数少两个师；至整军全部结束，中共军队则比国民党方面提出的 6∶1 的比例多一个半师。这个方案基本上反映了国共双方妥协的结果，蒋介石却声称，这个方案是国民党方面"最大之损失"。①

马歇尔显然并不将国共军队的比例看成绝对重要的问题，他更关心的是使中共方面接受整军方案。只要能使中国军队脱离党派影响，再经过美国装备和训练，结果都是一样的。

关于整军方案的名称，马歇尔提出的最初草案标明为《整编中共军队并使之合编为中国政府军队的基本方案》。在 2 月 21 日的讨论中，周恩来提出整军方案的名称应改为《军队国家化的基本方案》，理由是原名称不能包括方案中的全部内容，而且不符合政协关于军队问题的决议。张治中当即表示，这样的改动违反了"双十协定"第九条的规定。马歇尔于是提出，名称是否可改为"中国军队复员和统编为国家军队的基本方案"。

第二天张治中提出，应根据重庆谈判商定的办法，将整军

---

① 〔日〕古屋奎二：《蒋总统秘录》第 14 册，第 37 页。

方案的名称定为《中共军队改编为中国国民政府军队的基本方案》。他的理由是除了"双十协定"第九条的规定外，国民党军队是合法政府的武装力量，如果整编这支军队，会危害它的地位。按照张治中建议的逻辑，国民党军队仅仅是缩编，军队国家化不过是将中共军队统编到国民党军队里。张治中的逻辑既不符合中国军队的实际情况，也不符合马歇尔使军队脱离党派影响的指导思想。

周恩来在发言中表示赞成马歇尔的修改意见。他指出政协决议规定军队国家化的原则，这不仅仅适用于中共军队，国民党军队亦须如此，而马歇尔的建议基本包含了整编军队的全部内容。为了避免国民党方面长时间的纠缠，周恩来提出了折中办法，将整军方案定名为《中国军队整编和统编中共军队为国军的基本方案》。张治中表示希望美方表态。马歇尔立刻表示根据协商和他的理解，整军方案将根据周恩来的建议定名。

关于整编的程序和时间，是马歇尔在谈判中最关心的问题。他的基本原则就是"尽快"，但落实这个原则却遇到来自国共双方的阻力。国民党方面虽然愿意整编中共军队，以达到取消或控制对方的目的，但也担心，国民党军队官兵会因整编受中共军队的政治影响，军心不稳。张治中在给蒋介石的报告中说，在一年之内混合编组国共军队，其结果"利害参半"。因此，他在谈判中涉及这一问题时始终消极应付，声称一切均视马歇尔和中共代表的意见而定，自己不提任何方案。

中共中央虽然主张执行政协决议，准备在整军问题上以某些让步换取中共军队的合法化和国家民主化，但，也考虑到，军队在中国政治中具有极其重要的意义，必须谨慎行事。因此整编要有一个过程，不可急于行事。至于与国民党军队混编，中共方面原则上坚决反对。由于国共双方在整编的程序和时间上均持谨慎的态度，在混编问题上又有根本分歧，谈判中不可避免地发生了长时间的争论。

谈判开始后，双方便就协议中使用"统编"还是"混编"发生争论。国民党代表提出，国共军队整编成 60 个师之后，即应完成"混编"，即只有一支国家军队，而不应再有国军与共军之分。周恩来则坚持只能使用"统编"一词，以免造成误解，实际上是根本否定"混编"。由于这两个词的区别显而易见："统编"可以理解为统一编制，不等于将军队混合；"混编"的含义可以是不分程度和级别地混合编组军队。几经争论，双方最后一致同意，在协议中使用"统编"一词。

关于统编，国民党方面没有拿出具体方案，周恩来则主动提出了统编的程序和时间表。他指出，统编中的一些措施对中共是全新的问题，因此中共主张分阶段逐步完成之。在统编的第一阶段，国共军队应各自完成复员整编，亦即 12 个月以后开始实行统编。他提出的理由是国共双方的军队经历了 18 年的敌对之后，要统一在一个旗帜下并非易事，急于求成会产生各种难以克服的困难。而且中共军队缺乏正规训练，还需要准备一段时间，才能达到正规化的标准。

马歇尔的方针是整编完成后，立即实现双方军队在一定级别上混合编组。他没有理由反对周恩来提出的逐步统编的建议，但决不同意将统编长时间拖延下去。他主张整编开始后 4 ~ 6 个月，即着手在一定级别上混合编组。他提出的折中方案是整编开始6个月以后，先以军为单位混编；从第7个月开始，每月编成一个集团军；每个集团军由国共各一个军组成，共编组4个集团军，驻扎于华北地区；整编开始后第13个月起，再以师为单位混合编组。至于中共军队的正规化训练，马歇尔表示美军可以在中共控制地区的选定地点举办军事训练学校，培训中共军队的下级军官，这样就可以避免拖延时间。

商谈的结果是马歇尔的建议被国共双方代表接受。这个方案对国民党方面来说，既可以达到混编的目的，又可以避免立刻混编带来的不利影响。对中共方面来说，由于混编的级别较高、影响不大，而且半年以后才开始实行，可以有充分的时间来观察形势和做好准备工作。

2月25日，三人小组签署了《关于军队整编及统编中共部队为国军之基本方案》。这个方案被马歇尔视为得意之作。在整军协议签字仪式上，马歇尔称这个整军方案是"中国的希望"，他还措辞激烈地谴责了国民党内的顽固分子"自利自私，即摧毁中国大多数人民所渴望之和平及繁荣生存权利而不顾也"。① 这既反映了马歇尔对整军协议的重视，也表明他对这个协议可能被破坏不无担忧。

马歇尔到中国后经过两个月的努力，使国共谈判取得重大突破。停战、政协和整军三大协议的签订一度使中国展现出和平、民主和统一的前景。马歇尔能一举取得如此巨大的成就，

---

① 《新华日报》1946年2月26日。

客观环境固然是重要的因素，而他本人在调处中尚能保持客观、冷静和公允的态度，也是同样重要的原因。如果这些主客观因素能够继续存在，1946 年的中国历史将有可能向与后来不同的方向发展。

二 马歇尔与东北内战

从 1 月停战谈判开始至 2 月 25 日国共达成整军协议，中国大地曾一度有希望出现和平的局面。然而，这一线希望很快因东北燃起内战之火而破灭。从 1 月 7 日至 14 日的营口争夺战开始，国共军队在东北的武装冲突愈演愈烈，并逐步向关内蔓延，最终演变成全面内战。美苏两国及国共双方在东北地区的妥协是马歇尔使华有望取得调处成功的主要背景，围绕东北问题展开的复杂纠纷是促使杜鲁门政府调整对华政策的一个至关重要的原因。马歇尔来华后接连处理了一个又一个棘手的难题，唯独在东北问题上束手无策。调处东北内战的失败是马歇尔整个调处失败的开端，也是他调处失败的关键所在。

国民政府在战后解决东北问题时，一贯坚持一家独占的原则，拒不承认中共在东北的地位，也拒不讨论中共代表团提出的限制国民党军队在东北行动的建议。国民政府的基本策略是把国共争夺东北的斗争扩大为国际纠纷，利用国民政府在国际上的合法地位和签署的相关国际协议，使国民政府独占东北的要求合法化，进而使其为独占东北采取的军事行动合法化。

在停战谈判和整军谈判期间，国民政府一直矢口否认国共在东北一些地区已经形成对峙的局面。国民党方面在谈判中声称，东北问题的本质是国际问题，没有内政问题；国民政府接收东北的行动有中苏条约为根据，因此不能受到国共谈判的限制。鉴于东北有国共和苏联三方同时存在的实际状况，国民政府奉行一家独占的方针，否认中共军队在东北存在的事实，必然会导致它最终凭借武力争夺东北。

从 1945 年 11 月下旬开始，中共中央逐步改变了一度实施的争取控制全东北的战略计划，并公开提出用政治方式解决东北问题，包括主张在东北成立包括中共在内的地方性民主联合政府。停战协议签订后不久，中共中央明确提出和平解决东北问题的具体方针，即在国民政府承认中共在东北一定合法地位的条件下，与国民党方面合作实行民主改革，和平建设东北。[①]

在停战谈判期间，周恩来曾经多次向马歇尔说明，中共中央承认国民政府有权根据中苏条约，从苏军手中接收东北行政权。但东北问题不仅仅是外交问题，而且包含内政问题。中共军队已经占领东北许多城镇、厂矿、交通线和乡村，并建立了地方政权。基于这种现实，解决东北问题必须区分内政与外交。为防止发生武装冲突，国民党军队向东北运兵必须事先与中共

---

① 《中央关于停战后我党对满洲的政策问题给东北局的指示》，1946 年 1 月 11 日，《中共中央文件选集》第 16 册，第 20~21 页。

方面协商，运兵数量必须有所限制。①经过谈判，中共方面认为，军事三人小组实际上达成若干默契，包括国民党军队在东北驻军不得过多；在秦皇岛登陆的国民党军队只能进入东北；国民党军队经过华北解放区的其他交通线向东北运兵，事先必须与中共协商；进入东北的国民党军队应按时向军调部报告调动情况。在整军协议中规定，国民党军队将在东北驻扎5个军。中共方面据此理解，调入东北的国民党军队最多不应超过5个军。②这种理解是有根据的，不应被视为误解。

马歇尔解决东北问题基本上遵循两个原则，即保证国民政府在东北居于统治地位，以及尽量避免引起国共之间的武装冲突。东北是美国和苏联在东亚抗衡的焦点。从对苏战略出发，杜鲁门政府绝对不允许东北出现国共分庭抗礼的局面。在美国领导人看来，承认中共在东北的地位无异于打开苏联向中国渗透的渠道；只有国民政府独家经营东北，或至少在东北占压倒优势，美国人才能放心。

另一方面，马歇尔虽然坚决执行杜鲁门政府的既定方针，

---

① 《中共中央发言人关于东北现势与中共对东北问题的主张答新华社记者问》，1946年2月13日，《中共中央文件选集》第16册，第74~78页；《周恩来致马歇尔关于中共对东北问题立场的声明书》，1946年3月10日，《政治协商会议纪实》下卷，第1104~1109页；《周恩来年谱（一八九八——九四九）》，第650页。

② 《中央关于停战后我党对满洲政策问题给东北局的指示》，1946年1月11日，《中共中央文件选集》第16册，第20~21页；《中共中央发言人关于东北现势与中共对东北问题的主张答新华社记者问》，1946年2月13日，《中共中央文件选集》第16册，第74~78页；《周恩来致马歇尔关于中共对东北问题立场的声明书》，1946年3月10日，《政治协商会议纪实》下卷，第1104~1109页。

支持国民政府恢复对东北的统治，但并不等于他认为美国为达此目的可以不惜诉诸武力。马歇尔当时的顾虑有三：第一，如果爆发国共内战，苏军可能以东北秩序混乱为理由，再次延迟撤出东北；第二，国民政府并没有能力在东北用武力征服中共；第三，东北内战会蔓延到华北，战端一启，牵动全局，驻华美军将再遇尴尬局面。[①]

　　马歇尔在东北问题上执行的是一种相当矛盾的政策，那么是否可以说，只要马歇尔同意美军为国民党军队向东北运兵，就一定会导致武装冲突？显然不能用简单的是与否做结论。因为中共中央毕竟没有否认国民政府有接收东北的权力，也没有否认国民政府在东北的存在，尽管这种承认是有条件的。如果马歇尔能够像解决其他问题一样，持慎重和务实的态度，履行军事三人小组已经达成的默契，东北内战还是有可能避免的。问题是马歇尔并没有这样做，他偏偏要去扮演江湖魔术师的角色，其认真的程度令人瞠目，也难怪中共领导人后来会讥讽他的调处是在演"文明戏"。

　　马歇尔调处东北内战经历了三个阶段。第一阶段从1月24日到3月27日，调处的中心是争取向东北派遣停战执行小组。谈判的结果是达成了一项实际上无法生效的向东北派遣执行小组的协议。

　　马歇尔提出向东北派遣执行小组的建议，是由国共军队在营口展开的争夺战引起的。营口是国民党军队一直企图控制的

---

　　① 《马歇尔将军对形势的估计》，《中美关系资料选辑》第1辑，第207～208页。

重要港口，目的是使海运的国民党军队可以从那里登陆。1月7日，也就是停战令公布前三天，国民党军队向营口中共守军发动猛烈进攻，企图在停战前抢占这一战略重镇，以便为向东北运兵做准备。经过三天激战，国民党军队于10日攻占营口。之后，中共军队决定趁对方立足未稳，在13日夜24时停战令生效之前夺回营口。13日拂晓，中共军队向营口发动反击，当晚即攻入市区，将国民党守军包围在原市公署、海关和邮局等三个孤立的据点中。24时停战令生效后，中共军队奉命停止射击，维持现状。但被围的国民党军队却借机发动反攻。于是中共军队再度发动进攻，于14日晨全歼国民党守军1700余人。

营口争夺战显然属于停战令生效后的遗留问题。马歇尔在接到营口冲突的报告后，于1月24日向国共双方提出一份备忘录，建议军调部立即向营口派出执行小组，而且将来发生类似事件，可依例采取同样行动。① 马歇尔的建议立刻得到中共代表的赞成，但由于国民党代表坚决反对，军事三人小组一直未能就此问题达成协议。

马歇尔提出向东北派遣执行小组的建议，看起来治标不治本，实际上却是深谋远虑的一着棋。这一点随着围绕东北的国际关系的发展变得越来越明显。2月9日，马歇尔在给杜鲁门的电报中披露了他解决东北问题的全盘计划。他在电报中指出："过去一个月在中国业已完成的许多事情能否巩固，在很大程度上将依赖于处理满洲动荡的局势。"美国在东北问题上必须采取更多

---

① 《满洲战地小组》，《中美关系资料汇编》第1辑，第203页。

的行动，其中包括：（1）实现中国统一，有统一的中国军队，建立联合政府和恢复交通；（2）美军尽快撤出中国，避免苏联发出对英国在希腊驻军那类的指责；（3）中国宣布准备向日本派遣军队。"由于中国具有国内统一的明确事实，由于美国战斗部队撤退而使龃龉消失，以及由于中国军队参加驻日盟国占领军而提高了它的地位，中国到那时就可以将满洲问题提交远东委员会。"①

马歇尔的判断是清楚的，就是准备把解决东北问题纳入美国对苏战略的轨道，试图使中国最终能按照美国的愿望，用一个声音对苏联讲话。按照他的设想，只要苏联没有中国内部纠纷作为借口，美国就有机会通过外交手段迫使苏联放弃对东北的干涉。当然，如果他的设想真的变成现实，东北问题最终必将成为一场国际争端，东北必难逃再次成为大国竞技场的命运。

在限制苏联的考虑的支配下，马歇尔到中国后，一面极力为国民政府向东北运兵创造条件，一面鼓励国民政府在中苏合作经营东北企业的谈判中务必采取强硬立场。马歇尔的行动得到杜鲁门政府的有力支持。2 月间，杜鲁门政府向苏联和国民政府发出措辞强硬的照会，表示不能坐视美国在东北的利益因中苏间的妥协而受到损害。② 它还与英国一起，单方面公布了"雅尔塔秘密协定"，从而煽动起反苏情绪。

但是，马歇尔和杜鲁门政府的这些行动并非没有问题。马歇尔的设想得以实现的前提是实现中国的统一，这在他给杜鲁

---

① "General Marshall to President Truman", February 9, 1946, The U. S. State Department, ed., *FRUS, 1946, The Far East, China*, Volume IX, pp. 428 – 429.

② 《红军从满洲搬走"战利品"》，《中美关系资料汇编》第 1 辑，第 617 页。

门的电报中说得非常明确。在中国还没有实现统一的情况下，加之中共军队在东北发展迅速，美军为国民党军队向东北大规模运兵，必然会助长蒋介石和国民党武力解决东北问题的气焰，由此引起中共军队的坚决反击也是必然的。对国民政府的意图马歇尔看得也很清楚，况且鼓励国民政府对苏采取强硬态度，难免会招致苏联的报复，在东北造成对国民政府不利的形势。在这种情况下，将向东北派遣执行小组作为临时性的缓冲办法，既可以缓解东北冲突地区的紧张局势，避免因东北发生武装冲突而打乱马歇尔的战略部署；又可以使美军代表进入东北合法化，为苏军撤退后直接插手东北做准备。可以设想，如果军调三人执行小组能够顺利进入东北，苏军撤出后，那里出现的局面将会是美国在国共之间纵横捭阖。马歇尔一直深信，三人执行小组不能进入东北，那里的形势将会演变成对国民政府的致命威胁，尽管蒋介石的看法完全相反。

从 1 月中旬开始，国民党军队第七十一军、新六军和新一军被陆续运抵东北南部，这一地区的武装冲突亦随之逐步升级。进入东北的国民党军队不去从苏军手中接收地方，而是以锦州至沈阳的铁路线为中心，四出攻掠，先后进占盘山、台安、新民、阜新和彰武等地区。由于东北地区形势日益紧张，中共中央断定解决东北问题，已成为时局的关键，因此必须争取尽快同国民政府谈判解决东北问题。[①] 这一方面是为了配合中共中央在东北"让开大路、占领两厢"的战略部署，保证将东北工

---

① 《中央关于目前东北的工作方针的问题给东北局的指示》，1946 年 1 月 26 日，《中共中央文件选集》第 16 册，第 57～60 页。

作的重心顺利地转移到建立巩固的根据地方面；另一方面也是由于东北苏军这时正极力反对中共军队在东北作战，他们担心大规模冲突会导致美军借机直接进入东北。①

2月2日和12日，中共中央书记处两次召开会议，专门讨论东北问题。会议决定，目前还是要争取和平解决东北问题，争取在东北与国民党方面和平合作。中共中央指示重庆代表团，应主动与国民党方面谈判解决东北问题，向对方提出国共应共同接收东北，东北政府应民选，立即向营口派遣三人执行小组，驻东北的国民党军队不得超过10万～15万人等建议。②15日，中共中央发表公开讲话，详细介绍了中共在东北已获得的地位及其组织和实力，并提出解决东北问题的四项原则，其核心就是必须承认中共在东北已经拥有的重要地位。③

为了确保在谈判中居于有利地位，中共中央在政治上采取主动行动的同时，亦指示东北局在军事上必须坚持有理有利有节的斗争。一方面，必须采取自卫立场，不刺激对方，并尽可能争取苏军在外交上配合中共方面的和平合作方针；另一方面，根据东北国共武装冲突暂时难以避免的情况，中共中央要求东北部队在自卫的条件下，争取打一两个胜仗，杀一下国民党军队的威风，使之不敢在东北为所欲为。④

---

① 《彭真关于有人警告东北绝不能打》，1946年1月26日。
② 《中央关于解决东北问题的方针给重庆代表团的指示》，1946年1月21日，《中共中央解放战争时期统一战线文件选编》，第50页。
③ 《中共中央发言人谈中共对东北问题主张》，《新华日报》1946年2月16日。
④ 《中央关于目前东北工作的方针问题给东北局的指示》，1946年1月26日，《中共中央文件选集》第16册，第59页。

如果说中共中央在东北是执行以和平合作为主、以军事行动配合谈判的方针，那么国民政府恰恰相反，是以谈判配合军事进攻，更倾向用武力解决问题，拒绝承认中共在东北的地位。1月22日，国民党方面正式拒绝向营口派遣执行小组，理由是担心那样做会引起与苏联的纠纷。周恩来曾经于2月14日、15日、18日、19日的三人小组会议上和这期间与张治中的双人会谈中，一再提出通过谈判解决东北问题，但国民党方面一再拖延，不置可否。2月20日，马歇尔再次提出派遣执行小组进入东北，亦遭到国民党代表的反对。①

2月间，马歇尔一直专心于整军谈判。他对东北问题非常重视，却并不急于解决。2月20日的建议被国民党方面否定后，他没有再为制止东北冲突采取其他措施。21日，周恩来曾经向他提出三点建议，他仅仅表示赞成，认为有必要制定一项关于东北的政策，以避免误会。然而他并没有为制定那项政策探索可行的途径。②2月28日至3月5日，军事三人小组出巡华北，视察解决停战令生效后的遗留问题，进一步稳定华北形势。直到3月6日三人小组返回重庆，马歇尔才认为已有必要争取尽快解决东北的问题。这一方面是由于马歇尔看到华北局势基本稳定，认为可以集中精力于东北；另一方面是因为马歇尔已经决定于3月11日回国述职，他希望在行前能控制住东北形势。但这时重提向东北派遣执行小组问题，为时已晚。

从3月11日开始，苏军从沈阳沿长春路逐步向北撤退，国

---

① 《满洲战地小组》，《中美关系资料汇编》第1辑，第203页。
② 《周恩来年谱（一八九八——一九四九）》，第645～646页。

共争夺苏军撤出地区的斗争随之展开。国民党军队在美军帮助下，经过一个多月的调兵遣将，在东北南部地区已经集中5个军的兵力，准备以沈阳为中心，向东南北三个方向发动所谓的"扇形攻势"。与此同时，在美国的鼓动下，以国民党六届二中全会为转折点，国民政府对苏联的政策开始转向强硬。蒋介石这时认为，美国舆论谴责苏联正"日渐积极"，而丘吉尔的富尔顿演说"几使人有第三次世界大战其将来临之感矣"；马歇尔正越来越向国民党倾斜，他"对共党阴谋，似有略进一层之认识"。[1] 结果，不仅国民政府公开拒绝苏联在东北经济问题上的要求，国民党六届二中全会还通过了《对苏联提出抗议，严重交涉限期撤退其东北驻军》的提案，要求"切实交涉"以促使东北苏军"迅即撤退，交由国民政府派军接防"。[2] 军事准备的完成和外交接收的失败，使国民政府越来越倾向在东北走军事冒险的道路，蒋介石缺的只是美国持续不断的支持和援助。

3月9日，蒋介石在与马歇尔会谈时，对向东北派遣执行小组一案提出五点附加条件：（1）执行小组只解决军事冲突，不干预政治事务；（2）执行小组应随国民党军队进止；（3）国民政府有权接收长春路及其沿线两侧30公里内的地区，中共军队应从这一地区撤出；（4）国民党军队有权进入铁路沿线各矿区；（5）中共军队不得阻碍国民政府接收主权。[3] 蒋介石向马

---

① 〔日〕古屋奎二：《蒋总统秘录》第14册，第28、46、49页。
② 《对于外交报告之决议案》，1946年3月16日，荣孟源主编《中国国民党历次代表大会及中央全会资料》，光明日报出版社，1985，第1049页。
③ 《满洲战地小组》，《中美关系资料汇编》第1辑，第203页。

歇尔提出如此复杂而又苛刻的条件,其用意无非是执行小组要么不进入东北,要么进入东北后成为掩护国民党军队发动进攻的工具。

3月初,中共中央对东北形势的估计也在发生明显的变化。国民政府拒不谈判东北问题,而进入东北的国民党军队到处进攻中共军队,抢占地盘,致使中共中央认为有必要逐步加强在东北的军事行动。中共中央在这一时期指示东北局,国民政府一面命令国民党军队发动军事进攻,企图击溃我方军事力量;一面利用外交手段,使苏联将更多的城市交给它接收。因此,国共在东北的军事对抗和冲突将持续一个时期,东北中共军队必须迅速准备粉碎国民党军队的进攻;中共军队目前不再向东北增兵,如果国民党军队增兵数超过5个军,则采取报复行动。①

3月4日,毛泽东向到延安访问的马歇尔重申了中共解决东北问题的一贯方针。3月10日,周恩来向马歇尔递交了中共对东北问题的声明。声明指出:中共方面曾经表示同意国民党军队进入东北,条件是它向北接收,而非向西进攻;1月间又表示赞成马歇尔提出向东北派遣三人执行小组的建议。然而这些行动均由于国民政府拒绝谈判解决东北问题而未能产生任何结果。为了顺利及合理地解决东北争端,中共方面今后将按照两个原则进行谈判:(1)东北的内政和外交分别解决,中共不

---

① 《中央关于东北问题的谈判方针给东北局和中共赴渝谈判代表团的指示》,1946年3月13日;《中央关于目前时局及对策的指示》,1946年3月15日。以上见《中共中央文件选集》第16册,第89~91、92页。

介入中苏外交，不干涉中苏谈判；（2）军事和政治同时解决，中共在军事方面已做重大让步，承认整编后国民党军队在东北保持军事优势，国民政府亦应承认，政协决议的民主原则适用于东北，改组东北政务委员会和各省、市政府，实行地方自治的联合政纲。① 第二天，周恩来在与马歇尔会谈时再次强调，在东北地区，政治和军事两个问题必须同时解决。② 周恩来的谈话比之前2月21日提出的仅包含军事问题的三项建议前进了一大步，这表明中共中央在东北形势即将进入转折的时刻，仍然力求从根本上解决国共在东北问题上的分歧。

马歇尔经过与蒋介石和周恩来商谈，于3月11日提出一项派遣执行小组赴东北的"命令草案"。这个草案有两个特点：第一，只谈军事和外交接收，不谈国共在东北的冲突问题；第二，几乎接受了蒋介石提出的全部附加条件。③ 马歇尔在当天向周恩来说明，不能接受政治和军事同时解决的要求，他的理由是美军人员"厌恶"卷入政治事务的争论。这听上去更像是个借口，因为马歇尔本人就深入地介入了政协谈判，而且对此举津津乐道。在这里马歇尔不是厌恶卷入政治事务，而是不希望在苏军没有撤完之前讨论东北的内政问题。马歇尔的草案受到中共方面的坚决反对，因为它肯定会助长国民政府凭借武力

① "Memorandum of Conversation, by General Marshall", March 10, 1946, The U. S. State Department, ed., *FRUS*, *1946*, *The Far East*, *China*, Volume Ⅸ, pp. 529 – 535.
② 《周恩来年谱（一八九八——一九四九）》，第650页。
③ 《马歇尔使华——美国特使马歇尔出使中国报告书》，中国社会科学院近代史研究所翻译室译，中华书局，1981，第72页。

独占东北的气焰。

3月11日的"命令草案"是马歇尔态度开始变化的重要标志。由于马歇尔在东北形势发展的关键时刻向国民政府全面让步,他的调处从此很难再保持公正。此时杜鲁门政府的对华政策深受正在爆发的冷战影响,由此导致对苏联战略的偏见使马歇尔贬低了东北地区内政问题的极端重要性,不愿意承认中共在东北已取得有利地位的现实。关内局势的初步稳定又使他产生了有条件、有资本可以对中共强硬一些的幻想。这是他调处东北内战的一个致命误判,这个误判使他与蒋介石殊途同归。

马歇尔在回国述职期间仍然很关注东北形势,并督促美方代表吉伦(Gilem, Alavan C.)积极调处,尽快向东北派出执行小组,但东北内战局面实际上已经无可挽回。国民政府在美军协助运兵的支持下,很快把东北变成中国第一个大规模内战的战场。3月27日,国共达成向东北派遣执行小组的协议。① 事实很快证明,这项协议只是一纸空文,根本无法贯彻执行。

马歇尔在东北的第二阶段调处开始于4月上旬,调处的中心是长春问题。就在国共达成向东北派遣执行小组的协议的第二天,国民政府东北行营主任熊式辉通知军调部,不准执行小组进入东北。经吉伦一再交涉,蒋介石才于3月30日向熊式辉发出指示,东北行营不得拒绝三人执行小组进入东北,以及不

---

① 《满洲战地小组》,《中美关系资料汇编》第1辑,第203页。

得让三人执行小组妨碍国民政府接收。意即三人执行小组可以进入东北，但行动必须限制在国民政府允许的范围内。① 4月3日，执行小组的中共代表到达沈阳，结果被国民党军队扣押在机场。三人执行小组中的国民党代表则以他们的领导尚未到达为借口，拒绝采取任何行动。国民政府显然是在制造障碍，以便拖延时间，造成三人执行小组无法在东北展开工作的既成事实。

面对国民政府的阻挠，美方代表仅仅决定在没有制定具体原则之前暂停进入东北。马歇尔了解情况后，立刻打电报给吉伦，指示他建议召开国、共、美三方会议，就地迅速解决问题，否则不能离开沈阳，要用有力的手段达成有效的协议。② 4月7日，吉伦奉命向蒋介石提交了一份措辞强硬的备忘录，指责国民党方面借故拖延时间，阻碍三人执行小组前往冲突地点调查。他要求蒋介石立刻采取行动，否则就会破坏东北已处于摇摆之中的平衡。在美方的督促下，执行小组于第二天就调查问题达成协议。③ 但美方所坚持的仅仅是调查，这对制止内战不可能起实际作用。14日，军调部派三位委员到沈阳视察，行期三

---

① 《蒋委员长为军调部执行小组进入东北事指示东北行营主任熊式辉遵令践约电》，1946年3月30日，秦孝仪主编《中华民国重要史料初编——对日抗战时期》第七编《战后中国（三）》，第97页。

② "General Marshall to Lieutenant General Alavan C. Gilem, Jr. ", April 6, 1946, The U. S. State Department, ed. , *FRUS*, *1946*, *The Far East*, *China*, Volume IX, pp. 737 – 738.

③ 《吉伦将军呈蒋主席"停止东北军事冲突方案"》，1946年4月8日，秦孝仪主编《中华民国重要史料初编——对日抗战时期》第七编《战后中国（三）》，第109页。

天，来去匆匆，可以说是一次名副其实的"调查旅行"。而向东北派遣三人执行小组的协议就这样被国民党方面破坏了。

国民政府阻挠执行小组进入东北看来是有预谋的行动。4月1日，蒋介石在国民参政会第四届二次会议上发表讲话，声称东北问题"本质上是一个外交问题"，在主权接收完毕之前，"没有什么内政问题可言"；国民政府对东北"只有接收主权，推行国家的行政权力，军事冲突的调处，只在不影响政府接收主权、行使国家行政权力的前提之下进行"，任何人不得借外交困难，要挟政府以自立，国民政府不承认中共在东北的地位。[1] 蒋介石的讲话不啻是一份宣战书，点燃了东北的内战之火。东北保安司令杜聿明此时亦命令所部国民党军队，迅速抢占各战略要点，并限令立即攻占四平。

蒋介石之所以敢于如此不顾一切地破坏向东北派遣三人执行小组的协议，并公开发表好战讲话，同美方的态度有直接关系。军调部的美方代表尽管在执行小组进入东北问题上与蒋介石有分歧，但在保证国民政府控制东北这一点上是与蒋站在同一边的。进入东北的三人执行小组中的美方代表曾经接获的密令明确要求由国民党军队占领所有村镇、城市及交通线上的要点，并单独管理所有铁路、公路、水上和空运交通、交通设备、铁路两侧30公里以内的地区，以及单独占领所有工厂、煤矿、电厂和其他设备的地区。[2] 事实表明，美方坚持向东北派遣执

---

① 《蒋主席严正说明东北问题方针》，重庆《中央日报》1946年4月4日。
② 《军调部致东北执行小组美方代表密令》，1946年3月，秦孝仪主编《中华民国重要史料初编——对日抗战时期》第七编《战后中国（三）》，第94页。

行小组，主要是为了在避免冲突的条件下，保证国民政府的接收能顺利进行。因此，美方只要求蒋介石同意向东北派遣三人执行小组，对蒋介石加于执行小组的苛刻的限制条件则始终不置一词。

美方继续为国民政府向东北运兵是助长蒋介石气焰的另一个重要因素。杜鲁门政府一面试图避免东北发生内战，一面又不惜帮助挑起内战的国民政府谋求军事优势。3月28日和31日，军调部的中共代表和周恩来分别向美方提出抗议，反对美军继续协助国民政府向东北运送军队。吉伦在答复时声称，停战令规定可以向东北调动国民党军队。至于中共代表指责进入东北的国民党军队已经超过5个军，吉伦认为那是中共方面以整军方案为标准提出的非难，而整军方案的规定只适用于12个月以后，目前东北国民党军队的数量不应受此限制。[①] 吉伦在给马歇尔的报告中则把周恩来的抗议说成仅仅是一种威胁。吉伦无非认为，中共解决东北问题离不开马歇尔的调解，因此他们对美国的抗议不过是虚张声势，不会根本影响其对马歇尔调处的态度。马歇尔默认了吉伦为国民党方面做出的辩解。本来，美军停止运送国民党军队是制止东北内战最有效的手段，然而美方代表恰恰对此不肯做任何妥协。美方代表的行动对国民党挑起东北内战来说是在推波助澜，对于马歇尔的调处，则无异于自掘坟墓。

4月初，由于国民党方面破坏派遣执行小组进入东北的协

---

① 《满洲战地小组》，《中美关系资料汇编》第1辑，第205～206页。

议和美军继续向东北运送国民党军队，东北大规模内战已经是一触即发。中共中央根据"让开大路、占领两厢"的战略计划，曾经准备将长春路及其沿线的大城市让给国民党接收。但是，国民党军队进入东北后不是积极向北接收，而是在南满四出攻城略地，致使东北的战略布局发生了深刻变化。面对这种情况，中共中央重新修订战略计划，于3月下旬多次向东北局发出指示，要求"不惜一切重大牺牲，保卫北满，保卫战略要地""用全力控制长、哈两市及中东路全线""以南满、西满为辅助方面"。①

中共中央重订战略部署的依据是东北外交和军事形势的变化。从1月开始的中苏解决东北经济问题的谈判拖拖拉拉，一直未能达成任何协议，这期间中苏关系从缓和转向恶化。因此东北苏军在北撤回国过程中，不断给国民党军队设置障碍，致使国民党军队向北推进根本跟不上苏军撤退的步伐。另外，国民党军队进入东北后，将主要兵力用于打通承锦交通和争夺南满战略要点。其结果是在客观上造成了中共军队被迫向北收缩，而国民党军队向北接收兵力不足的局面。在这种局面下，东北苏军的撤退自然给中共军队造成了在东北北部发展的极好机会。中共中央当时还估计，经美方调处，东北停战协议是有可能达成的；在达成东北停战协议和三人执行小组到达之前，中共军

---

① 《中央关于控制长春、哈尔滨及中东路保卫北满给东北的指示》，1946年3月24日；《中央关于东北停战前坚决保卫战略要地给林彪、彭真等的指示》，1946年3月25日；《中央关于东北目前工作方针给东北局及林彪的指示》，1946年3月27日。以上见《中共中央文件选集》第16册，第100～101、102～103、104～105页。

队如能控制长春、哈尔滨和齐齐哈尔等大城市，将会提升中共的谈判地位，从而更有利于和平解决东北问题。[①]

3月27日，周恩来在谈判中仍然表示，国民政府如果同意东北停战，还可以确保它在长春和哈尔滨的地位，但国民政府继续采取拖延解决的态度。4月8日，国民党军队向四平发动进攻，遭到中共军队的顽强抵抗。由于四平久攻不下，国民党军队根本无法到达苏军已撤离的长春。

4月9日，时任国民党谈判代表的陈诚忽然改口，表示同意在东北地区停战。这显然是缓兵之计，目的是争取增援时间。两天后，周恩来向中共中央建议，为争取停战后的有利地位，最好于苏军撤出后两天之内占领长春。中共中央第二天便指示东北局，按周恩来的建议采取行动。[②] 中共军队遂于18日向驻守长春的国民党收编的原伪军姜鹏飞部发起攻击，当日即占领长春。随后中共军队又相继占领了哈尔滨和齐齐哈尔。

中共军队占领长春是在东北内战已经发生的情况下，为了配合谈判和实施保卫北满计划而采取的具有战略性的军事行动。但是，它毕竟发生在国际矛盾尖锐、复杂的东北地区。在苏军撤退过程中，中共军队第一次断然夺取东北大城市，无疑预示着中共中央的内外政策正发生着深刻的变化。

4月间，毛泽东起草了题为《目前国际形势的几点估计》的党内文件，并在中共中央领导人中传阅。毛泽东在文件中指

---

① 《中央关于东北停战前坚决保卫战略要地给林彪、彭真等的指示》，1946年3月25日，《中共中央文件选集》第16册，第102~103页。
② 《周恩来年谱（一八九八——一九四九）》，第657页。

出，美苏迟早还要妥协，但妥协的范围不是无限制的，而且美苏的妥协"并不要求资本主义世界各国人民随之实行国内的妥协。各国人民仍将按照不同情况进行不同斗争"。[①] 如果说在此之前，中共中央的战略总的说来是在适应美苏妥协的前提下，尽可能争取最好的条件；那么占领长春的行动和毛泽东起草的文件则表明，中共中央正在下决心冲破美苏格局的束缚，按照中国的实际形势，推动中国革命运动的发展。从4月开始，中共中央对美国对华政策的批评日趋尖锐，同样是这种变化的反映。

就在中共军队占领长春的当天，马歇尔返回中国。他认为此刻中国的局势已经全面恶化。4月8日，吉伦曾经提出解决东北问题的四项办法：（1）东北的中共部队停止调动；（2）中共军队从中苏条约涉及的铁路线及其附近的地区撤出；（3）中共军队从占领的铁路线及其沿线的城镇后撤至少一天行程的距离；（4）中共军队按上述办法撤退时，国民党军队不得追击。[②] 吉伦这个建议的倾向性十分明确，目的就是要保证国民党军队占领苏军撤出的交通线和战略要点。第二天，周恩来在三人小组会议中拒绝了吉伦的建议。他提出东北必须先停战，然后才有条件讨论其他问题。谈判至此中断。中共军队占领长春后，国民党方面借机扩大东北内战，声称国民党军队不占领长春便

---

① 毛泽东：《关于目前国际形势的几点估计》，1946年4月，《毛泽东选集》第4卷，第1185页。
② 《吉伦将军呈蒋主席"停止东北冲突方案"》，1946年4月8日，秦孝仪主编《中华民国重要史料初编——对日抗战时期》第七编《战后中国（三）》，第108~109页。

无停战可言，东北内战由此迅速白热化。

马歇尔这时除了继续奉行自相矛盾的政策外，并没有为制止东北内战找到什么新办法。他的指导思想仍然是避免冲突同时确保国民党军队的优势地位。首先，马歇尔并不赞成国民政府借争夺长春而扩大内战。他认为，如果国共冲突加剧，苏联可能会以护路为理由，继续在长春以北的铁路线上驻军。而且国民党军队全力向北推进，势必会使兵力分散和战线太长等弱点更加凸显，有被中共军队各个击破的危险。其次，一旦东北内战蔓延到关内，他前三个月的努力必将付之东流。不论上述哪一种情况发生，都会影响杜鲁门政府在中国的战略目标。另外，基于力求使国民政府控制东北的战略考虑，马歇尔又不得不支持国民政府控制长春。长春是联系南北满的战略枢纽，长春的得失直接关系到国民政府在东北的地位。失去长春，国民政府就会失去对东北北部的控制权，东北就会形成国共分庭抗礼的局面，而这正是马歇尔一开始调处就在竭力避免的。

为了摆脱面临的困境，马歇尔设想以长春作为讨价还价的筹码，一方面要求中共军队撤出长春，以换取国民政府停止内战；另一方面要求国民党军队停止进攻，并延缓进入长春，以此换取中共中央在东北北部做更多让步。两者之间孰缓孰急，则随长春争夺战的形势而定。在中共军队撤出长春之前，马歇尔以向中共施加压力为主，直至不惜放手让国民党军队攻打。

马歇尔到重庆不久，即向国民党方面指出，现在形势已经极为严峻，美国海军目前不会也无力在中国支持一场规模巨大的内战。蒋介石完全清楚美国的战略意图，他指责美国援助国民政府并不如苏联对中共的援助更有力；美军不加强向东北运送国民党军队，可能给国民政府的接收带来灾难性后果。东北行营向蒋介石报告说，国民党军队在东北的困难是缺乏后续部队和物资接济，除了四平、长春一带尚属顺利外，在其他各地区均难以支撑，甚至沈阳都受到威胁。面对这种局势，马歇尔决定同意美海军为国民政府向东北运送更多的军队，并向蒋介石提出了具体的运输计划。① 实际上马歇尔在华盛顿期间就向魏德迈表示过，为国民党军队再增运两个军到东北并不违反之前国共达成的协议。②

马歇尔的行动受到中共方面的谴责。周恩来向马歇尔指出，美国违反整军协议继续为国民党军队向东北运兵，是导致东北内战的重要因素。解决东北问题的关键，一是美国停止为国民党军队运兵，二是立即停战。而且由于东北已经发生大规模的武装冲突，整军协议中规定的国共军队在东北的比例不再适用，中共军队的数量必须增加。马歇尔在会谈中为美国援蒋运兵进行辩护，不过他除了重复吉伦的观点外，也未提出什么新的理由。③

4 月 23 日，马歇尔起草了一份东北停战令草案。他在草案中提出四点建议：（1）国共双方军队必须于接到命令后的 24 小时

---

① 参阅《马歇尔将军对形势的估计》，《中美关系资料汇编》第 1 辑，第 208 页。
② 《魏德迈参谋长上蒋主席报告与各方领袖及马歇尔特使晤谈电》，1946 年 4 月 12 日，秦孝仪主编《中华民国重要史料初编——对日抗战时期》第七编《战后中国（三）》，第 112 页。
③ 《马歇尔将军对形势的估计》，《中美关系资料汇编》第 1 辑，第 208 页。

内立即停战；（2）根据整军协议，确定双方军队在东北的位置，国民党军队的第五十四军、第九十三军继续调入东北；（3）国民党军队接收东北必须根据三人执行小组的专门指令进行；（4）东北的政治问题由国共协商解决，目前暂时维持现状。① 马歇尔在这里表现出的意图同以往是一致的，问题是随着国民政府向东北调入的军队越来越多，停战的可能性就越来越低，蒋介石的态度也就越来越强硬。

24 日，蒋介石向马歇尔提出东北停战的条件。他声称停战的前提是中共军队将长春让给国民党军队，然后（1）在东北实行 1 月 10 日的停战协议；（2）双方军队调动应根据整军协议进行，目前继续完成国民党的第五十四军、第九十九军两个军向东北的调动；（3）长春路沿线 30 公里以内由国民党军队接收，中共军队不得阻碍；（4）长春路沿线 30 公里以外中共控制区的政治问题，由国共协商解决。② 这其实就是一个要求中共单方面妥协的方案。

蒋介石要求中共执行整军协议的规定，他却要向东北运送 9 个军，而东北的政治问题被限制为中共控制地区的政治问题。他提出执行 1 月停战协议，无非是重申国民政府向东北运兵的合法性，并要求中共军队退回原防，其余的地方均由国民政府

---

① "Minutes of Meeting Between General Marshall and General Chou En - lai at House 28, Chungking", April 23, 1946, The U. S. State Department, ed., *FRUS, 1946, The Far East, China*, Volume Ⅸ, pp. 792 – 793.

② "Proposal by Generalissimo Chiang Kai - shek for the Cessation of Hostilities in Manchuria", April 25, 1946, The U. S. State Department, ed., *FRUS, 1946, The Far East, China*, Volume Ⅸ, pp. 795 – 796.

随意接收。面对如此苛刻的条件，连马歇尔都认为提出来毫无意义，徒增双方的对抗和猜忌。马歇尔苦口婆心，力陈利害，蒋介石却无动于衷。他所需要的美援已经到手，马歇尔的劝告与美国运输舰相比，太不实惠，根本没有说服力。

马歇尔在交涉无结果后，再次向国民党方面让步，于29日把蒋介石的四项条件转告周恩来。他声称：中共军队让出长春是妥协的唯一基础，否则他就退出调处。马歇尔做这样的威胁太不自量力了，因为即便马歇尔在那里调处，美国军舰也没有停止将国民党军队和武器装备运进东北，中共也并没有因此就屈服于压力。马歇尔把美国在中国的影响力估计得太高。周恩来当时明确告诉马歇尔，蒋介石的条件不可能被接受，因为国共的分歧不单纯在长春一地的归属，而是先打仗、再谈判，还是相反。中共方面的原则是先停战，停止调动军队，派遣三人执行小组到冲突地区监督停战，然后讨论东北的军队布防、复员、调整军队比例等问题。周恩来说中共并不谋求控制东北，只是要求在新组成的东北地方政府中能有合理的地位，并通过和平协商，在民主的基础上决定东北的前途。马歇尔对周恩来的答复是，他看不出与蒋介石讨论中共的建议有什么用处，国民政府的停战努力已被中共军队占领长春所破坏，所以他决定退出调处。①

马歇尔曾经一再声称，中共军队占领长春是东北发生大规模内战的根本原因，他退出调处是为了向国共双方施加压力。实际情况是中共军队占领长春是在东北已经发生内战，而美国

---

① 《建议的折中办法》，《中美关系资料汇编》第 1 辑，第 209～210 页。

又无力制止的情况下发生的。可以肯定地说，即使中共军队不占领长春，东北也绝不会因此出现和平局面。马歇尔对此一清二楚，可以说他的辩解有些虚伪。马歇尔退出调处是在国民党军队全力围攻四平，而他承诺继续为国民党军队向东北调进两个军的情况下做出的决定，他实际上是接受了蒋介石打下长春再谈其他问题的立场。马歇尔的调处和美国援蒋运兵本来是两个相互制约的因素，但马歇尔退出调处，美国军舰却在继续为国民党军队向东北运兵，这实际上是在向中共施加压力。如果说马歇尔3月11日提出的东北停战草案是他调处策略转变的开端，那么他4月29日退出调处的声明则标志着这个转变的完成。其结果是他在调处中的地位一落千丈，在国共两党的心目中，他都变成了可以利用来推行某种策略的缓冲器。

马歇尔退出调处的目的是借"战场上的事态发展"打破国共谈判的僵局。换句话说，他是希望利用国民党军队取得军事优势来迫使中共改变立场。然而事与愿违，不仅四平争夺战旷日持久，而且东北的战火开始向关内蔓延。国民党军队一面在东北大打出手，一面不断向中共中原部队发动蚕食性进攻。中共中央为了配合保卫四平和长春，开始在南满采取军事行动，并于5月初在锦承路沿线发动交通战。山东的中共军队亦在津浦路沿线地区出击，进逼徐州国民党守军。马歇尔对东北内战引起的连锁反应焦虑万分，尽管他声明退出调处，却始终坐卧不宁，一刻也没有停止幕后活动。

5月4日和8日，马歇尔分别会见时任国民党代表的徐永昌和俞大维，提醒他们注意，如果不尽快解决东北问题，肯定会波及华北。他提出一项折中办法，即中共军队撤出长春，由军调部在长春设立前进指挥所，国民党军队 6 个月左右之后再进入该城。① 5 月 10 日，马歇尔根据蒋介石的要求起草了一份备忘录，全面分析了国民党军队在东北的战略地位。他在备忘录中指出，考虑到无法确定中共军队未来会采取何种行动、苏联会有什么反应以及交通运输的状况等因素，国民政府必须妥协，否则会引起军事、经济和财政各方面的混乱。妥协的具体方案是先南后北，将国民党军队配置于长春和长春以南各点，同意中共军队配置于哈尔滨以西至满洲里；待达成协议后，国民党军队再向北推进；政治问题可以通过划定军队防地求得解决。他警告蒋介石，国民政府"在东北的军事实力是软弱的，中共在东北则拥有战略上的优势"；国民政府如不采取灵活态度，就会丢掉东北的大部分地区，华北亦将随之崩溃。②

马歇尔此时对东北形势的估计还是冷静的、有预见性的。但他在此基础上提出的解决办法却很成问题。他向蒋介石提出先继续稳定华北，阻止东北内战向华北蔓延；在东北则先控制东北南部，巩固国民党军队已经占领的阵地，然后通过政治方式解决东北北部的前途。这个方案虽然基本上没有超出他最初

---

① "Minutes of Meeting Between General Marshall and General Hsu Yung – chang at General Marshall's House", May 4, 1946; "Memorandum by General Hsu Yung – chang to General Marshall", May 8, 1946. See The U. S. State Department, ed. , *FRUS*, *1946*, *The Far East*, *China*, Volume Ⅸ, pp. 813, 820.

② "Memorandum by General Marshall to Generalissimo Chiang Kai – shek", May 10, 1946, The U. S. State Department, ed. , *FRUS*, *1946*, *The Far East*, *China*, Volume Ⅸ, pp. 824 – 828.

的设想，却已经大大地后退了一步，即承认了国民党军队用武力夺取东北南部战略要点的既成事实。

马歇尔为了推行他的计划，一面报告杜鲁门，美军准备停止向东北运送国民党军队；一面向蒋介石提出四点建议，其核心是以在长春设立军调部长春指挥所和延缓国民党军队占领长春，换取中共军队撤出长春和长春以北的关键城市。①

尽管马歇尔已经绞尽脑汁，蒋介石却不买账。这时国民党军队在四平战役中取得了进展，所以蒋介石在 5 月 12 日向马歇尔提出了新的附加条件，即中共军队不能控制哈尔滨。他还要求马歇尔再等一等，不要主动去找中共代表会谈。② 为了进一步影响马歇尔，蒋介石还向马歇尔透露了斯大林邀请他访苏的消息。如果蒋介石在这一关键时刻通过对苏妥协解决东北问题，对马歇尔当然是一种负面强刺激，因蒋此举无疑会提高苏联在东北的地位。面对这一新情况，马歇尔只好暂时搁置他的"折中"方案。此后，他一再拒绝了中共代表为解决东北问题而提出的建议。

5 月 23 日，中共军队撤出长春，国民党军队随后占领该城。以长春争夺战的结束为标志，马歇尔调处东北内战的第三阶段开始。马歇尔此时的战略一如既往，即支持国民政府控制长春和长春以南的地区，通过谈判解决长春以北的问题。作为

---

① "Summary of General Marshall's Proposals for a Compromise Solution of the Manchurian Issues", May 11, 1946, The U. S. State Department, ed., *FRUS*, *1946*, *The Far East*, *China*, Volume IX, p. 833.

② 《蒋委员长条示关于东北停战之原则》，1946 年 5 月，秦孝仪主编《中华民国重要史料初编——对日抗战时期》第七编《战后中国（三）》，第 124 页。

交换条件，可以允许中共在东北北部的边远地区有一席之地。马歇尔对长春的既定目标已经通过国民党军队的军事进攻实现了，但他并没有因此就忘乎所以。他非常清楚，中共军队主力没有严重损失，国民党军队如果再向北发展，困难会越来越多，而且苏联有可能因为感受到威胁而态度强硬。因此，他以国民党军队占领长春为契机，力主国共立即停战。为此他难免要更多地向国民党方面施加压力。

蒋介石对马歇尔的战略概念是了解的，他知道国民党占领长春后会面临马歇尔的压力。为了对付"既令人讨厌又不可缺少"的马歇尔的纠缠，蒋介石决定亲自到东北前线视察，以便直接掌握前线的局势。5月23日，他乘飞机前往沈阳，蒋此行赠给马歇尔一服甜药，即告诉后者他特别支持美方代表在三人执行小组中有最后决定权，否则东北停战就没有保证云云。①

马歇尔显然相信了蒋介石关于占领长春即停战的保证。他不仅无条件地把自己的专机借给蒋介石夫妇使用，而且于蒋介石离开南京的当天，向周恩来转达了蒋介石关于解决东北问题的三项条件。马歇尔特别强调了赋予美方代表决定权这一条的重要性，并声称由于蒋介石离开南京，除此三项条件外，就没有谈判的基础了。② 马歇尔第三阶段的调处竟然以这种基调开场，这说明了他仍然存在利用国民党军队的军事胜利压迫中共让步的侥幸心理。然而形势的发展很快迫使他不得不放弃这种打算。

---

① 《蒋主席复马歇尔特使同意其建议原则并告以政府基本立场函》，1946年5月28日，秦孝仪主编《中华民国重要史料初编——对日抗战时期》第七编《战后中国（三）》，第136页。
② 《建议的折中办法》，《中美关系资料汇编》第1辑，第210页。

蒋介石到东北后，显然是受到战地指挥官的影响，决心乘占领长春之势，进一步扩大战果。5 月 24 日，宋美龄代表蒋介石从沈阳两次致函马歇尔，就东北停战提出了更加苛刻的条件。她在第一封信中声称：作为停战的先决条件，中共不得阻碍国民政府根据中苏条约接收主权，不得阻碍恢复全国的铁路交通，必须同意赋予军调部中美代表最后裁决与决定之权。① 在第二封信中，她进一步提出，中共军队在东北只能驻扎于新黑龙江省或旧吉林省境内。② 不久后，蒋介石又指示宋子文向马歇尔说明，只要东北的中共军队溃败，关内问题就会更容易解决，马歇尔不必为此担忧，目前最好不要插手进行调处。③

直到这时，马歇尔才明白他轻信了蒋介石。蒋介石不仅否定了两天前对三人执行小组进入长春所做的承诺，而且欲在占领长春后继续向北发动进攻，这使马歇尔彻底丢掉了向中共讨价还价的资本。周恩来在答复蒋介石的条件时指出，目前是中国形势发展的转折点，马歇尔应有所抉择，如果国民党军队占领长春后仍不罢手，任何问题都无法得到解决，战争将不可避免地蔓延到关内。为了拉住马歇尔，利用他与蒋介石在停战问

---

① 《蒋夫人致马歇尔特使申述蒋主席对于停止冲突与恢复和平统一之意见函》，1946 年 5 月 24 日，秦孝仪主编《中华民国重要史料初编——对日抗战时期》第七编《战后中国（三）》，第 127～128 页。

② 《蒋夫人为前函补充意见致马歇尔特使函》，1946 年 5 月 24 日，秦孝仪主编《中华民国重要史料初编——对日抗战时期》第七编《战后中国（三）》，第 128～130 页。

③ 《蒋主席致宋子文院长嘱告马歇尔特使国军进入长春无碍于和平统一函》，1946 年 5 月 25 日，秦孝仪主编《中华民国重要史料初编——对日抗战时期》第七编《战后中国（三）》，第 129～130 页。

题上的矛盾，周恩来还表示可以考虑美方代表的最后决定权，条件是需要对其范围做出规定。①

国民党军队占领长春后继续扩大武装冲突的行动，使蒋介石靠武力夺取全东北的计划与马歇尔"稳定关内""先南后北"方针的矛盾很快凸显出来；中共在谈判中有争有让和在热河发动交通战，使马歇尔既感到华北地区的稳定受到威胁，又认为在停战问题上还有文章可做。5月26日，马歇尔在向杜鲁门汇报东北形势时说，他准备采取行动，敦促蒋介石在东北实行停战。② 至此他终于决定向蒋介石施加压力。26日和31日，马歇尔两次致函蒋介石，毫不客气地指责他的行动是自食其言，并要求他命令国民党军队停止进攻和追击。马歇尔在此期间还与国民党要员频繁接触，警告他们必须注意，中共军队主力并没有因失去长春而遭受严重损失，国民党军队却因战线太长而处于不利地位，在热河则更无优势可言；一旦锦榆地区有失，国民政府肯定会失去夺取长春后一度出现的有利的谈判地位，明智的做法是立即停战，并允许三人执行小组进入长春。他还声明，如果国民党方面不接受劝告，他就宣布退出调解。③

马歇尔的强硬态度在南京的国民党要员中引起不安。宋子文和王世杰立刻致函蒋介石，声称必须顾及马歇尔的面子。国

---

① 《周恩来年谱（一八九八——一九四九）》，第668~669页。

② "General Marshall to President Truman", May 26, 1946, The U. S. State Department, ed., *FRUS*, *1946*, *The Far East*, *China*, Volume IX, pp. 902 - 903.

③ 《蒋委员长的建议》，1946年5月24日，《中美关系资料汇编》第1辑，第212页。

民党军队能够大批进入东北全靠马歇尔的努力，现在不能使他在美国的地位受影响。他们建议允许三人执行小组进驻长春，因为这个小组不可能马上发挥实际作用，却可以给各方面一个安抚。① 面对马歇尔的压力，蒋介石仍然采取拖延的方针。他一面继续在东北逗留，避免与马歇尔直接接触；一面指示宋子文转告马歇尔，三人执行小组可以进驻长春，但暂时不得开始工作。②

马歇尔在以压蒋停战为主时，并没放弃以东北停战为条件向中共讨价还价。他先后向周恩来提出承认三人小组中的美方代表最后决定权、保证恢复交通以及退出哈尔滨和齐齐哈尔等要求，结果均被周恩来拒绝。中共在谈判中强硬对抗的同时，加强了在热河和东北南部地区的军事行动，特别是在东北南部发动了鞍（山）海（城）战役，连克鞍山、营口和大石桥等战略重镇，歼灭国民党军队两个团，并促使驻守海城的一八四师直属队及一个团起义，这使在东北的国民党军队受到震动。中共军队的反击无疑增强了马歇尔的危机感，使马歇尔与蒋介石的矛盾更加尖锐。

马歇尔在四面碰壁之后，终于意识到除了向国民政府使出杀手锏，他已经无路可走了。6月5日，马歇尔打电报给杜鲁门，他终于决定不再安排美国海军运输船运送国民党军队和给

---

① 《王世杰部长为在长春设军调处分部事上蒋委员长电》，1946年5月25日；《宋子文院长上蒋主席报告已转函马歇尔特使并说明政府不能容忍共党缺乏诚意电》，1945年5月26日。以上见秦孝仪主编《中华民国重要史料初编——对日抗战时期》第七编《战后中国（三）》，第130、131页。
② 《准备休战的办法》，《中美关系资料汇编》第1辑，第213~214页。

养，直到东北停战谈判结束为止。① 这时国民党军队在拉法和新库地区正遭到中共军队的沉重打击，第七十一军第八十八师被歼 1800 余人。进入东北的国民党军队在南、北、西三个方向均受挫，在东北的进攻实际上已经到了极限。蒋介石被迫于 6 月 6 日发布东北停战令，周恩来亦于同日发表东北停战声明。持续了将近半年的东北内战暂时平息。②

东北内战造成的后果是严重的。马歇尔一直坚持为国民政府谋求在东北的军事优势，鼓励国民政府奉行对苏强硬政策，放手让国民党军队夺取长春，这些均是促使蒋介石不惜破坏已经达成的协议，在东北发动大规模内战的重要原因。尽管马歇尔主观上并不希望东北发生内战，而且最终采取了压蒋停战的措施，但这不仅为时已晚，而且也不足以消除东北爆发大规模冲突造成的恶果。此时国共关系已极度恶化，中国形势又一次走到了根本转折的关头。

三 重蹈覆辙

6 月东北休战是中国形势发展到关键时刻的一个重大事件。当时东北内战虽然已经波及关内，但是尚未根本动摇全局。5 月 10 日，国共达成汉口停战协议，相对缓和了中原形势，使关

---

① "General Marshall to President Truman", June 5, 1946, The U. S. State Department, ed., *FRUS, 1946, The Far East, China*, Volume Ⅸ, p. 979.

② 《蒋介石关于东北暂时停战的声明》，1945 年 6 月 6 日；《周恩来关于东北停战的声明》，1946 年 6 月 6 日。以上见《政治协商会议纪实》下卷，第 1306、1307 页。

内的这个热点尚不至于立刻引发大规模冲突。① 如果东北休战
局面能长期持续，不能说中国没有实现和平的一线希望。当然，
这只是就当时的客观态势而言。国共在关内和关外两个热点地
区的冲突被控制住，看来只是暂时的，导致双方矛盾激化的问
题并没有根本解决。和平的一线生机能否转变为光明的前景，
既取决于当时国共谈判的结果，也取决于马歇尔调处的效果。

6月6日停战令发布后，中共中央的基本方针是在不损害
中共战略利益的前提下，继续争取实现和平。在东北停战令发
布的当天，周恩来在同马歇尔会谈时说，彻底解决东北问题的
关键是不能接受蒋介石提出的要求，允许国民党军队有权接收
苏军驻扎过的全部地方。周恩来一再强调，苏军撤退后，东北
已无外交问题，国共争端只能通过双方谈判协商解决。②

6月7日，周恩来返回延安，向中共中央汇报有关东北问
题的谈判情况。中共中央经研究决定，目前仍须"竭力争取和
平，哪怕短时期也好"。③ 两天后周恩来返回南京，随即将中共
中央的决定通知马歇尔，并表示由于马歇尔仍有谋求和平的愿
望，中共方面仍可与他合作。为了延长休战时间，周恩来还向
马歇尔提出一个具体的谈判程序。他建议先解决停战及有关的

---

① 《军事三人小组达成关于停止中原内战的汉口协议》，1946年5月10日，
重庆《新华日报》1946年5月11日。
② 《周恩来年谱（一八九八——一九四九）》，第670~671页。
③ 《中央关于力争和平与准备大打给郑位三的指示》，1946年6月10日；《中
共代表团发言人关于目前时局的谈话》，1946年6月14日。以上见《中共
中央文件选集》第16册，第187、188~195页。《周恩来年谱（一八九
八——一九四九）》，第670~671页。

军事问题，再谈政治问题，从而避免谈判长期拖延。①

国民政府同意东北休战是被迫的。当时国民党军队在东北战场一味北进，客观上已经造成其部队孤悬于铁路交通线、三面受敌的局面。加之马歇尔决定美军停止为国民党军队向东北运兵和军用物资，使得国民党军队在东北已经没有多少继续进攻之余地。然而，蒋介石并不愿承认东北战场已经形成的新的军事态势，他仍然企图凭借表面上的军事优势，利用休战期间的谈判，逼迫中共中央在降与战之间做出选择。因此，东北休战期间的谈判一开始，国民政府便采取强硬态度，而且停战的条件越提越苛刻。

蒋介石在6月6日发布的停战令中公开宣布：国民党军队停止进攻"绝不影响其根据中苏条约有恢复东北主权之权利"。② 同一天，他还致函马歇尔，提出应限制军调部长春前进指挥所的行动范围，要求该机构"先作准备工作，俟具体办法解决之时再行开始其任务"。事实上，如果按照蒋介石的要求，军调部长春前进指挥所将难免形同虚设。他在同一封信中还提出三项要求：（1）中共方面必须保证在东北首先执行整军方案；（2）恢复交通的决定权应交给美方代表；（3）国民政府接收东北主权的行动不受限制。③ 国民党谈判代表徐永昌随后分别于10日和11日两次转告马歇尔，蒋介石认为马歇

---

① 参阅《休战期间的谈判》，《中美关系资料汇编》第1辑，第214～215页。
② 《马歇尔使华——美国特使马歇尔出使中国报告书》，第146页。
③ 《蒋主席为东北国军停战致马歇尔特使函》，1946年6月6日，秦孝仪主编《中华民国重要史料初编——对日抗战时期》第七编《战后中国（三）》，第176～177页。

尔在谈判中应该享有最后决定权，而长春前进指挥所最好在 15 天以后开始工作。①

蒋介石对马歇尔采取这种讨价还价的办法，还是试图在东北造成一种不可能约束国民党军队军事行动的似战似和的局面，从而向中共中央施加军事压力。蒋介石的立场使东北停战后的缓和形势已经变得没有任何保障，局势始终紧绷，随时处于一触即发的状态。

东北休战后国共双方的谈判方针表明，马歇尔在中国面临的问题几乎又回到原点，即能否实现停战。不同的是持续了三个多月的东北内战，已使杜鲁门政府的调处政策本身的矛盾彻底暴露，而且越来越尖锐。马歇尔这时再也不可能像他刚到中国那段时间那样，进行被认为算是公正的调处，甚至做做样子都很难。

如前所述，杜鲁门政府在 1945 年底调整对华政策时有两个基本的原则：一是无论如何要维持住蒋介石和国民政府在中国的统治地位；二是无论如何要避免美军直接卷入中国内战。派遣马歇尔赴华调处国共冲突，是当时杜鲁门政府能找到的在不直接卷入中国内战的前提下，维持住蒋介石和国民政府的统治地位的唯一办法。如果蒋介石下决心要发动内战，杜鲁门政府当然不可能因此就抛弃他。但这并不等于杜鲁门政府支持蒋介石发动内战，并相信国民政府能够依靠武力消灭中共。支配杜鲁门政府（包括马歇尔在内）的基本看法是，国民政府并没有

① 《蒋主席日记摘录》，1946 年 6 月 10 ~ 14 日，秦孝仪主编《中华民国重要史料初编——对日抗战时期》第七编《战后中国（三）》，第 178 ~ 179 页。

能力靠武力统一中国，内战对于国民政府肯定是一场旷日持久和不可能取胜的战争；其结果不仅有可能把美国拖下水，而且会导致国民政府统治地区的经济崩溃；一旦面对国民政府的军事进攻，为争取外部援助，中共就会更加积极地向苏联靠拢；而且苏联在东北内战发生后，已经表现出对国共内战不会袖手旁观的意向。

　　杜鲁门政府的上述基本看法没有因国民党军队在东北取得暂时的胜利而改变。马歇尔反而从国民党军队的暂时胜利中，认识到国民党军队的军事优势有多么脆弱，他认为国民党方面"对共产党力量估计的太低，而一个长期残酷的冲突或不可避免"。① 而一旦国民政府在东北军事失败，其后果将是严重的。8 月 14 日，美国国务院在一份报告中就忧心忡忡地指出，如果美国"被排斥在中国大门之外，用不了几十年就会出现这样的后果：苏联的扩张势力将控制满洲和中国内地的人力、原料和工业生产。那时，美国和世界其他国家就会在中国海及中国南方面临一个苏联的势力范围，这种势力范围同（日本人）1941 年在那里所建立的颇为相似。不同的只是，苏联还可能会在欧洲和中东取得占压倒地位的优势"。② 姑且不论这种预言是否合乎逻辑，其中表现出来的严重担忧却是一目了然的。

　　那么，美国怎样才能不被排斥在中国之外呢？尊重中国人

---

① 《休战期间的谈判》，《中美关系资料汇编》第 1 辑，第 216 页。

② "Colonel Marshall S. Carter to General Marshall"，August 14，1946，The U. S. State Department，ed.，*FRUS*，*1946*，*The Far East*，*China*，Volume X，pp. 27 - 28.

民的意志，让他们自己决定中国的命运，任中国历史按其自身的规律发展吗？这一点美国领导人似乎想都没有想过。7月2日，马歇尔打电报给国务院，要求对中国形势的发展提供政治指导。艾奇逊的答复不外是同意马歇尔的估计，认为通过政治方式解决中国问题仍是最稳妥的行动策略。[①] 9月6日，美国驻华大使馆为重新考虑美国在中国的政策和行动，向国务院提交一份备忘录。该备忘录指出，由于中国内战会引发种种不利的后果，杜鲁门政府应坚持其既定的政策目标，促进中国的政治统一，为达此目标，第一步还是要先促成国共停战。[②]

显然，在杜鲁门政府看来，只有避免爆发国共全面内战，美国才能在中国发挥其影响力。如果马歇尔调处失败，美国势必要重新估量对华政策，调整在整个东亚的战略。而这种调整的实质就是要从东亚大陆地区向后撤退，它迟早要放弃中国这块阵地。在太平洋战争时期提出的美国梦想将在战争结束后不久就变成一场噩梦。尽力避免出现这种结果才是马歇尔在国共关系濒于全面破裂之际，仍然不遗余力地斡旋其间的主要原因。

但是，必须指出的是，随着国际大环境的变化，马歇尔的调处开始受到越来越多的新限制。从3月开始，美苏关系进入冷战阶段，国际上美苏两大营垒的政治分野越来越清晰，它们之间的对立也越来越尖锐并向各地区蔓延。美国全球战略的变化使它在东亚对国民政府的依赖加强了。也就是说，为了"遏

---

① 《马歇尔使华——美国特使马歇尔出使中国报告书》，第191页。
② "Draft Policy Memorandum Prepared in the Embassy in China", September 6, 1946, The U. S. State Department, ed., *FRUS*, *1946*, *The Far East*, *China*, Volume X, pp. 147 – 148.

制"苏联向亚太地区的扩张，美国愈来愈需要加强国民政府的实力地位，把国民政府纳入反苏战略的轨道，使中国确实能起到"屏障"的作用。因此，杜鲁门政府的对华政策也在潜移默化地发生相应的变化，转向一面调处国共争端，一面增加给国民政府的援助。正是在遏制苏联的世界战略的带动下，马歇尔调处国共矛盾逐渐从主导地位转变成仅仅是美国对华政策的一个方面。

3、4月间，马歇尔回国述职。这期间，他在华盛顿为向国民政府增加援助而四处游说。6月13日，国务卿贝尔纳斯向众议院提交《拟予中华民国以军事顾问和援助的法案》。[①] 这个法案的出炉无疑与马歇尔在华盛顿的40天游说有密切关系。结果是杜鲁门政府对国民政府的援助由帮助其向内战地区运兵，扩大到提供各种军事和财政援助。这一决定无疑会冲击马歇尔的调处活动，因为杜鲁门政府向国民政府提供的援助越多，马歇尔控制蒋介石的能力就越弱，国共停战的可能性就越小。客观地看，马歇尔对局势的控制必然会随着美援的增加，变得越来越有气无力。

杜鲁门政府对华政策的变动固然是限制马歇尔调处活动的客观因素，但是，既然他也是这一变动的支持者和执行者之一，这种变动就不可能不在他本人的态度中反映出来。如果说苏军从东北全部撤出之前，马歇尔担心的主要是如果不能稳定中国形势，就无法把苏联从东北排挤出去；那么苏军撤出东北之后，

---

① 《1946年的对外援助》，《中美关系资料汇编》第1辑，第271页。

他更关心的则是争取和巩固国民党军队在东北的优势地位，阻止苏联再通过中共渗透进来。

马歇尔为国民政府谋求优势地位当然不可能是没有限度的，他必须把为国民政府谋求优势的行动控制在不至于在中国引起全面内战的范围内。正是基于这种考虑，马歇尔一方面反对杜鲁门政府内部有关停止援助国民政府以保持中立的主张，坚持认为继续援华是影响国民政府和向中共施加压力的一种手段；另一方面则试图把美援限制在一定的范围内，以避免鼓励国民政府发动毫无胜利希望的全面内战。马歇尔可能并没有意识到，他既然奉行这样一种走钢丝的政策，其结果之一就是不得不在实际上扮演起蒋介石的心腹顾问的角色，尽管他们两人之间还是会不时地发生一些龃龉。

杜鲁门政府对华政策的变动和马歇尔支持援助国民政府及为其在东北谋求军事优势的态度等，使蒋介石和国民政府确信，杜鲁门政府早晚会跳到国民政府的战壕里。在5月东北四平大战之时，蒋介石还需要借口前往东北视察，以回避与马歇尔的直接会谈。6月休战以后，他认为已经可以直接同马歇尔讨价了。东北停战令发布以后，军事三人小组的会谈集中于恢复交通、东北停战和国共军队的配置等问题。经过马歇尔调处，军事三人小组相继达成了关于恢复交通和东北停战等协议。中共方面为维持暂时停战的局面，在谈判中多次做出让步；尤其在军事三人小组中的美军代表决定权问题上做出了重大让步，这是国共能就东北停战达成协议的关键。然而，中共方面一再表达的维持东北停战的意愿并没有换来国民党方面相应的让步，后者反而在修改整军方案的谈判中不断提出新的更苛刻的条件。结果是谈判一再陷入僵局。

国民党方面的强硬态度的确引起马歇尔的不满和不安。此时东北地区的内战刚刚停止,小规模冲突还时有发生;华北形势则是危若累卵。由于东北地区暂时平静,国共双方的注意力都转向了关内,结果是热河、山西、山东和中原等地区的局势迅速紧张起来。6月13日,马歇尔在给蒋介石的备忘录中指出:中共不可能接受国民政府就军队配置问题提出的修改意见;为了促使中共在热河、察哈尔和山东等问题上妥协,国民政府应该在东北问题上做出让步。马歇尔的意图无非是要维持住东北已经形成的平衡,利用承认东北的现状,与中共在华北讨价还价,使中共让出热、察两地和山东的某些战略要点。如此国民政府可以比较容易地得到那些地区,从而在华北取得战略优势。马歇尔还提出,如果同时取得热、察两地有困难,国民政府还可以降低对察哈尔的要求。他最后提醒蒋介石,谈判的目的是使国民政府不遭到困难,除非真正影响重大战略利益的得失,否则蒋介石应避免提出使谈判拖延不决和根本不可能被中共方面接受的条件。①

马歇尔虽然企图限制国民政府漫天要价,但他毕竟是为国民政府在华北取得战略优势出谋划策,是在国民政府的建议的基础上提出一些修改意见而已。然而,这仍然远远无法满足蒋介石已

---

① "Memorandum by General Marshall to Generalissimo Chiang Kai – shek, OSE 168", June 13, 1946, The U. S. State Department, ed., *FRUS*, *1946*, *The Far East*, *China*, Volume Ⅸ, pp. 1042 – 1044.

经大大膨胀起来的胃口。6月17日，蒋介石要求马歇尔向中共代表转达五项条件：（1）中共军队应于9月1日以前撤出热察两地；（2）国民党军队进占烟台和威海卫；（3）中共军队应于7月1日前撤出6月7日以来在山东攻占的地区，中共撤出地区由国民党军队接防；（4）国民党军队再向天津地区增派一个军；（5）在东北的中共军队撤出占领的各据点，包括哈尔滨、安东、通化、牡丹江和白城子等，将上述各地交由国民党军队接防。①

　　蒋介石提出这些条件无异于公开否定1月停战谈判的全部成果。马歇尔亦感到这太过分了，所以他要求俞大维和徐永昌转告蒋介石，撤回所提条件。但国民党方面根本不予理睬。6月20日，马歇尔在会见时任国民党谈判代表的俞大维时施加压力说，美国不会在中国支持一场内战；国民政府必须修改其建议，删去涉及热、察两地和山东地区的一些条款；国民党军队向华北调动两个军应分批进行；应允许中共军队控制某些铁路，以及由中共军队继续控制赤峰，并且应将休战期再延长5天。②马歇尔提出这些建议固然反映了他对国民党方面的不满，但其实质是在接受蒋介石的条件的基础上，做出了若干修改，以便缓和矛盾，避免过分刺激中共。

　　不过，他提出上述那些修改毕竟也是一种姿态，反映出他非常担心谈判有可能立刻破裂。6月18日，马歇尔在向杜鲁门详细汇报谈判情况的电报中指出，中国的形势非常危急，国民

---

① 《休战期间的谈判》，《中美关系资料汇编》第1辑，第215页。
② "Minutes of Meeting Between General Marshall and General Yu Ta – wei at 5 Ning Hai Road", June 20, 1946, The U. S. State Department, ed., *FRUS*, *1946*, *The Far East*, *China*, Volume Ⅸ, p. 1105.

党军队正准备发动全面内战；如果出现这种情况，苏联可能会公开介入中国的内部事务。[①] 马歇尔在与蒋介石的一些谈话中，还反映出他担心的另一个后果。他向蒋介石指出，国民政府认为只有武力才能解决问题，中共可以很快被击溃，这种观点把中共的力量估计得太低。内战将是一场残酷的冲突，这场旷日持久的战争必然导致国民党统治地区的经济崩溃。[②]

经马歇尔交涉，蒋介石于 6 月 21 日宣布，东北休战延长到30 日。蒋介石此时宣布延长休战期，一方面是因为国民党军队已经完成围攻中共中原部队的准备，第二天即开始发动全面进攻，而东北地区局势继续缓和，有利于关内的军事行动；另一方面是因为马歇尔催逼甚急，延长东北休战期既在战略上对国民党军队有利，又可以照顾马歇尔的面子。蒋介石的这一决定可谓一举两得，他一面摆出宽宏大量的样子，另一面却没有忘记索取回报。他在向马歇尔转告东北休战期延长的同时，即提出两项新的附加条件：一是胶济铁路沿线的中共军队必须于 8月 1 日以前撤退到铁路两侧 30 公里以外的地区；二是 6 月 30日以前，必须修订军事三人小组和军调部的一致表决程序，给予美军代表最后决定权。[③] 第一条是向中共讨价还价；第二条是给马歇尔一些甜头，对马歇尔表示信任。

在东北休战延长期的谈判中，中共代表为了推迟全面内战

---

① "General Marshall to President Truman", June 17, 1946, The U. S. State Department, ed., *FRUS, 1946, The Far East, China*, Volume Ⅸ, pp. 1099 – 1101.

② 《休战期间的谈判》，《中美关系资料汇编》第 1 辑，第 216 页。

③ 《马歇尔使华——美国特使马歇尔出使中国报告书》，第 171～172 页。

爆发的时间以完成军事准备，表示同意将在华北地区中共军队的重新配置问题列入谈判议程，这实际上是同意对整军方案进行修改。而国民政府却得寸进尺，在修改整军方案的建议中一再加码，要求中共军队必须于协议签订后做到：（1）10 天内撤出 6 月 7 日以后在山东、山西占领的所有城镇；（2）10 天内撤出华北铁道的济青线、津浦线和临枣线；（3）一个月内撤出承德、古北口和苏北。国民党方面还拒绝了中共代表提出的每达成一项协议便立刻签署的办法，声称如果修改整军方案不能达成协议，宁可一个协议也不签署。①

　　国民政府提出的修改整军方案的建议和向中共中原部队发动全面进攻的行动已经表明，所谓的谈判不过是为了敷衍马歇尔。马歇尔对国民政府的意图并非心中无数，但他仍然抱着休战期谈判开始时的幻想，企图用维持东北既成事实，换取中共妥协。6 月 26 日，马歇尔告诉周恩来，国民政府同意双方在东北地区的驻军比例可由 1∶14 改为 1∶5，即 3 个中共师与 15 个国民党师。马歇尔这是想用中共在东北增加两个师来交换中共军队放弃其控制的华北诸多战略要点。这种想法的产生只能证明，他真的已经到了山穷水尽的地步。周恩来在答复时指责了这是国民政府的无理要求，但为了推迟全面内战，他表示中共军队可以撤出某些地区，条件是：国民党军队不准进驻；整编期间，双方军队分别驻在不威胁对方的地

---

① "Memorandum from the Headquarter of Generalissimo Chiang Kai – shek", June 25, 1946, The U. S. State Department, ed., *FRUS*, *1946*, *The Far East*, *China*, Volume Ⅸ, pp. 1193 – 1194.

点；双方控制的某些地区可以不驻防，该地区民政由改组后的政府决定。①

6月27日，马歇尔向蒋介石转达了周恩来的建议。蒋介石在会谈中称，必须首先解决军事问题，否则政治问题无从解决。他进一步提出，中共军队应在10天内撤出苏北、胶济铁路、承德、古北口、哈尔滨和山东省。他可做的妥协是这些地区由国民党军队在一个月内进占。中共军队在此一个月内，还要从其他应该撤出的地方撤退，国民党军队可延缓两三个月再开入那些地区。至于中共军队撤出地区的地方政权，蒋介石只字未提。马歇尔当时便指出，中共根本不可能接受如此苛刻的条件。他建议蒋介石放宽要求，在江苏、热河、哈尔滨、新黑龙江省、兴安省、嫩江省和察哈尔省的民政问题上让步，亦即中共军队撤出这些地区后，暂时维持地方政权的现状，然后通过谈判加以解决。②

此时蒋介石已经无意再通过谈判解决国共之间的各种争执了。他对马歇尔的建议不置一词，反而在第二天提出了新的军队整编四项原则。（1）在整军修正案中，国共双方军队总比例不变。（2）军队整编问题应整个解决，不得首先单独解决东北问题。（3）双方军队进入防区的期限最长不超过三个月。（4）国民党方面的停战条件包括：①中共军队在协议签订10天内撤

---

① 参阅《周恩来年谱（一八九八——一九四九）》，第 677~678 页；《军事整编协议的修改及有关政治问题》，《中美关系资料汇编》第 1 辑，第 2218~2219 页。

② 《军事整编协议的修改及有关政治问题》，《中美关系资料汇编》第 1 辑，第219 页。

出 6 月 7 日后在山东和山西攻占的城市；②中共军队于协议签订后的 10 天内退出胶济全线、临枣支线和临城至徐州的铁路线；③中共军队在协议签订后一个月内撤出承德、古北口和苏北。①

蒋介石提出的上述对整军协议的修改方案与其说是谈判条件，不如说是最后通牒，对此，中共代表立即予以拒绝。6 月 30 日，也就是停战令到期的当天，马歇尔与蒋介石举行了一次没有什么实质性进展的会谈。② 会后，国民党方面以宣传部名义发表了一份停战令期满后国民政府"和平方针不变"的声明。③ 这算是蒋介石给马歇尔的一个交代，但中国保持和平的最后一线机会也就这样消失了。

6 月休战谈判由于国民党方面不断设置障碍而破裂，中共中央也认为已无法阻止国民党方面发动全面内战，中国全面内战之势已无可挽回。不能否认马歇尔主观上的确希望能阻止全面内战爆发，但他奉行的政策却使他越来越像是国民政府的说客。马歇尔这时已经明白，蒋介石和国民党已决心奉行武力消灭中共的政策，这是中国政治局势恶化的关键原因，他在 29 日

---

① 《蒋主席向马歇尔特使提示整军原则四项》，1946 年 6 月 28 日，秦孝仪主编《中华民国重要史料初编——对日抗战时期》第七编《战后中国（三）》，第 189 页。

② 《蒋主席与马歇尔特使商谈整军方案及军队驻地问题谈话纪要》，1946 年 6 月 30 日，秦孝仪主编《中华民国重要史料初编——对日抗战时期》第七编《战后中国（三）》，第 190～194 页。

③ 《中国国民党中央宣传部发表停战令期满惟政府和平方针不变之声明》，1946 年 6 月 30 日，秦孝仪主编《中华民国重要史料初编——对日抗战时期》第七编《战后中国（三）》，第 194～185 页。

给杜鲁门的电报中明确无误地指出了这一点。问题恰恰在于，在冷战爆发的背景之下，马歇尔尽管认识到这一点，却更加不愿采取措施迫使蒋介石改变态度。在整个6月休战谈判中，马歇尔对国民党方面的批评和指责尽管措辞尖锐，但实质上都是在国民党方面建议的基础上提出的一些修正意见。马歇尔在给杜鲁门政府的报告中一再为他所谓的秉持公正辩护，但从这些报告中也不难看出，马歇尔对国民政府的每一次指责，都伴随着一次妥协。

马歇尔在6月谈判中的态度使蒋介石看到摊牌的时机已到。在6月30日会谈中，蒋介石告诉马歇尔，他正准备于10月中旬召开国民大会。① 早在1945年初，蒋介石为了对抗中共中央提出的召开政治协商会议、组织联合政府的主张，就曾宣布召开国民大会，这成为战时最后一次国共谈判破裂的转折点。中共中央当时曾致函赫尔利，声明蒋介石的这一行动表明，国民政府"正固执地坚持独行其是"，"一方面表明他们没有实施民主改革的丝毫诚意。另一方面并为共产党和其他民主党派与国民政府之间在这些情况下可能继续的谈判，不留余地"。②

这一次蒋介石可以说是故技重演，在向中共中原军队发动全面进攻的同时，公开以召开国民大会来对抗政协决议。马歇尔对此不仅没有表示任何反对意见，反而声称他"颇为

① 《蒋主席与马歇尔特使商谈整军方案及军队驻地问题谈话纪要》，1946年6月30日，秦孝仪主编《中华民国重要史料初编——对日抗战时期》第七编《战后中国（三）》，第193页。
② 《共产党的答复》，1945年3月9日，《中美关系资料汇编》第1辑，第151页。

感动"。① 马歇尔显然没有从赫尔利调处失败中汲取足够的教训，结果他终于踏上了与赫尔利一样的归途。

在收到马歇尔"感动"的反馈之后，蒋介石于 7 月 2 日向周恩来发出单方面声明，宣布国民党准备尽早召开国民大会。蒋介石的此次谈话也成了 1946 年国共谈判的转折点。第二天，国民政府国防最高委员会第 197 次会议通过决议，决定 1946 年 11 月 12 日召开国民大会。自国民党六届二中全会召开以后，国民党方面相继通过在东北挑起内战，破坏了停战协议；又通过 6 月东北休战谈判，撕毁了整军协议；现在又通过单方面宣布召开国民大会，彻底撕毁了政协决议。马歇尔与中共、民盟和其他民主人士在年初经过两个月共同努力获得的成果，从此被破坏殆尽。

最具讽刺意味的是马歇尔在其中的作用。当蒋介石在东北挑起大规模内战之时，马歇尔一度放手让国民党军队打出个究竟来，结果把停战协定这个被他称为中国统一的"奠基石"打得粉碎；当蒋介石在 6 月休战期谈判中提出修改整军方案时，马歇尔还努力为他出谋划策，以便成功地同中共讨价还价，结果他称为"中国的希望"的整军协议被一步步撕得粉碎；当国民党方面单方提出召开国民大会时，马歇尔竟对这种撕毁政协决议的行动"颇为感动"，结果是彻底堵住了他所称的中国"通向制宪会议的道路"。

---

① 《蒋主席与马歇尔特使商谈整军方案及军队驻地问题谈话纪要》，1946 年 6 月 30 日，秦孝仪主编《中华民国重要史料初编——战后初期》第七编《战后中国（三）》，第 193 页。

6月谈判失败和中国爆发全面内战是对杜鲁门政府对华政策的巨大冲击。尽管马歇尔在国民政府的泥塘里越陷越深，但他对中国内战会给美国的东亚战略带来何种程度的负面影响还是有所了解的。正因为如此，他并不甘心承认调处失败已成定局这个事实，仍然企图为摆脱困境寻找一条出路。

7月3~10日，由王世杰、陈诚、邵力子、周恩来、董必武等国共代表召开会议，讨论中共控制地区的地方政权问题。在6月休战谈判期间，周恩来曾经提出，为了实现和平，中共军队可撤出某些地区，条件是不得破坏那些地区的既有政权。①后蒋介石表示同意组成一个特别小组，讨论中共军队撤出地区的地方政权问题。五人小组谈判开始后，国民党代表提出，中共军队必须撤离热河的承德以南地区、东北的安东地区、山东的胶济铁路沿线和苏北地区；中共军队撤出后，必须交出地方政权，然后国民政府才能发布永久性停战令。中共代表则针锋相对地提出：既然地方政权涉及的问题复杂且广泛，双方应该首先停战，然后予以讨论。结果是谈判一直在1月停战谈判中提出的老问题上兜圈子。由于国民政府坚持有条件的停战，谈判没有达成任何协议。

马歇尔这时认为，国民政府的态度已使停战不可能先于其他问题获得解决，于是又幻想从解决政治问题上找出路。他同新上任的美国大使司徒雷登（John Leighton Stuart）经过讨论决

---

① 《马歇尔特使与中共代表周恩来提出变通办法谈话纪要》，1946年6月26日，秦孝仪主编《中华民国重要史料初编——对日抗战时期》第七编《战后中国（三）》，第185~186页。

定，将调处的重点从军事停战转向尽快组成一个有各方代表参加的国府委员会。马歇尔认为这样做可能有两个好处：一是可以使中国的政治统一至少具备一个形式，美国政府可以有个交代；二是可以通过立法行动限制政府的行政权力，也就是加强控制蒋介石的权力。随后马歇尔和司徒雷登分别向蒋介石和周恩来建议，立即组织一个国、共、美三方代表参加的特别小组，讨论组织国府委员会的问题。①

结果是在 8 月 5 日，蒋介石很痛快地告诉司徒雷登，他同意组成一个"小型的非正式的五人小组"，由司徒雷登担任主席，讨论组织国府委员会的问题。② 这个新方案可以说正中蒋介石的下怀。由国共美三方组织特别委员会来讨论改组政府，这一行动本身就违背了政协决议，无异于承认国民党单方面宣布召开国民大会是合法的。而且蒋介石自提出召开国民大会后，一直企图以军事进攻迫使中共在政治问题上妥协。马歇尔此时着手讨论改组政府，实际上是对蒋介石又让了一步，客观上起到了配合国民政府策略的作用。组织起这样一个所谓的特别委员会对国民党军队的军事进攻不可能有任何约束，只会给国民政府带来政治上的好处，即假装国民政府正在着手讨论政治改革。

随后不久，蒋介石为五人小组规定了工作目标：（1）实行 1 月 10 日的停战令；（2）执行 2 月 9 日恢复交通的命令；（3）实行 2 月 25 日的整军方案。他还提出，在讨论具体实施这些协议之前，中共必须接受五项条件：（1）苏北中共部队撤至陇海

---

① 《五人小组的建议》，《中美关系资料汇编》第 1 辑，第 226～227 页。
② 《五人小组的建议》，《中美关系资料汇编》第 1 辑，第 226 页。

路以北;（2）中共部队撤离胶济路;（3）中共军队撤出承德和热河省的承德以南地区;（4）东北中共军队退至规定的两个半省内;（5）中共军队撤出 6 月 7 日以后在山西和山东占领的地区。① 蒋介石对马歇尔可以说是以不变应万变,不管马歇尔如何绞尽脑汁,蒋介石总是守住他的一定之规。如果接受蒋介石提出的这些先决条件,五人小组根本不可能按马歇尔的设想工作,这不能不说是对马歇尔的嘲弄。

尽管如此,8 月 6 日,司徒雷登回到南京的当天,就向周恩来转达了蒋介石的六项条件。② 之后马歇尔和司徒雷登多次会见周恩来,提出中共应接受国民党方面提出的条件,哪怕是部分也行,这样他们就可以敦促国民党方面召开非正式的五人小组会议,接着召开政协综合小组会议和组织国府委员会,从而实际上形成一个经过改组的政府,其中有中共代表参加。之后他们就可以建议杜鲁门政府"千方百计协助改革和改组国民政府计划"。司徒雷登还声称,如果中共接受蒋介石的条件,就会在履行协议时得到公平待遇,并且向全世界表明其希望中国和平的诚意。

马歇尔和司徒雷登其实是又一次弹起了赫尔利调处时期提出的"先插进一只脚趾"政策的老调。中共中央即便按照他们的条件表示"和平的诚意",中国仍无和平可言;如果按他们的建议派代表参加政府,结果还是要放弃"政协决议",换来的至多不过是派几个人到国民政府中"去做官"而已。这样的

① 《五人小组的建议》,《中美关系资料汇编》第 1 辑,第 226~227 页。
② 《司徒致国务卿》,1946 年 8 月 7 日,〔美〕肯尼斯·雷、约翰·布鲁尔编《被遗忘的大使:司徒雷登驻华报告（1946—1949）》,尤存、牛军译,江苏人民出版社,1990,第 8 页。

交易中共中央在赫尔利调处时没有接受，现在当然也不会接受。所以中共中央在接到周恩来有关与司徒雷登谈话的报告后一天即回复："蒋的五条绝不能接受。"①

至于杜鲁门政府到底是否会因为中共妥协就能帮助和推动改组国民政府，中共中央这时已经不抱什么幻想了。由于杜鲁门政府已经开始执行更积极地援助国民政府与调处国共矛盾两者并行的双重政策，以及其本人一再自食其言——不论是有意还是被迫的，马歇尔在中共领导人的心目中的地位已经直线滑落。他们不可能相信正在向国民党军队提供装备和物资的杜鲁门政府真的会"千方百计"地改组国民政府。实际上，中共中央已经开始公开抨击杜鲁门政策了。

6月22日，毛泽东撰文评论美国援华法案，指出中共中央曾经在杜鲁门政府宣布履行莫斯科外长会议公报、国民政府保证停战和履行政协决议的条件下，未反对美国向中国提供某些军事援助；现在中国的现实是这些条件都已被破坏了，因此中共坚决反对美国以各种形式对国民政府的一切军事援助。② 6月24日，中共中央在一项党内指示中说明，美国对华军事干涉日益露骨，国民政府的美国殖民地色彩日益显著，对此必须发动群众展开斗争。③ 7月7日，中共中央发表宣言，公开抨击杜鲁门政府的"援蒋政策"是企图取代日本，变中国为美帝国主义

---

① 《周恩来年谱（一八九八——一九四九）》，第685页。
② 《毛泽东主席关于反对美国军事援蒋法案的声明》，《解放日报》1946年6月23日。
③ 《中央关于动员各群众团体要求美国改变对华反动政策的指示》，1946年6月24日，《中共中央文件选集》第16册，第216～217页。

的殖民地，要求美国停止武装干涉中国内政。① 这样公开给杜鲁门政府的对华政策定性，在马歇尔来华后还是第一次。第二天，周恩来将宣言转交马歇尔，并向他说明，中国正处于历史转变时期，美国有必要做出明确选择；明智的政策是不向内战中的一方提供援助，同时继续进行其调处工作。②

7月7日宣言发表后，中共军队与驻华美军的军事摩擦开始明显增加。13日，驻北宁路留守营车站的美军小分队因进入中共控制地区并向民兵开枪射击，被中共冀东地方部队解除武装。28日，驻塘沽芦台的美军与中共军队发生冲突，爆发了安平镇事件，这是中共军队与美军第一次发生较大规模的武装冲突。8月12日，中共中央在给周恩来的指示中说，今后一段时间主要靠军事斗争的胜利，在谈判中对马歇尔可持保留态度，对美国的错误政策要彻底清算和批评。③ 这一系列事件表明，以中共中央7月7日宣言为标志，中共对美政策再次从争取合作转向对抗，与马歇尔的谈判不过是为了配合军事行动的一种方式。

由于蒋介石提出无理要求和中共代表的坚决拒绝，马歇尔提出的组织五人特别委员会的方案刚一出笼就夭折了。马歇尔尽管对中共进行了一番名副其实的讹诈，可他心里还是明白，这时谈判的根本障碍还是在于国民党军队正围攻中原中共军队，以及蒋介石为推动其武力政策而在谈判中漫天要价。他对蒋介

---

① 《中国共产党中央委员会为纪念"七七"九周年宣言》，《解放日报》1946年7月7日。
② 《中央关于马歇尔、司徒雷登发表公报后我党对策问题给周恩来的指示》，1946年8月12日，《中共中央文件选集》第16册，第272~273页。
③ 《周恩来年谱（一八九八——九四九）》，第685页。

石执迷不悟颇感愤慨且情绪经常难以控制。马歇尔在这期间的一系列会谈中一再向蒋介石指出，他的威望才是"中国最大的本钱"，如果国民政府方面再不做出令人满意的让步，就会在国内外把这个本钱丢掉。到那时，杜鲁门政府不会向挑起内战的国民党提供援助。他进一步要求国民政府在中共军队撤出地区的地方政权问题上妥协，并立即停止扩大正在进行中的军事进攻。8 月 8 日，马歇尔很正式地告诉蒋介石，不要以为美国调处是为了使中共就范，国民政府目前的政策只能导致中共控制全中国，而且会为苏联的干涉提供特殊的机会；中共两个月来一直主张停止冲突，而国民党却明显地表现出缺乏诚意。①

　　8 月 10 日，马歇尔和司徒雷登公开发表联合声明，宣布他们的调处失败。他们在声明中说，现在谈判的症结是撤军地区地方政府的性质难以解决。② 为了加强声明的效果，马歇尔建议杜鲁门以发私人信件的方式向蒋介石重申美国对华政策。结果杜鲁门于"马司联合声明"发表的同一天，通过驻美大使顾维钧转交给蒋介石一封信。杜鲁门在信中说，除非在和平解决中国内部问题方面在短期内真正取得进展，否则就不能指望美国舆论对中国保持慷慨大方的态度，到那时他就有必要向美国人民重新解释政府的立场。③

---

① 《马歇尔与司徒雷登的联合声明》，1946 年 8 月 10 日，《中美关系资料汇编》第 1 辑，第 227～228 页。
② 《总统特使（马歇尔）与驻华大使（司徒雷登）的联合声明》，《中美关系资料汇编》第一辑，第 664～665 页。
③ 《杜鲁门总统致蒋电》，1946 年 8 月 10 日，《中美关系资料汇编》第 1 辑，第 670～671 页。

8 月 18 日，杜鲁门下令停止向国民政府提供援华法案中可能与内战有关的部分货品，不再批发给予国民政府的属于作战物资的出口许可证。国务卿贝尔纳斯也会见了正在巴黎开会的王世杰，表示对国民党方面在谈判中的态度"深感忧虑"。[①] 马歇尔和杜鲁门政府在 8 月间采取的一系列行动表明，由于蒋介石和国民党方面不肯妥协，破坏了马歇尔关于召集特殊小组会议、讨论组织国府委员会的计划；这个计划在马歇尔看来，是目前能够控制中国局势、避免内战无限制扩大的唯一出路。而蒋介石对此却采取阳奉阴违的态度，显然激化了国民政府与杜鲁门政府之间的矛盾。

　　杜鲁门政府的行动的确在国民政府中引起一阵不小的骚动。王世杰一向认为，国民政府不能让马歇尔调处彻底失败，否则国民政府在外交上就会完全失去回旋余地。他在 8 月 14 日向蒋介石报告说，美国舆论虽然反共，但这种趋势充分发展还有待于美苏关系进一步恶化；如果国民政府目前不对马歇尔让步，杜鲁门政府仍有可能采取一些不利的措施，美国舆论将会随之发生变化。他进一步分析指出：美国对华政策是和平与民主并立，但更重视的是停战。[②] 这是在暗示蒋介石在这方面还是需要做些文章的。陈布雷亦向蒋介石建议，杜鲁门政府重视停战

---

① 《王世杰部长呈蒋主席告美国务卿贝尔纳斯（James F. Byrnes）对我国近况深感忧虑电》，1946 年 7 月 29 日，秦孝仪主编《中华民国重要史料初编——对日抗战时期》第七编《战后中国（三）》，第 207 页。

② 《王世杰部长呈蒋主席告我如不停战使马歇尔陷于失败则美国舆论逆转于我不利电》，1946 年 8 月 14 日，秦孝仪主编《中华民国重要史料初编——对日抗战时期》第七编《战后中国（三）》，第 210 ~ 211 页。

甚于民主是准确的评价，因此当前最好能缓和国共关系。①

　　蒋介石对这些建议不以为然，他不相信杜鲁门政府在冷战方兴未艾之时，会置国民政府于不顾。国民党内好战的军事领导人亦认为，美国担心内战无非是看不上国民党军队的实力；只要国民党军队取得对中共军队的军事胜利，杜鲁门政府的疑虑就会消失。这正是当时支配国民党领导集团的主要看法。蒋介石在给杜鲁门的复信中，除了敷衍几句准备配合马歇尔调处工作之外，就是把内战责任统统推给了中共。他声称杜鲁门政府真要想解决中国目前的问题，就应该向中共施加压力。② 言外之意就是杜鲁门政府应该给国民党军队更多的武器装备和军事物资，中国才能实现和平。蒋介石在后来会见马歇尔时，不仅继续坚持他提出的那些停战的先决条件，而且询问国民大会如无中共代表参加，美国将持何种态度。

　　显然，蒋介石此时已经有恃无恐了，他对杜鲁门政府暂时禁运部分军用物资并不觉得是个实质性的威胁。事实如美国国务院后来公布的白皮书所指出的那样，杜鲁门政府颁布这项禁令正值国民政府已经"贮有充足的器材、逐渐加紧它的军事攻势的时候"，因此它"显然没有效果"。③ 况且美国在太平洋地区仍有大量剩余物资等待出售，蒋介石相信，唯利是图的本性使杜鲁门政府很难放弃赚取利润的机会。就在杜鲁门宣布禁运12

---

① 《附：陈布雷主任对王世杰部长寒电研究之意见》，1946 年 8 月 17 日，秦孝仪主编《中华民国重要史料初编——对日抗战时期》第七编《战后中国（三）》，第211 页。

② 《蒋委员长复电》，1946 年 8 月 28 日，《中美关系资料汇编》第 1 辑，第230 页。

③ 《共产党对美国援华的憎恨》，《中美关系资料汇编》第 1 辑，第232 页。

天之后，即 8 月 30 日，杜鲁门政府就同国民政府签署了转售太平洋诸岛剩余物资的协定，它提出的唯一理由是这些剩余物资不是军事装备。令人啼笑皆非的是，杜鲁门第二天还写信告诉蒋介石，只有消除中国内战威胁，才便于美国进一步实施其援华计划。①

在 6 月休战谈判结束后的三个月里，马歇尔使尽了浑身解数，仍然不能前进一步。国共谈判的主题一变再变，离实质问题的解决却越来越远。马歇尔挖空心思设想出来的所谓先解决政治问题、用立法约束行政权力的模式，被证明是毫无价值的，实在太不现实。首先，这个设想的前提就是否定中共代表提出的先无条件停战再谈其他问题的主张，中共中央不可能接受。其次，这个设想否定了政协决议，以致它所能起到的实际作用就是为召开拟议中的国民党包办的"国大"做准备。在这种情况下，国民政府自然不可能同意停战。实际情况是自这个设想被提出后，不论是蒋介石还是马歇尔，都把注意力放在使中共提交参加国府委员会和国大代表的名单上，使停战变成了要求中共政治上彻底让步的交换条件。

马歇尔的行动至少在客观上再一次鼓励了蒋介石和国民政府靠武力消灭中共的决心。就在马歇尔不厌其烦地向中共代表兜售他的"杰作"时，国民党军队继 8 月 29 日攻占承德后，又于 9 月底向张家口发动进攻。国共关系终于走到了全面破裂的关头。

国民党军队向张家口发动进攻之后，马歇尔显然意识到他

---

① 《杜鲁门总统致蒋电》，1946 年 8 月 31 日，《中美关系资料汇编》第 1 辑，第 230 页。

退出调处的时刻已经到来。经过两天穿梭式的毫无实际意义的游说，马歇尔于10月1日通知蒋介石，除非迅速达成协议并停止战争，否则他将请杜鲁门召他回国，美国终止调处活动。①他同时将此信息传递给中共代表。

马歇尔的行动在国共两党中引起不同的反应。蒋介石很有些舍不得已经变成他的"心腹顾问"的马歇尔。自马歇尔提出组织五人特别小组的建议后，蒋介石一直企图通过他说服中共在政治上妥协，交出参加国民大会的名单。在没有彻底利用完他的所有价值之前，让他离去的确是"不可思议的"。10月2日，蒋介石通知马歇尔，他同意命令国民党军队对张家口的进攻停止5天。在此之前，他把"最大限度的让步"交给了马歇尔，包括：（1）国府委员中，中共8名，民盟4名，无党派人士1名，共13名，中共立即交出中共方面的名单和出席国大代表的名单；（2）规定中共军队的驻地，并限期移入那些驻地。②

马歇尔认为，蒋介石提出的这些要求是根本不可能被中共方面接受的。10月3日，他与司徒雷登经研究后共同提出了他们认为国民政府可以用来与中共交换的条件：（1）中共提出参加国大代表的名单；（2）国府委员会名额中，中共占9名，民盟4名，共13名；（3）中共军队撤出苏北和大同周围地区。令人难以置信的是，马歇尔这时竟然还认为中共有可能接受这样

---

① 《马歇尔将军考虑退出》，《中美关系资料汇编》第1辑，第239~240页。
② 《蒋主席致马歇尔特使声明对于解决时局可能让步之最大限度备忘录》，1946年10月2日，秦孝仪主编《中华民国重要史料初编——对日抗战时期》第七编《战后中国（三）》，第221页。

的条件。① 很可能是国民党军队在军事上的暂时胜利使马歇尔也开始犯起低估中共力量的错误。由此观之，在这一点上，他此时与蒋介石如果还有什么区别的话，也只是五十步笑百步了。

与蒋介石形成鲜明对照的是，中共中央对于马歇尔声明他将退出调处不置可否。当马歇尔提出暂停进攻张家口的条件时，中共代表断然予以拒绝，因为中共代表之前已经声明了在此问题上的态度：第一，国民党军队停止进攻张家口，并将进攻的部队撤回原驻地；第二，在关内执行停战令的规定，国共双方军队撤出 1 月 10 日停战令生效以后占领的地区。这两点内容已经表明，中共中央极大地提高了当下停战的门槛，可马歇尔仍然执迷不悟。中共代表在会谈中向马歇尔指出，蒋介石以暂停国民党军队进攻张家口作为讨价还价的条件，这表明他根本没有解决问题的诚意。② 马歇尔本来应该从中领悟到，中共代表实际上也是在指责他此刻竟然还为国民党方面说项。

10 月 8 日，王炳南向司徒雷登转达了周恩来提出的三点答复：第一，休战应无时间限制，国民党军队应撤回原阵地；第二，有关三人小组和五人小组的议题不应受蒋介石的建议的限制；第三，中共不准备立刻答复蒋介石 10 月 2 日的备忘录，周恩来已无返回南京之必要。③ 至此马歇尔仍不死心，他第二天秘密飞往上海，与周恩来进行了一次长时间的会谈。这次会谈是通过吉伦请周恩来吃午饭，而事前并未通知周恩来

① 《马歇尔使华——美国特使马歇尔出使中国报告书》，第 300 页。
② 《共产党的态度》，《中美关系资料汇编》第 1 辑，第 244 页。
③ 《马歇尔使华——美国特使马歇尔出使中国报告书》，第 310 页。

有马歇尔出席，才得以实现的。然而，尽管马歇尔如此费尽心机，他从周恩来的谈话中得到的信息却是：他的"调停努力结束了"。①

马歇尔10月调处的最终失败使他彻底失去了调处人的资格。此后他曾退居幕后导演第三方面调处，但被证明不过是一场短暂的闹剧。10月11日，国民党军队攻占张家口。时任国民党军队参谋长的陈诚声称，"也许3个月至多5个月"，便能完全打败中共军队。11月15日，国民党包办的国民大会召开。周恩来于第二天发表声明说："和谈之门已为国民党当局一手关闭了。"② 中国的全面内战已经打起来了，国民党包办的国大也召开了，马歇尔终于无事可做了。他认为中共方面"已不打算再接受美国按以往方针进行的调解"，他们已经把他"看成不受欢迎的人"。于是马歇尔打电报给杜鲁门，请求将他召回。③

1947年1月7日，杜鲁门政府宣布从中国召回总统特使马歇尔。第二天，号称"和平使者"、宣称以向中国传播和平福音为使命的马歇尔在中国内战的大炮声中离开南京。这位在第二次世界大战中功勋卓著、蜚声世界的美国将军为了实现美国的梦想，在中国整整奋斗了1年零10天，最后的命运仍然不免落在"水"中。杜鲁门政府在召回马歇尔的同时即宣布任命他

---

① 参阅《司徒致国务卿》，1946年10月9日，〔美〕肯尼斯·雷、约翰·布鲁尔编《被遗忘的大使：司徒雷登驻华报告（1946—1949）》，第8页。
② 《国民大会的召开》，《中美关系资料汇编》第1辑，第255页。
③ 《马歇尔将军拒绝继续为调解人》，《中美关系资料汇编》第1辑，262～263页。

为国务卿，这或许会多少冲淡一些马歇尔本人使华结局的悲剧气氛。但是，失败就是失败。如果杜鲁门政府足够明智的话，本应从中吸取深刻教训，更早地从中国的内战中"脱身"。然而，事实是美国决策者们在对华政策问题上继续步履蹒跚，其后果已经被历史证明是灾难性的。

结　语

　　1944 年至 1946 年是世界从结束第二次世界大战转向战后时代的关键期。在这历史性的年代中，美国政府先后派遣特使赫尔利和马歇尔代表两任总统出使中国，调处国共矛盾。这在当时是中外瞩目的重大事件，对后来中美关系历史进程也产生了重要影响。不论是赫尔利还是马歇尔，调处国共矛盾的结果都是铩羽而归。这不仅是因为他们面对着同样复杂而困难的问题，而且因为他们在贯彻从本质上看是一致的对华政策。本书的论述突出地证明了，尽管 1944～1946 年跨越二战后期和战后初期两个阶段，以及美国政府内部存在有时甚至是相当激烈的争论，在中国国共斗争也进入转折的时期，美国的对华政策却保持着明显的连续性和继承性，这是美国调处国共矛盾失败的主要原因。

　　从历史的进程看，赫尔利和马歇尔调处国共关系的失败，是 20 世纪 40 年代美国对华政策的转折点，也是中美关系发展的转折点。珍珠港事件爆发后，美国曾给予中国人民的抗日战争以巨大的援助，建立在共同反对日本侵略扩张基础上的中美同盟本来可以使美国与中国发展更友好、正常和稳定的关系，并使美国对中国的和平与发展有所贡献，但是，美国的罗斯福和杜鲁门两届政府却无法适应中国急剧变化的现实，在历史转折的关键时刻推行了自相矛盾的对华政策。艾奇逊在1949年发表的美国对华政策白皮书中把这种自相矛盾的政策揭示得一清二楚。他说："我们当时的政策是基于两个目的。一个目的是在政府能趋于稳定并沿着民主的途径进步的条件下，使中国得到和平；另一个目的是协助国民政府尽可能在中国广大的地区上建立其权威。"症结就在于，美国要协助"尽可能在中国广大的地区上建立其权威"的国民政府，当时并无意"沿着民主的途径进步"和"使中国得到和平"，而美国政府却把国民政府当作"唯一的选择"，企图通过维持国民党政权来维护美国的在华利益。

事实表明，1944年至1946年的美国对华政策一直是在恶性循环中转圈。在这种恶性循环中，赫尔利和马歇尔不可能有多大作为，结果难免殊途同归，一样走上在中国内战中支持国民党政权的道路。当然，这并不是说赫尔利和马歇尔对美国奉行不现实的对华政策不负有责任。他们不仅是美国对华政策的执行者，而且都参与制定美国的对华政策，有时甚至起着相当大的作用。作茧自缚或许最能恰当地形容他们在中国调处的结局。

赫尔利和马歇尔调处失败的影响是巨大的，在此后几十年的中美关系历史演变中，处处可以感受到这种影响的存在，今天的美国政府仍然可以从中吸取足够的教训。

参考文献

一　史料集、文选

《陈云文选》，人民出版社，1984。

重庆市政协文史资料研究委员会和中共重庆市委党校编《政治协商会议纪实》，重庆出版社，1989。

本书编译组编《德黑兰雅尔塔波茨坦会议记录摘编》，上海人民出版社，1974。

复旦大学历史系中国近代史教研组编《中国近代对外关系史资料选辑（1840～1949）》，上海人民出版社，1977。

〔美〕肯尼斯·雷、约翰·布鲁尔编《被遗忘的大使：司徒雷登驻华报告（1946～1949）》，尤存、牛军译，江苏人民出版社，1990。

《马歇尔使华——美国特使马歇尔出使中国报告书》，中国社会科学院近代史研究所翻译室译，中华书局，1981。

《毛泽东选集》，人民出版社，1991。

孟广涵主编《抗战时期国共合作纪实》，重庆出版社，1992。

秦孝仪主编《中华民国重要史料初编——对日抗战时期》

第三编《战时外交》，第七编《战后中国》，台北：中国国民党党史会，1981。

荣孟源主编《中国国民党历次代表大会及中央全会资料》，光明日报出版社，1985。

〔苏〕萨纳柯耶夫、崔布列夫斯基编《德黑兰、雅尔塔、波茨坦会议文件集》，北京外国语学院译，生活·读书·新知三联书店，1978。

沈志华主编《俄罗斯解密档案选编：中苏关系》，中国出版集团东方出版中心，2014。

世界知识出版社编《国际条约集（1945—1947）》，世界知识出版社，1959。

《毛泽东军事文集》，军事科学出版社、中央文献出版社，1993。

中共代表团梅园新村纪念馆编《国共谈判文献资料选辑（1945.8～1947.3）》，江苏人民出版社，1980。

中央统战部、中央档案馆编《中共中央解放战争时期统一战线文件选编》，档案出版社，1988。

中央档案馆编《中共中央文件选集》第14～18册，中共中央党校出版社，1992。

《中央日报五十年来社论选集》，台北："中央"日报社，1978。

中共中央文献研究室编《毛泽东文集》第2、3、7卷，人民出版社，1993、1996、1999。

中共中央文献研究室编《毛泽东在七大的报告和讲话集》，

中央文献出版社，1995。

二　年谱与大事记

《李先念传》编写组编《李先念年谱（一九〇九——一九四八）》，中央文献出版社，2011。

《彭真传》编写组编《彭真年谱（一九〇二——一九九七）》，中央文献出版社，2002。

姚崧龄编著《张公权先生年谱初稿》，台北：传记文学出版社，1982。

中共中央党史研究室编《中共党史大事年表》，人民出版社，1981。

中共中央文献研究室编《刘少奇年谱（一八九八——一九六九）》，中央文献出版社，1996。

中共中央文献研究室编《毛泽东年谱（一八九三——一九四九）》，人民出版社、中央文献出版社，1993。

中共中央文献研究室编《周恩来年谱（一八九八——一九四九）》，人民出版社、中央文献出版社，1989。

中共中央文献研究室编《陈云年谱》（修订本），中央文献出版社，2015。

三　回忆录

〔英〕安东尼·艾登：《艾登回忆录》，瞿同祖、赵曾玖译，商务印书馆，1976。

〔美〕D. 包瑞德：《美军观察组在延安》，万高潮、卫大匡等译，解放军出版社，1984。

〔美〕迪安·艾奇逊：《艾奇逊回忆录》，上海《国际问题资料》编辑组、伍协力合译，上海译文出版社，1978。

〔英〕F. C. 琼斯、休·博顿、B. R. 皮尔恩：《1942～1946年的远东》，复旦大学外文系英语教研组译，上海译文出版社，1978。

〔南〕弗拉迪米尔·德迪耶尔：《苏南冲突经历（1948～1953)》，达州译，生活·读书·新知三联书店，1977。

〔日〕古屋奎二：《蒋总统秘录》，台北："中央"日报社，1980。

〔美〕哈里·杜鲁门：《杜鲁门回忆录》第 1 卷，李石译，生活·读书·新知三联书店，1974。

〔美〕罗伯特·达莱克：《罗斯福与美国对外政策（1932～1945)》，陈启迪等译，商务印书馆，1984。

〔英〕温斯顿·丘吉尔：《第二次世界大战回忆录》，北京编译社译，商务印书馆，1975。

〔美〕舍伍德：《罗斯福与霍普金斯：二次大战时期白宫实录》，福建师范大学外语系编译室译，商务印书馆，1980。

〔美〕威廉·李海：《我在现场：罗斯福、杜鲁门顾问回忆录》，马登革等译，华夏出版社，1988。

〔美〕W. 艾夫里尔·哈里曼、伊利·艾贝尔：《特使：与邱吉尔、斯大林周旋记（1941～1946)》，南京大学历史系英美对外关系研究室译，生活·读书·新知三联书店，1978。

〔苏〕瓦·伊·崔可夫：《在华使命——一个军事顾问的笔记》，万成才译，新华出版社，1980。

〔美〕魏德迈：《魏德迈报告》，台北：光复书局，1959。

〔美〕谢伟思:《美国对华政策（1944~1945）》,王益、王昭明译,中国社会科学出版社,1989。

〔苏〕亚·米·华西列夫斯基:《毕生的事业》,生活·读书·新知三联书店,1977。

《张治中回忆录》,文史资料出版社,1985。

三 著作

〔俄〕A. M. 列多夫斯基:《斯大林与中国》,陈春华、刘存宽译,新华出版社,2001。

〔美〕安娜·路易斯·斯特朗:《中国人征服中国》,刘维宁等译,北京出版社,1984。

陈孝威: 《为什么失去大陆》,台北:"中国美术印刷厂",1964。

《陈毅传》编写组:《陈毅传》,当代中国出版社,1991。

〔美〕费正清主编《剑桥中华民国史》,章建刚等译,上海人民出版社,1992。

郭荣赵:《中美战时合作之悲剧》,台北:中国研究中心出版社,1979。

蒋介石:《苏俄在中国》,台北:黎明文化事业股份有限公司,1985。

〔美〕杰克·萨姆森:《陈纳德》,石继成、许忆宁译,东方出版社,1990。

梁敬錞:《史迪威事件》,商务印书馆,1973。

〔美〕迈克尔·沙勒:《美国十字军在中国（1938—1945年)》,郭济祖译,商务印书馆,1982。

石啸冲:《历史转变的年代（1945～1946）》，中外出版社，1946。

〔英〕威廉·哈代·麦克尼尔:《美国、英国和俄国:它们的合作和冲突（1941～1946）》，叶佐译，上海译文出版社，1978。

徐曰彪编《中苏历史悬案的终结》，中共党史出版社，2010。

杨奎松:《"中间地带"的革命:国际大背景下看中共成功之道》，山西人民出版社，2010。

中共中央党史研究室:《中国共产党历史（1921～1949）》，中共党史出版社，2011。

〔美〕邹谠:《美国在中国的失败（1941～1950）》，王宁、周先进译，上海人民出版社，1997。

四　英文文献

Albert C. Wedemeyer, *Wedemeyer Reports*（New York: Henry Halt Press, 1958）.

James F. Byrnes, *Speaking Frankly*（New York: Harper and Brothers, 1947）.

Charles F. Romanus and Riley Sunderland, *Stiwell's Command Problems*（Washington D. C. : Office of the Chief Military, Dept. of the Army, 1956）.

Charles F. Romanus and Riley Sunderland, *Stiwell's Mission to China*（Washington D. C. : Office of the Chief Military, Dept. of the Army, 1953）.

Donald G. Gillin and Romon H. Myer ed. , *Last Chance in Manchuria: The Dairy of Cgang Kia-Ngau* (Stanford: Stanford University Press, 1989) .

Elliott Roosevelt, *As He Saw It* (New York: Duell, Sloan & Pearce, 1946) .

Joseph W. Esherick, edited, *Lost Chance in China: The World War II Despatches of John S. Service* (New York: Random house, 1975) .

Donald G. Gillin and Romon H. Myer, edited, *Last Chance in Manchuria: The dairy of Chang Kia Ngau* (Stanford: Stanford University 1989) .

Herbert Feis, *The China Tangle: The American Effort in China from Pearl Harbor to the Marshall Mission* (Princeton: Princeton University Press, 1953) .

Herbert Feis, *Japan Subdued: The Atomic Bomb and the End of the War in the Pacific* (Princeton: Princeton University Press, 1961) .

Herbert Feis, *Churchill Roosevelt Stalin: The War They Waged And The Peace They Sought* (London: Oxford University Press, 1957) .

Henry L. Stimson and McGeorge Bundy, *On Active Service in Peace and War* (New York: Harper and Brothers, 1948) .

John Paton Davis, *Dragon by the Tail: American, British, Japanese, and Russian Encounters with China and One Another* (New York: Norton Press, 1972) .

Russel D. Buhite, *Patrick J. Hurley and American Foreign Policy* (Ithaca, N. Y. and London: Cornell University Press, 1973).

Sergei N. Goncharov, John W. Lewis and Xue Litai, *Uncertain Partners: Stalin, Mao and Korean War* (Stanford: Stanford University Press, 1993).

Theodore H. White, *The Stiwell Papers* (New York: W. Sloane Associates, 1948).

Sumner Welles, *Seven Decision That Shaped History* (New York: Harper and Brothers, 1950).

The U. S. State Department, ed., *Foreign Relations of the United States: Diplomatic Papers, 1942, China* (Washington, D. C. : U. S. Government Printing Office, 1956).

The U. S. State Department, ed., *Foreign Relations of the United States: Diplomatic Papers, 1944, China*, Volume Ⅵ (Washington, D. C. : U. S. Government Printing Office, 1967).

The U. S. State Department, ed., *Foreign Relations of the United States, 1945, The Far East, China*, Volume Ⅶ (Washington, D. C. : U. S. Government Printing Office, 1969).

The U. S. State Department, ed., *Foreign Relations of the United States, Conferences at Malta and Yalta, 1945* (Washington, D. C. : U. S. Government Printing Office, 1955).

The U. S. State Department, ed., *Foreign Relations of the United States, 1946, The Far East, China, Volume Ⅸ (Washington D. C. : United States Government Printing Office, 1972)*.

中英文人名对照表

艾登 Eden，Anthony

艾其森 Atcheson，
George，Jr.

艾奇逊 Acheson，Dean

艾森豪威尔 Eisenhower，
Dwight David

安东诺夫 Antonov，N.

包瑞德 Barrett，
David D.

贝尔纳斯 Bynes，
James F.

彼得洛夫 Petrov，A. A.

伯德　Bird，Willis H.

陈纳德 Chennault，
Claire L.

戴高乐 Charles De Gaulle

戴维斯 Davis，John P.

德帕斯 Depass，Morris B.

迪恩 Deane，John R.

杜鲁门 Truman，Harry S.

高斯 Gauss，Clarence E.

格鲁 Grew，Jopseph C.

哈尔西 Halsey，William
Frederick Jr.

哈里曼 Harriman，
W. Averell

赫尔 Hull，Cordell

赫尔 Hull，John E.

赫尔利 Hurley，Patrick J.

华莱士 Wallace，Henry

华西列夫斯基 Vasilevsky，
Aleksandr Mikhailovich

霍普金斯 Hopkins，Harry

吉伦 Gillem，Alvan C.

居里 Currie, Lauchlin

凯南 Kennan, Hon George

李海 Leahy, William D.

卢登 Ludden, Raymond

罗斯福 Roosevelt, Franklin

马林诺夫斯基 Malinovsky, Rodin Yakpvlevich

马歇尔 Marshall, George C.

麦克阿瑟 Arthur MacArthur, Jr.

麦克罗 McClure, Robert B.

麦瑞尔 Merrill, Frank

梅乐斯 Miles, Milton

莫洛托夫 Molotov, V. M.

纳尔逊 Nelson, Donald

尼米兹 Nimitz, Chester William

丘吉尔 Churchill, Weston Spencer

舍伍德 Sherwood, Robert E.

史迪威 Stilwell, JosephW.

史密斯 Smith, Robert

史汀生 Stimson, Henry Lewis

司徒雷登 John Leighton Stuart

斯大林 Stalin, Joseph

斯科比 Scobie, Ronald Mackenzie

斯普鲁恩斯 Spruance, Raymond Ames

斯退汀纽斯 Stettinius, Edward Reilly

田贝 Denby, Charles

铁托 Tito, Jesoph

韦尔斯 Welles, Sumner

魏德迈 Wedemeyer, Albert

文森特 Vincent, Hon. John Carter

谢伟思 Service, John S.

庄莱特 Drumright, Everett F.

后　记

　　回溯 20 世纪 40 年代中美关系历史中的一段往事——美国的罗斯福和杜鲁门两届政府深度介入中国的内部事务，直接参与调处国共矛盾，固然是因为这样的历史过程对于美国外交历史来说极为独特，以及在当时的确产生了重大的影响，包括影响了第二次世界大战后中国的历史命运和很长一个时期中美关系的前景，毕竟，美国调处国共矛盾的失败导致了那个历史阶段的美国对华政策的终结。不过，在中美建交 40 多年后的今天，仍然可以感受到这段历史的影响。从这个角度看，对于研究中美关系历史来说，继续研究和思考这段历史也还是有启发、有意义的。所以再版这本书是值得的，希望读者能从中受益。

　　这本书是以我的博士论文为基础撰写的，这次再版是第三版了，如果算上繁体字版的话，也可以说是第四版。我这次主要做的是修订文字和注释；有的章节补充了新的内容，主要是根据新的档案，对有些事件的过程或我的一些判断等，做更充分的叙述和解释。可以肯定地说，过了这么多年，我对这段美国对华政策所涉及的各方面以及它给之后美国的对华政策、美中关系乃至对整个东亚地区的影响等，不论是深度还是广度上，都有了很多新的认识和看法，但这些通过修订这本以叙事为主的书是很难呈现的，那需要另写一部专门的著作。好在这本书的叙事还是自成一体的，内容在今天看来也还是有其价值的，所以新版本保持了原有的框架和主要内容。这本书再版得到社会科学文献出版社的大力支持和协助，在这里表示由衷的感谢。

牛军

2020 年 11 月于八仙别墅闲庐

图书在版编目（CIP）数据

从赫尔利到马歇尔：美国调处国共矛盾始末/牛军
著 . ‐‐3 版 . ‐‐北京：社会科学文献出版社，2021. 10
ISBN 978 ‐7 ‐5201 ‐8871 ‐5

Ⅰ.①从…　Ⅱ.①牛…　Ⅲ.①美国对外政策－对华政
策－作用－国共合作－研究　Ⅳ.①D871.29

中国版本图书馆 CIP 数据核字（2021）第 167001 号

从赫尔利到马歇尔
——美国调处国共矛盾始末（第三版）

著　　者／牛　军

出 版 人／王利民
组稿编辑／宋荣欣
责任编辑／李丽丽　石　岩
文稿编辑／李蓉蓉 等
责任印制／王京美

出　　版／社会科学文献出版社·历史学分社（010）59367256
　　　　　地址：北京市北三环中路甲 29 号院华龙大厦　邮编：100029
　　　　　网址：www. ssap. com. cn
发　　行／市场营销中心（010）59367081　59367083
印　　装／北京盛通印刷股份有限公司

规　　格／开 本：889mm × 1194mm　1/32
　　　　　印 张：13.5　字 数：292 千字
版　　次／2021 年 10 月第 1 版　2021 年 10 月第 1 次印刷
书　　号／ISBN 978 ‐7 ‐5201 ‐8871 ‐5
定　　价／99.00 元

本书如有印装质量问题，请与读者服务中心（010 ‐59367028）联系